普通高等学校省级规划教材

统计学

第5版

刘竹林　刘家树　吴小华／编著

中国科学技术大学出版社

内 容 简 介

本书是为满足经济管理类各专业统计学课程教学需要而编写的。内容设计依据经济管理类专业人才教育培养目标的要求，从统计调查、统计整理与分析出发，着重介绍统计学的基本概念、基本原理和基本方法。在统计分析方法中，详细介绍了综合指标法、时间数列分析法、指数分析法、抽样推断法、相关和回归分析法以及统计综合分析。本书注重理论联系实际，列举大量统计实例，强调统计理论和方法的应用性。各章配有“内容介绍”，方便读者学习；为了便于复习巩固和加深理解，各章均配有适量的习题。与本书配套的教学参考书《统计学学习指导》也同时修订，拟于近期出版。

本书可作为高等学校统计学课程教材，也可作为经济研究工作人员的学习参考书。

图书在版编目(CIP)数据

统计学 / 刘竹林，刘家树，吴小华编著. -- 5版. -- 合肥 ：中国科学技术大学出版社，2025. 7. -- ISBN 978-7-312-06245-2

Ⅰ. C8

中国国家版本馆 CIP 数据核字第 2025NE5164 号

统计学

TONGJIXUE

出版 中国科学技术大学出版社

安徽省合肥市金寨路 96 号，230026

http://press.ustc.edu.cn

https://zgkxjsdxcbs.tmall.com

印刷 合肥华苑印刷包装有限公司

发行 中国科学技术大学出版社

开本 710 mm×1000 mm 1/16

印张 22

字数 419 千

版次 2002 年 3 月第 1 版 2025 年 7 月第 5 版

印次 2025 年 7 月第 17 次印刷

印数 93801—98800 册

定价 56.00 元

前　言

《统计学》一书自2002年3月出版以来，受到了广大读者的欢迎，并被列入"普通高等学校省级学科规划教材"，出版社为满足读者需要多次重印，累计发行量已超过9.3万册。随着知识经济时代的到来，我国统计理论与实践研究近年来取得了突破性进展，为适应现代统计的实际需要，也为了全面提高《统计学》的内容质量，我们组织新的教学团队，广泛搜集了近年来国内外统计学领域最新知识创新理论与应用成果，对时隔5年的第4版《统计学》进行了全面修订，以保证其内容与时俱进，突出时代特点。关于本次修订，特做以下几点说明：

(1) 本次修订的指导思想是吐故纳新，进一步提高本书的先进性、科学性以及实践的指导性。

(2) 本次修订保持了第4版《统计学》的体系和结构。在内容上保持其简明扼要的编写风格，但增加各章内容介绍，以帮助读者学习。

(3) 本次修订更新了统计分析的大量数据，以便读者在学会统计分析方法的同时，能对现实的经济问题有比较系统的把握。在统计理论中，存在着许多不同观点，本书原则上只讲通说，不介绍各种争论，对有些问题虽然指出了有不同观点，但未对不同观点做出具体说明，读者可以通过查阅有关统计方面的书籍、文章等，进一步学习和研究。

(4) 与本书配套的教学参考书《统计学学习指导》也同时修订，拟于近期出版。该书总结提炼了本书各章节的主要教学内容、教学目的、教学重点难点和教学建议，还对书中的有关内容做了一些补充说明。

本书由安徽工业大学刘竹林、刘家树、吴小华编著，参加编写工作的还有余明江、张莉等。编者本着对读者负责的社会责任感和严谨治学的科学态度，对书稿内容进行字斟句酌的思考、研究，力求精益求精，降低瑕疵和错误的发生概率。但是由于编者的学术水平有限，书中难免还会存在疏漏和不足之处，恳请读者批评指正。同时，也借此机会，向使用本书进行教学活动的广大师生，向给予关心、鼓励和帮助的同行专家、学者和广大读者致以衷心的感谢！

编　者

2025 年 3 月

编者注：应多所兄弟院校同行授课老师的要求，编写团队专门制作了本书的教学课件，免费提供给所有选用本书作为教材的授课老师，以方便教学。联系方式：lzl028@ahut.edu.cn。

目　录

第一章　总　论

【内容介绍】 统计学总论是本书的基石与引领,为后续章节铺垫重要的理论与方法基础。通过本章的学习,能够理解"统计"一词的含义,明确统计学的研究对象,了解统计学的产生与发展过程,全面掌握统计学的基本理论和基本方法,并能够为进行经济分析和理论研究提供依据。

第一节　统计学概述

一、统计活动的产生和发展

在人类社会发展的历史上,自从有了国家,就有了统计活动。统计是人类社会发展的产物,它随着社会活动的深入展开及国家管理的需要而产生和发展。我国是世界上较早出现统计概念的文明古国之一,早在原始社会末期,由于劳动工具的改进、剩余产品的出现,原始公社解体,社会向奴隶制社会过渡,在此过程中,就已出现了统计的萌芽。在原始社会里,人类最初的一般计数活动就蕴含着统计活动。随着奴隶制国家的产生,计数活动又得到进一步的发展,并以册籍的形式反映计数活动及计数结果,于是专门性的统计工作逐渐形成。

随着人类文明的出现,在原始社会初期的氏族、部落中,人们在安排狩猎、分配实物时,就有了最初的计数活动,其中孕育着统计的萌芽。在古代奴隶社会,当时为了征兵、赋税的需要,就有了关于土地、人口、粮食和牲畜等基本国情方面的登记、计量工作。据周代《尚书》记载,我国早在公元前2000多年,在国家所进行的天文观测和居民生活条件的调查中,在国家建立的贡赋制度和劳役制度中,就开始有了调查地点、时间、人口、土地和贡赋标准的记载,分中国为九州,土地2 438万顷(古代计量方式),人口1 355万等。据战国时代秦国的《商君书》记载,我国公元前300多年,在商鞅的调查研究思想中,已有了全国规模的人口调查登记制度和人口的年龄、职业分组及国民经济调查研究中的各种数量对比分析，把掌握反映基本国情国力的“十三数”定为富国强兵的重要手段。《商君书》中提出“强国知十三数，欲强国，不知国十三数，地虽利，民虽众，国欲弱至削”，其中包括粮食储备、各国人数、农业生产资料及自然资源等。我国最早的统计局于1906年设置，当时的统计局分设三股，分门别类地掌握文化、民政、财政、教育、军政、司法、交通和实业等统计工作。

对于西方各国，最原始形态的统计可追溯到公元前3000多年前的古埃及：古埃及各代王朝的法老为了统治和管理国家，多次进行全国人口和财产的调查。特别是从第四代王朝起，尼罗河畔开始了大规模的金字塔建造活动，为了分摊建筑金字塔的劳役和费用，更是对全国人口、财产进行了详细的普查统计。近代考古学家在希腊古城中曾发现古希腊公元前1600年至前1200年迈锡时代人口登记的记录。公元前850年，古希腊统治者为了推行土地改革，进行了土地和人口的调查活动。古希腊人认为公民权利是神圣的政治权利，而古希腊统治者则以有计划地清查公民民册的手段来巩固自己的地位。有资料显示，在雅典历史上有两次人口清查：第一次清查发生于公元前445年，当时约有5 000人被取消公民资格；第二次清查发生于公元前345年，对有些人不仅剥夺了公民权利，而且还没收了财产。公元前6世纪，古罗马统治者为了掌握罗马人的情况，命令所有的罗马人对其财产必须如实地进行估算并登记。之后，罗马统治者明文规定：以所属领域为范围，每5年进行一次调查（即所谓古罗马国情调查），内容涉及户口、土地、牲畜和家奴。到了公元前400年的时候，古罗马已经建立了比较规范的人口、财产的普查和经常性的调查登记制度。

在封建社会，封建统治者为了管理国家的需要，对人口、职业、土地及其收获量、家畜、财产等与国家事务相关的各项资料，尽可能地进行了调查和搜集。最初的统计工作自然是简陋和散漫的。但随着统计实践不断深入，一方面积累了调查经验，陆续形成了极为初步的统计调查的原则和方法；另一方面，积累了大量数字资料，陆续形成了极为初步的整理资料的原则和方法。因此，发展到封建社会末期，便出现了对统计工作从理论上进行解释和分析的趋势。这样，封建社会的统计活动比奴隶社会更趋于完善和制度化。的确，封建社会的统计实践在加强政权、扩大财源、控制行会、调查财经和登记人口等方面做了很多工作并取得了一定成果，但是由于长期的封建割据和自然经济的束缚，社会经济极为落后，加之宗教思想的阻挠和思维方式的局限，统计活动在范围上受到了限制，在方法上也是相当原始的。

经济文化的发展与进步，使社会分工日益细化，现代化的大生产对统计工作提出了新的需求，进而推动了统计事业的快速发展，主要体现在以下 4 个方面：第一，由于激烈的市场竞争，各部门都产生了对统计信息的大量需求，促进了统计活动由国家管理领域拓展到社会经济活动的各个领域，且涉及的范围愈来愈广，包括工业、农业、商业、贸易、银行、保险、交通、邮电、海关和教育等各个方面。第二，由于统计活动愈来愈多，各级专业统计机构纷纷设立，统计学术团体也相继产生，从而加速了各行业统计的发展，也促进了统计科学研究、学术交流和统计理论问题的研讨。第三，随着概率统计和抽样理论等研究成果的应用，统计方法更趋于科学化，从而提高了公众对统计的认识能力。第四，计算机技术的应用和完善，大大加速了统计活动的现代化进程，提高了统计数据处理的效率和质量，统计信息网络系统对统计信息的开发和利用、提高信息的社会化程度有着巨大的促进作用。

中华人民共和国成立 70 多年来，我国的统计事业取得了巨大的成就，为适应社会主义市场经济发展的需要，统计作为国家对社会经济进行宏观管理工作的重要组成部分，作为反映市场经济活动的指示器，必将发挥更大的作用。与此同时，宏观经济学及现代管理的形成与发展，也大大促进了世界社会经济统计的发展。它主要表现为政府统计工作的迅速发展、国际各种统计机构的建立，以及国际统计标准与制度的研究、公布后实施。

德国的斯勒兹曾说过："统计是动态的历史，历史是静态的统计。"可见统计的产生和发展与生产的发展、社会的进步密切相关。

二、统计学的产生和发展

封建社会生产的落后，限制了统计实践和统计理论的发展。17 世纪以后资本主义进入上升时期，随着统计实践的发展，客观上要求总结丰富的实践经验，使统计学上升为理论，并进一步指导实践。由此，为适应社会经济发展和统计实践的需要而产生了统计学。统计学作为一门社会学科，是伴随着资产阶级的古典哲学、古典政治经济学和空想社会主义的产生而发展的。早在 17 世纪中叶的英国，威廉·配第《政治算术》的问世，标志着古典政治经济学的诞生，同时也标志着统计学的诞生。统计学是对统计实践经验的理论概括和经验总结，并反过来指导实践。由于统计学者们所处的历史环境不同，对统计实践的理解不同，总结出来的经验和概括出来的理论也有所差异，甚至产生分歧，从而出现了统计学发展过程中的不同学派。

(一) 政治算术学派

政治算术学派的代表人物是威廉·配第和约翰·格朗特。威廉·配第在1671年写了《政治算术》一书,所谓"政治"是指这本书进行的是政治经济分析,"算术"是指采用数量分析的方法,运用丰富的实际统计资料,对英国、法国和荷兰3国的人口、土地、资源、资本、产业和财富等多方面情况进行了对比分析,从而对英国的国际地位有了正确的认识。因此说,《政治算术》一书是用数量比较的方法进行政治经济分析的。马克思对威廉·配第的评价很高,说配第是"政治经济学之父,在某种程度上也可以说是统计学的创始人"。政治算术学派的另一个创始人是约翰·格朗特,其代表作是《对死亡率公报的自然观察和政治观察》。当时,伦敦鼠疫流行,死亡情况严重,社会极度不稳定。格朗特根据"死亡率公布",对伦敦人口的出生率、死亡率、性别比例和人口发展趋势做了分类计算和预测,证明没有悲观的必要。这本书运用了具体数量对比分析的方法,对统计学的创立,与《政治算术》起了同等重要的作用,被认为是政治算术学派的又一名著。

威廉·配第对统计学的贡献主要表现在:① 典型调查。配第非常强调对国情实力如人口、土地、生产、财政、军事、外贸等进行统计调查的重要性。在其著作中,首先并多次提出要建立国家统计部门,拟定了搜集统计资料的基本方略。② 分组法。为了区分客观现象的类型,反映统计总体的结构,揭示客观现象间的依存关系,配第针对研究对象的具体情况,将搜集的统计资料进行了一系列分组,并初步形成了一套分组方法。③ 平均数。配第广泛地运用"平均数"来分析客观现象之间的数量关系,这在当时确是一种创见。例如,为了征收维持国家和行政开支的费用,配第认为必须求出国王治理中每一个人开支的中数,从而用来计算英格兰的人均开支。为了确定人的平均寿命,配第认为必须查看同一教区20个人的出生与死亡记录,计算其平均生存年数,并进行横向对比,观察各地平均寿命的差异。④ 相对数。对比的方法是一种辩证的方法,对人们认识客观事物具有重要的意义。配第通过比较具体的相对数建立直接的对比关系,来阐述客观现象中各种类型的相互关系。配第在把英格兰的情况和法兰西进行对比时,常把总量的绝对数化成相对数,巧妙地直接以相对数来赋予现象之间共同的比较基础,以便分析诸如两国国力的强弱等问题。⑤ 统计推算。基于条件限制,配第研究客观现象时难以获得大量统计资料,他则以实际资料为基础,遵循事物间大致的依存关系进行推算。例如，他从伦敦的房屋栋数、每栋房屋家庭数以及每个家庭的平均人数，推算出伦敦的居民人数。⑥ 国民收入估计。配第以先见之明的洞察力，提出要计算整个国家的国民收入与国民财富，即以综合的方式，推断一个国家的生产额、产品的消费、积累与出口的比例，社会各主要阶级与集团的收入情况等。⑦ 统计分析报告。配第对统计资料经过系统整理和深入分析后，写出一篇题为《由威廉·配第爵士起草的、爱尔兰商务会议向总督提出的报告》，为后人留下了一份典型的统计分析报告。整个报告结构分标题、调查时间、地点、基本情况、成绩与经验、问题与原因、建议与措施等，这些在现代统计分析报告中也都是不可缺少的基本内容。

知识链接

威廉·配第——统计学的创始人之一

威廉·配第(William Petty，1623—1687)，英国古典政治经济学创始人，统计学家，出生于英国的一个手工业者家庭，从事过许多职业，包括商船上的服务员、水手、医生和音乐教师等。他头脑聪明，学习勤奋，敢于冒险，晚年成为拥有大片土地的大地主，还先后创办了渔场、冶铁和铝矿企业。他 13 岁进入卡昂大学学习，1648 年进入牛津大学学习医学，1649 年获得牛津大学医学博士学位，曾任医学和音乐教师，后逐步进入英国政界，1658 年被选为国会议员，晚年成为资产阶级化的土地贵族。马克思对配第的经济思想给予了极高的评价，称他为“现代政治经济学的创始者”“最有天才的和最有创见的经济研究家”“政治经济学之父，在某种程度上也可以说是统计学的创始人”。威廉·配第一生著作颇丰，主要有《赋税论》(写于 1662 年，全名为《关于税收与捐献的论文》)、《献给英明人士》(1664)、《政治算术》(1672)、《爱尔兰政治剖析》(1674)和《货币略论》等。

约翰·格朗特对统计学的贡献主要有：① 发现了生命运动中的大数法则。格朗特是欧洲第一个发现男女比例大数法则的学者。他在考察伦敦教会于 17 世纪初起进行的生死结婚登记数字资料时，发现男婴的出生率高于女婴，但男婴的死亡率也高于女婴，结果使达到结婚年龄的男女比例大致为 1∶1。也就是说，格朗特通过观察与比较大量的人口资料发现出生、死亡、性别比例等现象中存在着一定的规律性。② 创造了人口统计分析寿命表。格朗特搜集到一些简单的生命登记资料后,并不满足于现成数量的记述,而是反复地加以整理、归纳,试图得出新的结论。他运用统计方法整理与分析资料的原则主要有很宝贵的两条:一是把相近资料加以分类,以便使资料重新变为由小变大、性质又相同的组别资料;二是将这些有秩序的组加以比较,以认识其显著的差异。格朗特所发现的人口寿命规律具体表现在他创造性地编制了初具规模的"寿命表",这是综合评定各种年龄死亡率与人口寿命的统计表。在该表中所列的各年龄组的死亡人数和计算方法,为后人开展人寿保险事业提供了一定的依据,并为现代人口统计提供了研究路径。③ 提出了统计人口的推算公式。格朗特在他的著作中表明:确定伦敦居民合理的人口总数是他的研究任务之一。因此,他在提出进行人口普查、弄清实际人口数建议的同时,还从不同角度提出了能相互对照地推算伦敦居民户数和人口数的公式。

知 识 链 接

约翰·格朗特——近代统计学之父

约翰·格朗特(John Graunt,1620—1674),出生于英国伦敦,父亲亨利·格朗特(Henry Graunt)是一位来自汉普郡的伦敦布商。格朗特早年跟随父亲学习经商,后来子承父业,将父亲传给他的布商生意经营得相当成功。约翰·格朗特聪慧过人且勤奋好学,通过自学掌握了拉丁语和法语,21 岁时他被德雷柏公司授予荣誉员工称号,并在 1671 年晋升为该公司的监督人,担任此职直到 1672 年。他以监督人的身份就职于多个市政办公室直至在市议会担任职务,在此期间他还担任一个军乐团的指挥。格朗特生活在一个现代科学思想快速孕育和发展的时期,在各个领域,人们探求知识的方式正在转变为实验、实践等,格朗特是体现这个时代精神的一个典型代表人物。成立于 1662 年的伦敦皇家学会在现代科学的兴起过程中扮演了一个极其重要的角色,在伦敦皇家学会成立的当年,约翰·格朗特出版了一本关于人口方面的著作——《关于死亡表的自然和政治的观察》。书中分析了 60 年来伦敦居民死亡的原因及人口变动的关系,首次提出通过大量观察,可以发现新生儿性别比例具有稳定性和不同死因的比例等人口规律;并且第一次编制了"生命表",对死亡率与人口寿命做了分析;同时,在此基础上构建了人口增长模型，对伦敦市的人口现象进行了统计预测，科学地估计了未来伦敦市人口发展变动的趋势，引起了人们的普遍关注。他的研究清楚地表明了统计学作为国家管理工具的重要作用。《关于死亡表的自然和政治的观察》出版后大受欢迎，获得了各界人士的极高评价。该书出版仅一个月后，即 1662 年 2 月，在查理二世的推荐下，格朗特就成为唯一一位以商人身份加入伦敦皇家学会的会员，他也是伦敦皇家学会会员中的第一位统计学家。1664 年 11 月，他又当选为伦敦皇家学会理事会成员，直到 1666 年 4 月，他一直是理事会的常规成员。由于约翰·格朗特在生命统计、保险统计和经济统计方面卓有建树，其工作和研究成果对同时代乃至后来的学者都产生了影响，因此被推崇为人口统计学和数量统计学的创始人之一，也被尊称为“近代统计学之父”。

政治算术学派在统计发展史上有其进步性：① 产生于资本主义上升阶段的政治算术学派，是用计量的方法，即以研究社会经济问题的“算术”，来为新兴的资产阶级服务。由于该学派的产生与发展对资产阶级继续维持政权极为有利，所以它符合当时的社会发展规律。其行为和研究成果不仅有利于资本主义社会经济的发展，而且也有利于当时的科学技术的发展。它所具有的实证性特点，既符合资本主义工商业的实际需要，又符合反对经院哲学的演绎法的需要。② 政治算术学派并不满足对于社会经济现象的数量登记、列表、汇总、记述等传统的统计过程，而是进一步要求把这些经验进行全面、系统的总结，并从中提炼出某些理论原则。该学派在搜集资料方面，较明确地提出了大量观察法、典型调查法、定期调查法等；在处理资料方面，较广泛地运用了分类、制表及各种指标来浓缩与显现数量资料的内涵信息；在分析资料方面，较灵活地使用了对比、综合、估计、推算等手段。总之，政治算术学派已初具规模地建立了社会经济统计的研究方法。③ 政治算术学派第一次有意识地运用可度量的方法，即社会经济统计研究方法与社会经济科学，力求把自己的论证建立在具体的、有说服力的数字上，依靠数量的观测来解释和说明社会经济生活。因此，它能较精确地研究社会经济现象的数量关系，能较精确地反映社会经济现象中所谓“ 起可见现象背后的恒久原因”。政治算术学派从经济现象定性认识到概况，发展到对其做出数量上的刻画，从而为政治经济学的建立做出了贡献，也使社会经济反过来为统计学的发展提供了理论上的基础。

同时，我们应看到政治算术学派也有其局限性：① 政治算术学派创立初期，许多统计学者常常把资本主义生产方式下具有的某种历史性规律看成所有社会形态的永恒规律，带有明显的阶级局限性。② 由于受历史经济条件的限制，许多国家对统计只是在进行国势调查时才临时"征用"，对统计资料的调查、存档、公布等没有形成制度化，对统计研究没有纳入正常的工作范围内，从而削弱了进一步进行统计分析的效果。③"政治算术"在很大程度上还处于统计核算的初创阶段，只能以简单、粗略的算术方法来对社会经济现象进行计量和比较，对客观事物规律的认识更多地呈现为经验性和常识性。

（二）国势学派（记述学派）

该学派的创始人是德国的海尔曼·康令和戈特弗里德·阿亨瓦尔。康令是最早讲授国势学的代表人物。他精通医学、法学、哲学、经济学和政治学。他认为，正如医生需要了解有关人体的知识一样，政治家则需要了解有关国家的知识。他认为作为治国者，在经济上必须了解国家的收入与支出、生产的过剩与不足、产品的输出与输入；在军事上必须了解进攻与防御时的兵力；在法律上必须了解公法与私法。1660 年 11 月 20 日，他第一次在德国赫尔漠斯达德大学讲授"欧洲最近国势学"，用对比的方法讲授当时欧洲各国的国势，内容包括社会秩序、立宪、行政、人口、土地、财政、国家组织与结构等。

知 识 链 接

海尔曼·康令——国势学派的创始人之一

海尔曼·康令(H. Conring，1606—1681)，德国赫尔漠斯达德大学教授，国势学派的创始人之一。他在大学时期学习神学、医学和哲学，毕业后从教。他授课的特点可以说独一无二：不用手稿，全凭记忆。他的学说均由他的学生根据笔记整理出来并出版。他于 1634 年获得医学博士学位，1636 年获得哲学博士学位。海尔曼·康令非常博学，精通法学、哲学和医学，是国际法的鼻祖。1660 年，他开始在大学里讲授以叙述国家显著事项和国家政策关系为内容的国势学课程，并把国势学从法学、史学、地理学等学科中独立出来。

海尔曼·康令把国势学分化出来，以记述国家的状态为目的，赋予国势学独立的体系。他不仅仅关注国家的重要状态，而且进一步研究其原因。他对国家状况的记述涉及西班牙及其殖民地、葡萄牙、法国、日本、摩洛哥、阿比西尼亚等国家，资料主要取自耶稣会会员的报告。海尔曼·康令把统计学的研究对象严格限定为散布于全世界的现代国家，从而进行现代国家的个别记述；他之所以讲授国势学即统计学，是基于当时行政人员和政治家的需要，主张国势学是实际政治家所必须具备的知识。他认为，如果没有一点关于人体的知识，为了恢复或维持健康要给病人以医学的忠告是不可能的。同样地，如果不了解关于国家的情况，要治理整个或部分国家也是不可能的。所以，海尔曼·康令认为统计学的任务就在于为政治家提供必需的治国知识，为治国服务。

在《康令国势学著作集》(1730 年出版)中，他第一次把国势叙述上升到系统化和理论化的高度，以至后来逐步形成了以国家为研究对象、以记载国家重大事项来形成新知识为目的的国势学，该学派因此而得名，从而创立了一门重要的统计学——国势学。

阿亨瓦尔对于统计学的研究对象和研究方法，继承和发展了康令的观点。他在考察一个国家时，觉察到许多实际存在的、明显地关系到国家命运的事项，有的助长其强盛，有的则阻滞其繁荣。他指出，凡是能左右国家繁荣富强的事项，可称为"国家显著事项"。一个王国或共和国的这些国家显著事项的总和，就构成了这个国家的内容，而统计学正是研究一国或几个国家的显著事项的一门学问，"即关于国家组织、人口、军队、领土、财产、地面和地下资源等事实的学问"。阿亨瓦尔认为，统计学的最终目的，在于通过对有关国家重大事项资料的搜集，通过对各国状况的了解，在国内可作为增加财富、增殖人口、发展科学、工业和商业，以及改善国家组织上的缺陷等的手段；在国外不论对方是不是自己的盟国，都可以把它与其他国家进行对比，以便更清楚地了解其实际情况，从而可使政治决策者们通过对有限统计知识的认识，熟悉国家富强的原因和管理国家的方法，制定对内对外最妥善的政策。显然，阿亨瓦尔所研究的显著事项，在空间上只限于国家，在时间上只限于现在。他所指的国家不是抽象的，而是在一定历史条件下的具体的国家。他还认为统计学不仅能够对现在的国家事项进行正常的一般评价，而且能够通过对各种事项的认识，探索各国的发展趋势，从而制定未来的方针政策。总之，阿亨瓦尔把统计学看作一门治理国家者所必须懂的学问，是对"作为法律家和政治家欲为其君主及国家服务”的所有人员有用的技术。

知 识 链 接

戈特弗里德·阿亨瓦尔

戈特弗里德·阿亨瓦尔(G. Achenwall,1719—1772)是国势学的主要继承者。阿亨瓦尔于1719年生于普鲁士的爱鲁滨,曾师从马丁·休姆才尔,听政治学·统计学讲座,他对该门学科产生了兴趣。1748年,他在德国格廷根大学讲授国势学,一直到他去世。

阿亨瓦尔继承和发展了康令的思想,他在大学授课期间几乎每学期都开设国势学课程,并著有《近代欧洲各国国势学概论》一书。他指出,凡是能左右国家繁荣富强的事项,都可称为“国家显著事项”,国家显著事项的总和就构成了这个国家的内容。而国势学就是研究一国或数国显著事项的学问,“即关于国家组织、人口、军队、领土、财产、地面和地下资源等事实的学问”。他还为“国势学”创造了一个新的德文词语“statistik”,即“统计学”,并用这个名称代替了国势学。因此,戈特弗里德·阿亨瓦尔和他的后继者们也被称为格廷根学派,成为国势学派的主流。当时,戈特弗里德·阿亨瓦尔被德国学界誉为“统计学之父”,而他则推崇海尔曼·康令为“统计学之父”。

国势学派对统计学的创立与发展所做出的贡献有:国势学派确定了世界公认的“统计学”命名,并提出了“统计数字资料”“数字对比”等沿用至今的统计术语。该学派认为“对比乃统计方法之母”,即只有在对比分析中才能更清楚地看出事物的规模、结构及其发展、变动等。但国势学对国家显著事项的研究,着重于文字比较和记载,其叙述很少涉及数量方面的观察,并未把对事物对比分析作为自己的基本特征。因此,国势学也被人们认为有统计学之名而无统计学之实。

康令和阿亨瓦尔在德国的大学里开设“国势学”课程,介绍有关欧洲各国的国家组织、人口、军队、领土、居民职业、资源财富等国势现状,他们认为统计学是对国家重大事项的记载和描述,所以该学派又被称为记述学派。阿亨瓦尔在1749年出版的《近代欧洲各国国势学概论》中首次使用“统计学”这个名称,可见,国势学派的统计学与现代统计学的差别很大,它强调文字记述,缺少数量分析。因此,该学派的著作也是有统计学之名而无统计学之实。

国势学派在统计发展史上的进步性有:国势学派主要记述了一些国家国情和国力的材料,以编制年鉴、统计词典等,作为政治上及其他方面的参考。从严格的科学角度来说,这一学派的研究对象和研究方法都不符合统计学的要求,但应该看到,国势学派毕竟已从理论上开始对国情调查和国情记录问题进行探讨。对一门学科初创者的功过分析,不能苛求其做了什么,而应看到其所做的行为本身。当然国势学派对统计学的创立和发展还是做出了不少贡献:

(1) 国势学派为统计学这门新兴的学科起了一个至今仍为世界上公认的名称——“统计学”,并提出了至今仍为统计学者所采用的一些术语,如“统计数字资料”“数字对比”等。国势学派建立的最重要的概念就是“显著事项”,它是建立统计指标和使统计对象数量化的重要前提,从国家全部事项—国家显著事项—统计指标的发展中,可以看出这个概念的意义,从而也可体会到国势学派所提出的研究对象和研究目的对后来发展的社会经济统计学研究的对象和任务所产生的影响。

(2) 单纯的数字罗列或情况记述不容易看出事物的真相,“对比乃统计方法之母”,即只有在对比中才能更清楚地看出事物的规模、结构及其发展、变动等。国势学派在研究各国的显著事项时,主要就是系统地运用对比的方法来研究各国实力的强弱。统计图表实际上也是“对比”思想的形象化的产物。国势学派后期的发展,在对比方面的运用是比较成功的。从空间与时间的对比,直至建立比较统计学,不仅对统计学自身的发展,而且对其他学科的发展,都提供了方法论的基础。

(3) 表式统计学派所强调的表达方式,主要是用直观、紧凑、清晰的图和表,再配些文字说明,就能较清楚地看出统计内容的特征,以及统计数字之间的相互关系。这为各部门使用统计资料带来很大的方便。一张完善的统计表能系统地组织或合理地安排大量有关的数字资料;一份形象鲜明的统计图,即使缺乏统计知识的人也能一目了然,获得清晰的印象。因此,统计在各国政府兴起后,有些欧洲国家把官方统计机构干脆称为图表委员会或制图局等。这些现象的出现与国势学派的贡献是分不开的。

政治算术学派和国势学派都是以社会经济现象为研究对象的,不同之处在于是否将数量对比分析研究作为这门科学的基本特征,正是由于存在这样的共性和个性,两学派相互影响、相互争论、共同发展达200年之久。直到1850年,德国经济学家和统计学家克尼斯发表了题为《独立科学的统计学》一文,概括了当时各国经济学家和统计学家的大部分观点，把政治算术学派的“政治算术”称作“统计学”，而把国势学派的著作改称为“国家论”，在统计学术史上，这一论文的发表体现了两派学术争论的结束。随着统计学的不断发展，在新的历史条件下又产生了新的学术争论，出现了新的学派。

（三）数理统计学派

数理统计学派产生于19世纪中叶，创始人是比利时的生物学家、数学家和统计学家阿道夫·凯特勒（A. Quetelet，1796—1874），他把数学中的概率论、大数定律引入统计学，并用于研究大量自然科学领域的问题。凯特勒将数学和统计学结合在一起，引起许多人从多方面加以研究，逐渐形成了一门独立的学科——数理统计学。数理统计学一经产生，发展很快，涉及自然和社会科学领域的若干方面，得到了广泛的应用和发展，如高尔顿（F. Galton，1822—1911）提出了相关和回归的概念，皮尔逊（K. Pearson，1857—1936）发展了相关和回归理论，又提出了假设经验和χ^2分布，还有费希尔（R. A. Fisher，1890—1962）、凯尔（A. N. Kiaer，1838—1919）、包勒（A. L. Bowlag，1869—1957）等统计学家也对数理统计学的发展做出了重大贡献。1867年，这门既有数学方法，又有统计学内容的新生科学，正式命名为“数理统计学”。

凯特勒的统计思想主要有：① 统计规律。国际统计学界有人把凯特勒称为“统计学之父”，不仅仅是称颂他生平曾进行过大量的国际统计组织活动，更重要的是他发现了大量现象的统计规律性，特别是对社会生活规律性的揭示，引起各国统计学者的称道。凯特勒在从事规律性研究时，首先能自觉排除神学的影响，其次能将社会规律与自然规律进行对比考察，再次是通过大量观察，以平均数作为手段。② 概率论运用。凯特勒在概率论运用方面的最大特色表现在大数定律方面。要在社会现象中发现规律，必须根据大数法则这一思想，政治算术学派早在经验中体会到了，但并不深入。虽然对数学家们来说，对以大数定律为中心内容的概率论已做了深入研究，但是一般仅侧重于数学本身，而凯特勒从莫阿弗尔、拉普拉斯等所证实的大数定律的数学定义出发，又吸收了格朗特等的大数法则思想，首次在社会科学的范畴内提出了他的大数定律思想，并把统计学的理论建立在大数定律的基础上。凯特勒开创性地企图用大数定律来建立一套有制约性的社会规律，一切事物都要受到大数定律的支配。③“平均人”思想。这是凯特勒运用概率论在探讨人类自身规律的过程中所提出的独特范畴。凯特勒收集了大量关于人体的生理测量依据，如体重、身高和胸围等，经分析研究后，认为这些生理特征都围绕着一个平均值在上下波动，呈现出很规则的分布。所谓"平均人"，就是运用统计方法计算出来的人类自身各性质标志的综合平均值。凯特勒甚至还认为，统计学的基本任务是关于平均人的比较与研究。④ 道德统计。凯特勒根据英、法、俄等国的统计资料，做出了很多统计分析，发现人的犯罪行为具有一定的规律性，并且他认为这种犯罪的规律性是客观的自然法则作用于社会的结果。

由于凯特勒具备包括统计学在内的广泛知识，以及擅长国际统计学的交流和活动，所以他能够融会贯通各家各派的统计思想，从而在博采群言的基础上，迅速把统计学推向新的高度。多数统计学史家认为，凯特勒把统计学发展中的3个主要源泉，即德国的国势学、英国的政治算术和意大利、法国的古典概率论加以统一、改造和融合成具有近代意义的统计学，促进了统计科学向新的境界发展。正如日本统计学家冈崎文规所说："近代统计学的发展，可以说有赖于凯特勒者甚大。"而到了凯特勒时代，"统计"一词才由国家统计资料的含义，扩充为近代具有3种主要意义(统计工作、统计资料和统计理论)的"统计"。凯特勒在统计学上具有深远的影响，是对社会领域中的规律性的探索和大量统计方法的创造性使用。自他以后，致力于社会领域统计研究的学者，例如，德国社会统计学派，更多地继承了他的统计规律性的思想；至于在自然领域从事统计研究的数理统计学者，例如，英国生物统计学派，则更多地被他的统计方法论影响。因此，可以说凯特勒既是古典统计学的完成者，又是近代统计学的先驱，他在统计发展史上具有承上启下、继往开来的地位。

(四) 社会统计学派和社会经济统计学派

社会统计学派在一定意义上来说是政治算术学派的延续。创始人是德国经济学家、统计学家克尼斯，以德国的政府统计官员兼统计学家恩格尔和梅尔为代表。该学派认为，统计学是研究社会现象的，研究目的在于明确社会现象内部的联系和相互关系，统计方法应当包括社会统计调查中的资料搜集、资料整理以及资料分析。

社会统计学派的中坚恩格尔在统计方面的主要贡献有：① 统计调查和消费计量。恩格尔最大的特色是善于把国情调查的行政目的与统计研究的科学目的巧妙地结合起来。当国家进行普查的时候，他利用工作上的便利，常增加一些与研究目的有关的调查项目,如家族、家庭消费、营业状况等。因此,他一方面作为官方统计的领导者,指导统计实务上的工作;另一方面,他又作为具体的科学研究者,进行统计理论上的探索。② 恩格尔法则。恩格尔对工业生产人口进行深入考察时,把家庭调查的结果分类整理后,发现了工人收入与家庭生活支出的比例关系:家庭收入越少,用于饮食费用的支出占家庭收入的比重就越大,而随着家庭收入的增加,用于饮食费用的支出占家庭收入的比重就逐渐减少,用于衣食、住宅、取暖和照明支出所占的比重变化不大,而用于满足文化、娱乐等需要的支出则占越来越大的比重。他认为,收入中用于食品的比重即恩格尔系数可以作为衡量居民福利水平的最好的尺度。③ 统计学体系。恩格尔在其《关于统计学是独立科学还是方法问题》一书中全面地支持了凯特勒的统计学观点。他的"恩格尔法则"的确立,深受凯特勒有关规律性和"平均人"观点的影响。在社会思想方面,他也受到勒·普累(L. Play)的社会改良学说的影响。他认为,统计学是一门人类社会科学,其目的是大量观察有组织的国家社会中人民的物质和道德生活,并把大量观察所得到的结果,算术地加以表达,最终通过分析来表明这些现象变化中的原因与结果的联系。同时他又认为,观察社会现象的范围不是个体而是集团总体,统计学只是一门关于集团总体的学问。由于统计学是"算术地",所以,统计学就形成了社会科学与自然科学之间的一个链环。它不仅能应用于社会科学,也适用于其他科学。他的"算术地"概念是从方法论角度来考虑的,主要是指统计资料的分组、汇总和分析的方法。

梅尔是德国统计学家、政府统计家。社会统计学体系基本上是以梅尔的学说为主干的,这一点可以从梅尔的主要统计思想中得到求证。社会统计学体系的完成者梅尔在统计方面的主要贡献有:

(1) 社会统计学研究的范围。梅尔于 1877 年出版的《社会生活中的规律性》一书中,有个很精辟的统计学定义,可以说,他的统计思想都集中反映在这个定义中。他说:"统计学是在对总体现象大量观察的基础上,对人类社会生活实际状态及其所产生的规律性,做系统的表述和说明。"显然,梅尔认为统计学是社会科学中的一门独立科学,它根据广泛的事实来对有关社会现象进行量的研究,从而揭示出社会现象变动的原因及规律性。因此,统计学是研究规律性的实质性科学。梅尔主张,凡是实质性科学,从其研究对象内容来看,可区分为自然与社会;从其存在形式来看,可区分为个体与总体。因此统计学主要研究的范围是:① 社会生活及与社会生活有关的少数自然现象的数量方面。那些与人类社会生活无关的纯自然现象不在研究范围之内。也就是说，统计学的研究只限于政治、经济、教育、伦理诸方面。梅尔为了强调统计学的社会科学性，甚至还主张人口统计和动植物统计一样，应属于生物学研究范围，应归于自然科学的统计之中。② 社会总体而不是个别社会现象。他认为对社会这个总体（或集团）进行大量的观察和分析，从总体上研究其内在的因果关系，从而反映整个社会所呈现出的规律，构成"社会总体的实质科学"，这才是统计学。

(2) 社会统计学研究的规律。梅尔认为，脱离现象规律性的研究，就不能获得科学的认识，统计学不能停留在数量的记述上面，还要深入探索社会现象间的因果关系和内在的规律性，而成为分析性的统计学。他认为，只要不变更社会条件，统计学所研究的社会现象，最终在不同程度上重复表现为 4 种情况，即表现出 4 种形式的规律：第一种叫作状态规律，即处在静止状态下的社会总体中所存在的一种比较稳定的规律性，如按人口的性别、年龄、职业等分组的人口分布状况等。第二种叫作发生规律，即某一社会总体现象与该总体有关系的其他现象之间发生联系时所产生的规律性，如对应着全国人口每年所发生的出生、死亡、犯罪、自杀等的比例。第三种叫作发展规律，即社会现象在时间变动上发生的社会发展的规律性，如生产增长、生活提高乃至阶级分化、人类进步等。第四种叫作因果规律，即反映两个总体现象间所存在的相互依存关系的规律性，如气候与农作物产量的关系、收入与支出的关系、教育与犯罪的关系等。对社会现象表现出来的规律形式及其性质的系统阐述，梅尔还是第一个，这无疑值得肯定。

(3) 社会统计学研究的方法。梅尔对统计方法论也很有研究，他把统计方法看作统计学理论部分的一个重要内容，他认为，自古以来那些国家统计中所使用的方法和技术，到了 19 世纪后半叶已不够用了。作为科学认识手段的统计学，应该是从简单地搜集和记述数字之形式意义的统计学，上升到研究规律的实质意义的统计学。为了这个目的，他根据统计学发展的历史，把大量观察法推向空前的高度，即认为大量观察法是认识的唯一可能的统计方法。他在讨论自然和社会、个体和总体的关系时，提出在自然现象的范围内，根据个体的个别观察，就能解决大部分的问题，达到预定的研究目的。但是，对社会现象，由于其复杂性和总体性的特点，则必须通过大量观察，才能看出它的内在联系和规律性。所以，大量观察在自然科学的认识中是第二位的，在社会科学的认识中才是第一位的。以大量观察法为研究方法的理论体系，全部由梅尔完成，并成为 19 世纪后半叶到 20 世纪初支配德国统计学界的主要理论体系。

社会经济的发展要求统计学提供更多的统计方法；社会科学本身也不断地向细分化和定量化发展，也要求统计学能提供更有效的调查整理、分析资料的方法。因此，社会统计学派也日益重视方法论的研究，出现了向实质性方法论转化的趋势。但是，社会统计学派仍然强调在统计研究中必须以事物的质为前提和认识事物质的重要性，这同数理统计学派的计量不计质的方法论性质是有本质区别的。

社会统计学的发展和社会制度、社会科学的发展密切相关。在资本主义社会，由于社会制度的限制，社会统计学的发展受到很大的影响，而相比之下，数理统计学紧密结合自然科学的实践，不断充实自己的内容，在自然科学的应用中得到了突飞猛进的发展。

社会主义国家的社会经济统计学是从俄国十月革命后逐步建立和发展起来的。十月革命前后，列宁在研究俄国和世界资本主义的发展等问题时，使用了大量统计资料，运用了多种统计方法，做了非常精辟的分析研究，提出社会经济统计是认识社会有力的武器之一。列宁对统计理论的一个重要贡献就在于他把统计和社会主义管理联系在一起，强调统计监督的意义。马克思和恩格斯在长期的革命实践中，对资产阶级统计资料进行了科学的借鉴和利用，从而提出了指导社会主义统计工作的原理、原则和方式方法，为创立社会经济统计学提供了新的理论基础。这在统计学术史上是一次质的飞跃。由此可以认为，苏联的社会经济统计学是社会统计学派学术观点的继承和发展。

在我国，新中国成立前的统计学领域，社会经济统计学派和数理统计学派共存。新中国成立后，我国全盘引进苏联的经济统计理论并形成体系，因此只承认社会经济统计学的科学性，对数理统计学持批判和否定的态度。1978 年，随着党的十一届三中全会的召开以及改革开放政策的实行，统计科学研究取得了长足的进展，极大地调动了统计科学工作者的积极性，统计科学呈现出一派生机，学者们提出了各种各样的统计观点，有学者认为统计学是从数量上研究社会发展规律的实质性科学，也有学者认为统计学是为研究社会经济现象数量方面提供应遵循的原理、原则和方式方法等。同时，统计方法愈来愈广泛地应用到自然科学和社会科学的众多领域，统计学也日益发展成为一门融数理统计学和社会经济统计学为一体的方法论科学。

三、统计学的进一步发展

（一）20 世纪的迅速发展

20 世纪初以来，科学技术迅猛发展，社会发生了巨大变化，统计学进入了快速发展时期。归纳起来有以下几个方面：① 由记述统计向推断统计发展。记述统计是对所搜集的大量数据资料进行加工整理、综合概括，通过图示、列表和数字，如编制次数分布表、绘制直方图、计算各种特征数等，对资料进行分析和描述。而推断统计，则是在搜集、整理观测的样本数据的基础上，对有关总体做出推断。其特点是根据带有随机性的观测样本数据以及问题的条件和假定（模型），而对未知事物做出的以概率形式表述的推断。目前，西方国家所指的科学统计方法，主要是指推断统计。② 由社会、经济统计向多分支学科发展。在 20 世纪以前，统计学的领域主要是人口统计、生命统计、社会统计和经济统计。随着社会、经济和科学技术的发展，直到今天，统计的范畴已覆盖了社会生活的一切领域，几乎无所不包。它被广泛用于研究社会和自然界的各个方面，并发展成为有着许多分支学科的科学。③ 统计预测和决策科学的发展。传统的统计是对已经发生和正在发生的事物进行统计，提供统计资料和数据。20 世纪 30 年代以来，特别是第二次世界大战以来，由于经济、社会、军事等方面的客观需要，统计预测和统计决策科学有了很大发展，使统计走出了传统的领域而被赋予新的意义和使命。④ 信息论、控制论、系统论（简称“三论”）与统计学的相互渗透和结合，使统计科学进一步得到发展和日趋完善。信息论、控制论、系统论在许多基本概念、基本思想、基本方法等方面有着共同之处，三者从不同角度、不同侧面提出了解决共同问题的方法和原则。“三论”的创立和发展，彻底改变了世界的科学图景和科学家的思维方式，也使统计科学和统计工作从中汲取了营养，拓宽了视野，丰富了内容，出现了新的发展趋势。⑤ 计算技术和一系列新技术、新方法在统计领域不断得到开发和应用。近几十年间，计算机技术不断发展，使统计数据的搜集、处理、分析、存贮、传递、印制等过程日益现代化，提高了统计工作的效能。计算机技术的发展，日益扩大了传统的和先进统计技术的应用领域，促使统计科学和统计工作发生了革命性的变化。如今，计算机科学已经成为统计科学不可分割的组成部分。随着科学技术的发展，统计理论的深度和广度也在实践中不断地得到拓展。⑥ 统计在现代化管理和社会生活中的地位日益重要。随着社会、经济和科学技术的发展，统计在现代化国家管理和企业管理及社会生活中的地位越来越重要。人们的日常生活和一切社会生活都离不开统计。英国统计学家哈斯利特说:“统计方法的应用是这样的普遍,在我们的生活和习惯中,统计的影响是这样的巨大,以至统计的重要性无论怎样强调也不过分。”甚至有的科学家还把我们的时代叫作“统计时代”。显然,20 世纪统计科学的发展及未来,已经被赋予了划时代的意义。

(二) 21 世纪的展望

在科学技术飞速发展的今天,统计学广泛吸收和融合相关学科的新理论,不断开发应用新技术和新方法,深化和丰富了统计学传统领域的理论与方法,并拓展了新的领域。今天的统计学已展现出强有力的生命力。在我国,社会主义市场经济体制的逐步建立过程中,实践发展的需要对统计学提出了新的更多、更高的要求。随着我国社会主义市场经济体制的不断完善,统计学的潜在功能将得到更充分、更完满的发掘:① 对系统性及系统复杂性的认识为统计学的未来发展提供了新的思路。由于社会实践广度和深度迅速拓展,以及科学技术的高度发展,人们对客观世界的系统性及系统的复杂性认识也更加全面和深入。随着科学融合趋势的兴起,统计学的研究触角已经向新的领域延伸,兴起了探索性数据的统计方法的研究。研究的领域向复杂客观现象扩展。21 世纪统计学研究的重点将由确定性现象和随机现象转移到复杂现象,如模糊现象、突变现象及混沌现象等新的领域。可以这样说,复杂现象的研究给统计开辟了新的研究领域。② 定性与定量相结合的综合集成法将为统计分析方法的发展提供新的思想。定性与定量相结合的综合集成法是我国已故著名科学家、“两弹一星”元勋和奠基人钱学森教授于 1990 年提出的。这一方法的实质就是将科学理论、经验知识和专家判断相结合,提出经验性的假设,再用经验数据和资料以及模型对它的确实性进行检测,经过定量计算及反复对比,最后形成结论。它不仅是研究复杂系统的有效手段,而且在问题的研究过程中处处渗透着统计思想,为统计分析方法的发展提供了新的思维方式。③ 统计科学与其他科学渗透将为统计学的应用开辟新的领域。现代科学发展已经出现了整体化趋势,各门学科不断融合,已经形成了一个相互联系的统一整体。由于事物之间具有的相互联系性,各学科之间研究方法的渗透和转移已成为现代科学发展的一大趋势。许多学科取得的新的进展为其他学科发展提供了全新的发展机遇。模糊论、突变论及其他新的边缘学科的出现为统计学的进一步发展提供了新的科学方法和思想。将一些尖端科学成果引入统计学,使统计学与其交互发展将成为未来统计学发展的趋势,统计学也将会有一个令人振奋的发展和应用前景。今天已经有一些先行者开始将控制论、信息论、系统论以及图论、混沌理论、模糊理论等方法和理论引入统计学，这些新的理论和方法的渗透必将给统计学的发展带来深远的影响。

统计学产生于应用，在应用过程中发展壮大。随着经济社会的发展、各学科相互融合趋势的发展和计算机技术的迅速发展，统计学的应用领域、统计理论与分析方法也将不断发展，并在所有领域展现它的强大生命力和重要作用。

第二节　统计的含义

一、统计的含义

汉语中的“统计”，原有合计或汇总计算的意思。英语中的“统计”(statistics)一词最早来源于中世纪拉丁语中的“status”，意思是指各种现象的状态和状况。由这一语根组成意大利语“stato”，表示“国家”的概念，也含有国家结构和国情知识的意思。根据这一语根，最早作为学名使用的“统计”，是在18世纪德国政治学教授阿亨瓦尔1749年所著的《近代欧洲各国国家学纲要》一书的绪论中，把国家学名定为“statistika”(统计)这个词。原意是指“国家显著事项的比较和记述”或“国势学”，认为统计是关于国家应注意事项的学问。此后，各国相继沿用“统计”这个词，并把这个词译成各国的文字，法国译为“statistique”，意大利译为“statistica”，英国译为“statistics”，日本最初译为“政表”“政算”“国势”“形势”等，直到1880年在太政官中设立了统计院，才确定以“统计”二字为正名。在我国，最早于清光绪二十九年(1903年)，钮永建、林卓南等翻译了4本横山雅南所著的《统计讲义录》，把“统计”这个词从日本引入我国。清光绪三十三年(1907年)彭祖植编写的《统计学》在日本出版，同时在国内发行，这是我国最早的一本“统计学”图书。“统计”一词就成了记述国家和社会状况的数量关系的总称。

在日常生活中，我们经常会接触到“统计”这一术语。一提到统计，很多人可能首先想到的是统计工作，这种理解是不全面的。在今天，“统计”一词已被人们赋予多种含义，在不同的场合、不同的语言环境中已有许多种不同的解释。

目前，在国际统计理论界，关于统计一词的含义比较趋于一致的解释为：统计包含统计工作、统计资料和统计学三个方面的含义。

其一，统计是指统计工作。即统计实践活动，是对现象客观存在的数量方面进行取得、提供、运用的活动过程，包括对客观现象的数量方面进行搜集、整理、分析和提供的全部工作。统计工作的基本任务是对客观现象进行统计调查、统计整理和统计分析，提供统计资料和咨询，实行统计监督。例如，我国进行人口普查时要经过的方案设计、入户登记、数据汇总、分析总结和资料公布等一系列过程与事项都是统计工作。一个完整的统计工作过程一般包括统计设计、统计调查、统计整理、统计分析等环节。

其二，统计是指统计资料。又称为统计信息，是统计实践活动所取得的、反映客观现象的各项数字资料及与之相关联的其他资料的总称。例如，根据《第三次全国国土调查主要数据公报》，我国耕地面积为 19.18 亿亩①。其中水田面积为 4.71 亿亩，占 24.55%；水浇地面积为 4.81 亿亩，占 25.12%；旱地面积为 9.65 亿亩，占 50.33%。这些由文字和数字共同组成的数字化的信息就是统计资料，是统计提供数据信息的基本表现形式，也是统计工作的直接成果。

统计资料包括原始资料（也称初级资料、第一手资料）和综合资料（也称次级资料、第二手资料），是统计工作的成果或产品。例如，企业各车间的统计台账、人口普查时初次登记的资料就是原始资料，而统计公报、调查分析报告等现实和历史资料就是综合资料。统计资料一般以统计表、统计图、统计分析报告、统计公报和统计年鉴等形式表现。

其三，统计是指统计学。统计学是统计工作实践经验的理论概括，是关于认识客观现象总体数量特征和数量关系的科学，是研究如何对客观现象的数量方面进行统计调查、统计整理和统计分析的原理、原则、方式、方法的科学，是长期统计工作实践的经验总结和理论概括。统计学来源于统计实践，又高于统计实践，反过来又指导统计实践。其中，应用纯逻辑推理的方法研究抽象的随机现象的数量规律性的科学称为理论统计学，而应用统计方法研究各领域客观现象的数量规律性的科学称为应用统计学。社会经济统计学则是关于国民经济和社会现象数量方面的调查、整理和分析的原理、原则和方式方法的科学，按其性质它属于应用统计学。

必须说明的是：从统计实践和统计学的产生与发展过程可以看出，统计学是一种应用领域宽广、分子众多、学派林立的大学科。因此，简单地为统计学下一个普遍认同的定义非常不易。《大不列颠百科全书》给出的定义是：用以搜集数据、

① 面积的法定计量单位为平方米、平方千米，亩为非法定计量单位，但由于历史的原因，现实生活中还常有应用，1 亩＝666.6 平方米。

分析数据和由数据得出结论的一组概念、原则和方法。在我国，教育部在 1998 年公布的《普通高等学校本科专业目录和专业设置》中给出的统计学定义是：研究如何搜集数据、分析数据，以得出正确认识结论的方法论科学。

统计的三种含义之间具有密切的联系：第一，统计工作和统计资料是实践和成果的关系，一方面统计工作的实施受统计资料需求的支配，另一方面统计工作的质量又直接决定着统计资料的数量和质量。第二，统计工作与统计学是统计实践与统计理论的关系。一方面，统计学来源于统计实践，只有当统计工作发展到一定程度，才可能形成独立的统计学。也就是说：统计理论是统计实践活动的经验总结和理论概括。另一方面，统计工作的发展又需要统计理论的指导，统计科学研究大大促进了统计工作水平的提高，统计工作的现代化与统计科学的进步是密不可分的，统计工作现代化与统计科学的发展相关联。总之，三者中最基本的是统计工作，没有统计工作就不会有统计资料，没有丰富的统计实践经验就不会产生统计科学。

二、统计工作的认识对象及其特点

统计工作是一种调查研究活动，是对现象总体的一种认识活动，它的认识对象是现象总体的数量方面，即现象总体的数量规模、数量水平、数量结构、数量比例和数量普遍程度等。统计认识对象具有以下特点：

（一）数量性

统计认识客观现象的数量方面，包括数量多少、数量关系和质变的数量界限。统计的目的就是要对客观现象的数量方面加以认识，反映客观现象的数量方面的现状及其发展变化过程，进而把握其固有的基本规律。

一切客观事物都有它的质和量两个方面，统计就是要用大量的数字资料，并通过统计指标和指标体系等特有的统计方法，来综合反映现象的规模、水平、速度、结构、比例和效益等，从而揭示事物的本质和规律性。例如，统计研究某地区的自然资源、劳动力资源、国民财产、金融资产、科技资源等基本数量和数量关系，就可以形成对该地区经济活动基本条件的初步认识。

为了正确认识数量性的特点，必须强调以下 3 个问题：① 统计研究的量是大量的，而不是个别的或少量的，因为个别的或少量的量带有偶然性或随机性。统计就是通过对许多个别事物的大量实际数字资料进行综合研究，反映现象在一定时间、地点条件下的状况、趋势和规律。② 统计对现象总体数量方面的认识，必须以定性认识为基础，即统计要密切联系现象的质来研究它的量，因为客观现象的质和量是不可分的，对客观现象的认识最终要把质和量统一起来。③ 统计研究的数量与会计反映的数量是有区别的。首先，会计以资金运动或价值运动为对象，即以货币为主要计量单位对一个经济主体的资金运动或价值运动进行核实与监督，而统计则要根据统计研究目的确定相应的调查对象的总体范围，就其各种数量方面进行调查、整理与分析。其次，二者对计算结果精确度的要求也不同，会计要以凭证为记账依据，数量上不能有任何偏差，而统计中有些数量是与实际有一定误差的，比如由抽样推断得到的统计数量。

(二) 总体性

统计的认识对象是客观现象的总体数量方面，即统计是对现象总体中各单位普遍存在的客观事实进行大量观察和综合分析，形成反映现象总体的数量特征。统计研究虽然从个别(总体单位)入手，对个别单位的具体表现进行观测，但其目的并不在于此，而是为了认识总体数量特征。例如，对职工进行文化程度统计的目的不在于了解个别职工的文化程度状况，而是要反映一个地区、一个部门、一个企事业单位职工在文化程度上呈现出的总体数量特征。再如，人口普查的目的不在于了解某一个人或某个家庭的基本状况，而在于把握一个地区(省、市、县或区)及全国的人口总量、年龄结构、性别比例、婚姻状况、教育水平、就业规模与构成等，以便对人口总体的数量特征做出统计上的规律性解释。由于个别现象通常具有偶然性和特殊性，而总体现象常常都具有相对稳定性和普遍性，表现某种共同的、基本的倾向，有规律可循，因此认识现象总体的数量特征，有利于反映现象的本质和规律性。

关于总体性特点要注意以下两点：① 统计研究现象总体的数量特征，并不意味着可以撇开个别的具体事实去研究总体，相反，对现象总体的认识总是要以调查个别单位的事实开始，离开了对个体的调查，就无法综合总体的特征。因此，统计对总体数量方面的认识，是从个别的具体数量归纳出客观现象的总规模、总水平，并因此决定客观现象的数量趋势和数量规律。统计就是从对个体的观察过渡到对总体数量表现的认识，即“从个体到总体”。② 统计认识对象的总体性，并不排斥对个别典型单位的深入研究。因为“从个体到总体”的研究不可避免地要使总体的数量特征趋于抽象化、一般化，因而有选择地抽取个别代表性典型单位，进行具体深入的调查研究，更有利于掌握现象总体的规律性。

（三）具体性

统计的认识对象是客观事物的具体的数量方面，不是抽象的量。统计研究的数量是客观事物在具体时间、空间等条件作用下的表现。任何客观现象都是质与量的辩证统一。一定的质规定一定的量，一定的量表现一定的质。这是统计学和数学的分水岭。数学是完全撇开研究对象的具体内容和质的特征而认识抽象的数量关系，而统计所研究的不是一个纯粹的、抽象的量。例如，我国 2023 年国民经济和社会发展统计公报：2023 年全年国内生产总值(GDP)1 260 582.1 亿元（人民币），按不变价格（可比价格）计算，比上年增长 5.2%。分季度看，一季度国内生产总值同比增长 4.5%，二季度增长 6.3%，三季度增长 4.9%，四季度增长 5.2%，呈现前低、中高、后稳的态势，向好趋势进一步巩固。人均国内生产总值（人均 GDP)89 358 元（人民币），按可比价格计算，比上年增长 5.4%。统计总是研究在一定质的规定下的数量变化及其运动规律。因此，统计在对客观现象质的规定性有了正确认识后才能统计其数量。例如，要统计国内生产总值，首先必须明确国内生产总值的含义。

强调统计认识对象的具体性，并不排斥统计认识活动中会用到许多既反映客观事实又具有抽象性的统计指标和数字，如平均数、相对数等。在比较两个单位同种产品生产的成本水平时，不能直接用两个单位生产该种产品的成本费用总额这一具体数字来比较，而必须通过计算各单位生产该种产品的平均成本来比较分析，这里的平均成本指标就是反映生产单位产品的成本费用的一般水平，是一个抽象的数字。

（四）变异性

统计所研究的客观现象的总体，是由某些性质上相同的许多个体所组成的。这些个体在其他方面又表现出一定的差别或变异，而且这种差别或变异是普遍存在的。统计研究现象总体的数量特征，其前提就是总体各单位的特征表现存在着差别或变异，并且这种差别或变异不能由某种确定性原因事先给定。例如，某大学在校学生的年龄大小有差异，身高水平有差异，月生活费支出额有差异等。正是由于这些差别、变异的存在，才需要考查学生总体的平均年龄、年龄结构、平均身高、平均月生活费支出等。如果总体各单位的特征表现不存在差别或变异，也就不需要统计,如果这些差别或变异可由某种确定性原因事先给定,那么也就不需要用统计方法了。

统计上把总体各单位由于随机因素引起的标志表现的差别称为变异。变异可以表现为数量方面,也可以表现为非数量方面。非数量方面的变异只有最终量化为数量方面的变异,才能成为统计研究的内容。变异是统计的前提条件。

第三节 统计学的研究对象和研究内容

一、统计学的研究对象

统计学的研究对象是由统计工作的实践要求来决定的。既然统计是一种调查研究活动,那么,统计学就应该是立足这种调查研究活动,研究如何进行这种调查研究活动的科学,所以统计学是认识客观现象总体数量特征和数量关系的实质性的方法论科学,就客观现象的实质内容,给出认识它的方法。统计学的研究对象是关于搜集、整理、分析和提供客观现象总体数量方面的原理原则和方式方法。

关于统计学的学科性质和研究对象,我国统计理论领域经过多年的争论,基本上形成两种意见:一种是主张统计学是研究统计方法的,与统计学的研究对象相区别,称之为"方法论学派",统计学则是"方法论学科";另一种是主张统计学是研究经济规律的,与其研究对象统一,称之为"规律学派",统计学则成为"实质性学科"。

历史地、辩证地看,统计学研究统计方法和研究统计规律,是不能截然分开的,更不能分成相互对立的两种观点。首先,从社会经济统计学的形成过程看,随着其知识体系的变迁和发展,对统计方法的研究和对统计规律的研究是有机统一的。其一,从客观社会经济现象的文字记述向描述社会经济现象数量特征方面发展,主要表现在国势学派和政治算术学派合流的社会经济统计形成过程。国势学派以文字记述有关国情国力的系统知识,但没有把数量对比分析作为其基本特征,算术学派运用大量的实际资料,对国情国力做了系统的数量对比分析,为社会经济统计学的形成打下了基础,对规律的揭示和对方法的研究此时已见雏形。其二,从简单直接的统计调查方法向抽样方法等多种方法的科学性方向的发展。19世纪中叶后期,涌现大批政府统计学家兼社会经济统计学家,他们不仅以研究社会现象的数量方面为主,把大量观察法作为统计的基本方法,而且还从探索社会现象中的统计规律向提供研究社会现象统计方法的研究目的转移,并逐渐主张采用抽样法和把某些数理统计方法引入社会统计方法论中。其三,从认识统计规律向既认识统计规律又研究统计认识的科学方法论方面发展。主要表现在社会统计学派学科体系完成的社会经济统计发展过程。德国社会统计学派的代表人物梅尔在他 1877 年出版的《社会生活中的规律》中主张“统计学是在对总体现象大量观察的基础上,对人类社会生活实际状态及其产生的规律性做有系统的表述和说明”。因此,统计学是研究规律性的实质性科学。随后他又把统计方法看作统计学理论的基本内容进行研究:自古以来,那些国家统计中所使用的方法和技术,到 19 世纪后半叶的今天,已不够用了。作为科学认识手段的统计学,应该从简单的搜集和记述数字的形式的定义的统计学,上升到研究规律的实质意义的统计学。因此,他根据统计学发展的历史,把大量观察法的地位推向极点:大量观察法在自然科学的认识中是第二位的,而在社会科学的认识中是第一位的。以大量观察法为研究方法的理论体系,全部由梅尔完成,并成为 19 世纪后半叶到 20 世纪初支配德国统计学界的主要理论体系。梅尔认为,统计方法在当时已经分化并独立发展为统计(方法论)科学,因此他主张把实质性统计学和方法论统计学合并成一门学科。至此,社会经济统计学在性质上为实质性的方法论学科已趋形成。

在我国,有学者将统计学的方法性与实质性割裂开来,认为统计学是为研究客观现象数量关系而来研究如何进行统计的方法和方法论。客观现象的数量关系只是统计方法的客体,但统计不是直接研究客体,而是为了研究客体提供方法,客体则是统计机关、统计工作的研究对象。辩证唯物主义原理认为,一切方法只能来源于客观现象,而不可能脱离客观现象由人们头脑随意制造、设计出来。任何科学方法,都是人们在认识世界和改造世界的过程中研究概括出来的,是人们认识发展的产物,并不是客观的第一性的东西。认识的方法或研究的方法,是由客观的研究对象产生的。因此对象——客体是第一性的,而方法则是由研究对象产生的,是第二性的。人们对研究客体有了充分认识,掌握了研究对象的内在联系,从而得到科学的方法,进一步帮助我们认识对象,但方法是否科学,并不随人们主观而论,最后还要接受实践的检验,从人与客观世界的关系中来回答。试问:统计学如果不研究客观的社会经济现象过程,它又怎能为统计工作和其他社会科学提供研究社会经济现象的方法呢?所有主张统计学仅仅是方法论的学者,总是认为研究方法可以脱离研究对象而独立存在,这是不符合马克思主义认识论基本原理的。

如果统计方法的研究可以离开一个国家的具体情况，不研究这个国家的社会经济现象的现状和发展趋势，那么统计研究方法不就是一成不变了吗？

事实上，我国现有的论著和论文，并不仅仅是统计方法的简单叙述，大都在说明每一种统计方法是怎样根据被研究对象的具体情况描述出来的，又是怎样根据客观过程的情况和条件才能得到正确应用的。统计学中的各种统计指标，不仅仅是一个统计方法，同时又都是关于一定的社会经济现象范畴的数量说明。从辩证唯物主义看来，一切科学范畴、统计指标的社会经济内容和计算分析方法，就构成统计学性质的基本内容。

再从研究内容上来看，统计是一种对客观现象的调查研究活动。这种调查研究活动可以产生两方面的成果：一是关于客观现象数量方面的认识成果，表现为统计资料和对客观现象数量关系的分析研究成果。二是研究和总结统计这种调查研究活动是怎样进行的，怎样调查研究才能达到客观现象数量方面的正确认识。纵观统计学的整个历史发展过程，这两方面的成果始终都被包含在其研究范围之内。区别在于由于人们认识的差异，在某些时候，第一种认识成果所占份额大些，而在另一些时段，第二种认识成果所占份额大些。这与统计学的性质即实质性的方法论科学相一致。它既符合历史的发展和学科的客观情况，也适应统计工作发展的要求。

因此，对象、规律、方法是被不可分割地联系在一起，除马克思主义哲学外，没有哪一门科学能够认识现象的规律而没有自己的研究方法，也没有哪一门科学能为一切科学提供共同的研究方法。

二、统计学的研究内容

由于统计学是认识客观现象总体数量特征和数量关系的实质性的方法论科学，而客观事物量的大小和量的关系，是在一系列复杂因素影响下形成的，这些因素有的是主要的，起决定性、普遍性的作用，有的是次要的，起偶然的、局部的作用。正是由于这些因素的综合作用，使得客观事物的量具有随机性，因此统计研究的目的就在于通过对同类现象的大量观察和综合分析，排除偶然性因素的影响，显示决定性因素作用的规律性。所以，统计学的研究内容应围绕着如何搜集、整理和分析客观现象的统计数据的各种方法展开。其主要内容应包括描述统计、推断统计和其他常用的统计方法。

（一）描述统计

描述统计是指对由实验或调查而得到的数据进行登记、审核、整理、归类，计算出各种能反映总体特征的综合指标，并加以分析，从中得出有用的信息，用表格或图像把它表示出来，所以它是研究如何搜集、整理和显示客观现象的数量，并通过综合分析得出反映现象规律性的数量特征。其主要内容有统计调查、统计整理和统计指标。

1. 统计调查

统计调查是指根据统计设计方案的要求，有计划地搜集原始资料。资料搜集得是否准确、及时、系统和完整，直接影响整个统计工作的质量，所以统计调查是统计整理和分析的基础。

2. 统计整理

统计整理是统计研究的中间阶段，它是指对调查资料进行科学的分组、归纳、综合，使统计资料系统化、条理化，以便进一步开展统计分析。

统计分组是统计整理的重要内容之一，是根据统计研究的任务和事物的内在特点，将被研究的现象总体按一定的标志划分为性质不同的几个部分。统计分组法是研究总体内部差异性的重要方法，通过分组法可以研究现象总体的不同类型，反映各类型的数量特征，可以分析现象总体的内部结构和比例关系，也可以研究总体中现象之间的依存关系。

3. 统计指标

统计指标是运用各种统计指标来反映和研究客观现象总体的一般数量特征和数量关系。通过计算各种综合指标，从而显示现象在具体时空下的总量规模、相对水平、集中趋势、离中趋势等，更进一步从动态上研究现象的发展趋势和变化规律。

统计分组法和综合指标法是相互依存的，统计分组如果没有合理的统计指标来反映现象的规模水平，就不能揭示现象的数量特征，而统计指标如果没有科学的统计分组，就无法划分事物变化的数量界限，成为笼统的指标。所以必须科学地进行分组，合理地设置指标，建立相应的指标体系和分组体系。

（二）推断统计

对现象总体各单位的观察只是对部分或有限的单位进行调查，而需要判断的总体范围往往是大量的，甚至是无限的，这就需要根据局部的样本资料对全部总体数量特征进行判断，这种判断是存在一定置信度的，在统计上，以一定的置信度为标准，根据样本数据来判断总体数量特征的归纳推理方法，称为推断统计。它是研究如何根据样本信息推断总体数量特征的方法，主要方法包括抽样与参数估计和假设检验。

1. 抽样与参数估计

在抽样调查的基础上，根据样本资料计算样本统计量，进而估计总体参数的取值或取值区间。

2. 假设检验

先对总体的某种状况做出假设，然后根据样本实际观察资料对所做假设进行检验，来判断假设的真伪。

描述统计和推断统计构成完整的现代统计方法体系。二者的划分，一方面反映了统计方法发展的前后两个阶段，同时也反映了应用统计方法探索客观现象数量规律性的不同过程。统计研究过程的起点是统计数据，终点是客观现象内在的数量规律性。在这一过程中，如果搜集到的是总体数据（如普查数据），经过描述统计之后就可以达到认识总体数量规律性的目的；如果所获得的只是总体的一部分数据（如样本数据），要揭示总体的数量规律性，则必须运用概率论的理论并根据样本信息对总体进行科学的推断。此时，仅仅借助于描述统计是难以胜任的。显然，描述统计和推断统计是现代统计方法的两个组成部分。描述统计是整个统计学的基础，推断统计则是现代统计学的主要内容。在对现实客观问题的研究中，由于我们所获得的数据主要是样本数据（抽样调查是我国统计调查方法体系的主体），因此，推断统计在现代统计学中的地位和作用越来越重要，已成为统计学的核心内容。当然，这并不是说描述统计不重要，如果没有描述统计搜集可靠的统计资料并提供有效的样本信息，即使再科学的统计推断方法也难以得出准确的结论。从描述统计学发展到推断统计学，既反映了统计学发展的巨大成就，也是统计学发展成熟的重要标志。

（三）其他常用的统计方法

在统计学的方法体系中，时间数列分析、统计指数、相关和回归分析、统计预测等分析方法也是实用性很强的统计分析手段。

1. 时间数列分析

时间数列是将同类指标在不同时间上的数值按先后顺序排列所形成的统计

数列。时间数列有绝对数时间数列、相对数时间数列和平均数时间数列。利用时间数列分析法可以研究现象发展变化的方向、水平、速度和趋势。

2. 统计指数

广义上看,指数是用来反映同类现象在不同空间、不同时间、实际与计划等对比变动的相对数。狭义的指数是指用来反映由不能直接累加的多要素所构成的复杂社会经济现象综合变动程度的特殊相对数。统计指数分析法主要用于反映复杂现象总体数量上的综合变动状况,并对这种变动进行因素分析;还可以通过连续编制的指数数列,分析复杂现象总体的发展变化趋势。

3. 相关和回归分析

相关分析主要是测定变量之间相关关系的密切程度,回归分析则是根据变量之间相关关系的种类,选择一个合适的方程来近似描述变量之间的平均变化关系。在实际应用中,相关和回归分析通常是相互结合使用的。

4. 统计预测

统计预测是指依据研究对象发展的历史与现状的统计资料,运用统计方法,对其未来发展趋势和发展水平做出预计和推测。通过预测可以提供未来的信息,帮助人们做出合理的决策。需要说明的是,由于实践的需要和学科的发展,统计预测相关的原理、原则、方法、技术已经从统计学中分离出来成为一门独立的学科——统计预测学。当然,统计预测学依然是大统计的基本内容。

第四节 统计学的基本概念

一、统计总体和总体单位

统计总体,简称总体,是指客观存在的、某些性质上相同的许多个别事物组成的整体。总体是统计活动中的认识对象或调查对象,是统计指标的承担者。总体单位,简称个体,则是指构成统计总体中的每一个个别事物或个别单位。例如,要研究我国全民所有制工业企业生产经营状况时,把全国的工业企业作为一个整体,构成这一整体的每一个工业企业则是个体,这些工业企业是客观存在的,它们在经济类型、经济职能上具有相同的性质。

(一) 有限总体和无限总体

总体可以根据所包含的总体单位数区分为有限总体和无限总体。若一个总体中所含总体单位数是有限的，可以计数出来的，称为有限总体；若是无限的，即无法得知，或能计量却不能穷尽的，则称为无限总体。统计总体大多数是有限总体，如工业企业总体、职工总体、设备总体等，但无限总体也是存在的，如研究某型号炮弹的全部可能射程，因为从理论上讲，射程的取值可以多到无限种，所以我们面临的是一个无限总体。

（二）实体总体和行为总体

以某种客观存在的实体为单位组成的总体称为实体总体，如企业总体、职工总体、学校总体、产品总体、设备总体等；而以某种行为、事件为单位组成的总体称为行为总体，如以许多次买卖行为构成的总体，以若干次交通事故组成的总体等。

（三）总体与总体单位的区分

总体与总体单位的区分是相对的，总体和总体单位是互为存在条件关系而被连接在一起的。虽然二者的概念或含义不同，但是它们却是相对的，没有总体就没有总体单位，反之，没有总体单位也就没有总体，而且随着研究目的的改变，总体和总体单位可以相互转化。同一个研究对象，在这种情况下是总体，在另一种情况下则变成了总体单位。例如，要研究某地区工业企业职工的工资水平情况，该地区的所有工业企业构成总体，而每一个工业企业则是总体单位。现在研究目的改为调查该地区某特定工业企业的职工工资水平情况，这时特定的工业企业变成了总体，而总体单位是该工业企业的每一个车间或每一个班组。总体单位是对总体的具体化，而总体限定了总体单位的时间范围、空间范围及基本性质。例如，要了解某年某地工业企业的基本情况，则总体便是该年该地全部工业企业，总体单位就是该年该地每一个工业企业。不在本地或本年尚未批准或已撤销的工业企业就不属于该总体的总体单位，其经营性质不属于工业的企业也不能作为该总体的总体单位。

（四）统计总体形成的 4 个客观条件

统计总体的形成必须具备 4 个客观条件，即客观性、同质性、差异性和大量性。第一，总体和总体必须是具体的、客观存在的、可以实际观察和计量的，即统计总体的客观性。第二，构成总体的所有单位必须在某些性质上是相同的，即同质性。同质性是指总体中各单位至少有一个或者有一个以上不变标志，即至少有一个具有某一共同标志表现的不变标志，使它们可以结合起来构成总体。同质性是形成总体的必要条件。第三，构成总体的各单位除在某些性质上相同以外，还必须在其他一些数量表现或属性表现上具有差异性或不一致性。统计就是在个别事物的差异中揭示共性，寻找规律。正是由于差异的存在，才需要有统计。第四，构成总体的个别事物或单位应该是大量的，或构成总体的总体单位数要足够多。总体应由大量的总体单位所构成，大量性是对统计总体的基本要求。一两个或少量的同质事物或单位不宜构成统计总体，因为统计研究的是大量客观现象的数量方面，从大量观察中描述、推断总体的统计特征与统计规律。

（五）统计总体形成的主观条件

统计总体形成的主观条件有两个：一是统计研究目的。研究目的不同，所确定的总体和总体单位便有所不同。例如，研究某地区初中教学情况时，该地区所有的初级中学构成一个统计总体，而每一个初级中学为总体单位；当调查某初级中学教学情况时，该初级中学是总体，这个初级中学的各教研组是总体单位。二是统计机构状况。统计机构的观点、工作条件以及对问题研究的深入程度等也决定着总体的形成。例如，要研究某省高等院校的职工基本情况，若条件允许，可将该省高等院校的每一位职工都列为总体单位形成统计总体，如果人力和经费有限，则可选取部分职工形成总体。

二、标志、变异和变量

标志是说明总体单位特征和属性的概念或名称。每个总体单位从不同角度考察，都具有许多特征和属性。例如以职工为总体单位时，则职工的性别、文化程度、民族、年龄、工资、工龄等都是每个职工所具有的标志；以企业为总体单位时，则企业的所有制、所属行业、管理系统、职工人数、工资总额、产品产量、成本水平、利润等都是每个企业所具有的标志。标志是依附于总体单位的，总体单位是标志的直接承担者或载体。

（一）数量标志和品质标志

一个特定总体中的各单位可以有许许多多的标志，按其表现形式有数量标志和品质标志之分。数量标志表示总体单位量的特征，能用数量表示，如上例中职工的年龄、工资、工龄。品质标志表示总体单位质的特征,通常不用数量表示,如上例中职工的性别、文化程度和民族。

(二) 不变标志和变异标志

对于一个统计总体,各总体单位表现相同的标志为不变标志,或一个标志在总体的各个单位上的表现都是相同的,该标志就是不变标志。这是由统计总体的同质性决定的。如某地区全民所有制工业企业构成的总体,其总体单位在经济类型、经济职能的标志表现上是相同的,即均为全民所有制工业企业,这里的经济类型、经济职能就是两个不变标志。各总体单位表现可能不同的标志为变异标志,也称可变标志,或一个标志在总体的各个单位上的表现都是不相同的,该标志就是可变标志。这是由统计总体的差异性决定的。如上例中的全民所有制工业企业总体,各总体单位在职工人数、利税总额、资产总额、销售收入、产品种类等方面可能存在差异,这些标志便是变异标志。

变异标志分为品质变异标志和数量变异标志。如以每个职工为总体单位,职工的性别、民族、文化程度等是品质变异标志,而职工的年龄、工资、工龄则是数量变异标志。统计研究常常碰到的是数量变异标志,为简便起见,称数量变异标志为变量,变量的具体数值为变量值,如工龄这个变量可具体表现为10年、20年、30年等。

(三) 变量的种类

(1) 变量按变量值是否连续可分为连续型变量和离散型变量。连续型变量的变量值是连续不断的,相邻两值之间可做无限分割,例如身高、体重、射程等。连续型变量的变量值要用测量和计量的方法取得。离散型变量的所有可能取值均可按某种顺序一一列举出来,变量值之间都是以整数值断开的,如职工人数、企业数、机器台数等。离散型变量的数值可用计数的方法取得。

(2) 变量还可以区分为确定性变量和随机变量。如果影响变量值变动的是某种起决定性作用的因素,致使该变量值沿着一定的方向呈上升或下降的变动,这种变量称为确定性变量。如果影响变量值变动的因素有很多,且作用的方向、程度都带有一定的波动性和随机性,这些众多因素致使变量值的大小、方向具有偶然性,这种变量称为随机变量。

三、统计指标与指标体系

（一）统计指标

1. 统计指标的概念

关于统计指标的概念，有两种理解：其一，统计指标是说明统计总体数量特征的概念或范畴。这是从纯理论、纯概念研究的角度来理解的，认为统计指标概念和指标数值具有相对独立的意义。统计指标常用于统计理论研究和统计设计，如国内生产总值、人口总数、全员劳动生产率、消费者物价指数、人口密度等。按照这个理解，统计指标有 3 个构成因素，即指标名称、计量单位和计算方法。其二，统计指标用于说明统计总体数量特征的概念或范畴及其具体数值。这是从统计实务的角度来理解的，认为统计指标概念和指标数值分别作为所研究现象的质和量的规定性，两方面是需要统一的。统计指标常用于实际统计工作。比如，中华人民共和国 2023 年国民经济和社会发展统计公报：2023 年我国 GDP 为 1 260 582.1亿元，按可比价格，比上年增长 5.4%；年末全国人口 140 967 万人，比上年末减少 208 万人，其中城镇常住人口 93 267 万人，占比 66.2%。总人口中，60 周岁及以上 29 697 万人，占比 21.1%，其中 65 周岁及以上 21 676 万人，占比 15.4%，全年出生人口 902 万人，出生率为 6.39‰；死亡人口 1 110 万人，死亡率为 7.87‰；自然增长率为－1.48‰。按照这个理解，统计指标有 6 个构成要素，即指标名称、计量单位、计算方法、时间范围、空间范围和指标数值。

需要强调的是，关于统计指标概念的两种理解都是正确的，不同之处仅在于考虑的角度和应用的场合不同而已，并不影响统计指标构成的完整性。

2. 统计指标的分类

1）按反映的数量特点不同，可以分为数量指标和质量指标

数量指标：反映现象总规模、总水平和工作总量的统计指标，如人口总数、国土面积、固定资产投资总额、职工总数、国内生产总值、企业总数、商品销售额等。数量指标又称为总量指标，用绝对数表示。

质量指标：反映现象相对水平和工作质量的统计指标，如人均国民生产总值、人口密度、职工缺勤率、就业率、性别比例、经济增长速度等。质量指标是数量指标的派生指标，用相对数或平均数来表示，以反映现象之间的内在联系和对比关系。

2）按统计指标数值的表现形式不同，可以分为总量指标、相对指标、平均指

标和标志变异指标

总量指标：反映现象在一定时空下的总体规模和水平的统计指标。认识客观现象必须从认识总量指标开始，总量指标是实行经济管理的基本依据，也是计算相对指标和平均指标的基础。总量指标和数量指标相对应。

相对指标：是两个有联系的统计指标对比形成的比率，也称统计相对数。它反映了相关事物之间的数量联系程度和对比关系。

平均指标：是在一定条件下，同一总体各单位某一数量标志值所达到的一般水平，也称为统计平均数。它反映了总体各单位数量标志值的集中趋势。

相对指标、平均指标和质量指标相对应。

标志变异指标：是用来测定总体各单位标志值之间差异程度的统计指标，又称为标志变动度。它综合反映了标志值的离中趋势。标志变异指标作为平均指标的补充，共同并完整地说明总体的数量特征。

3. 统计指标的特点

与计划指标、财务指标、技术指标、预测指标等不同，统计指标具有自身的鲜明特点：

(1) 数量性。统计指标具有可量性的特点。统计指标作为描述客观现象的一种尺度，最终要以一定的数量来体现，即应是可量的。不存在不能用数量来表现的统计指标，只要是统计指标，就一定能用数量来表现。

(2) 综合性。统计指标具有综合性的特点。统计指标是同质总体大量个别事物或个别单位数量的总计、平均化，它综合了各个单位的标志表现，描述了统计总体的综合数量特征。

(3) 具体性。统计指标具有具体性的特点。统计指标所反映的是客观现象的数量特征，是一定社会经济范畴的具体体现，具有质的规定性。脱离具体客观事实的抽象的数字不是统计指标。统计指标所度量的是具体的量，而不是抽象的量。

4. 指标和标志的区别与联系

指标和标志的区别有两点：一是所说明的对象不同，指标是说明总体特征的，而标志是说明总体单位特征的；二是表现形式不同，所有指标都必须是用数值表示的，而标志有不能用数值表示的品质标志和能用数值表示的数量标志两种。

指标和标志的联系也有两点：一是大多数指标的数值是从总体单位的数量标

志值综合而来的，如一个地区的在校初中生人数由该地区各中学在校初中生人数汇总而来。二是随着研究目的的变化，指标和数量标志之间存在着变换关系。例如，我在研究一个商业企业的商品销售情况时，这个企业的销售收入、流通费用率等是说明该企业商品销售情况的统计指标；而当研究一个地区的商品销售情况时，每一个商业企业的销售收入、流通费用率则变成了反映各商业企业特征的数量标志。

5. 数据的计量尺度

统计数据是对客观现象进行计量的结果，也就是统计指标的结果，是进行统计分析的基础与前提。由于客观现象的具体特征不同，以及进行统计资料搜集时抽取的具体量表不同，所得到的统计数据的精度就不同，必须用数据计量尺度来加以区分。由粗略到精细，由初级到高级，可将统计数据计量尺度分为定类尺度、定序尺度、定距尺度、定比尺度 4 个层次。

(1) 定类尺度：是指按照客观现象的某种属性对其进行分类或分组，各类各组之间的关系并列、平等且相互排斥。例如，“性别”分为“男”和“女”，“所有制”分为“国有”“集体”“合资”“私营”等。其基本特征有：计量层次最低、最粗略；对事物进行平行的分类；各类别可以指定数字代码表示；使用时必须符合类别穷尽和互斥的要求；数据表现为“类别”；具有“＝”或“≠”的数学特性；不反映各类各组的优劣；无量的大小或顺序，因此不进行数学运算。

例如，中国国家统计局发布的《国民经济行业分类》(GB/T 4754—2017)将我国国民经济产业分成 3 大门类，其中 A 门类为农业。在 A 类下又分 5 大类：01 农业，02 林业，03 畜牧业，04 渔业，05 农、林、牧、渔专业及辅助性活动。在 01 农业类下进一步细分 9 中类：011 谷物种植，012 豆类、油料和薯类种植，013 棉、麻、糖、烟草种植……019 其他农业。之后为小类。分类中的各种数字只表示类别，不同代码所反映的是在同一水平下的各类各组别，并不反映类别大小或顺序。

(2) 定序尺度：是指对测量对象的属性和特征的类别进行鉴别并能比较类别大小的一种方法。其基本特征有：它对各类客观现象之间的等级差或顺序差的测度，不仅可标示研究对象的不同类别，而且能标示出各类各组的优劣、顺序与大小。对事物分类的同时给出各类别的顺序，比定类尺度精确。未测量出类别之间的准确差值。数据表现为“类别”，但有序。具有“＞”(大于)或“＜”(小于)的数学特性：例如“产品等级”分为“一等品”“二等品”“三等品”“次品”等；再如“学生考试成绩”分为“优秀”“良好”“中等”“及格”“不及格”；测量人们的生活水平，可以将其分为贫困、温饱、小康、富裕，这是一种由低到高的等级排列；测量城市规模，可以将其分为特大城市、大城市、中等城市、小城市，这是一种由大到小的排列；测量国民的“文化程度”，可以将其分为“不识字或识字很少”“小学”“初中”“高中”“大专”“大学”“大学以上”，这是一种由低到高的排列。

定类尺度和定序尺度属于定性尺度。

(3) 定距尺度：又称间隔尺度，是按照某一数量标志将总体划分为若干顺序排列的部分或组，对相同数量或相同数量范围的总体单位或其标志值进行计量。对事物类别或次序间距的测度，该尺度通常使用自然或物理单位作为计量尺度，如收入用“元”，考试成绩用“分”，温度用“摄氏度”，质量用“克”，长度用“米”等。因此，定距尺度的计量结果表现为数值。由于这种尺度的每一间隔都是相等的，只要给出一个度量单位，就可以准确地指出两个计数之间的差值。其基本特征包括对事物的测度准确；比定序尺度精确；数据表现为“数值”；没有绝对零点；具有“＋”(加)或“－”(减)的数学特性，但是倍数关系不成立(如气温可以有温差，但不能有倍数关系)。

定距尺度不仅能反映事物所属的类别和顺序，还能反映事物类别或顺序之间数量差距的数据。例如，学生某门课程的考试成绩，可以从高分到低分分类排序，形成 95 分、90 分、88 分、70 分，直到 0 分的序列。前面的成绩优良，后面的成绩较差，前者高于后者，前面的 95 分比后面的 70 分高 25 分。再如，某日甲、乙、丙三地的最高气温分别为 30 ℃、20 ℃、10 ℃，说明该日甲地气温最高，乙地气温次之，丙地气温最低，且该日甲地与乙地之间最高温的温差、乙地与丙地之间最高温的温差都是 10 ℃。但要注意的是，定距数据一般只适合进行加减而不适合乘除运算，前例中 30 ℃于 10 ℃相比，并不能说明前者的温和程度是后者的 3 倍，因为气温可以是 0 ℃或 0 ℃以下，而 0 ℃或 0 ℃以下并不代表没有温度，学生成绩为 0 分并不代表该学生毫无知识。这种情况称为不存在绝对零点的现象，类似的还有企业利润率等。

(4) 定比尺度：又称比率尺度，是在定距尺度的基础上，确定可以作为比较的基数，即两种相关的数加以对比，从而形成新的相对数，用以反映现象的构成、比重、速度、密度等数量关系的统计方法。定比尺度和定距尺度具有同样的属性，同时还具有绝对或自然的起点，即存在可以作为比较的共同起点或基数。例如，根据《中国统计年鉴：2023》计算：不考虑港澳台地区，我国人口密度最大的省份江苏省为 791 人/平方千米，广东省为 701 人/平方千米，山东省为 643 人/平方千米，浙江省为 612 人/平方千米，河南省为 595 人/平方千米，这 5 个省份人口密度大，位于全国前 5 名，同时也是经济前 5 名的省份。西北、北部省份人口密度很小，人口密度最小的西藏自治区为 3 人/平方千米，说明江苏省比西藏自治区的人口密集程度高；再如，2023 年中国 GDP 为 1 260 582.1 亿元，占世界 GDP 的比重超过 16.9%，经济总量居世界第二位。但由于我国人口占世界总人口的 18%左右，虽然人均 GDP 已突破 1 万美元（89 358 元人民币，约合 1.2 万美元）大关，但世界排名却居中下游水平，说明我国依然属于发展中国家。其基本特征包括对事物的测度准确；与定距尺度处于同一层次；数据表现为“数值”；有绝对零点；具有“×”（乘）或“÷”（除）的数学特性，也具有“＋”（加）或“－”（减）的数学特征，倍数关系成立（如年龄可以有差值，也可以有倍数关系），是包含信息量最多的数据。

定距尺度和定比尺度属于定量尺度。

以上 4 种计量尺度对事物的测量层次由低级到高级、由粗略到精确逐步递进，高层次计量尺度具有低层次计量尺度的全部特征，高层次数据包含了低层次数据的全部信息内容，能够转换为低层次数据，反之不成立。具体地说，定比数据包含了定距数据、定序数据、定类数据的全部信息内容，也可以转换成定距数据、定序数据、定类数据；定距数据包含了定序数据、定类数据的全部信息内容，也可以转换成定序数据、定类数据，但不能转换成定比数据；定序数据包含了定类数据的全部信息内容，也可以转换成定类数据，但不能转换成定比数据、定距数据。例如，将学生考试成绩的百分制转换成为五等级分制，就是定距数据转换成为定序数据，但是很显然，不能将学生考试成绩的五等级分制转换成百分制。

由测量尺度高低层次的分析可知：① 较低层次的测量尺度测量精度低，而较高层次的测量尺度测量精度高。② 较低层次的测量尺度计算方法少，而较高层次的测量尺度计算方法多。③ 较低层次的测量尺度信息数量少，而较高层次的测量尺度信息数量多。

统计数据是采用某种计量尺度对事物进行记录的结果。采用不同的计量尺度会得到不同类型的统计数据，具体为：

（1）定类数据：表现为类别，不区分顺序。由定类计量尺度形成。

（2）定序数据：表现为类别，区分顺序。由序类计量尺度形成。

（3）定距数据：表现为类别，区分顺序；表现为数值，能进行“＋”（加）与“－”（减）运算，但不可进行“×”（乘）与“÷”（除）运算。由定距计量尺度形成。

（4）定比数据：表现为类别，区分顺序；表现为数值，能进行“＋”（加）与“－”

(减)运算,也可进行"×"(乘)与"÷"(除)运算。由定比计量尺度形成。

前两者也称为定性数据或品质数据,说明事物的品质特征,后两者也称为定量数据或数值数据,说明事物的数量特征。

(二) 统计指标体系

客观现象是错综复杂的,是由多层次、多系统、多侧面构成的有机整体。各种现象之间相互影响,相互联系。每一个统计指标只能反映客观现象的某一方面,要想全面地反映客观现象总体的各个方面及其发展过程的各个环节,以达到对总体的综合认识,仅靠单个统计指标是办不到的,而必须利用多个指标进行多层次、多系统、多侧面的描述与评价,即建立统计指标体系。例如,就一个工业基层单位来说,工业总产值反映了以货币形式表现的工业生产总量,工业固定资产原值反映了固定资产拥有量,资金利税率反映了一定量资金所带来的利税额多少,等等。这些指标都是从某个侧面反映该工业基层单位基本情况的。要描述整个工业基层单位的全貌,只靠单个统计指标是不够的,应该设立统计指标体系。

统计指标体系是由一系列相互联系、相互依存、相互补充、相互制约的统计指标所组成的有机整体。按指标体系内容的不同,可以分为经济统计指标体系、社会统计指标体系和科技统计指标体系。

1. 经济统计指标体系

经济活动是整个社会生活的基础,因此经济统计指标体系在指标总体系中居于首要地位。它包括经济活动基本条件、部门经济活动、宏观经济运行和社会经济效益及影响 4 个主要门类,每个门类之中又可再分大类,大类再继续分中类、小类或指标。

2. 社会统计指标体系

在整个经济、社会、科技统计指标体系中,社会统计指标体系居于中心地位。经济、科技的发展,归根结底是为了促进社会进步,提高人民的物质、文化生活水平,同时安定和谐的社会环境也是保证经济、科技顺利发展的条件。它包括 5 大门类,即社会生活环境(自然环境、环境保护、基本经济科技资源、国际环境等)、社会生活主体(人口、家庭、民族、社团、居民生活时间分配等)、社会物质生活(饮食与营养、住房、衣着和生活用品消费等)、政治与社会活动(政党组织与活动、社会治安、社会保障等)和精神文化生活(教育、文化艺术、新闻出版、广播电视、体育、旅游、宗教等)。

3. 科技统计指标体系

科技的发展不仅直接促进了生产力的发展，而且对整个社会生活的影响愈来愈大，科技进步已成为推动社会发展的关键因素之一。科技统计指标体系包括5大门类，即社会经济环境（人力、财力资源、信息资源和国际环境）、科技投入（人力、财力、物力、信息和结构）、科技活动（研究与实验发展、教育与培训、科技服务与合作等）、科技产出（科技成果、文献、专利、新技术采用等）和效益及影响（科技进步及经济效益、社会效益）。

习 题

1. 在统计发展历史上，其主要流派有哪些？代表人物是谁？
2. 威廉·配第被称为统计学的创始人，他对统计学的主要贡献是什么？
3. 如何理解“统计”一词的含义？各种含义之间的关系如何？
4. 统计认识对象有何特点？
5. 统计研究的基本方法有哪些？
6. 如何正确理解统计总体形成的客观条件和主观条件？
7. 什么是总体、总体单位、标志、指标？它们之间的关系怎样？试举例说明。
8. 试举例说明变异、变量、变量值的概念。
9. 怎样理解统计指标的两个构成要素？
10. 统计数据有几种表现形式？请以实例具体说明。
11. 统计研究中，为何要采用统计指标体系？

第二章 统 计 调 查

【内容介绍】 统计调查简单来讲就是搜集统计资料,调查数据质量直接关系到统计分析、统计预测结果的准确性。通过本章学习,理解统计调查的定义和要求,掌握普查、重点调查、典型调查、抽样调查的优缺点及适用场合,识别并比较不同数据搜集方法的优缺点以及适用性,掌握统计调查方案设计的内容。在进行统计调查时,要保证调查数据的质量。

第一节 统计调查的概念和种类

一、统计调查的概念

统计调查,就是搜集统计资料,是根据统计的目的与要求,运用科学的调查方法,有计划、有组织地搜集数据信息资料的统计工作过程。统计调查所搜集的资料有两种:一是统计调查工作中获得的尚未经过整理的第一手材料,称为原始资料,也称为初级资料,如国家统计局要求工业企业定期上报的统计报表,人口普查、工业普查、农业普查等所搜集的尚未经过任何部门的加工、汇总的资料;二是次级资料或称为二手资料,是指已经过整理加工的资料,有些资料可能是为特定目的调查而取得的,已按特定研究目的进行了加工整理。统计调查主要搜集原始资料。

统计调查是统计工作过程中的第二个阶段,担负着提供基础资料的任务,所有的统计分析研究都是以统计调查所搜集的资料为前提的。如果统计调查工作做得不好,调查所得到的资料不能如实反映客观实际情况或调查资料不完整等,将直接影响到统计分析和统计预测结果的准确性。如果统计分析和预测结果不正确,所做的统计工作将变得毫无意义。由此可见,统计调查是统计工作的基础。

统计分析和统计预测结果是编制计划和制定政策的依据,统计数据的质量直接关系到统计分析、统计预测结果的准确性，进而关系到编制的计划和制定的政策的合理性。因此，保证统计数据的质量至关重要。为了保证统计调查数据的质量，统计调查必须做到以下 3 个要求：

(1) 准确性：就是统计调查时必须实事求是，根据调查单位的实际情况如实登记，这样得到的资料才能真实可靠，如实地反映客观实际。这是保证统计资料质量的首要环节，如果资料不准确，在此基础上做出的统计分析和预测难免会出现错误，甚至导致所做的统计工作毫无意义，所以说准确性是统计工作的生命。

(2) 及时性：就是要求在规定的调查时间内完成资料的搜集和上报。如果不能在规定的时间内完成，将延误统计整理、统计分析的时间，使分析结果不能及时提供给有关方面使用，从而失去时效性。例如，疫情调查对数据的及时性要求就非常高，只有掌握实时数据，才能及时掌握疫情发展变化的规律，从而及时做出相关对策。

(3) 完整性：是指要求调查单位必须进行调查登记，要求调查项目的资料必须填写齐全。同时，搜集资料要具有系统性，便于系统观察，这样才能从不同层次、不同方面反映现象的特征、发展变化的过程等问题，从而做出正确的分析和判断。

二、统计调查的种类

社会经济现象具有复杂性、多样性的特点，为了准确、及时、完整地搜集统计资料，就必须根据调查对象的特点与统计研究的目的和任务，采取不同的调查方式进行统计调查。统计调查可以依据不同的划分标准，从不同角度进行分类。

(1) 按调查对象包括的范围不同，可以分为全面调查和非全面调查。

全面调查是指对被调查对象中所有的单位全部进行调查，其主要目的是要取得总体全面、系统、完整的资料。例如，为了了解我国的人口状况，每隔 10 年要进行一次人口普查，人口普查就是要对全国的所有常住居民进行登记。又如，在我国的统计报表制度中，要求全部企业、事业单位都要报送资料的全面统计报表也属于全面调查。全面调查由于涉及的范围广、单位多，要耗费大量的人力、物力、财力，所以，一般只在需要了解重大国情国力的全面情况时，才进行全面调查。如我国农业普查就是为了全面了解我国“三农”发展变化情况的重大国情国力而进行的全面调查。全面调查的内容仅限于最重要的少数基本的指标。非全面调查是指对总体的一部分单位进行调查登记的一种调查方式。本章后面将提到的重点调查、典型调查、抽样调查都属于非全面调查。非全面调查对于一般调查单位相对较少,从而可以节约人力、物力、财力,同时也可以进行深入、细致的调查,获取更加详细的资料。在实践中,有时需要将全面调查和非全面调查结合起来应用。例如,我国人口普查每隔10年进行一次,同时每隔5年进行一次抽样调查。

(2) 按时间是否连续,可分为经常性调查和一次性调查。

经常性调查,也叫连续性调查,是随着调查对象在时间上的发展变化,而随时对变化的情况进行连续不断的登记,其主要目的是获得事物全部发展过程及其结果方面的统计资料。例如,要了解生产经营状况,企业必须对销售额、产值、产量和成本等方面的资料进行连续登记,才能获得准确资料。一次性调查是指间隔相当长的一段时间(一般指大于1年)才进行的一次调查,主要是对研究对象在某一时刻(瞬时)的状况进行登记。

(3) 按组织方式的不同,可以分为统计报表和专项调查。

统计报表是按照国家统一规定的调查要求与文件(指标、表格形式、计算方法等),自上而下地布置,自下而上地报送统计资料的一种调查方式。在我国统计实践中,它又分为全面统计报表和非全面统计报表。专项调查是为了某一特定目的而专门组织的统计调查,主要有普查、典型调查、重点调查和抽样调查。

(4) 按搜集资料方法的不同,可分为直接观察法、采访法、报告法、问卷调查法和卫星遥感法等。

直接观察法是指由调查人员亲自到现场对调查单位进行观察、测量、登记,以取得第一手资料的一种统计调查方法。例如,为了及时了解农作物的产量,调查人员亲自到田间进行实割实测、脱粒、晾晒、过秤等工作;为了了解商品企业的物资库存,调查人员亲自对库存商品进行盘点、计数、测量等工作。有些社会经济现象不能用直接观察法去搜集资料,如对历史资料的调查,对职工居民家庭收支情况资料的调查等。直接观察法的优点是能够保证所搜集的调查资料的准确性,缺点是需要耗费大量的人力、物力、财力和时间。

采访法是由调查人员向被调查者提出所要了解的问题,然后根据被调查者的答复来取得统计资料的调查方法。采访法可以分为个别询问法、开调查会法和自填法。个别询问法是指在调查过程中,由调查人员对被调查者逐项询问来获取资料的方法。开调查会法是召集了解情况的有关人员,以座谈会形式对被调查的问题开展讨论和分析,以取得统计资料的方法。自填法是指调查部门把调查表分发给被调查者,由被调查者自己逐项填写并送还的一种搜集资料的方法。

报告法是指调查单位或报告单位利用各种原始记录、基层统计台账和有关核算资料作为报告依据，按照隶属关系，逐级向有关部门提供统计资料的一种方法。我国在全国范围内实施的统计报表制度，就是用这种方法来取得资料的。这种调查方法的优点是具有统一项目、统一表式、统一要求和统一上报程序，能够进行大量调查，如果报告系统健全，原始记录和核算资料完整，就可以取得比较精确而可靠的资料；缺点是在被调查单位的有关利益方可能受到影响时，容易出现虚报、瞒报等现象。

问卷调查法是指调查人员将问卷发给被调查者，由被调查者根据问卷作答的一种搜集资料的方法。问卷是指根据统计研究的目的和任务设计的、为调查所用的、以设问的方式表述问题的表格或文案。问卷调查法是国内外社会调查中较为广泛使用的一种方法，除社会学外，政治学、教育学、经济学、心理学等学科也经常采用问卷来搜集资料外，问卷法也是各种民意测验、舆论调查、市场调查必不可少的工具。问卷法的主要优点是调查成本低，时间短，匿名性好，同时样本可以较大，在互联网时代的今天，可以不受地域限制，所搜集到的资料也便于用计算机处理等；缺点是所得资料的质量和问卷的回收率往往难以保证，对被调查者的文化水平有一定的要求，在填写问卷过程中出现的各种误差也不易发现和纠正。

卫星遥感法是指运用卫星高度分辨辐射计提供地面农作物绿度资料来估计农业产量的一种搜集资料的方法。这种方法投入少，速度快，准确度高。我国北方估计小麦产量常用此法。

不同的调查方式和方法有着不同的特点和适用场合，要根据调查目的、调查项目的要求和调查对象的特点，选择适合的调查方式和方法。同时，要注意多种调查方式和方法的结合运用。

第二节　统计调查方案

统计调查方案是统计调查前所制订的实施计划，是指导统计调查工作的纲领性文件。统计调查是一种复杂、严格并且要求行动高度统一的工作。一项统计调查涉及的调查单位多、范围广，需要耗费大量的人力、物力和财力，如果没有完整的计划、严密的组织是不可能完成的。因此，在统计调查之前，有必要对整个统计调查工作进行统一规划，即制订统计调查方案，它是统计调查工作有计划、有组织、有系统进行的保证。统计调查方案应确定的内容有调查目的、调查对象和调查单位、调查项目和调查表、调查时间和调查期限以及调查的组织实施计划。

一、确定调查目的

确定调查目的就是要明确统计调查解决什么问题，是设计调查方案的首要工作。调查目的不同，调查的内容和范围也就不同，调查目的确定了，才能确定向谁调查，调查什么，采取什么方式调查。如果目的不明确，就会给调查工作带来盲目性，严重影响统计调查结果的质量，甚至调查结果毫无用处，从而浪费人力、物力、财力和时间。

调查目的应该和统计研究目的相一致，要符合社会的需要，并结合调查对象和调查单位的特点来确定，把需要和可能结合起来。第七次全国人口普查目的是全面查清中国人口数量、结构、分布、城乡住房等方面情况，为完善人口发展战略和政策体系，促进人口长期均衡发展，科学制定国民经济和社会发展规划，推动经济高质量发展，开启全面建设社会主义现代化国家新征程，向第二个百年奋斗目标进军，提供科学准确的统计信息支持。第五次全国经济普查目的是全面调查中国第二产业和第三产业发展规模、布局和效益，摸清各类单位基本情况，掌握国民经济行业间经济联系，客观反映推动高质量发展、构建新发展格局、建设现代化经济体系、深化供给侧结构性改革以及创新驱动发展、区域协调发展、生态文明建设、高水平对外开放、公共服务体系建设等方面的新进展。通过普查，进一步夯实统计基础，推进统计现代化改革，为加强和改善宏观经济治理、科学制定中长期发展规划、全面建设社会主义现代化国家，提供科学准确的统计信息支持。

二、确定调查对象和调查单位

确定调查对象和调查单位，就是要解决向谁调查，由谁来具体提供统计资料的问题。调查对象是根据调查目的和任务确定的需要进行调查研究的现象的全部单位，即总体。调查单位是指调查对象中所要调查的具体单位，是进行登记的标志的承担者。确定调查对象，要明确总体的界限，划清调查的范围，以防在调查工作中产生重复或遗漏。例如，第五次全国经济普查的对象是在中国境内从事第二产业和第三产业活动的全部法人单位、产业活动单位和个体经营户。具体范围包括：采矿业，制造业，电力、热力、燃气及水生产和供应业，建筑业，批发和零售业，交通运输、仓储和邮政业，住宿和餐饮业，信息传输、软件和信息技术服务业，金融业，房地产业，租赁和商务服务业，科学研究和技术服务业，水利、环境和公共设施管理业，居民服务、修理和其他服务业，教育，卫生和社会工作，文化、体育和娱乐业，公共管理、社会保障和社会组织等。第七次全国人口普查对象是普查标准时点在中华人民共和国境内的自然人以及在中华人民共和国境外但未定居的中国公民，不包括在中华人民共和国境内短期停留的境外人员。确定调查单位，就是明确调查标志的直接承担者，调查单位的确定取决于调查目的和调查对象。除了确定调查单位，还要明确填报单位，填报单位又称为报告单位，即负责向统计调查机关填送调查资料的具体单位。确定填报单位，就是明确由谁负责提交统计资料。调查单位与填报单位是不同的概念，前者是指调查内容的承担者，后者是指调查表的责任者。填报单位一般在行政上、经济上具有一定独立性，而调查单位可以是个人、企事业单位，也可以是物。在多数调查中，调查单位和填报单位是一致的，但有时也不一致。例如，要了解我国工业企业的运行状况，二者是一致的，调查单位和填报单位都是每个工业企业；而在全国工业企业设备普查中，调查单位是工业企业的每台设备，而填报单位是每个工业企业。

三、确定调查项目和调查表

确定调查项目就是要确定调查的具体内容。调查项目包括调查单位所须登记的标志(品质标志和数量标志)及其他有关情况。例如，第七次全国人口普查拟定了姓名、公民身份证号码、性别、年龄、民族、受教育程度、行业、职业、迁移流动、婚姻生育、死亡、住房情况等作为调查项目。在一次调查中选择什么调查项目，选择多少调查项目，是由调查目的和调查单位的特点决定的。调查项目的选择直接关系到调查资料的数量和质量能否满足统计分析的需要。确定调查项目一般要注意以下几点：① 调查项目要少而精，只选择调查目的所必需的项目。对可有可无的项目，不能反映调查单位本质的项目，一般不列入，否则会造成调查工作的浪费。② 选择能够取得确切资料的项目。有些项目在实际工作中虽然需要但是在现实中却无法取得确切资料，不应列入调查项目。③ 项目与项目之间要相互衔接、相互联系，便于比较分析；也要注意和以前调查项目的联系，以便进行纵向对比，研究现象发展变化的规律。④ 调查项目应有确切含义和统一解释。如果项目名称的含义模糊不清，就会影响调查人员和被调查者的理解，从而导致填写的资料不够准确。

调查表是指将调查项目按一定顺序排列起来所形成的表格。调查表是统计工作中搜集资料的基本工具，便于登记资料，也便于统计资料的整理与汇总。调查表一般有表头、表体、表脚3个组成部分。表头包括调查表的名称和调查单位或填报单位的名称、地址、性质、隶属关系等。这些资料在核实和复查时起着重要作用。表体是调查表的主体部分,包括调查项目及具体表现、项目的编码、计量单位等。表脚主要包括调查者、填报单位、填表人的签名、调查日期等,以便明确责任,若有问题,方便查询。

调查表一般有两种形式:一种是一览表,另一种是单一表。单一表是在一张调查表上只登记一个调查单位的项目,它可以容纳较多项目,一般用于项目较多的场合,如表2.1所示。一览表在一张表上登记若干个调查单位,一般在调查项目不多时采用,较为简便,便于合计与核对数据,如表2.2所示。

表2.1 个体经营户抽样调查表(2023年)

表　　号:612表
制定机关:国家统计局
　　　　　国务院经济普查办公室
文　　号:国统字(2023)77号
有效期至:2024年6月

一、个体经营户基本情况	
有无营业执照 □1有 2无 统一社会信用代码 □□□□□□□□□□□□□□□□□□ 个体经营户名称__________ 个体经营户经营者姓名__________ 个体经营户所在地区划及详细地址 __________省(自治区、直辖市) __________市(地、州、盟) __________县(市、区、旗) __________乡(镇、街道) __________村(居)委会 __________街(路)、门牌号 联系电话(固定电话或者移动电话) __________ 区划代码 □□□□□□□□□□□□ 普查小区代码 □□□	A 经营状态 □ 1 正常运营 2 停业(歇业) 3 当年关闭 4 未能找到 5 其他(如转为企业) B 受访情况 □ 1 未能正常填报 2 正常填报 C 主要业务活动 行业代码(中类) □□□ D 从业人员期末人数________人 其中:女性________人 (指2023年12月31日参加经营活动的所有人员,包括业主、雇员以及参加经营活动的其他人员,如家庭成员、帮手和学徒)。
二、个体经营户经营情况	

续表

1. 您全年雇佣雇员的总支出一共是________千元(指个体经营户经营者或者管理者向所雇佣的人员支出的工资和奖金、伙食费用和房租、五险一金等)。
2. 您全年缴纳的房租一共是________千元(指店铺租金、自有店铺折算租金等)。
3. 您全年与经营相关的总支出一共是________千元,其中:全年缴纳的各种税费一共是________千元(与经营相关的总支出包括个体经营户采购商品支出,购置原材料、燃气和动力支出,雇佣雇员支出,以及缴纳的各种税费和缴纳的房租等,应当大于等于1、2项的合计)。
4. 您全年的用于建造房屋构筑物、购买设备工器具、役畜、产品畜等资产类支出一共是________千元(所购置的物品必须用于生产经营,且单位价值在1千元以上。如建造的厂房、仓库,购置的汽车、机车、切削工具、压延工具、测量工具、检验仪器、传动设备、医疗设备等;或者为生产经营搭建的操作平台等;或者为生产劳作批量购置的大牲畜,如耕牛、托运用的马、骡子等;或者为生产各种畜产品的牲畜,如母猪、种公猪、奶牛等)。
5. 您全年的营业收入一共是________千元,其中:通过网络实现的营业收入是________千元(全年的营业收入指个体经营户全年在生产经营过程中取得的全部毛收入。如工业个体经营户营业收入是指产品销售收入,包括销售产成品及自制半成品收入和对外加工费收入;批发和零售业个体经营户营业收入是指商品销售实现收入等;交通运输业个体经营户营业收入是指完成客货运输,向旅客和货物托运方收取的乘车费和货物运输费)。

填表人:　　　　　　　　　联系电话:　　　　　　　　　日期:20　　年　　月　　日

表 2.2　第六次全国人口普查死亡人口调查表(样式)

(2009.11.1—2010.10.31 死亡的人口登记)

地址:________县(市、区)________乡(镇、街道)________普查区________普查小区

地址码:　□□　　□□□　　□□□　　□□□

每个死亡人口都登记						死亡时满5周岁的人登记	死亡时满15周岁的人登记
S1. 户编号	S2. 姓名	S3. 性别	S4. 出生年月	S5. 死亡时间	S6. 民族	S7. 受教育程度	S8. 婚姻状况
□□□	□ □ □ □	1. 男 2. 女 □	出生于: ______年 ______月 □□□□ □□	(____周岁) 死亡于: ________月 □□	族 □ □	1. 未上过学 2. 小学 3. 初中 4. 高中 5. 大学专科 6. 大学本科 7. 研究生 □	1. 未婚 2. 有配偶 3. 离婚 4. 丧偶 □

续表

S1. 户编号	S2. 姓名	S3. 性别	S4. 出生年月	S5. 死亡时间	S6. 民族	S7. 受教育程度	S8. 婚姻状况
□□□	□ □ □ □	1. 男 2. 女 □	出生于： ______年 ______月 □□□□ □□	(____周岁) 死亡于： ________月 □□	族 □ □	1. 未上过学 2. 小学 3. 初中 4. 高中 5. 大学专科 6. 大学本科 7. 研究生 □	1. 未婚 2. 有配偶 3. 离婚 4. 丧偶 □
□□□	□ □ □ □	1. 男 2. 女 □	出生于： ______年 ______月 □□□□ □□	(____周岁) 死亡于： ________月 □□	族 □ □	1. 未上过学 2. 小学 3. 初中 4. 高中 5. 大学专科 6. 大学本科 7. 研究生 □	1. 未婚 2. 有配偶 3. 离婚 4. 丧偶 □
□□□	□ □ □ □	1. 男 2. 女 □	出生于： ______年 ______月 □□□□ □□	(____周岁) 死亡于： ________月 □□	族 □ □	1. 未上过学 2. 小学 3. 初中 4. 高中 5. 大学专科 6. 大学本科 7. 研究生 □	1. 未婚 2. 有配偶 3. 离婚 4. 丧偶 □

普查员(签字)： 填报日期：11 月 日

四、确定调查时间和调查期限

调查时间指调查资料所属的时间。如果所要调查的是时点现象，如企业个数、职工人数、企业库存量等，就要明确地规定统一的时点。如果所要调查的是时期现象，如产量、产值、商品销售额等，就要明确规定反映的调查单位资料的起止时间。例如，第七次全国人口普查的调查时间是 2020 年 11 月 1 日 0 时；第五次全国经济普查标准时点 2023 年 12 月 31 日，时期资料为 2023 年年度资料。

调查期限是指从调查工作开始到结束的时间。例如,某市为了解乡镇民营企业的发展状况,对全市乡镇民营企业进行普查,要求在3月1日至6月1日全部调查完毕,则这规定的调查时间段就是调查期限。为了保证调查资料的及时性,调查期限不应该太长。

五、制订调查的组织实施计划

调查的组织实施计划包括调查工作的领导机构和调查人员的组成、组织的方式;调查前的准备工作,如前期的宣传工作,调查人员的培训,文件的编制印发等;调查资料的报送办法;调查经费的预算与开支办法;提供或者公布调查成果的时间等。在调查方案中有一个周密详尽的组织实施计划才能保证整个统计调查工作的顺利进行。

第三节 统计调查组织形式

统计调查组织形式主要有统计报表和专项调查,其中专项调查又可以分为普查、重点调查、典型调查、抽样调查。为了获取准确、及时、完整的统计资料,完成统计调查任务,需要选择适当的调查组织形式,同时要注意各种调查形式的结合运用,建立科学、适用的调查体系。

一、统计报表

(一)统计报表的概念

统计报表是指各级企事业、行政单位依据国家相关法律法规的要求,按照规定的表格形式、内容、时间要求报送程序,自上而下统一布置,自下而上提供统计资料的一种统计调查方式。统计报表是我国取得国民经济和社会发展情况基本统计资料的一种重要工具。

(二)统计报表的种类

统计报表可以从不同的角度进行分类:

(1)按调查范围不同,统计报表可以分为全面统计报表和非全面统计报表。全面统计报表要求调查对象的全部单位要填报,非全面统计报表只要求调查对象的部分单位填报即可。

(2) 按报送周期不同,统计报表可以分为日报、旬报、月报、季报、半年报和年报。周期短的,要求资料上报迅速,填报的项目比较少;周期长的,内容要求全面一些;年报具有年末总结的性质,反映当年中央政府的方针、政策和计划贯彻执行情况,内容要求更全面和详尽。日报和旬报称为进度报表,主要用来反映生产、工作的进展情况。月报、季报和半年报主要用来掌握国民经济发展的基本情况,检查各月、季、年的生产工作情况。年报是每年上报一次,主要用来全面总结全年经济活动的成果,检查年度国民经济计划的执行情况等。

(3) 按实施的范围不同,可以分为国家、部门、地方统计报表。国家统计报表又叫国民经济基本统计报表,是指根据有关的国家统计调查项目和统计调查计划制定的统计报表。这类统计报表从整个国民经济角度出发并按国民经济的部门划分,有农业、工业、基建、物资、国内商业、外贸、劳动工资、交通运输等内容。部门统计报表是根据有关部门统计调查项目和统计调查计划制订的统计报表,其实施范围限于各业务主管部门系统内,一般用来搜集各级主管部门所需的专门资料。地方统计报表是为了满足地方的专门需要,根据地方统计调查项目和统计调查计划制订的统计报表。部门和地方的统计报表,都是国家统计报表的补充。

(4) 按填报单位不同,可以分为基层报表和综合报表。基层报表是指由基层单位填报的统计报表,填报单位称为基层填报单位;综合报表是指由主管部门或统计部门根据基层报表逐级汇总填报的统计报表,填报的单位称为综合填报单位。

(三) 统计报表的特点

统计报表包括的范围比较全面,项目比较系统,指标的内容相对稳定。与其他统计调查比较主要表现出如下特点:

(1) 可以在调查前把报表布置到基层填报单位,基层单位可以根据要求及时建立健全各种原始记录,使统计资料准确可靠、报送及时。

(2) 统计报表是逐级上报的,因此各级领导部门可以及时了解经济和社会的发展变化情况。

(3) 统计报表定期上报,内容稳定,便于经常搜集资料和积累资料,用来进行历史对比、较系统地分析社会经济现象发展变化的规律。

统计报表是提供统计资料的重要工具,但也有局限性,主要表现在以下方面:

(1) 如果统计报表过多,会增加基层负担。

(2) 层层上报过程中，有可能会引起虚报、瞒报、漏报等情况而影响统计资料质量。

(3) 社会经济现象复杂多变，有的资料无法用统计报表搜集到。

统计报表是搜集资料的重要手段，但不是唯一手段，为了准确地取得统计资料，还要根据调查目的和调查对象的特点，采取其他调查方式，如抽样调查、典型调查、重点调查、普查等专项调查。

二、专项调查

（一）普查

1. 普查的概念和意义

普查是为特定目的而专门组织的一次性的全面调查。

普查一般是在全国范围进行的，涉及部门多、人员广，需要大量人力、物力、财力，所以只有重大国情国力的调查才采取普查的形式。普查一般是调查属于一定时点上的社会经济现象的总量，但也可以调查某些时期现象的总量，乃至调查一些并非总量的指标。普查涉及面广，指标多，工作量大，时间性强。为了取得准确的统计资料，普查对集中领导和统一行动的要求最高，要有计划、有组织、有步骤进行。

为了掌握某些有关国情国力的重要数字，要分期分批进行专项普查。例如，根据社会主义现代化建设的需要，我国于 1978 年进行全国科技人员和基本建设项目普查。又如，我国人口普查每隔 10 年进行一次，从 1953—2020 年共进行了 7 次，工业普查 5 年进行一次，2023 年进行了第五次经济普查。我国的普查已规范化、制度化，即每逢末尾数字为“0”的年份进行人口普查，每逢末尾数字为“3”的年份进行第三产业普查，每逢末尾数字为“5”的年份进行工业普查，每逢末尾数字为“7”的年份进行农业普查，每逢末尾数字为“1”或“6”的年份进行统计基本单位普查。

2. 普查的组织

普查组织形式一般有两种：一种是组织专门普查机构，派出大量调查人员，对调查单位直接登记。如我国每次进行的人口普查和经济普查，都采取这种方式。另一种是不专门设立机构和配备普查员，而是利用基层单位的原始记录和报表资料进行填报，发布一定的调查表格，由调查单位进行核实填报，如我国历次的物质库存普查。

普查投入大、成本高，要求准确、及时。因此，普查工作必须有统一的领导、统一的要求和统一的行动，在具体组织时要遵守以下几项原则：

(1) 确定普查时点，即“标准时间”。为确保普查资料准确地反映社会经济现象某一具体时点上的状况，要选择标准时间，例如，第七次全国人口普查的标准时间是2020年11月1日0时，第五次全国经济普查的标准时间是2023年12月31日。

(2) 在普查范围内的各调查单位要同时进行，在方法、步骤上要保持一致，要在最短期限内完成，保证资料的时效性和准确性。

(3) 普查项目要有统一规定，不能任意改变或增减；同类普查最好按一定周期进行，各次普查项目尽可能保持相同，以便对比分析历次普查资料，观察被研究对象的发展变化及规律性。

（二）重点调查

重点调查是指在调查对象中只选一部分重点单位进行的一种非全面调查，其目的是了解总体的基本情况。所谓重点单位，是着眼于经济现象的量方面而言的，尽管这些单位在全部单位中只是一部分，但它们在所研究现象的标志总量中却占有较大的比重，在总体中的地位是举足轻重的。重点调查就是通过调查重点单位的情况，来反映被研究现象的基本情况和基本趋势。例如，要了解全国钢铁生产的增长情况，只要对全国为数不多的大型钢铁企业的生产情况进行调查，就可以掌握我国钢铁生产的基本情况。

重点调查的关键是选择重点单位。选择重点单位，应遵循两个原则：一是要根据调查任务的要求和调查对象的基本情况来确定选取的重点单位及数量。一般来讲，要求重点单位应尽可能少，而其标志值在总体中所占的比重应尽可能大，以保证有足够的代表性。二是要注意选取那些管理比较健全、业务力量较强、统计工作基础较好的单位作为调查重点单位。

重点调查由于调查单位少，因此比全面调查省时、省力，能以较少的成本及时搜集到反映总体基本情况和基本趋势的统计资料。所以，重点调查对于及时了解这些单位的情况，掌握有关生产和工作的进度，指导全局工作有重要作用。但由于重点单位与一般单位差别很大，重点调查的结果不能用来推断总体的指标数值。

重点调查可以组织专项调查来进行，也可以布置统计报表由重点单位填报。

（三）典型调查

1. 典型调查的概念

典型调查是一种专门组织的非全面调查，它是根据统计调查的目的和任务，在对所研究的对象进行初步分析的基础上，有意识地选取若干具有代表性的单位进行调查研究，借以认识现象总体发展变化的规律。

典型调查的关键是选择有代表性的单位。选择典型单位要注意以下几点：① 保证典型单位的充分代表性；② 根据不同目的选择不同典型；③ 根据典型调查的具体情况，确定选择典型单位的个数。

典型调查具有以下两个特点：

(1) 典型调查是按照统计调查目的和任务，有意识地选择少数具有典型意义或具有代表性的单位，从典型入手，逐步扩大到认识事物的一般性和普遍性，所以典型调查可以取得代表性较高的资料。典型调查选取的是少数单位，因此典型调查可省时、省力，调查方法也较灵活，可提高调查效率和效果。

(2) 典型调查是深入细致的调查。通过对具有典型性和代表性的调查单位进行深入细致的调查研究，可以搜集到有关的准确数字资料，又可以掌握具体、生动的情况，研究事物发展变化的过程和结果，探索发展变化的规律性。

总之，典型调查是一种具有调查单位少、省时、省力、方法灵活、重点深入等特点的调查方式，不仅可以从现象量的方面进行分析，也可以从质的方面进行分析。

2. 典型调查的作用

典型调查是一种深入、细致地研究现象规律性的调查研究方法，其主要作用如下：

(1) 可以研究新事物，了解新情况，发现新问题。在社会经济现象中，新事物开始出现时总是少数，无法进行大量观察，只有找准典型，选择具有代表性单位进行调查研究，分析新情况、新问题，总结新经验，探索其规律，才能促进其发展。

(2) 在一定条件下，可以利用典型调查结果结合基本统计数字，来推断总体的指标数值。这要求总体差异不大，或者总体单位差异较大，但已划分类型，且知道各类型占总体的比重。由于典型单位不是随机抽取的，这种推断无法计算误差，推断结果只是一个粗略的近似值。

(3) 可以对具体问题深入分析，补充全面调查的不足。一是典型调查可以搜集其他调查无法获取的资料。二是利用典型调查的深入细致的资料补充和完善统计报表和普查无法反映的详细情况，具体分析现象的本质和规律。三是利用典型调查资料检查全面调查的真实性。

3. 典型调查的方法

典型调查有两种方法：第一种是对个别典型单位进行调查研究，在这种典型调查中，只需在总体中选出少数几个典型单位，通过对这几个典型单位的调查研究，用以说明事物的一般情况或事物发展的一般规律。第二种是“划类选典”，即将调查总体划分为若干个类，再从每类中选择若干个典型进行调查，以说明各类的情况。例如，为了总结经验教训，可以将研究对象分为先进单位、中等单位、落后单位3组，然后分别在先进单位和落后单位组中选择典型单位来进行调查，从而找出问题的原因。

典型调查搜集资料的方法主要有开调查会、个别询问、查阅资料等。

（四）抽样调查

抽样调查是根据随机的原则从总体中抽取部分单位进行调查，这部分单位成为样本，并运用概率估计方法，根据样本数据推算总体相应的数量指标的一种统计分析方法。抽样调查虽然是非全面调查，但它的目的却在于取得反映总体情况的信息资料，因而也可起到全面调查的作用。其主要特点：一是采取随机原则选取调查单位，排除主观因素的影响。二是对总体数量特征可以做出科学估计。三是抽样误差可以事先计算和控制，即抽样调查是根据事先确定的误差范围，以一定概率保证程度来推算总体数值。

抽样调查适用于那些不能进行全面调查或没必要进行全面调查，但又需要了解其全面情况的场合，如对无限总体的调查，对具有破坏性的产品质量检验等。还可以对全面调查资料进行补充和修正。全面调查容易产生登记性误差，若误差较大，就必然影响到全面调查数字的质量，这时我们可在全面调查的基础上，组织一次抽样调查，来补充和修正全面调查的数字。

抽样调查具有经济性、准确性、及时性和灵活性等特点，是一种运用广泛且较实用的调查形式。本书第七章将详细论述。

三、各种统计调查方法结合运用

任何一种统计调查方法都有优越性和局限性，从而具有各自的应用条件和适用场合。同时，整个社会经济是由多方面、多部门组成的，各种情况十分复杂，要搜集社会经济现象中的各种统计资料，只用一种统计调查方法是很难完成的，也不能较好地反映社会经济现象的真实情况。因此，在统计实践工作中，必须根据具体的调查目的和调查对象的特点及性质结合运用不同的调查方式方法。

我国已形成“以周期性普查为基础，以经常性抽样调查为主体，同时辅之以重点调查，科学推算和全面报表结合运用”的统计调查方法体系。

知识链接

盖洛普与《文学文摘》杂志社预测总统选举结果

1936 年，美国总统富兰克林·罗斯福想竞选他的第二任总统的时候，其竞争对手是兰登。美国许多人预测罗斯福很难连任。

《文学文摘》杂志社对这次总统选举结果进行了预测。《文学文摘》在当时是一个非常有影响力的刊物，因为这个杂志社对此前几次总统选举结果的预测都成功了。《文学文摘》杂志社做了一个大的调查统计，调查的具体方式就是在杂志里面夹上关于总统选举的调查问卷，然后收集反馈，最后收回来的有效问卷达 240 万份。根据这个调查结果，《文学文摘》杂志社宣布他们预测罗斯福不能赢得大选。

当时还有一个叫盖洛普的年轻人，对这次总统选举结果也进行了预测。起初盖洛普做这类调查统计，是因为他的岳母要竞选众议员，于是他就在经费不多的情况下做了对较小人群的调查，这个调查结果很成功，成功地预测了他的岳母能当上众议员。于是，他就想调查一下罗斯福和兰登谁会赢得 1936 年竞选。他比不了《文学文摘》的财大气粗，所以只调查了 5 000 个人，根据这 5 000 人的调查结果，盖洛普成功地预测出罗斯福当选。

这个选举结果出来之后，对《文学文摘》杂志社的声誉造成了巨大的冲击，毕竟《文学文摘》杂志社调查 240 多万人，最后却发布了一个错误的预测，而盖洛普只调查了 5 000 人，发布的预测却是正确的。后来，《文学文摘》杂志社因为这件事倒闭关门了，盖洛普却成立了一个民意调查公司，也就是现在的盖洛普咨询公司。

为什么调查了 5 000 人的预测结果,要比调查 240 多万人的预测结果更准确呢? 根本的原因是当时《文学文摘》杂志社通过《文学文摘》杂志夹带问卷进行调查的这种方式,意味着仅是对订阅了这份杂志的用户进行调查。当时,一般只有家境比较好的家庭才会订阅这样的杂志,所以,《文学文摘》杂志社虽然号称调查了 240 多万人,但是它调查的主要群体是当时美国国内相对富有的那部分人,而穷人群体的意见,这个调查实际上并没有覆盖到。

进行统计调查所调查的单位数不是越多越好,调查的单位越多,耗费的人力、物力、财力越大,分析却不一定准确。统计学是一门搜集数据的艺术,根据研究目的和调查对象的特点,选择正确的搜集统计资料的方法,才能搜集到质量好、有代表性的数据,才有可能分析出准确的结果。大数据时代依然如此。

乔治·盖洛普(G. H. Gallup,1901—1984)是美国数学家,抽样调查方法的创始人、民意调查的组织者,他几乎是民意调查活动的代名词。盖洛普的传奇跟民意调查是分不开的,或者说,正是民意调查成就了他富有传奇的一生。盖洛普对民意调查的兴趣始于 20 世纪 20 年代,读书期间他就通过杂志和报纸调查读者对不同问题的兴趣,盖洛普博士论文的题目是《确定读者对报纸内容兴趣的客观方法》。1930 年,盖洛普发表了一篇重要的文章,题为《用科学方法而不是猜测来确定读者的兴趣》。1932 年,盖洛普加入了扬罗必凯广告公司,创建了文案研究部。1935 年,盖洛普在扬罗必凯广告公司的时候,开始了美国民意测验(AIPO),并成立盖洛普民意调查研究所,成为世界上第一个客观和科学的民意测验机构。1936 年,盖洛普做了民意调查,正确地预测了罗斯福当选总统。1948 年,盖洛普被认为是爱荷华大学新闻业和大众传播名人堂的第一人。1956 年,盖洛普在选举调查中放弃"配额"样本代表比例的调查方法,改用随机抽样调查,让所有接受调查的人都有公平的机会。1958 年,盖洛普改组所有旗下的小机构组成盖洛普咨询公司,在盖洛普及其公司人员的不断努力下,公司获得了广泛的认可和信赖,并最终成为国际性权威的民意调查公司。

第四节　统计调查误差

一、统计调查误差的概念和种类

统计调查误差是指统计调查结果所得到的统计数字与客观实际数量之间的差别。例如，为了了解某市工业企业的运行状况，某企业的实际销售收入是5 000万元，但在调查项目中填写的是4 950万元，那么统计调查误差就是50万元。

统计调查误差根据误差产生原因的不同，可以分为登记性误差和代表性误差。

登记性误差又叫调查误差，登记性误差是调查过程中由于调查者或被调查者的人为因素所造成的误差。登记性误差的产生主要包括以下4个方面：① 由于调查方案规定的调查项目的含义不明确或被调查者对所答问题理解不正确，从而错误填写资料所产生的误差；② 由于计量手段的局限性所带来的计量性误差；③ 由于登记、计算、抄报、汇总错误等所带来的误差；④ 被调查者因人为因素干扰形成的有意虚报或瞒报调查数据所产生的误差，这种误差在统计调查中应予以特别重视。

登记性误差在全面调查和非全面调查中都可能存在，从理论上讲，除了计量局限性产生的误差外都是可以避免的。

代表性误差是指从总体中抽出一部分单位进行观察，并用这部分统计数据推断总体指标而产生的误差。代表性误差只在非全面调查中存在。

代表性误差也有两种情况：一种是系统性误差，它是由于从总体中抽选调查单位时没有按照随机原则而形成的误差，如有意识多选取标志值大的单位或标志值小的单位进行调查而造成的误差。另一种是随机性误差，又叫抽样误差，它是在调查过程中产生的不可避免的误差，即使我们在调查过程中遵循了随机原则，用样本指标代表总体指标也会如此。

二、避免统计调查误差的措施

为了保证统计资料的质量，必须采取各种措施，尽可能地将登记性误差降到最低限度，为此要做好以下工作：

(1) 要正确制订统计调查方案，包括明确调查对象的范围，明确调查项目的具体含义和计算方法，选定合理的调查方法，以使调查人员或填报人员有一个统一的依据。

(2) 要切实抓好调查方案的执行工作。首先，培训统计工作人员，使每个统计工作人员都准确理解统计制度方法，严格地执行统计制度方法。其次，扎实做好统计基础工作，建立与统计任务相适应的统计机构，并配备统计人员；建立健全计量工作及原始记录、统计台账等各项制度，使统计资料来源准确可靠。

(3) 加强对调查资料的审核工作，发现差错及时纠正。

(4) 为了防止弄虚作假所产生的登记误差，应从建立健全统计法制入手，要求统计人员严格遵守统计法，坚持原则，同一切弄虚作假的行为做斗争，维护统计数据的真实性。

要防止代表性误差的出现，用重点调查和典型调查结果估计总体，调查前应从多方面加以研究，并广泛征求有关方面意见，从而选出具有较高代表性的单位；如果是抽样调查则应严格遵循随机原则，选择适当的抽样组织方式，抽取足够大的样本容量，以达到控制代表性误差的目的。

习　题

1. 什么是统计调查？它在整个统计研究过程中占有什么地位？
2. 一个完整的统计调查方案应该包括哪些内容？
3. 确定调查项目应注意哪些问题？
4. 调查对象、调查单位和填报单位有什么关系？试举例说明。
5. 典型调查、重点调查和抽样调查有何异同点？
6. 什么是典型调查？典型调查有什么作用？
7. 为什么要将各种调查方式结合运用？

第三章　统 计 整 理

【内容介绍】 统计整理是连接统计调查和统计分析的桥梁，统计整理质量如何，会直接影响统计分析的效果。通过本章学习，能够准确理解统计整理的定义、目的及其在统计分析中的重要作用；掌握品质标志分组、变量分组的概念及等距分组、不等距分组、平行分组体系与复合分组体系等方法；能根据研究目的和实际问题的调查数据特点进行科学合理的分组；掌握统计表的种类和编制要求，了解常见的统计图，能够根据数据特点选择合适的统计图表来表现统计资料，并能解释图表所反映的信息；能够用 Excel 绘制统计图表，如条形图、直方图、饼图、散点图、雷达图等。

第一节　统计整理概述

一、统计整理的概念

统计调查阶段所搜集的资料是反映总体各个单位的情况资料，仅说明各个单位的具体情况，而不能反映总体的情况，而统计学的研究对象是社会经济现象总体的数量方面，要得到反映总体数量特征的资料必须对统计调查阶段搜集的资料进行统计整理。统计整理是指根据统计研究目的和任务的要求，对统计调查阶段所搜集到的资料进行科学的分类和汇总，为统计分析提供准确、系统、条理清晰、能在一定程度上反映总体特征的综合资料的工作过程。从广义上讲，统计整理也包括对次级资料进行的再加工。

统计整理是统计工作的第三阶段，介于统计调查和统计分析之间，在统计工作中起到承上启下的作用，它实现了从个别单位的标志值向说明总体数量特征的指标值过渡，是人们对社会经济现象从感性认识上升到理性认识的过渡阶段。统计整理的质量如何，会直接影响统计分析的效果。一是因为统计调查阶段搜集的资料都是零星分散的，只能反映总体单位的个体特征，不能反映研究对象的总体情况。只有通过统计整理，对这些原始资料进行科学的分类、汇总，去粗取精，去伪存真，综合概括，才能取得综合反映总体数量特征的数据资料。二是因为即使统计调查搜集的资料十分丰富、正确和详尽，但是如果统计整理使用方法不当，也可能使丰富的资料失去其价值，这样就不可能进行全面、科学的统计分析，从而难以得出科学的分析结果。

二、统计整理的程序

统计整理一般要经过以下程序：

(1) 制订统计整理方案。正确制订整理方案是保证统计整理有计划、有组织地进行的依据。通常统计整理方案将需要整理的指标体系和分组体系表现在一套空白整理表或综合表上，并制订编制说明和具体工作计划，所以统计整理方案是统计整理工作的指导文件。

(2) 对统计资料进行审核。对统计资料进行整理时，首先要进行审核，以确保统计资料的质量，为进一步的整理和分析打下基础。

对于统计调查所取得的原始资料，应从准确性、及时性和完整性 3 个方面去审核。准确性是统计工作的生命，是审核的重点。准确性审核就是检查资料是否符合客观实际情况。审核数据准确性主要是通过逻辑检查和计算检查来完成的。逻辑检查主要审核原始数据的内容是否合理、是否符合逻辑、各项目或数字之间有无相互矛盾的地方。计算检查是检查调查表中各项数字在口径、计算方法和计算结果上有无差错，计量单位是否有与规定不符之处等。及时性审核就是检查所有填报单位的资料是否及时送到。完整性审核主要是检查应调查的单位或个体是否都进行了调查，所有应填写的调查项目是否填写齐全。

对于次级资料，除了对其准确性和完整性进行审核外，还应着重审核数据的适用性和时效性。次级资料来自其他渠道，有些资料可能是为特定调查目的而取得的，或者是已按特定研究目的进行了加工整理，所以，首先应弄清楚数据的来源、数据的口径以及有关的背景资料，以便确定这些资料是否符合新的统计研究的需要，是否需要重新加工整理等。此外，还要对资料的时效性进行审核，有些时效性较强的问题，如果所取得的数据资料过于陈旧，就失去了应用价值。

对于在审核过程中发现的问题要进行必要的修订和补充。

(3) 对统计资料进行分组和汇总。将全部调查资料按照分组要求进行分组汇总，计算各组的单位数和合计总数，同时计算相关综合指标，它是统计整理的中心工作。

(4) 编制统计图表。统计图表是表现统计整理成果最常用的一种形式。

(5) 进行统计资料汇编。通过系统地积累历史资料，以备需要时查用。

第二节　统 计 分 组

一、统计分组的概念

社会经济现象总是复杂多样的，统计总体单位之间必须具有某一方面的共性，但总体单位间又存在某些差别，正是因为这些差别才有必要进行统计分组。只有对统计总体单位进行科学的分组，才能对统计资料进行科学的加工和分析，从而得出正确的统计分析结论。统计分组是统计整理的关键，它直接关系到整个统计工作的成败。

统计分组就是根据统计研究的目的和任务，按照一定的标志将总体划分为若干个性质不同的部分的一种统计方法。统计分组具有两个方面的含义：对总体而言是“分”，即将整体划分为性质相异的若干部分；对总体单位而言是“合”，即将性质相同的总体单位合并到同一组。这样，对于作为分组标准的标志而言，组间具有差异性，组内的单位具有同质性。例如，人口按性别分组，可将人口分为男性和女性两组；工业企业按规模可分为大型、中型、小型 3 组；国民经济按产业可以分为第一产业、第二产业、第三产业。

统计分组在逻辑上要遵循“穷尽”和“互斥”的原则。所谓穷尽，即总体内的每个单位都能找到各自所属的组。这样就要求分组以后的各子项(划分以后的组)之和应等于母项(须划分的总体)。例如，如果把教师按职称分为讲师、副教授、正教授 3 组，那么职称为助教的人就无所归属。所谓互斥，就是各个组的范围应该互不相容，互相排斥，即每个总体单位在特定的分组标志下只能归属于某一组。例如，人口按年龄分组后，每个人只能在某一个年龄组中，因为一个人不可能有两个年龄而出现在两个年龄组中。

二、统计分组的作用

通过统计分组，以便对总体所有单位在质量上、数量上、空间上存在的差异进行分析，进一步认识事物的本质特征及其发展变化的规律性。具体来讲，统计分组主要有以下 3 个作用：

(1) 区分社会经济现象的类型。社会经济现象总是复杂多样的，存在着多种多样的类型，不同类型的现象存在着自身的本质特征和运动变化形式，受到不同规律的支配，决定了各类现象在规模、水平、速度、结构、比例关系等方面的数量表现存在差异。因此，在认识事物性质的过程中，划分社会经济现象的类型尤为重要。通过统计分组，将现象分为性质不同的类型，来研究各类现象的数量差异、特征及相互关系，从而揭示各种类型现象的本质及其规律。例如，企业按照所有制形式分为国有企业、集体企业、私营企业和其他类型企业，在此基础上，通过比较分析，就可以充分揭示出各类企业的本质及其发展规律。

(2) 研究总体的内部结构及其变化。事物的性质往往是由其内部结构决定的，通过统计分组，将社会经济现象分成若干个组成部分，可以计算出各组成部分的数值在总体中所占的比重及各组成部分之间的比例关系，揭示总体的内部构成情况及部分与部分之间的关系。同时，对现象内部结构的变化进行动态分析研究，还可以反映总体发展变化的过程、趋势和规律。例如，根据社会生产活动历史发展顺序将国民经济按产业分为第一产业、第二产业和第三产业，将我国改革开放以来的三次产业产值构成比例编制成统计表，如表 3.1 所示(由于篇幅问题只列举了部分年份数据)。

通过表 3.1，不仅可以看出我国各个时期的产业结构特征，而且通过观察各个时期三大产业产值比例的变化情况，还可以看出我国三大产业的发展过程、趋势及规律。

(3) 探讨现象之间的依存关系。社会经济现象之间都不是孤立存在的，存在着不同程度的相互联系、相互制约的依存关系。例如，单位产品成本与产量、企业的利润率与劳动生产率、商品的销售量和商品的价格等之间都存在一定的依存关系。而利用统计分组，观察相关的标志变量值的变化情况，可以揭示现象之间的这种依存关系。例如，中国薪酬网发布了《2024 年全国地区毕业生薪酬调查报告》，根据这份报告，对 2023 届毕业生按学历进行分组，具体见表 3.2。从表 3.2 可以看出，学历与月平均薪酬具有明显的依存关系，学历越高薪酬越高。就业企业类型与薪酬也存在依存关系，薪酬由低到高的顺序分别是民营企业、国有企业、中外合资企业、外商独资企业。

表 3.1　中国国内生产总值构成表

年　份	产　业　占　比　(%)		
	第一产业	第二产业	第三产业
1978	27.7	47.7	24.6
1980	29.6	48.1	22.3
1985	27.9	42.7	29.4
1990	26.6	41.0	32.4
1995	19.6	46.8	33.7
2000	14.7	45.5	39.8
2005	11.6	47.0	41.3
2010	9.5	46.4	44.1
2015	8.8	40.9	50.2
2016	8.1	39.6	52.4
2017	7.5	39.9	52.7
2018	7.0	39.7	53.3
2019	7.1	38.6	54.3
2020	7.7	37.8	54.5
2021	7.2	39.3	53.5
2022	7.3	39.3	53.4
2023	7.1	38.3	54.6

注:表中数据由于四舍五入的原因,部分年份分项数据之和不等于 100%。

资料来源:中国国家统计局官方网站。

表 3.2　2023 届不同学历毕业生平均薪酬表(单位:元/人)

学　历	企　业　类　型			
	国有企业	外商独资企业	中外合资企业	民营企业
高中及以下	4668	4932	4762	4246
专科	5141	5687	5302	4599
本科	5508	6888	6119	4998
硕士	6881	9694	8690	7650
博士	9938	13278	12343	10592

资料来源:根据中国薪酬网发布的《2024 年全国地区毕业生薪酬调查报告》整理。

三、统计分组的方法

（一）分组标志的选择

分组标志，就是将总体单位分为性质不同组的标准或依据。统计分组的关键在于正确选择分组的标志和划分各组界限。如果分组标志选择不当，分组结果就难以准确反映总体特征；如果各组界限划分不清，分组难免失去意义。分组标志往往有多个，但如何在特定的研究目的下选择合适的分组标志对于达到统计研究目的至关重要。一般来说，分组标志必须遵循以下基本原则：

(1) 根据研究的目的与任务，选择分组标志。对于同一总体，由于研究的目的和任务不同，应分别采用不同的分组标志。例如，如果要研究性别的构成情况，就应该选择性别作为分组标志；如果要研究人口年龄的构成情况，就应该选择年龄作为分组标志。所以，分组标志是随着任务的不同而变化的。

(2) 要选择能够反映现象本质特征的标志。明确了分组的目的，还不等于能够选择好分组标志。在总体单位所具有的若干标志中，有的标志能够揭示总体的本质特征，是具有决定意义的重要标志，有的标志则是非本质的、次要的。只有选择最能够说明问题的标志作为分组标志，才能得出科学的分组。例如，要研究各地区的经济发展水平，国内生产总值、国民收入、社会总产值、人均国内生产总值等都可以作为分组标志。但相比之下，“人均国内生产总值”较优一些，因为它消除了地区大小这一因素的影响。

(3) 考虑现象所处的历史条件及经济条件选择分组标志。历史条件及经济条件总是在不断变化的，同一分组在过去适用，现在就不一定适用；同一分组在这一场合适用，在另一场合则未必适用。在不同时期，同一分组标志的具体意义也不尽相同。这就需要我们对具体现象进行具体分析，根据需要，按照不同的时期、地点、经济条件等选择相适应的分组标志。例如，划分企业的规模，在生产力水平不高的情况下，企业人数是反映企业规模的重要标志，因此一般用企业人数作为分组标志。而在现代化大生产条件下，企业的销售额、资产总额等也成为反映企业规模的重要标志，如果仍只用企业人数作为分组标志就不太适宜了。例如，我国企业按规模分组，分为大型企业、中型企业、小型企业，2003 年国家经济贸易委员会、国家计划委员会、财政部、国家统计局联合颁发了《统计上大中小微型企业划分办法》，工业企业、建筑业企业综合考虑了从业人员数、销售额、资产总额 3 个标志进行分组，其他类型企业综合考虑了从业人员数、销售额两个标志进行分组。

2017年国家统计局官方网站发布了《统计上大中小微型企业划分标准》,农、林、牧、渔业根据营业收入进行分组,建筑业按从业人员、资产总额两个标志进行分组,工业、批发、零售业等按从业人员、营业收入两个标志进行分组,具体分组情况见国家统计局官方网站。

(二) 按品质标志分组和数量标志分组

分组标志按其性质可以分为品质标志和数量标志两类。统计总体可按品质标志分组,也可按数量标志分组。

按品质标志分组也就是按事物的性质、属性分组。例如,人口按性别、民族分组,企业按所有制、所在地区分组等。这种分组在一般情况下比较简单,如人口按性别分组、年龄分组等。但有时也很复杂,主要是在于组与组之间的性质界限不容易划分,如国民经济按行业分组就相当复杂,农业人口与非农业人口也难以划清。在实际工作中,对于这些复杂的分组,往往根据分析任务的需要,经过事先研究,规定统一的划分标准。为了使一些复杂的分类在全国统一起来,国家有关部门制定了各种分类标准,如《关于城乡划分标准的规定》《国民经济行业分类》《主要商品目录》等,供全国各地区、各部门、各单位分组时查用。国家统计局官方网站上会实时发布我国各种分类标准。

按数量标志分组就是按事物的数量作为分组标志。例如,大学生按年龄分组、成绩分组;企业按从业人员数、营业收入分组等。按数量标志分组,要从各组的量的变化中反映各组的质的特征。分组结果不仅要反映各组数量上的差异,更重要的是要反映各组间性质上的差异。虽然现象在数量上的差异比较明显,但是在性质上的差异往往并不显著,因此决定现象性质差异的数量界限往往依赖于人的主观认识。按数量标志分组,涉及数量标志的类型、数量标志值的大小、变化范围以及分组的组数、组限和组距等问题,这些必须根据现象的特点与研究目的来具体分析确定。

(三) 简单分组与分组体系

简单分组是指对总体只按一个标志进行分组。例如,按性别对人口总体进行分组,按计划完成程度对企业分组,按所有制形式对国民经济分组等。但是,对统计总体往往要进行多方面的研究,仅仅按一个标志进行分组是难以满足需要的,必须利用多个标志进行多种分组,形成分组体系,才能满足要求。

统计分组体系就是根据统计分析的要求,通过对同一总体进行多种不同分组而形成的一种互相联系、相互补充,并从多方面反映总体内部关系的体系。例如,对国民经济这一总体进行统计研究,通过按所有制、按部门、按地区、按产业形式等多种分组,就形成了国民经济分组体系。统计分组体系有以下两种形式:

1. 平行分组体系

对同一总体同时选择两个或两个以上的标志分别进行简单分组,然后并列在一起就形成了平行分组体系。例如,为了认识我国工业企业的一些基本情况,可以按所有制、轻重工业、企业规模等分组,得到如下分组体系:

(ⅰ)按所有制分组

国有企业

集体企业

私营企业

……

(ⅱ)按轻重工业分组

轻工业

重工业

(ⅲ)按企业规模分组

大型企业

中型企业

小型企业

平行分组体系的特点是:每一分组只能固定一个因素对差异的影响,不能固定其他因素对差异的影响。

2. 复合分组体系

对同一总体选择两个或两个以上标志层级进行分组,形成复合分组体系。例如,为了认识我国人口构成的基本状况,可以先按城乡这一标志进行分组,然后在此基础上再按性别这一标志进行分组,得到如下分组体系:

(ⅰ)城镇人口

男性

女性

(ⅱ)农村人口

男性

女性

复合分组体系的特点是:第一次分组只固定一个因素对差异的影响,第二次分组同时固定两个因素对差异的影响,依此类推。在选择分组标志时,要注意它们的主次顺序,以便更好地满足分析的需要。

四、统计再分组

利用次级资料进行统计研究,原分组不能适合分析研究目的的需要,这时需要对原分组资料重新进行再分组,在再分组时,需要按比例调整有关数据(假定总体单位数在每一组中服从均匀分布)。统计再分组有两种情况:

(1) 按原来的分组标志,但改变组距及各组界限,据此计算各新组次数。

【例 3.1】 为了了解某地区农村居民家用电脑的普及程度,抽取 2 000 户农村居民家庭进行调查,调查资料如表 3.3 所示。

表 3.3　某地区农村居民拥有家用电脑情况表

按人均收入(元)分组	家庭数(户)	拥有家用电脑台数(台)
10 000 以下	200	80
10 000～14 000	400	240
14 000～18 000	800	600
18 000～22 000	400	320
22 000 以上	200	180
合　　计	2 000	1 420

现根据需要,把分组组距和组数调整如下:12 000 元以下,12 000～17 000 元,17 000～22 000 元,22 000 元以上。

再分组的方法如下:新的第一组是 12 000 元以下,它包括表 3.3 的第一组和第二组的一部分,这部分有多大,只能按比例调整,将其分为 10 000～12 000 元、12 000～14 000 元两段,则前一段占原组距的 1/2,所以新的第一组家庭数为 200＋400×1/2＝400,拥有家用电脑台数为 80＋240×1/2＝200,其他各组依此类推。新的分组情况如表 3.4 所示。

(2) 变换分组标志,重新分组并计算各组次数。

【例 3.2】 将例 3.1 中的资料按家庭数所占比重重新分组,低收入组占家庭总数的 20%,中收入组占家庭总数的 50%,高收入组占家庭总数的 30%。

再分组的方法如下:新的第一组家庭户数为 2 000×20%＝400,它包括表 3.3 中的第一组和第二组的一部分,第二组取家庭户数为 400－200＝200,占第二组的比例为200/400=1/2,因此,新分组的第一组家庭电脑台数为80+240×1/2=200(台),其他各组依此类推。新的分组情况如表3.5所示。

表3.4 某地区农村居民拥有家用电脑情况表

按农户收入分组(元)	家庭数(户)	家用电脑台数(台)
12 000以下	400	200
12 000～17 000	800	570
17 000～22 000	600	470
22 000以上	200	180
合 计	2 000	1 420

表3.5 某地区农村居民拥有家用电脑情况表

按收入等级分组	占家庭总数(%)	家庭数(户)	家用电脑数(台)
低收入组	20	400	200
中收入组	50	1 000	720
高收入组	30	600	500
合 计	100	2 000	1 420

第三节 次数分布

一、次数分布的概念

在统计分组基础上,将总体中的单位按某个标志分组后,形成了总体数单位在各组之间的分布,称为次数分布或频数分布。分布在各组的单位数叫次数,又称频数。各组次数与总次数之比叫频率,又称比重。分别将组别与次数或频率按一定的顺序排列所形成的数列叫分布数列,分布数列可以直观地反映总体的分布特征和分布状况。次数分布在统计研究中具有重要的意义,是进行统计分析的一种重要手段。

分布数列根据分组标志性质不同,分为品质分布数列与变量分布数列。按品质标志分组的分布数列称为品质分布数列,简称品质数列。按数量标志分组的分布数列称为变量分布数列,简称变量数列。

二、变量数列

（一）变量数列的概念

变量数列，就是将总体按数量标志分组，将分组后形成的各组变量值与该组出现的次数或频率按照一定的顺序对应排列所得的分布数列。例如，某车间工人按日生产的零件数分组编制的变量数列如表 3.6 所示。

变量数列包括两个构成要素：一是变量值，二是总体单位在各组中出现的次数或频率。二者缺一不可，如表 3.6 所示。

表 3.6　某车间工人加工零件情况

按每日生产零件数分组（件）	工人数（人）	工人数比重（%）
15	10	5.56
16	20	11.11
17	30	16.67
18	50	27.77
19	40	22.22
20	30	16.67
合　计	180	100.00
各组变量值	次数（频数）	比率（频率）

（二）变量数列的分类

变量数列按分组标志性质的不同可分为离散型变量数列和连续型变量数列两种，两种变量数列又可进一步分类如下：

- 变量数列
  - 离散型
    - 单项式
    - 组距式
      - 等距数列
      - 异距数列
  - 连续型
    - 等距数列
    - 异距数列

离散型变量数列是按离散变量分组形成的变量数列；连续型变量数列是按连续型变量分组形成的变量数列。

单项式分组数列简称单项数列，是指数列中每一个组的变量值只有一个，即一个变量值代表一个组，如表 3.6 所示。组距式分组变量数列简称组距数列，是指每个组用两个变量值所确定的一个区间范围来表示，如表 3.7 所示。如果各组的组距相等，就叫作等距数列；若不等就叫作异距数列。

表 3.7 某车间职工月奖金额分组资料

工人按月奖金分组(元)	工人数(人)
0～1 000	8
1 000～2 000	20
2 000～3 000	52
3 000～4 000	5
合 计	85

三、变量数列的编制

变量数列按照形式的不同分为单项式数列和组距式数列两种。编制单项式数列，还是编制组距式数列，主要取决于所研究变量的类型以及变量的变动幅度。如果按连续型变量分组，一般只能编制组距式数列。如果按离散型变量分组，则要根据其变量值个数的多少以及变动幅度的大小来确定，如果变量值个数较少以及变动幅度较小时，可编制单项式数列；如果变量值个数较多以及变动幅度较大时，可编制组距式数列。

编制单项式数列，是直接将每一变量值作为一组，汇总计算各组相应的单位数，然后利用表格形式列示即可，所以它的编制比较简单，这里就不再讨论了。组距式数列的编制要比单项式数列的编制复杂得多，下面就举例说明其编制方法。

【例 3.3】 某大学 2023 级统计学专业 60 名学生的统计学课程考试成绩如下：

52	56	57	60	61	62	63	65	66	66
68	69	70	71	71	72	73	73	74	74
75	75	75	76	77	77	77	78	78	79
80	80	80	81	81	82	82	83	83	85
85	85	85	85	86	86	87	88	88	88
89	90	92	92	93	93	94	96	98	99

根据上述资料编制一个组距式数列，来反映该班学生统计学课程考试成绩的分布状况。

（一）求全距

全距是最大变量值与最小变量值之差，表明标志值的变动范围，一般用字母 R 表示。以上资料已按从小到大的顺序排列，全距为：47(99－52=47)。

（二）确定组距、组数和组限

组限是指分组的数量界限，包括上限和下限，上限是各组的最大变量值，下限是各组的最小变量值，上限一般用 U 表示，下限用 L 表示。组距是各组的最大变量值与最小变量值之差，一般用 d 表示，即

$$d=U-L$$

组距的大小和组数的多少相互制约，成反比例关系。组距越大，组数就越少，反之则越多。在决定组距和组数时，原则上要使所分的组能够反映现象的不同特征，即通过组距分组后，能把性质相同的单位归并在一起，把各组内部单位的次要差异抽象掉，使各组间的差异一目了然。

组距数列有等距数列和异距数列两种，选择等距数列还是异距数列，主要是根据所研究对象的分布特点来决定的。如果变量值变化较均匀，可采用等距数列；在社会经济统计中有些现象的分布高度偏斜，标志值的变动并不均衡，变动的幅度差异很大，就不宜采用等距分组，必须采用异距分组。等距数列便于各组单位数的直接对比，绘制统计图，也便于计算各项综合指标，简化计算方法，因此应尽可能采用等距分组。

等距数列由于各组组距相等，因此有

$$组距=全距\div组数$$

上述资料假设分为 5 组，以便观察优、良、中、及格、不及格各类分布情况，这样组距为 46÷5=9.2。为了计算方便，组距宜取 5 或 10 的倍数，故将组距定为 10。根据以上所述，可以将上述资料分为以下 5 组：60 分以下；60～70 分、70～80 分、80～90 分、90 分以上。

如果现象的分布近于正态分布，进行等距分组可以根据美国统计学家斯特吉斯(H. A. Sturges)提出的分组数公式来计算分组数，即

$$n=1+3.322\lg N \tag{3.1}$$

式中，N 为总体单位数，n 为分组的组数，这时组距 d 的大小可以用全距 R 除以组数求得，即

$$d = \frac{R}{1 + 3.322\lg N} \tag{3.2}$$

这些公式可供分组时参考，但不能生搬硬套。确定组距和组数时应考虑以下两个方面：① 要尽可能区分出组和组之间性质上的差异。② 要尽可能反映出总体单位的分布特征及总体单位分布的集中趋势。

对于异距分组的组距和组数的确定，必须综合现象的性质特点和统计研究的目的全面综合考虑，要尽可能地反映出组与组之间性质上的差异。在异距分组时各组的次数多少受组距大小的影响，组距大的次数可能大，组距小的次数也可能小，为了清除这些影响，需要计算次数密度（次数密度＝次数/组距）。

组数和组距确定之后，需要进一步确定组限，在确定组限时，具体应考虑以下几个方面：① 应当尽可能地反映相邻组之间质的差异。② 组限最好采用整数表示，一般为 5，10 或 100 等数的整数倍。③ 应使最小组的下限低于或等于最小变量值，最大组的上限高于或等于最大变量值，当变量值中有极小值或极大值时，就需用开口组表示，所谓开口组就是缺上限或缺下限的组，通常用“××以上”或“××以下”表示。④ 对于连续型变量，相邻两组的组限应重叠，并且习惯地按照“归下不归上”的原则处理，也就是说变量值与某组限值相等的单位，应计入将该值作为下限值的这一组中，而不计入将该值作为上限值的这一组中。某学生成绩为 60 分，则应将其归并到 60—70 分这一组中，而不归入 60 分以下这一组中。对于离散变量，相邻两组的上、下限必须间断。但是，在实际工作中，为了保证不重复不遗漏总体单位，对于离散型变量也常常采用连续型变量的组限表示方法。

根据以上所述，可以将上述资料分为以下 5 组：60 分以下、60～70 分、70～80 分、80～90 分、90 分以上。

在编制组距数列时，分布在各组的实际变量值已被变量值变动的范围所取代，因此，在统计分析时，往往用组中值来反映各组实际变量值的一般水平，即取各组变量变化的中间值。组中值的计算公式为

$$\text{组中值} = \frac{\text{上限} + \text{下限}}{2} \tag{3.3}$$

实际中，对于开口组的组中值，一般是用相邻组的组距作为开口组的组距，因而缺少上限组的组中值的计算公式为

$$\text{组中值} = \text{下限} + \frac{\text{相邻组组距}}{2} \tag{3.4}$$

缺少下限组的组中值的计算公式为

$$组中值 = 上限 - \frac{相邻组组距}{2} \tag{3.5}$$

（三）计算各组的单位数和频率

在变量分组确定之后，直接计算各组的单位数，然后将其用数列表示即可。上述资料的编制结果如表 3.8 所示。

为了便于分析问题，也可在表中列入累计次数和累计频率。累计次数和累计频率可以分为向上累计和向下累计。向上累计是以变量值的最小一组次数为始点，向变量值较高的组逐项累计各组的次数或频率。各组的累计次数或频率，表示小于该组变量值上限的次数或频率合计。向下累计则是以变量值最大的一组为始点，向变量值较低的组逐项累计各组的次数或频率。各组的累计次数或频率，表示大于该组变量值下限的次数或频率合计。由表 3.8 计算的累计次数和累计频率如表 3.9 所示。

表 3.8　某大学 2023 级统计学专业统计学课程考试成绩表

按考分(分)分组	学生人数(人)
60 以下	3
60～70	9
70～80	18
80～90	21
90 以上	9
合　计	60

表 3.9　某大学 2023 级统计学专业统计学课程考试成绩表

按考分(分)分组	次　数		向上累计		向下累计	
	人数(人)	比率(%)	人数(人)	比率(%)	人数(人)	比率(%)
60 以下	3	5	3	5	60	100
60～70	9	15	12	20	57	95
70～80	18	30	30	50	48	80
80～90	21	35	51	85	30	50
90 以上	9	15	60	100	9	15
合　计	60	100	—	—	—	—

四、次数分布的特征

研究各种类型的次数分布特征，对于准确认识不同社会经济性质有着重要意义。次数分布特征主要有下列 3 种类型：钟形分布、U 形分布、J 形分布。

（一）钟形分布

钟形分布的特征是“两头小，中间大”，靠近中间的变量值分布的次数多，而靠近两端的变量值分布的次数少。如将其绘制成曲线图，其形状宛如一口古钟，如图 3.1 所示。

钟形分布具体可分为对称分布和非对称分布。对称分布的特征是以变量的平均值为中心，左右两边严格对称，越接近中心，变量值的分布次数越多，两侧变量值的分布随着与中心变量值的距离增大而减小，如图 3.1(a)所示。社会经济现象整体的分布大多数趋近于正态分布，例如，农作物平均每公顷产量的分布、商品市场价格的分布等。正态分布在社会经济统计中具有重要意义。非对称分布中，主要有左偏分布和右偏分布。左偏分布的特征是次数分布的图形高峰向右侧偏移，长尾向左延伸，左尾较长，如图 3.1(b)所示；右偏分布的特征是次数分布的图形高峰向左偏移，长尾向右侧延伸，右尾较长，如图 3.1(c)所示。

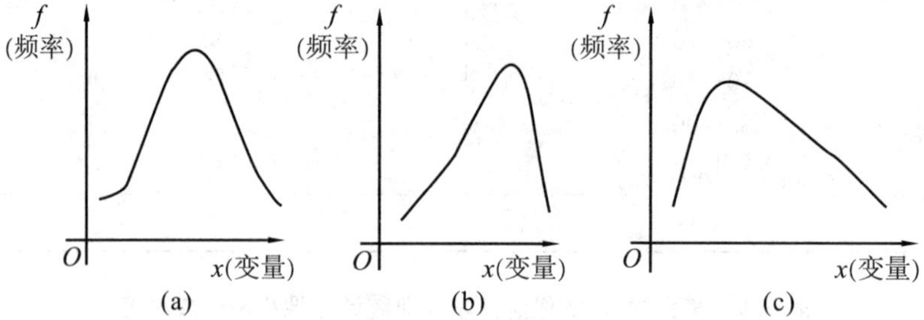

图 3.1 钟形分布曲线图

（二）U 形分布

U 形分布的特征与钟形分布相反，是“两头大，中间小”，即靠近中间位置的次数少，靠近两端的变量值分布的次数多，绘制成曲线图，像大写的英文字母 U，如人口死亡率按年龄分布，就是这种分布，如图 3.2 所示。

（三）J 形分布

J 形分布的曲线图如英文字母 J，其中有正 J 形与反 J 形分布两种。正 J 形分布的次数随着变量值的增大而增多，例如，投资额按利润率大小的不同分布就是正J形分布，如图3.3(a)所示。反J形分布的次数随着变量值的增大而减小，如随着产品产量的增加，单位产品成本下降，如图3.3(b)所示。

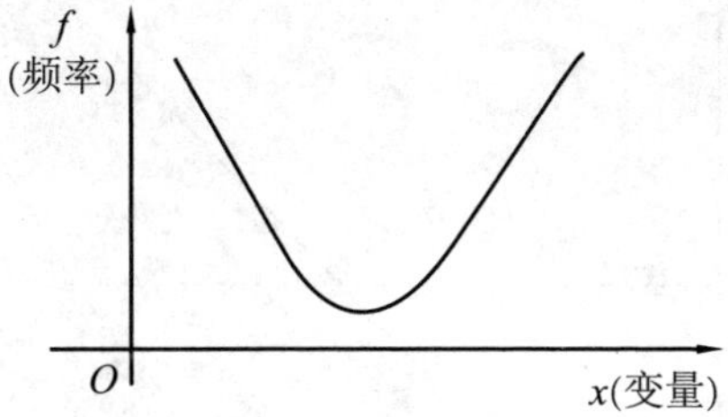

图3.2　U形分布曲线图

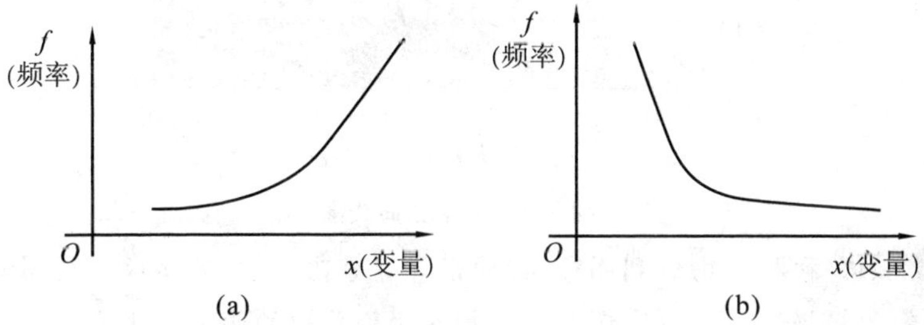

图3.3　J形分布曲线图

知 识 链 接

洛伦兹曲线与基尼系数

为了研究国民收入在国民之间的分配问题，美国统计学家(美籍奥地利人)洛伦兹(Max Otto Lorenz，1876—1959)于1907年左右提出了著名的洛伦兹曲线。洛伦兹曲线(Lorenz curve)，也译为"劳伦兹曲线"，用以比较和分析一个国家在不同时期或者不同国家在同一时期的财富不平等状况，该曲线作为一个总结收入和财富分配信息的便利的图形方法得到广泛应用。

洛伦兹曲线是在一个总体(国家或地区)内，以"从最贫穷的人口计算起一直到最富有的人口"的人口百分比与其对应各人口百分比的收入百分比的点组成的曲线，如图3.4所示。整个洛伦兹曲线是一个正方形，正方形的横

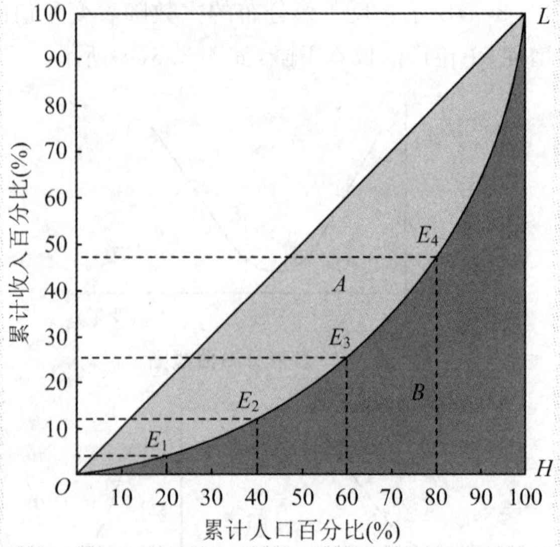

图 3.4 洛伦兹曲线图

轴表示人口(按收入由低到高分组)的累计百分比,纵轴表示收入的累计百分比,弧线为根据累计人口比例和累计收入比例画出的曲线。当人口百分比均等于其收入百分比,即人口累计百分比等于收入累计百分比时,收入分配是完全平等的,洛伦兹曲线为正方形的对角线 OL,这条线称为绝对公平线。当所有收入都集中在一人手中,而其余人口均一无所获时,收入分配达到完全不公平,洛伦兹曲线为折线 OHL,这条线称为完全不公平线。一个国家或地区的收入分配,既不是完全不公平,也不是完全公平,而是介于二者之间。相应的洛伦兹曲线,既不是折线 OHL,也不是 $45°$ 线 OL,而是向横轴凸出的弧线 $OE_1E_2E_3E_4L$。

洛伦兹曲线的弯曲程度有重要意义,一般来讲,洛伦兹曲线的下凸程度反映了收入分配的不平等程度,下凸程度越大,收入分配越不公平,反之亦然。

基尼系数(Gini coefficient)是意大利经济学家基尼(Corrado Gini,1884—1965)于 1912 年提出的。基尼系数是根据洛伦兹曲线计算的反映收入分配公平程度的指标,设实际收入分配曲线和收入分配绝对平等线之间的面积为 A,实际收入分配曲线右下方的面积为 B,$GINI$ 表示基尼系数,则基尼系数的计算公式为

$$GINI = \frac{A}{A+B}$$

基尼系数值越大，说明收入分配越不平等，反之，收入分配越平等。现在国际上常把基尼系数作为定量测定收入分配差异程度、综合考查居民内部收入分配差异状况的一个重要分析指标。一般来说，一个国家(或地区)可以利用洛伦兹曲线和基尼系数来观察本国(或地区)现行国民收入的分配状况，作为政府制定社会收入调节政策的辅助参考指标，也可以用来检验政府所推行的特定社会收入调节的效果。

第四节　统　计　表

一、统计表的概念

(一) 统计表的概念

统计表是指由纵横交叉的线条所形成的用来表现统计资料的表格。它是表现统计资料最常用的形式。统计表能够系统地组织和合理地安排大量的数字资料和简略过多的文字表述，使人在阅读时一目了然，便于对比分析和研究。

(二) 统计表的构成

统计表从形式上看是由总标题、横行标题、纵栏标题、数字资料 4 部分构成的，必要时可以加上表外附加。总标题就是表的名称，须概括统计表中的全部内容，一般在表的上端正中；横行标题是横行各组的名称，写在表的左方；纵栏标题就是纵栏的名称，写在表的上方；统计表中的数字资料用来说明总体特征的各种指标值。表外附加通常放在统计表的下方，主要包括资料来源、指标解释和必要的说明等内容。

统计表从内容上来看，包括主词和宾词两个部分，如表 3.10 所示。主词是统计表所要说明的总体，或总体的各个组、各个单位的名称或者所属时期。宾词是说明总体特征的统计指标，包括指标名称和指标数值。在通常情况下，主词排列在表的左方，宾词排列在表的右方，但必要时也可互换位置。

表 3.10　2023 年中国居民人均消费支出情况(单位:元/人) ← 总标题

消费支出项目	农村居民消费支出	城镇居民消费支出
食品烟酒	5 880	9 495
衣着	921	1 880
居住	3 690	7 822
生活用品及服务	992	1 910
交通通信	2 480	4 495
教育文化娱乐	1 951	3 589
医疗保健	1 916	2 856
其他用品及服务	341	953
合　计	18 175	32 994

横行标题　纵栏标题　数字资料

主词　宾词

注:从 2013 年起,国家统计局开展了城乡一体化住户收支与生活状况调查,2013 年及以后数据来源于此项调查。

资料来源:根据中国国家统计局官方网站数据整理得到。

附加

二、统计表的种类

统计表按主词结构不同可分为简单表、分组表、复合表。简单表即主词不经过分组的统计表,主词仅罗列各单位的名称或时期的名称,如表 3.11 和表 3.12 所示。分组表即主词只按一个标志进行分组的统计表,如表 3.13 所示。简单分组表应用十分广泛,便于揭示不同类型现象的特征,研究总体内部的构成,分析现象之间的依存关系。复合表即主词按照两个或两个以上的标志分组的统计表,有利于深入地分析和比较复杂的综合现象,如表 3.14 所示。

表 3.11　中国第 7 次人口普查四个直辖市的人口

(2020 年 11 月 1 日 0 时)

城市名称	人口数(万人)
北京市	1 901
天津市	1 167
上海市	2 235
重庆市	2 948
合　计	8 251

资料来源:中国国家统计局官方网站。

表 3.12　2015—2023 年中国农村居民人均可支配收入与人均消费支出(单位:元/人)

年份	农村居民人均消费支出	农村居民人均可支配收入
2015	9 223	11 422
2016	10 130	12 363
2017	10 955	13 432
2018	12 124	14 617
2019	13 328	16 021
2020	13 713	17 131
2021	15 916	18 931
2022	16 632	20 133
2023	18 175	21 691

资料来源:中国国家统计局官方网站。

表 3.13　2023 年中国居民可支配收入

按城乡分组	人均可支配收入(元/人)	比上年增长(%)
农村	21 691	7.6
城镇	51 821	4.8
总　计	—	—

资料来源:根据中国国家统计局官方网站数据整理得到。

表 3.14　2023 年中国劳动力就业情况

	就业人口数(万人)
按三次产业分	74 041
第一产业	16 882
第二产业	21 520
第三产业	35 639
按城乡分	74 041
城镇	47 032
乡村	27 009

资料来源:根据中国国家统计局官方网站数据整理得到。

统计表按其作用的不同,可分为调查表、整理表、分析表。调查表是统计调查时用来搜集、登记原始资料的表格。整理表是用于统计整理汇总过程及其结果的表格。分析表是用于统计分析的表格,这类表格往往和整理表结合在一起,成为整理表的延续。

三、统计表的编制规则

为使统计表能够正确反映所研究对象的数量特征，使人们易于了解其内容，便于比较分析，在设计统计表时，应遵循科学、美观、实用的原则，并应注意以下规则：

(1) 统计表的各种标题，特别是总标题应简明、确切地概括反映表中的基本内容，以及资料所属的时间和空间。

(2) 统计表的内容不要过于庞杂，以便阅读时一目了然，便于比较和分析。

(3) 如果统计表的栏数较多，通常可以加上编号，并可以说明其相互关系，主词和计量单位栏常用(甲)、(乙)、(丙)、(丁)等文字编号，宾词各栏则用(1)、(2)、(3)、(4)等数字编号。

(4) 统计表中，数字的位数要对齐，当有相同数时仍应填写该数，不能用“同上”“同左”“同右”等字样代替，没有数字或不应该有数字的格子，需要用“—”表示。当缺乏某项资料时，用“……”标明，表示不是缺填。

(5) 统计表中必须注明数字资料的计量单位或设有计量单位栏。如表内数字都属同一计量单位，可以将它写在表的右上方。

(6) 统计表的表式，一般是左右两边不封口的，表的上下端横线用粗线表示。

(7) 统计表的资料来源以及其他需要附加的说明可以写在表的下端，以便查改。

第五节 统 计 图

统计图是根据统计数字用几何图形、事物形象和地图等绘制的各种图形。它具有直观、形象、生动、具体等特点。统计图可以使复杂的统计数字简单化、通俗化、形象化，使人一目了然，便于理解和比较分析。因此，统计图在统计资料整理与分析中占有重要的地位，并得到广泛应用。

统计图的种类有很多，Excel 提供的标准统计图形就达 12 种，本章仅介绍其中的一部分。

一、条形图和直方图

(一) 条形图

条形图(bar chart)用宽度相同的条形的高度或长短来表示各组次数的图形。条形图可以横置或纵置，纵置时也称为柱形图。条形图有单式、复式等形式。例如，将前述表 3.8 的资料重新分组，分成以下 5 组：不及格(60 分以下)、及格(60～70 分)、中等(70～80 分)、良好(80～90 分)、优秀(90～100 分)，结果如表

3.15 所示。根据表 3.15 绘制条形图，如图 3.5 所示，图 3.5 为单式条形图。图 3.6 为某商场 2023 年上、下半年不同品牌空调销量条形图，图 3.6 是复式条形图。复式条形图便于进行比较分析。

表 3.15　某大学 2023 级统计学专业统计学课程考试成绩等级表

按成绩(分)等级分组	学生人数(人)	学生占比(%)
不及格	3	5
及格	9	15
中等	18	30
良好	21	35
优秀	9	15
合　计	60	100

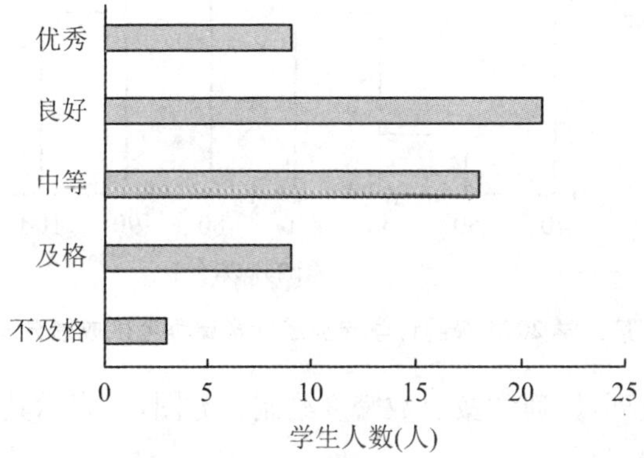

图 3.5　某大学 2023 级统计学专业统计学课程考试成绩等级条形图

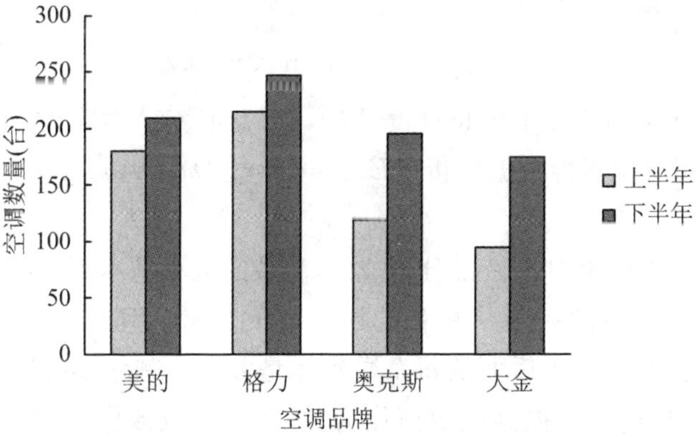

图 3.6　某商场 2023 年上、下半年不同品牌空调销量条形图

(二) 直方图

直方图(histogram)是用直方形的宽度和高度来表示次数分布的图形。绘制直方图时,横轴的划分应标明各组组限,以直方图的高度表示各组次数,其宽度与各组组距相适应。例如,根据表 3.8 可绘制直方图,如图 3.7 所示。

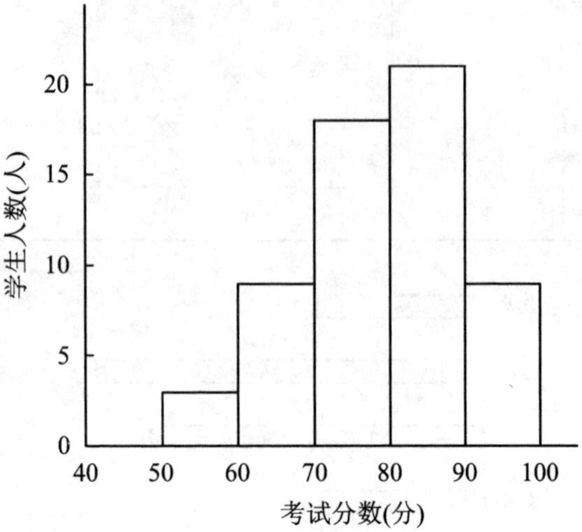

图 3.7 某大学 2023 级统计学专业统计学课程考试成绩分布直方图

如果是异距数列,则通常按次数密度绘制直方图,以表示其分布,以便更准确地反映客观实际情况。

二、茎叶图

茎叶图(stem-and-leaf display)又称“枝叶图”,是在 20 世纪早期由英国统计学家阿瑟・鲍利(Arthur Bowley)设计的,1977 年统计学家约翰・托奇(John Tukey)在其著作《探索性数据分析》(*Exploratory Data Analysis*)中将这种绘图方法介绍给读者。

茎叶图是由“茎”和“叶”两部分构成的,将数的大小基本不变或变化不大的位作为一棵树的茎(茎),将变化大的位的数作为分枝(叶),列在主干的后面,这样就可以清楚地看到每个主干后面的每个数具体是多少。制作茎叶图的关键是设计好树茎,通常是以该组数据高位数值作为“茎”,以个位数作为“叶”。根据例 3.3 数据绘制的茎叶图如图 3.8、图 3.9 所示。

```
5 | 2 6 7
6 | 0 1 2 3 5 6 6 8 9
7 | 0 1 1 2 3 3 4 4 5 5 5 6 7 7 7 8 8 9
8 | 0 0 0 1 1 2 2 3 3 5 5 5 5 5 6 6 7 8 8 8 9
9 | 0 2 2 3 3 4 6 8 9
```

图 3.8 茎叶图

5	2	6	7																		
6	0	1	2	3	5	6	6	8	9												
7	0	1	1	2	3	3	4	4	5	5	5	6	7	7	7	8	8	9			
8	0	0	0	1	1	2	2	3	3	5	5	5	5	5	6	6	7	8	8	8	9
9	0	2	2	3	3	4	6	8	9												

图 3.9 显示长度的茎叶图

茎叶图是一个与直方图相类似的特殊工具，但又与直方图不同，直方图不显示原始资料的具体数值，茎叶图保留原始资料的具体数值。将茎叶图茎和叶逆时针方向旋转 90°，实际上就是一个直方图。用茎叶图表示数据有两个优点：一是统计图上没有原始数据信息的损失，所有原始数据都可以从茎叶图中得到；二是茎叶图中的数据可以随时记录，随时添加，方便记录与表示。

三、圆形图与圆环图

（一）圆形图

圆形图(pie graph)也叫饼图，是用圆形及圆内扇形面积的大小来表示统计数字大小的图形。圆形图主要用来描述总体的内部构成情况，每一个扇形用来表示总体中对应的组所占的比例，扇形越大的块对应的组所占的比例越大，反之越小。根据表 3.15 绘制的圆形图如图 3.10 所示。

（二）圆环图

圆环图(doughnut chart)是把总体数据显示为一个圆环，每组数据显示为圆环的一个部分，用以表示总体中各组成部分所占的比例。圆形图只能表示一个总体的内部构成比例，而圆环图的每一个圆环可以表示一个总体，所以圆环图可以显示多个总体的内部比例结构，有利于不同总体内部结构的对比分析。根据表 3.15 绘制的圆环图如图 3.11 所示。图 3.12 为某大学 2022 级、2023 级统计学专业统计学课程考试成绩对比圆环图。

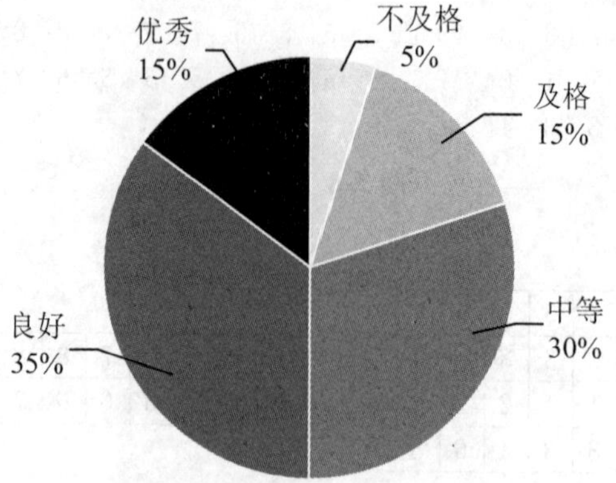

图 3.10　某大学 2023 级统计学专业统计学课程考试成绩圆形图

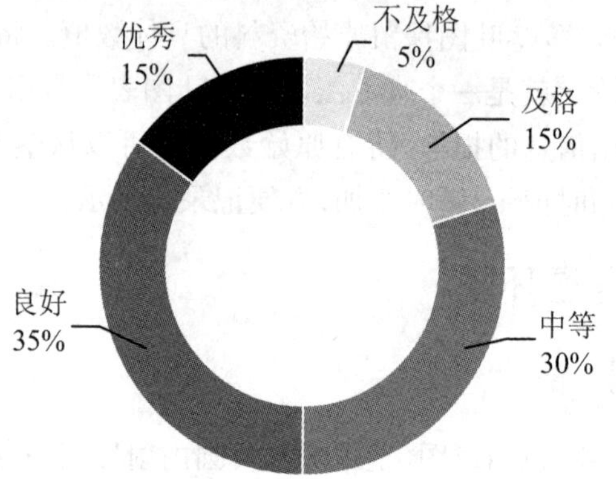

图 3.11　某大学 2023 级统计学专业统计学课程考试成绩圆环图

四、二维散点图和线性图

（一）二维散点图

二维散点图(2D scatterplots)是用二维坐标来刻画两个变量之间关系的一种图形。坐标轴横轴代表变量 x，纵轴代表变量 y，每对观察值 (x_i, y_i) 用平面坐标系的一个点来表示，n 对数据在坐标系中就形成 n 个点，这些点就称为散点，由坐标系和散点所形成的图形称为散点图。根据表 3.12 绘制的散点图如图 3.13 所示。

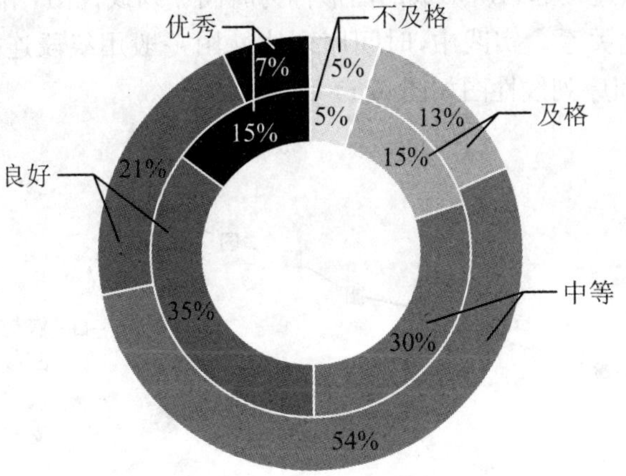

图 3.12　某大学 2022 级、2023 级统计学专业统计学课程考试成绩对比圆环图

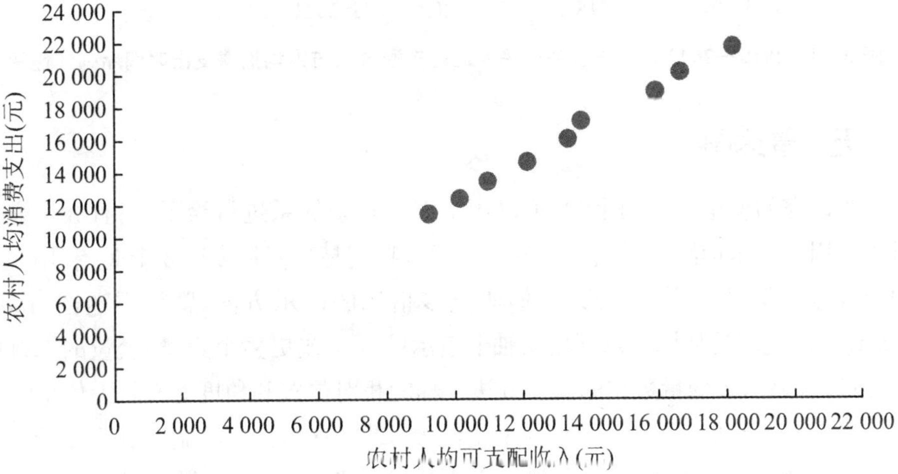

图 3.13　2015—2023 年中国农村居民人均可支配收入与人均消费支出散点图

（二）线性图

线性图(line plot)分为一般线性图和时间序列线性图。一般线性图是在散点图的基础上，按照一定的顺序将各个散点用线段或曲线连接起来所形成的统计图形。坐标轴横轴代表时间 t，纵轴代表变量 y，每对观察值(t_i, y_i)用平面坐标系的一个点来表示，n 对数据在坐标系中就形成 n 个点，然后用线段或光滑曲线按时

间先后把这些点连接起来所形成的图形称为时间序列线性图,用以反映现象数量在时间上的变化关系。实践中,时间序列线性图一般用线段连接各个散点。表 3.12 绘制的时间序列线性图如图 3.14 所示。

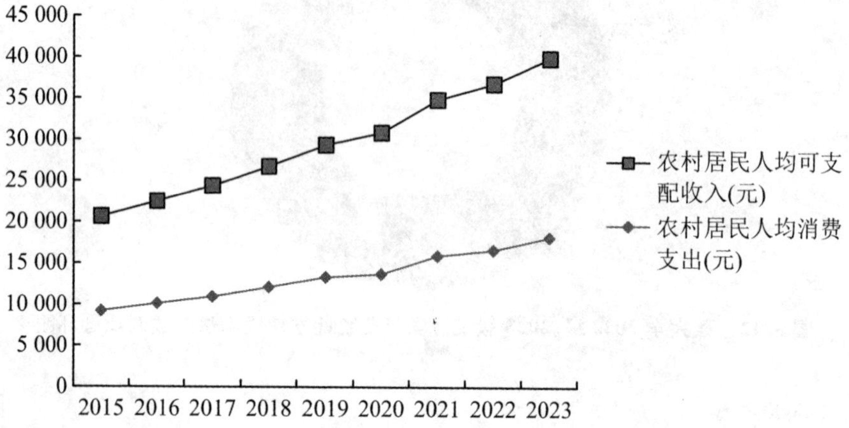

图 3.14 2015—2023 年中国农村居民人均可支配收入与人均消费支出时间序列线性图

五、雷达图

当研究的变量只有两个时,可以用平面直角坐标系进行绘图,当有 3 个变量时虽可用三维坐标绘图,但看起来很不方便,特别是当变量多于 3 个时,利用一般的绘图方法很难做到。为此,人们研究多指标的图示方法,常用雷达图(radar chart)。雷达图是从同一点开始的轴上表示的 3 个或更多个定量-变量的二维图表的形式,显示多变量数据的图形方法。轴的相对位置和角度通常是无信息的。

设有 n 组数据,均有相同的 p 个变量 $X_1,X_2,\cdots,X_p$,要绘制这 p 个变量的雷达图,具体做法是:先作一个圆,然后将这个圆分成 p 等份,这样在圆上可取 p 个点,这 p 个点分别对应 p 个变量。再将这 p 个点与圆心相连,得到 p 根辐射半径,这 p 个半径分别作为这 p 个指标的坐标轴,各组数据每个变量的变量值的大小由在这条线上的点到圆心的距离表示。这样每组数据依次可得到 p 个点,将各个组的 p 个点按顺序用线段连接,就可得到这 n 组数据的雷达图。

雷达图在比较分析不同组数据的变量值时非常有用,而且还可研究不同组数据的相似程度。

根据表 3.10 绘制的雷达图如图 3.15 所示。从图 3.15 可以清楚地看到,农村和城镇均是食品烟酒支出最大，其他用品及服务最小，城镇的各项消费支出均高于农村，同时，农村和城镇的消费具有很大的相似性。

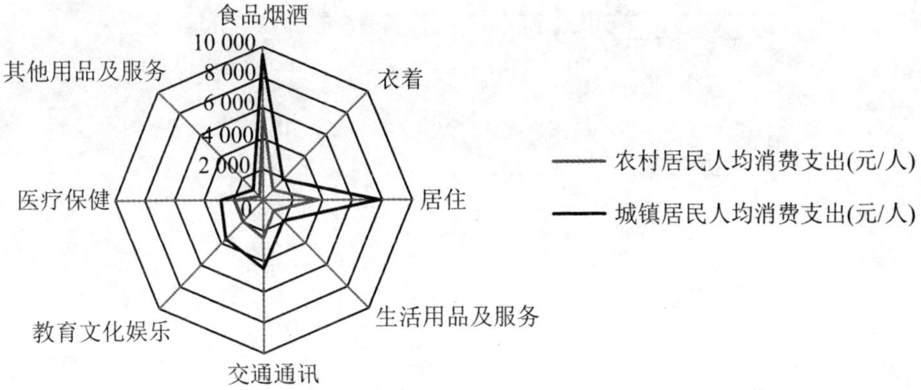

图 3.15　2023 年中国居民人均消费支出雷达图

限于篇幅，其他统计图形在这里就不作具体介绍了，如有需要，读者可以查阅相关著作。

第六节　Excel 在统计整理中的应用

Excel 具有比较全面的数据处理能力，利用 Excel 数据分析的“直方图”工具，可以方便地进行统计数据的分组、编制次数(或频率)分布并制作相应的统计图，也可以利用 Excel 的“图片工具”绘制各种统计图形。

一、利用 Excel 数据分析的“直方图”工具制作统计图表

【例 3.4】　根据例 3.3 的数据资料进行统计分组并绘制直方图。

(1) 进入 Excel 并打开新工作簿，在 A2:A61 单元列中逐个输入原始数据，在 B1 单元中输入分组标志名称：“按考试成绩分组”，然后在 B2:B6 单元列中按照从小到大的顺序依次输入各组的分组上限。但值得注意的是，Excel 在做次数分布表时，不管是连续型变量还是离散型变量，在计算各组的次数时包括等于该组上限值的单位数。所以，输入单元格的上限需对实际分组时的上限做适当调整，使变量值与实际上限值相等的这些单位归入到将该上限值作为下限值的这一组中去。所以，在 B2:B6 单元格中分别输入 59，69，79，89，100(说明：小于和等于“59”分所对应的单位数计在第一组的次数内，等于“60”分的单位数计到下一组的次数

内，大于“59”分及小于和等于“69”分的单位数计在第二组的次数内，等于“70”分的变量数计到下一组的次数内，依此类推）。输入结果如图 3.16 所示。

	A	B	C	D	E	F	G	H
1	成绩	按考试成绩分组						
2	52	59						
3	56	69						
4	57	79						
5	60	89						
6	61	100						
7	62							
8	63							
9	65							
10	66							
11	66							
12	68							
13	69							
14	70							
15	71							
16	71							
17	72							
18	73							
19	73							
20	74							
21	74							
22	75							
23	75							
24	75							
25	76							
26	77							
27	77							

图 3.16　数据输入图

(2) 点击 Excel 主菜单上的“数据”菜单，在下拉选项中依次选择“数据分析”“直方图”，点击“确定”按钮，打开直方图分析选项框，如图 3.17 所示。

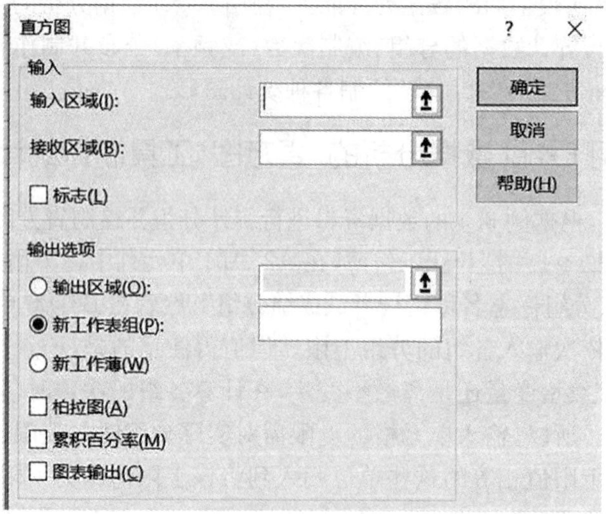

图 3.17　直方图选项框

(3) 在直方图分析选项框“输入区域”中输入:A1:A61,如果引用范围包括标志值的名称,须勾选“标志”选项。在“接收区域”中输入:B1:B6。

(4) 在“输出区域”中输入想让输出表显示其范围的左上角单元引用(必须是空的单元),注意防止表格与图表以及原始数据的覆盖和重叠。本例取$C$2。

(5) 如果勾选“图表输出”复选框,除了在 Excel 工作表上得到一个频率分布表外,还可得到另一与之相对应的直方图(条形图)。输入完毕后,单击“确定”,结果如图 3.18 所示。

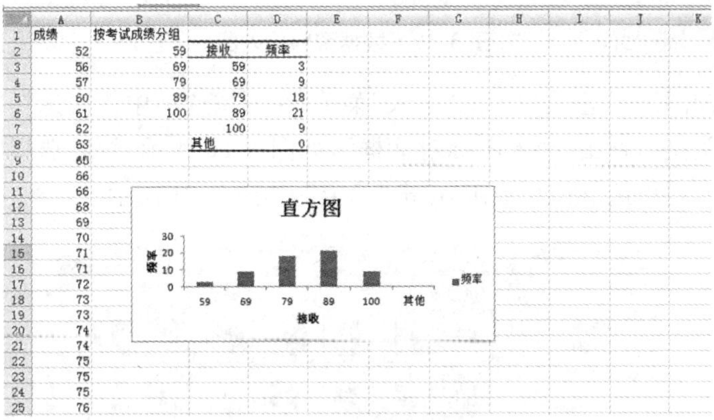

	A	B	C	D
1	成绩	按考试成绩分组		
2	52	59	接收	频率
3	56	69	59	3
4	57	79	69	9
5	60	89	79	18
6	61	100	89	21
7	62		100	9
8	63		其他	0
9	65			
10	66			
11	66			
12	68			
13	69			
14	70			
15	71			
16	71			
17	72			
18	73			
19	73			
20	74			
21	74			
22	75			
23	75			
24	75			
25	76			

图 3.18 输出结果图

(6) 将图 3.18 中频率表的“频率”改成“学生人数(人)”,将 59,69,79,89,100 分别用 60 以下,60～70,70～80,80～90,90 以上代替,并将“其他”改为“合计”,将“其他”对应的频率“0”改为学生总数“60”,便可得到表 3.8。

如果要绘制其他类型的图形,可用鼠标右击图形区域,在快捷菜单中单击图表类型选项,然后可选择所需图形。如果要对图形进行适当的修改,用鼠标双击所要修改的地方,就会出现对话框,根据对话框就可进行修改。例如,在传统的直方图中,柱形是彼此相连接而不是分开的,为了使柱形彼此相连接,其具体操作是:选择某个柱形,单击鼠标右键,选择“数据系列格式”选项,并单击“系列选项”标签,将“分类间距”改为 0%,单击“确定”即可。

二、利用 Excel 的“图片工具”绘制统计图形

利用 Excel 的“图片工具”绘制统计图形非常简单方便,步骤基本相同,这里仅以绘制圆形图为例。

【例 3.5】 根据表 3.15 的数据资料绘制圆形图。

(1) 进入 Excel 并打开新工作簿，如图 3.19 所示输入数据资料。

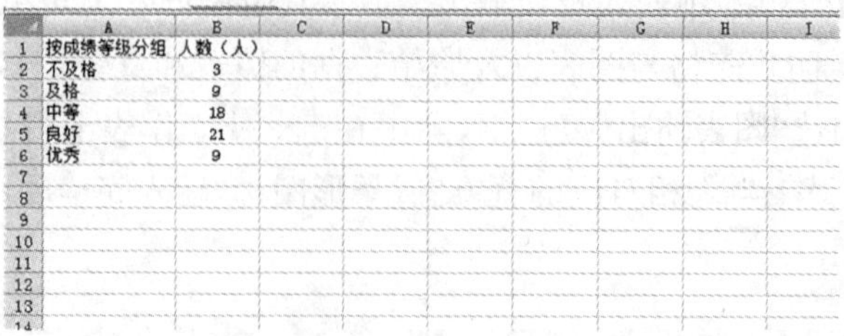

图 3.19　数据资料输入图

(2) 点击 Excel 主菜单上的“插入”菜单，在下拉选项中依次选择“其他图形”“所有图标类型”，弹出“插入图标对话框”，如图 3.20 所示，然后选择所需要绘制的图形类型，这里选“饼图”按钮，点击“确定”，如图 3.21 所示。

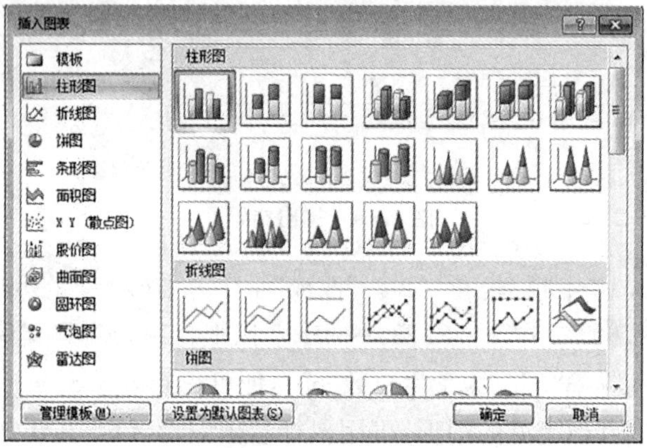

图 3.20　插入图标对话框

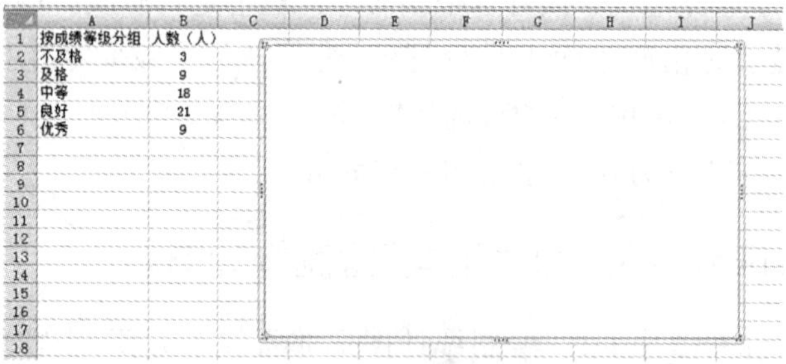

图 3.21　图表区图

(3) 在图表区内单击鼠标右键，弹出下拉菜单，在下拉菜单点击“选择数据选项”，弹出“选择数据源”对话框，然后在“图表数据区域”对话框中输入数据区域A1:B6，然后点“确定”按钮，就可得到圆形图。

(4) 选择图标需要修改的区域，然后单击右键，可弹出下拉菜单，根据下拉菜单选项可对图形进行修改。图3.10就是按上述过程绘制的图形。

如果想绘制其他图形，可在图表区单击鼠标右键，在弹出的下拉菜单中选择“更改图表类型”选项，在“更改图表类型”对话框中选择所需图形，然后点击“确定”按钮即可。

习　题

1. 简述统计整理的意义及步骤。
2. 简述统计分组的作用。
3. 简述选择分组标志应遵循哪些原则。
4. 简述编制变量数列的基本程序。
5. 简述组距、组限、组数与组中值的含义以及它们的计算方法。
6. 简述次数分布的主要类型及各自的分布特征。
7. 某公司职工月奖金额分组资料如下：

按月奖金额(元)分组	人数比重(%)
1 500 以下	5
1 500～2 000	25
2 000～2 500	45
2 500～3 000	15
3 000 以上	10
合　计	100

将上述资料按如下4组：1 800以下；1 800～2 200；2 200～2 600；2 600以上，重新分组。

8. 某班共有40名学生，2022—2023年第一学期期末统计学课程考试成绩(单位：分)如下：

87	83	69	88	84	86	75	74	78	77
78	53	79	87	95	99	57	66	67	60
70	74	77	80	75	89	65	73	94	76
75	84	87	72	71	64	67	72	83	89

要求：

(1) 根据上述资料编制组距为10的分布数列；

(2) 将上述编制的分配数列绘制成直方图、圆形图、圆环图；

(3) 根据上述资料绘制茎叶图。

9. 已知某车间16名工人的资料如下：

工人编号	性别	工龄(年)	文化程度	技术等级
01	男	9	高中	4
02	男	4	大专	3
03	男	2	本科	2
04	女	6	大专	4
05	男	1	本科	1
06	男	8	高中	3
07	女	3	大专	2
08	女	2	高中	1
09	男	5	大专	4
10	女	5	高中	2
11	男	7	大专	4
12	男	6	大专	3
13	女	3	大专	3
14	女	6	大专	3
15	男	4	本科	4
16	男	5	高中	3

要求：

(1) 按性别和文化程度分别编制品质数列；

(2) 按技术等级编制单项式数列；

(3) 按工龄编制组距为3的等距数列。

第四章　统 计 指 标

【内容介绍】 综合指标法是统计分析的方法之一。为了对社会经济现象全面细致分析，必须采用多种指标进行综合分析。通过本章学习，能够准确理解总量指标、相对指标、平均指标的概念和作用；掌握各种相对指标的概念和计算，并能根据实际问题选择合适的相对指标进行分析；理解算术平均数、几何平均、中位数、众数的概念并能熟练计算；理解变异概念、种类和作用，并掌握它们的计算；掌握平均数、方差、标准差、极差、偏度、峰度等描述性统计指标描述数据特征时的意义和应用场景；具备结合运用各种指标对经济现象进行全面正确分析的能力。

第一节　总 量 指 标

一、总量指标的概念和种类

（一）总量指标的概念

总量指标是反映现象在一定时空下的总体规模和水平的统计指标。例如，2023 年我国国内生产总值为 1 260 582.1 亿元，全年粮食产量为 69 540.99 万吨[①]，年末就业人员为 74 041 万人，2023 年底全国总人口达 140 967 万人。上述指标都是总量指标。总量指标是由总体各单位资料汇总得到的，说明现象客观存在的绝对数量，通常以绝对数形式表示，它的数值往往会随着统计范围的大小而变化。由于总量指标是反映总体规模和水平的，所以只能对有限总体计算总量指标。

总量指标是经济统计中最常用、最基本的综合指标，它在统计分析中具有重要意义：

---

① 质量的法定计量单位是千克(kg)，吨(t)为允许使用的非法定计量单位，1 吨＝1 000 千克。

(1) 总量指标是认识客观现象的起点。由于客观现象的基本情况首先表现为一定的总量,如一个国家或地区的国内生产总值、人口总数、土地面积、固定资产投资总量、财政收入与支出、外贸进出口总额等,要想了解一个国家或地区的国民经济、科技文化和社会发展等基本状况,必须从认识这些总量指标开始。

(2) 总量指标是实行经济管理的基本依据。一方面,总量指标能反映宏观经济与微观经济的运行条件、成果等数量状况;另一方面,宏观和微观经济管理中的许多计划指标与考核指标也常常以总量指标的形式规定。所以总量指标是宏观和微观经济管理的基本指标。

(3) 总量指标是计算相对指标和平均指标的基础。相对指标和平均指标一般是由两个有联系的总量指标对比计算而来的,因此相对指标和平均指标都是总量指标的派生形式。

(二) 总量指标的种类

按照不同的标志,可将总量指标区分为不同的类型。

1. 总体单位总量和总体标志总量

总量指标按其反映的内容不同可分为总体单位总量和总体标志总量。总体单位总量表明总体中单位数的多少,说明总体的规模大小,通常简称为总体总量;总体标志总量是总体中各单位某一数量标志值的总和,说明总体在某一数量方面的总规模,通常简称为标志总量。例如,要研究某地区工业企业的产品销售收入和利润总额完成情况,该地区的工业企业总数是总体总量,全部工业企业的产品销售收入、利润总额是标志总量。在区分总体总量和标志总量时,应注意两个问题:

(1) 总体总量和标志总量的区分是相对于统计研究目的而言的,一个总量指标究竟是总体总量还是标志总量,要根据研究目的来确定。例如,要研究某地区工业企业的企业规模情况,则该地区工业企业数是总体总量,全部工业企业的职工人数、产品销售收入、固定资产原值等是标志总量;如果研究目的变化为研究该地区工业企业的职工素质,可以该地区所有工业企业职工为总体,此时全部工业企业的职工人数转化为总体总量。

(2) 对一个特定研究总体而言,总体单位总量只有一个,而总体标志总量可以有若干个。如上例中研究某地区工业企业的规模问题,特定总体是该地区全部工业企业,这个地区的工业企业数是唯一的总体单位总量,而职工人数、产品销售收入、固定资产原值是总体标志总量。

2．时期指标和时点指标

总量指标按所反映的时间状况不同，区分为时期指标和时点指标。时期指标是表明现象在某一时期内发展过程所形成的总数量，如企业的销售额、产值、利润总额均属于时期指标。时点指标是表明现象在某一时点上状态的总量指标，如年末人口数、季末设备台数、月末商品库存量等。

时期指标和时点指标具有以下不同的特点：

(1) 指标数值的可加性：时期指标的指标值具有可加性，如年销售额等于各月销售额之和，月销售额等于该月每天的销售额之和；而时点指标的指标值直接相加无实际意义，如直接相加一年中4个季度末的设备台数是没有实际意义的。

(2) 数据资料的取得方式不同：时期指标的取得需要依据连续不断的经常性统计资料；而时点指标只需要根据具体情况，选择某些特定时点进行间断性统计。

(3) 指标数值大小与时期长度(时间间隔)的关系不同：时期指标的指标值大小与时期长度有着直接的关系，通常时期越长，指标值越大，如一年的销售收入一般要大于一个月或一个季度的销售收入；而时点指标的指标值大小与时间间隔长短无直接关系，如年末设备数不一定就大于月末设备数或季末设备数。

二、总量指标的计算

(一) 总量指标的计量单位

根据所反映现象的性质不同，总量指标的计量单位一般有实物量单位、价值量单位和劳动量单位3种。

1．实物量单位

实物量单位是根据现象的自然属性和特点而采用的实物计量单位，按实物计量单位计算的总量指标称为实物指标。实物计量单位又可分为自然单位、度量衡单位、复合单位和标准实物计量单位。自然单位是根据被研究现象的自然属性来度量其数量的一种计量单位，例如，人口以“人”为单位，电冰箱以“台”为单位，车辆以“辆”为单位等。度量衡单位是依据统一的度量衡制度来度量被研究现象数量的一种计量单位，如钢铁产量以“吨”为单位，粮食以“千克”为单位，电机容量以“千瓦”为单位等。复合单位是将两个或两个以上的单位结合在一起，表明被研究现象数量的一种计量单位，例如，客运量以“人・千米”计量，发电量以“千瓦・时”为单位，人口密度以“人/平方千米”为单位。标准实物计量单位是按照统一的折算标准来度量被研究现象的一种计量单位。对于某些同类产品，由于品种、规格、能力或化学成分不同，其使用价值也就不同，因而产品混合量往往不能确切地反映生产成果，为此，对这些产品按一定的折合标准，折算为标准规格或标准含量的产品。如化肥以100%含氮量为标准，棉纱以20支纱为标准单位折算。

【例4.1】 某煤炭生产企业二季度生产6种品种的原煤，有关资料如表4.1所示。

表4.1 原煤产量及标准实物量

原煤品种	产量（万吨）(1)	每吨原煤折合为标准燃料的折算系数 (2)	标准实物量（万吨）(3)=(1)×(2)
A	80	0.43	34.4
B	420	1.28	537.6
C	430	1.43	614.9
D	58	0.85	49.3
E	67	0.71	47.57
F	76	0.66	50.16
合 计	1 131		1 333.93

在表4.1中，

$$折算系数=\frac{单位实际产品的效能}{单位标准产品的效能} \tag{4.1}$$

$$标准实物量=\sum(实物产量\times折算系数) \tag{4.2}$$

以实物单位计量的实物指标能反映不同质产品的使用价值，但其最明显的局限性就是指标的综合性能差。因为不同的实物产品，内容性质不同，计量单位也不同，无法进行汇总，从而不能用于反映现象的总规模、总水平、总速度等。例如，企业生产不同产品的总成果、不同商品的总销售量、不同基本建设项目的总工作量、国民经济发展的总速度等，这些都不能用某一项实物指标来反映，必须借助于价值量指标。

2. 价值量单位

价值量单位是以货币来度量事物数量的计量单位，按价值单位计算的总量指标称为价值指标，如国内生产总值、工农业总产值、基建投资额、商品销售额和利润总额等，价值量指标具有最广泛的综合性。

3. 劳动量单位

劳动量单位是用劳动时间表示的计量单位，如工时、工日、工月。利用劳动量单位可以计算劳动总消耗量，并作为评价劳动时间利用程度和计算劳动生产率的依据，也可以用来编制和检查基层企业的生产作业计划，如机械企业制定的定额工时产量。

（二）总量指标的计算方法

确定和计算总量指标可以采用直接法和推算法，直接法是对所有的总体单位进行调查登记后，逐步汇总得到总量指标，关于统计调查和汇总的内容已在统计调查章节中做了介绍，这里将重点叙述推算法。

推算法一是根据指标之间的关系推算总量指标，二是根据非全面调查资料推算总量指标，具体的推算方法有以下 5 种：

(1) 平衡关系推算法：这是一种利用各相关指标之间的平衡关系推算未知指标值的方法。如推算某产品的期末库存量，可采用下面的平衡关系式：

期末库存量 = 期初库存量 + 本期生产量(购进量) − 本期销售量

(2) 因素关系推算法：通过指标之间的因果关系，由已知因素推算未知因素的数值，例如：

农作物收获量 = 播种面积 × 单位面积产量

根据上式可由播种面积、单位面积产量推算出农作物的收获量。又如：

原材料费用额 = 产量 × 单位产品原材料消耗量 × 原材料价格

则由产量、单位产品原材料消耗量和原材料价格可以推算出原材料费用额。

(3) 比例关系推算法：利用某一时期、某一空间的某种指标与其相关指标的比例关系资料，推算另一类似时期、类似空间的某项指标数值。例如，根据某商场一季度的流通费用占销售收入的比例(流通费用率)和二季度的销售收入可以推算二季度的流通费用额。

(4) 插值估算法：插值估算法有利用两点式直线方程的线性插值法，也有利用若干个数据点的拉格朗日插值法，在此仅举例介绍前者。例如，某销售总厂原有 4 个销售分厂，其本月份的销售量(吨)分别为 x_1, x_2, x_3, x_4，销售费用分别为 y_1, y_2, y_3, y_4，该月份另有一规模较小的销售分厂开业，销售量为 x_5，因其费用资料不全影响总厂的汇总，需估算新销售分厂的销售费用 y_5，现利用分厂 1 和分厂 2 的资料形成两点式直线方程，即可取得 y_5：

$$y_5 = y_1 + \frac{y_2 - y_1}{x_2 - x_1} \times (x_5 - x_1)$$

(5) 抽样推算法:该法将在抽样推断中予以介绍。

三、国民经济分析中的几个主要总量指标

反映我国国民经济运行状况的总量指标有很多,这里主要介绍社会总产品、增加值、国内生产总值、国内生产净值。

(一) 社会总产品

社会总产品也称社会总产出,是指以货币单位表现的一个国家或地区在一定时期(如一年)内全部生产活动的总成果,即全部生产活动成果的价值总量。这里所指的全部生产活动,既包括物质生产部门的生产,也包括非物质生产部门的生产,社会总产品就是这两类部门产品的总和,其产品形式既有实物形态的货物,也有不具有实物形态的各种服务。

物质生产部门的总产出是指物质生产部门在一定时期内从事物质生产的总成果,亦即社会总产值。社会总产值从使用价值角度看,包括生产资料和消费资料两大类;从价值角度看,包括生产过程中消耗掉的生产资料转移价值和劳动者新创造的价值(包括工资、利润、税金和利息等)。

非物质生产部门的总产出是指非物质生产部门在一定时期内提供的服务总值或劳务总值。金融业、保险业、房地产业等营利性服务部门的劳务总值一般以营业收入为基础计算;教育、国家机关等非营利性服务部门的劳务总值一般按经常性业务活动支出项计算。

(二) 增加值

增加值是企事业单位或部门在一定时期(如 1 年)内从事各种生产经营活动所取得的最终成果价值。它是总产出减去中间投入后的余额,从价值构成看,包括全部新创造的价值和物质消耗中的本期固定资产折旧。

(三) 国内生产总值

国内生产总值是指一个国家(或地区)所有常住单位在一定时期内生产活动的最终成果。国内生产总值是国民经济核算体系中的一个核心指标,它不仅能综合反映国民经济活动的总量,是衡量国民经济发展规模、速度,分析宏观经济结构

和经济效益的基本指标，而且还可以广泛地用于国际间的对比研究。

（四）国内生产净值

国内生产总值减去其中的固定资产折旧后，即为国内生产净值，表示一国或地区在一定时期内新创造的全部价值。

第二节　相对指标

一、相对指标的概念和作用

总量指标虽然可以综合反映社会经济现象的规模、水平和工作总量，但是由于社会经济现象往往是相互联系的，具有复杂性，仅根据总量指标难以对客观事物做出正确的判断，需要对总量指标之间的数量关系进行对比分析，这就产生了相对指标。

（一）相对指标的概念

如果离开了具体条件，仅仅说一个企业的利润总额为 100 万元，既不知道它的计划利润总额是多少，也不知道利润总额的过去情况怎样，那么就无法对这 100 万元的利润总额做出正确的评价。在实际中，任何社会经济现象都是与具体的时间、地点、条件结合在一起的，现象之间是相互依存、紧密联系的，要研究现象之间的依存关系，必须通过对比的方法来解决。

相对指标是两个有联系的统计指标对比形成的比率，也称为统计相对数，它表明了相关事物之间的数量联系程度和对比关系。例如，我国 2023 年国内生产总值是 2022 年的 105.3%，在 2023 年国内生产总值中，第三产业占 54.6%，前者表明我国 2023 年国内生产总值与 2022 年的对比关系，后者体现了 2023 年国内生产总值中第三产业所占的份额。

（二）相对指标的作用

(1) 相对指标是相关联的两个指标对比的结果，它可以从数量上反映事物之间的联系，表明现象发展的相对水平、普遍程度、内部结构或比例关系等。比如，国民生产总值的发展速度，积累与消费的比例关系，财政收入中的中央与地方的结构比例。

(2) 相对指标使一些不能直接对比的现象有了共同的可比性依据。由于在不同时间、空间、条件下的总量指标代表着不同具体情况下的现象发展规模,因而不能直接对比。运用相对指标,使相关联的现象联系起来形成可比性指标,便于现象之间的对比分析,例如,有两个生产同类型产品的企业,其管理人员数分别为30人和100人,如果撇开企业的职工总人数不谈,直接比较两个企业的管理人员数,显然是不合理的,应当先计算管理人员占职工总人数的比重,再进行比较。

二、相对指标的表现形式

相对指标有两种表现形式,即有名数和无名数。

有名数是将相对指标分子和分母的计量单位结合使用,形成相对指标的计量单位。有名数主要用于强度相对指标上,如人口密度以“人/平方千米”表示,劳动力固定资产装备程度用“万元/人”表示等。

无名数是一种抽象的无量纲数值,多以系数、倍数、成数、百分数和千分数表示。

(一) 系数和倍数

系数和倍数是将对比的基数抽象化为1而计算的相对数。若两个数值对比得出的数值较小,常称为系数,如固定资产折旧系数、能源折算标准系数等。如果对比得出的数值较大(远大于1),则称为倍数。例如 ,我国2023年按可比价格计算国内生产总值为1 260 582.1亿元,是2000年国内生产总值100 280.1亿元的12.58倍。

(二) 成数

成数是将对比的基数抽象化为10而计算的相对数。一成表示1/10,如今年的大米单位面积产量比去年增加两成,即增加2/10,换算成百分数即为20%。

(三) 百分数和千分数

百分数(%)是将对比的基数抽象为100而计算出的相对数,是相对指标中最常用的一种表现形式。当分子、分母差别不大时可用百分数表示,如某企业产量的计划完成程度为120%,某考试通过率为85%等。

百分点是百分数的另一种表达形式，它以1%为单位，1个百分点等于1%，它在两个百分数相减的情况下使用。例如中国人民银行决定自2023年12月22日起，三年期和五年期人民币定期存款利率再下调25个基点(0.25%)，分别降至1.95%和2%。

千分数(‰)是将对比的基数抽象为1 000而计算出来的相对数，当对比的分子数值比分母数值小很多时，宜用千分数，如人口的出生率、死亡率、自然增长率等。我国2023年人口出生率为6.39‰，死亡率为7.37‰，自然增长率为－1.48‰。

知识链接

“百分数”与“百分点”

百分数是用一百做分母的分数，在数学中用“%”来表示，在文章中一般都写作“百分之多少”。百分数与倍数不同，它既可以表示数量的增加，也可以表示数量的减少。运用百分数时，要注意概念的精确。如“比过去增长20%”，即过去为100，现在是“120”；“比过去降低20%”，即过去是100，现在是“80”；“降低到原来的20%”，即原来是100，现在是“20”。运用百分数时，还要注意有些数最多只能达到100%，如产品合格率、种子发芽率等；有些百分数只能小于100%，如粮食出粉率等；有些百分数却可以超过100%，如产品产量计划完成情况等。

“占”“超”“为”“增”的用法，“占计划百分之几”指完成计划的百分之几；“超计划的百分之几”，就应该扣除原来的基数(－100%)；“为去年的百分之几”就是等于或相当于去年的百分之几；“比去年增长百分之几”应扣掉原有的基数(－100%)。

百分点是指不同时期以百分数形式表示的相对指标(如速度、指数、构成等)的变动幅度。例如，我国国内生产总值中，第一产业占的比重由1992年的21.8%下降到1993年的18.2%。

从上述资料中，我们可以说：国内生产总值中，第一产业占的比重，1993年比1992年下降3.6个百分点(18.2－21.8＝－3.6)，但不能说下降3.6%。

资料来源：http://www.stats.gov.cn/tjzs/tjcd/200205/t20020523_25320.html.

三、相对指标的分类与计算

在统计分析中，根据研究目的和任务、对比的基础不同，相对指标可以分为结构相对指标、比例相对指标、比较相对指标、强度相对指标、动态相对指标和计划完成相对指标。

（一）结构相对指标

结构相对指标又称结构相对数，它是在统计分组的基础上，将总体按某一标志划分为性质不同的各个部分，用各组成部分的数值与总体的总数值对比求得的比重或比率，以反映总体内部构成状况的综合指标，其计算公式为

$$\text{结构相对指标}(\%)=\frac{\text{总体中某部分数值}}{\text{总体的总数值}}\times 100\% \tag{4.3}$$

结构相对指标的表现形式一般为百分数或倍数；计算时采用的总体总数值可以是总体总量，也可以是标志总量；由于结构相对指标是总体各部分数值与全体总数值之比，因此各部分的结构相对指标可以直接相加，且总和应为100%或1。

例如，2023 年我国国内生产总值 1 260 582.1 亿元，比上年增长 5.2%。其中第一产业增加值 89 755.2 亿元，增长 4.1%；第二产业增加值 482 588.5 亿元，增长 4.7%；第三产业增加值 688 238.4 亿元，增长 5.8%。第一产业增加值占国内生产总值比重为 7.1%，第二产业增加值比重为 38.3%，第三产业增加值比重为 54.6%（见表 4.2），其中的比重都是结构相对数，三个产业的累计比重为 100%。

表 4.2　2023 年我国全年国内生产总值产业构成

按三次产业分	金额(亿元)	比重(%)
第一产业	89 755.2	7.1
第二产业	482 588.5	38.3
第三产业	688 238.4	54.6
合计	1 260 582.1	100.00

资料来源：中国国家统计局官方网站。

表 4.2 表明 2023 年我国全年国内生产总值中，第三产业占有最大比重，第二产业次之。利用结构相对指标不但可以分析总体内部的各组结构，说明现象总体的性质和特征，研究现象之间的内部联系，还可以通过结构相对指标的动态资料，

分析总体内部构成情况的变化，从而显示现象发展变化的过程。

例如，我国 2017—2023 年国内生产总值第一、二、三产业各年的构成情况如表 4.3 所示。

表 4.3　2017—2023 年我国国内生产总值构成表(%)

产业类别	2017	2018	2019	2020	2021	2022	2023
第一产业	7.5	7.0	7.1	7.7	7.2	7.3	7.1
第二产业	39.9	39.7	38.6	37.8	39.3	39.3	38.3
第三产业	52.7	53.3	54.3	54.5	53.5	53.4	54.6
合计	100	100	100	100	100	100	100

资料来源：中国国家统计局官方网站。

表 4.3 反映我国产业结构的发展变化情况，从 2017 年到 2023 年期间，我国第一产业的比重稳中有降，第二产业比重总体呈下降趋势，而第三产业比重不断上升。

（二）比例相对指标

比例相对指标又称比例相对数，它是在统计分组的基础上，将总体中不同部分数值进行对比所形成的相对数，常用来分析总体范围内各个局部、各个分组之间的比例关系和协调平衡情况，一般用百分比或比值表示，其计算公式为

$$\text{比例相对指标}=\frac{\text{总体中某一部分数值}}{\text{总体中另一部分数值}} \tag{4.4}$$

例如，我国 2023 年年末总人口 140 967 万人，其中城镇人口 93 267 万人，乡村人口 47 700 万人，则城镇人口是乡镇人口的 195.53%，或者说城镇人口与乡村人口之比为 1.96∶1。

计算比例相对指标，对认识客观事物的比例关系、判断其比例关系是否正常具有重要的作用；比例相对指标通常以总量指标进行对比，但依据分析任务和提供资料的情况，也可运用现象总体各部分的平均数、相对数进行对比，如城镇人口与乡村人口的消费水平对比，工业与农业的发展速度对比等。

（三）比较相对指标

比较相对指标又称比较相对数，是同类现象在同一时间、不同空间条件下所进行的静态对比，它表明了同类事物在不同空间条件下的数量对比关系，一般用

百分数或倍数表示,其计算公式为

$$比较相对指标 = \frac{甲空间的某种指标数值}{乙空间的某种指标数值} \tag{4.5}$$

在式(4.5)中,分子与分母涉及指标的含义、口径、计算方法和计量单位必须保持一致。

例如,2023 年安徽省 GDP 为 47 050.6 亿元,江苏省 GDP 为 128 222.2 亿元,两省比较,江苏省 GDP 是安徽省的 2.73 倍，由此可看出安徽省和江苏省发展经济水平的差异。

比较相对指标的数值可以用百分数表示,也可以用一比几或几比几的形式表示。例如,两个班组各有 20 名工人和 15 名工人,则工人人数比可表述为 4∶3。在比较相对指标的计算中,用于对比的指标既可以是总量指标,也可以是相对指标或平均指标,但考虑到进行比较的两个空间往往存在着各种经济环境和条件的差异,从而影响总量指标的可比性,所以更多地采用相对数和平均数来计算比较相对指标。

计算比较相对指标还应注意对比指标的可比性。另外,比较基数的选择要根据资料的特点及研究目的确定。例如,前述的例子中以安徽省 GDP 作为比较标准,结果说明江苏省 GDP 是安徽省的 2.73 倍;若以江苏省 GDP 作为比较标准,也可以说安徽省的 GDP 是江苏省的 36.69%。这两种计算方法的角度不同,但都能说明问题,具体以哪个指标作为比较的基础,应根据研究目的决定。

比较相对指标既可用于不同国家、地区、单位的比较,也可用于本单位实际水平与先进水平、平均水平、标准水平的比较,实际中应根据研究目的和任务来确定。

在日常的经济管理中,比较相对指标应用广泛。通过比较相对指标的计算可以反映事物在不同地区、不同部门、不同单位或不同个人之间的差距,从而为提高国家、企业或个人的管理水平提供依据。

(四) 强度相对指标

强度相对指标又称强度相对数,它是由两个具有一定联系,但性质不同的总量指标对比所形成的,通常用来表明现象的强度、密度和普遍程度,如人均国民生产总值、人口密度、每万人拥有的商业网点数等,其计算公式为

$$强度相对指标 = \frac{某一总量指标数值}{另一有联系而性质不同的总量指标数值} \tag{4.6}$$

强度相对指标能够说明社会经济现象的强弱程度，在反映国家经济实力时被广泛应用。常用的反映国家经济实力的强度相对指标主要有人均GDP、人均主要产品产量等指标。人口密度反映人口数与居住地区土地面积之间的关系，说明居住的密集程度。

强度相对指标的计量单位由其分子和分母原有的单位组成，如动力装备程度的单位是千瓦/人，人口密度的单位是人/平方公里，人均国民生产总值的单位是元/人。强度相对指标的计量单位也可能出现百分数、千分数等形式，如资金利润率用百分数表示，人口出生率和死亡率用千分数表示等。

有些强度相对指标的分子和分母可以互换位置，形成正指标和逆指标。正指标是指标数值大小与现象的发展程度或密度方向一致的强度相对指标；逆指标是指标数值大小与现象的发展程度或密度方向相反的强度相对指标。例如，2023年我国的公共图书馆有3 246个，同年的人口总数为140 967万人，则用以下一对正逆指标可以反映我国公共图书馆的密度。

正指标：

$$\text{每万人拥有的公共图书馆数} = \frac{3\,246}{140\,967} = 0.023\,(\text{个} / \text{万人})$$

逆指标：

$$\text{每个公共图书馆服务的人口数} = \frac{140\,967}{3\,246} = 43.43\,(\text{万人} / \text{个})$$

每万人拥有的公共图书馆数愈大，说明公共图书馆的分布密度愈大，所以是正指标；反之，如果每个公共图书馆服务的人口数愈多，表明公共图书馆分布的密度愈小，所以是逆指标。

强度相对指标能够说明所研究现象的强弱程度，常用来表现一个国家、一个地区或一个单位的经济实力，并进行国家、地区、单位间的实力比较，确定发展的差距和不平衡程度；强度相对指标能够反映现象的密度和普遍程度，如人口密度、万人拥有的公共图书馆数、万人拥有的商业网点数等；强度相对指标还可以反映经济活动的条件和效益，如劳动力的资金装备程度反映了经济活动的条件，各种利润率指标可以反映经济活动的效益。

（五）动态相对指标

动态相对指标又称动态相对数，是将同类指标在不同时间上的数值进行对比而形成的相对数，表明现象在不同时间上的发展变化方向和速度，所以又称为发

展速度，通常以百分数或倍数表示，其计算公式为

$$动态相对指标 = \frac{报告期指标数值}{基期指标数值} \tag{4.7}$$

“基期”是用作比较标准的时期，“报告期”是同基期对比的时期，例如我国的总人口数，2023 年末为 140 967 万人，2022 年末为 141 175 万人，则总人口数的动态相对数为 99.85%，表明我国的总人口数 2023 年比 2022 年减少了 0.15%。

知 识 链 接

“番”与“倍”的区别

增加一倍，就是增加 100%，翻一番也是增加 100%。那么“番”与“倍”的意义是不是相同的呢？答案是否定的。除了一倍与一番意义一致以外，两倍与两番以上的含义就完全不同了，数字越大，二者的差距就越大。如增加两倍指增加 200%；翻两番则是 400%，翻三番就是 800%，所以翻两番就是增加了 300%，翻三番就是增加了 700%。“番”是按照几何级数计算的，翻几番就是 2 的几次方，“倍”是按算术级数计算的。因此，就某指标来说，其基期数值和报告期数值之间满足如下关系式(其中，n 表示番数)：

$$基期指标数值 \times 2^n = 报告期指标数值$$

所以若已知某指标的基期及报告期数据，欲计算番数，则

$$n = \frac{\ln(报告期指标数值 \div 基期指标数值)}{\ln 2}$$

（六）计划完成相对指标

计划完成相对指标又称计划完成相对数，是将现象的实际完成数与计划任务数对比，反映现象的计划完成情况，常用百分数表示，基本公式为

$$计划完成相对指标 = \frac{实际完成数}{计划任务数} \times 100\% \tag{4.8}$$

公式的分子减去分母的差额表明计划执行的绝对效果。为了正确地应用计划完成相对指标，要注意以下问题：

(1) 计划完成相对指标的分子是根据实际完成情况进行统计得到的数据，分

母是下达的计划指标，所以要求分子与分母的指标含义、计算口径、计算方法、计量单位、时间长度及空间范围等方面要完全一致。

(2) 由于计划任务数是用来衡量计划完成情况的标准，所以计算计划完成相对指标时，分子和分母不得互换。

(3) 评价指标值的计划完成情况时，要注意指标的性质：对于愈大愈好的正指标，如企业利润额、产品销售收入等，这类指标的计划完成相对数以超过 100%为好；对于愈小愈好的逆指标，如单位成本费用、单位原材料消耗量等，这类指标的计划完成相对数以低于 100%为好。

(4) 要注意计划指标的形式。计划指标一般有总量指标、相对指标和平均指标 3 种形式，若计划指标以总量指标和平均指标的形式给出，可根据式(4.8)计算计划完成相对数，若计划指标以相对指标的形式给出，如计划提高率、计划降低率，可按下式计算：

$$计划完成相对指标=\frac{实际完成百分数}{计划任务百分数}\times 100\% \tag{4.9}$$

例如，某企业劳动生产率计划本月比上月提高 5%，实际提高 10%，则劳动生产率计划完成相对数为

$$计划完成相对数=\frac{(100+10)\%}{(100+5)\%}=104.76\%$$

说明劳动生产率超计划 4.76%完成了任务。

又如，某企业单位产品成本计划本月比上月降低 3%，实际降低了 5%，则产品成本计划完成相对数为

$$计划完成相对数=\frac{(100-5)\%}{(100-3)\%}=97.94\%$$

说明该企业超计划 2.06%完成了单位产品成本降低计划。

(5) 长期计划执行情况的检查。在现实社会经济生活中，计划完成情况的检查还可分为长期计划的检查和短期计划的检查。以上所介绍的内容都适用于短期计划的检查。对于长期计划完成情况的检查，如对五年计划或十年规划进行检查，由于计划指标有两种不同的规定方法(一是规定计划期末应达到的水平；二是规定计划期内累计应完成的总量)，因此检查长期计划完成情况有水平法和累计法两种。

水平法：当计划指标规定计划期最末一年应当达到的水平时，可用水平法检查长期计划的执行情况，计算式如下：

$$计划完成相对数=\frac{计划期最末一年的实际水平}{计划期最末一年的计划水平}\times 100\% \quad (4.10)$$

计算时要注意计划期最末一年的实际水平是连续 12 个月的实际累计完成数,不论这 12 个月是否在一个日历年度内。

累计法:当计划指标规定计划期累计应达到的数额时,可用累计法检查长期计划的完成情况,计算式如下:

$$计划完成相对数=\frac{计划期内累计实际完成数}{计划期规定的累计计划数}\times 100\% \quad (4.11)$$

(6) 除了检查本期计划完成情况以外,还可以检查计划的执行进度,并进一步考核计划执行的均衡性,即采用计划执行进度百分数,计算公式如下:

$$计划执行进度百分数=\frac{累计至本期止实际完成数}{全期计划数}\times 100\% \quad (4.12)$$

【例 4.2】 根据表 4.4 中某公司 2023 年各季度利润额资料进行利润额进度分析。

表 4.4 某公司 2023 年利润额进度分析表

时间	计划数	实际数	计划完成相对数	累计实际完成数	计划执行进度
	(1)	(2)	(3) = (2)/(1)	(4) = $\sum$(2)	(5) = (4) ÷ $\sum$(1)
一季度	150	165	110.00	165	29.46
二季度	130	120	92.31	285	50.89
三季度	130	110	84.62	395	70.54
四季度	150	—	—	—	—
全年	560	—	—	—	—

表 4.4 中结果表明,该公司第二、第三季度均未完成计划,造成计划执行进度不均衡,第一季度计划进度是 26.79%(即 150/560),执行进度为 29.46%,一季度执行情况较好;第二季度计划进度是 50%(即 280/560),执行进度为 50.89%,基本符合进度要求;第三季度计划进度是 73.21%(即 410/560),计划执行进度为 70.54%,说明到第三季度止,计划执行进度已经跟不上计划进度的要求。为完成全年的利润计划,第四季度必须实际完成 165 万元(即 560 万元－395 万元)的利润,即超计划 10%完成任务。

四、应用相对指标的原则

为了准确合理地计算和应用相对指标,必须遵循以下原则:

（一）可比性原则

在计算相对指标时，用于对比的两个统计指标必须在含义、内容、范围、时间、空间、计量单位和计算方法等方面保持一致，即具有可比性。例如，计算结构相对数时，如果工业企业管理人员数和工业企业职工总数不是来源于一个地区的资料，则计算出的工业企业管理人员占职工总数的比重就没有实际意义，这是因为指标范围不同而造成的不可比性；又如评价计划完成情况时，如果实际完成数与计划任务数在指标内容上不相同，则必须进行调整使其在内容上保持可比性。

（二）相对指标与总量指标结合运用原则

相对指标是反映相关指标之间数量对比关系的，它不能体现现象本身的总规模和总水平，所以要将相对指标和总量指标结合起来，既有相对水平，又有绝对数量，便于对现象进行深入研究和统计分析。

例如，我国国内生产总值中，第三产业的生产总值 2010 年为 182 058.6 亿元，2011 年为 216 120.0 亿元，2011 年比 2010 年增长 18.71%；2023 年第三产业的生产总值为 688 238.4 亿元，2022 年为 642 727.1 亿元，比上年增长 7.08%。如果仅比较动态相对指标，就会只看到前者的增长速度大于后者，实际上，在相对数的背后隐藏着不同数量的绝对数，因而需要计算增长 1%绝对数。对于此例，2010 年至 2011 年增长 1%绝对数为 1 820.58 亿元，2022 年至 2023 年增长 1%绝对数为 6 427.27 亿元，后者的增长 1%绝对数是前者的 3.53 倍。可见，相对指标抽象了现象的具体规模和水平，从相对指标上已经看不到现象的绝对数值，因此必须计算相对指标背后的绝对数量，从而更全面、更具体地分析和说明问题。

当然，总量指标的应用也离不开相对指标。为了加深对某一总体的认识，经常需要进行总体之间的比较，采用总量指标来比较往往缺乏可比性，因为总量指标受到总体规模大小的影响，比如，两个不同国家（或地区）的国内生产总值不能直接比较，而将国内生产总值除以人口数得到人均国内生产总值，就可以进行比较了。

（三）各种相对指标结合运用原则

为了从不同角度研究现象之间的数量对比关系，需要将各种相对指标结合起来应用。例如，对于一个企业某年度的利润指标，可以计算利润计划完成相对数，反映利润计划完成情况的好坏；可以计算利润动态相对数，反映本年度相对于上年度利润的增减变动情况；可以与同类型、同规模的企业进行比较，计算比较相对数，说明企业间利润完成的差距；还可以计算有关的利润率指标，反映企业利润完成的程度和经济效益。

第三节 平 均 指 标

一、平均指标的概念和作用

（一）平均指标的概念

平均指标是用来反映同一总体各单位某一数量标志值在一定时间、地点、条件下所达到的一般水平，也称为统计平均数，它反映了总体各单位数量标志值的集中趋势，如平均产量、平均成本、平均利润、平均收入、平均流通费用率、平均价格、平均成绩、平均身高和平均年龄等。

平均指标可以是同一时间同类社会经济现象的一般水平，也可以是不同时间同类社会经济现象的一般水平，前者称为静态平均数，后者称为动态平均数，亦可称序时平均数。本节只讨论静态平均数，动态平均数在时间序列部分予以介绍。

平均指标具有以下特点：

(1) 同质性：平均指标表明的是同质总体各单位某一数量标志值的一般水平，因此具有同质性。

(2) 抽象性：计算平均指标就是对总体各单位数量标志值的具体差异抽象化。

(3) 代表性：由总体各单位的数量标志值计算得到平均指标后，平均指标就作为各单位数量标志值的一般代表。

在统计实务中，现象总体的数量标志值往往存在较大的差异，如果编制出变量分布数列，则距离平均数越近的标志值的个数较多，距离平均数越远的标志值的个数较少，所以，平均指标反映的是总体分布的集中趋势。

（二）平均指标的作用

平均指标在统计分析中主要具有以下作用：

(1) 平均指标可以反映同类现象在不同时间的发展变化情况。例如，通过观察某企业同类产品在不同时期的平均成本，可以研究成本的动态变化。又如，比较不同时期的居民消费水平，能够反映居民消费水平的增减变化方向和程度。

(2) 利用平均指标可以消除因总体范围不同而导致的总体数量差异，便于不同地区、不同单位和不同部门同类现象的比较分析。例如，比较两个企业的工资水平，不能采用工资总额，因为工资总额是总量指标，它受到总体范围大小的影响，而要用平均工资。

(3) 为了加深对现象的分析研究，常用平均指标分析现象之间的依存关系。例如，将同类企业按规模大小分组后，再计算各组的同类产品平均成本，从而研究不同的企业规模与产品平均成本之间的关系。又如，将工业企业按资产负债率分组，再计算各组别的平均净资产报酬率，研究资产负债率与净资产报酬率之间的关系。

(4) 平均指标可以用于抽样推断。通过抽取样本并计算样本平均指标，来推断总体相应的平均指标。

二、各种平均指标的计算

根据计算方法的不同，平均指标可以分为数值平均数和位置平均数，通常将采用一定的计算公式和计算方法得到的平均数称为数值平均数，它们是算术平均数、调和平均数和几何平均数；位置平均数主要通过数量标志值所处的位置来确定，它们是众数和中位数。

在算术平均数、调和平均数、几何平均数、众数和中位数中最常用的指标就是算术平均数。下面将分别阐述各种平均指标的特点和计算方法。

(一) 算术平均数

算术平均数表明了同一总体某一数量标志值的一般水平，用该总体内各单位某一数量标志值之和除以总体单位总数，即得算术平均数：

$$\text{算术平均数} = \frac{\text{总体标志总量}}{\text{总体单位总量}} \tag{4.13}$$

例如，某企业 2023 年 12 月末职工人数为 1 520 人，其工资总额为 5 472 000 元，则该企业职工月平均工资为 3 600 元(即：工资总额/职工人数＝5 472 000 元 ÷1 520 人)。需要注意的是，在计算和应用算术平均数时，应注意分子与分母须同属于一个总体，分子与分母是一一对应的关系，有一个总体单位必有一个标志值与之相对应，否则就不是平均指标。这正是算术平均数与强度相对数的根本区别。强度相对数是两个有联系的不同总体的总量指标对比，这两个总量指标之间没有依附关系，只是在经济内容上存在客观联系，可以说明现象的强度、密度和普遍程度；算术平均数则是同一个总体内的标志总量和总体单位数的对比，用来说明总体某一数量标志值的一般水平。

根据掌握的资料情况和计算的具体步骤不同，算术平均数又可分为简单算术平均数和加权算术平均数。

1. 简单算术平均数

在总体单位数较少的情况下，可将总体各单位某一数量标志值一一相加后，得到总体标志总量，再除以总体单位总量，求出算术平均数，这样计算的平均数称为简单算术平均数。

【例 4.3】 某小组有 10 位同学，统计学课程考试成绩分别为 77 分，80 分，81 分，83 分，86 分，91 分，75 分，73 分，82 分，68 分，则该小组统计学课程的平均成绩为

$$\bar{x} = \frac{77+80+81+83+86+91+75+73+82+68}{10} = 79.6\ (\text{分})$$

一般计算式为

$$\bar{x} = \frac{\sum x}{n} \tag{4.14}$$

式中，$\bar{x}$ 是算术平均数；x 是总体各单位数量标志值；n 是总体单位总量。

2. 加权算术平均数

对总体各单位按被平均标志分组后，在各组间形成不同的次数分布，用各组标志值乘以相应的次数得到各组标志总量，将各组标志总量求和，再除以总次数，即得加权算术平均数，计算公式如下：

$$\bar{x} = \frac{\sum xf}{\sum f} \tag{4.15}$$

式中，$\bar{x}$ 是算术平均数；x 是各组的标志值；f 是各组标志值出现的次数，也称权数；$f/\sum f$ 是各组次数占总次数的比重，也称权重。

对于单项式变量数列，可直接采用式(4.15)计算；对于组距式变量数列，假定各组的标志值在组内是均匀分布的，采用各组的组中值作为其标志值 x，再利用式(4.15)计算。需要注意的是，现实生活中完全均匀分布是不可能的，所以用组中值代替标志值具有一定的假定性。

【例 4.4】 某班级 30 名学生的统计学课程考试成绩如下(表 4.5):

表 4.5　某班学生统计学课程考试成绩

成　绩	组中值 x	人数 f
60～70	65	3
70～80	75	12
80～90	85	11
90～100	95	4
合　计	—	30

用各组的组中值代替其标志值,其加权算术平均数为

$$\bar{x}=\frac{\sum xf}{\sum f}=\frac{65\times 3+75\times 12+85\times 11+95\times 4}{30}=\frac{2\,410}{30}=80.3\text{(分)}$$

3. 算术平均数的数学性质

(1) 各变量值与算术平均数的离差总和等于 0,即

$$\sum(x-\bar{x})=0,\quad \sum(x-\bar{x})f=0$$

证明如下:

在简单算术平均数下,有

$$\sum(x-\bar{x})=\sum x-n\bar{x}=\sum x-\sum x=0$$

在加权算术平均数下,有

$$\begin{aligned}\sum(x-\bar{x})f&=\sum xf-\sum\bar{x}f=\sum xf-\bar{x}\sum f\\&=\sum xf-\sum xf=0\end{aligned}$$

(2) 各变量值与算术平均数的离差平方总和为最小值,即

$$\sum(x-\bar{x})^2=\text{最小值}\quad\text{或}\quad\sum(x-\bar{x})^2f=\text{最小值}$$

证明如下:

设 $c=\bar{x}-x_0$(x_0 为一任意值),在简单算术平均数下,

$$\begin{aligned}\sum(x-x_0)^2&=\sum[x-(\bar{x}-c)]^2\\&=\sum[(x-\bar{x})+c]^2\\&=\sum[(x-\bar{x})^2+2c(x-\bar{x})+c^2]\end{aligned}$$

$$= \sum (x-\bar{x})^2 + 2c\sum (x-\bar{x}) + nc^2$$
$$= \sum (x-\bar{x})^2 + nc^2$$

因为 $nc^2 \geqslant 0$,所以

$$\sum (x-x_0)^2 \geqslant \sum (x-\bar{x})^2$$

式中,$\sum (x-\bar{x})^2$ 为最小值。在加权算术平均数下,有

$$\begin{aligned}\sum (x-x_0)^2 f &= \sum [x-(\bar{x}-c)]^2 f \\ &= \sum [(x-\bar{x})+c]^2 f \\ &= \sum [(x-\bar{x})^2 + 2c(x-\bar{x}) + c^2] f \\ &= \sum (x-\bar{x})^2 f + 2c\sum (x-\bar{x}) f + c^2 \sum f \\ &= \sum (x-\bar{x})^2 f + c^2 \sum f\end{aligned}$$

因为 $c^2 \sum f \geqslant 0$,所以有

$$\sum (x-x_0)^2 f \geqslant \sum (x-\bar{x})^2 f$$

式中,$\sum (x-\bar{x})^2 f$ 为最小值。

(3) 两个独立的同性质变量代数和的平均数等于各变量平均数的代数和,即

$$\overline{(x+y)} = \bar{x} + \bar{y}$$

(4) 两个独立的同性质变量乘积的平均数等于各变量平均数的乘积,即

$$\overline{x \cdot y} = \bar{x} \cdot \bar{y}$$

为了正确理解和应用算术平均数,应注意以下几点:

(1) 加权算术平均数的大小取决于两个因素:即各组的标志值 x 和各组次数占总次数的比重 $f/\sum f$,这里 $f/\sum f$ 起着权衡轻重的作用,$f/\sum f$ 较大的组,其组标志值在总平均值中所起的作用就较大。统计上将变量数列中各组出现的次数 f 称为权数,各组次数占总次数的比重 $f/\sum f$ 称为权重。

(2) 当各组次数相等(设为一任意常数 c)时,加权算术平均数就等于简单算术平均数,因为

$$\bar{x} = \frac{\sum xf}{\sum f} = \frac{c\sum x}{nc} = \frac{\sum x}{n}$$

所以简单算术平均数是加权算术平均数的一个特例。

(3) 在总体单位数较少的情况下，算术平均数易受极端数值的影响，例如，某班组6人日产量分别为10,42,43,46,50,51件，算术平均数为

$$(10+42+43+46+50+51)\div 6=40.3\text{（件）}$$

因为受极端数值10的影响，算术平均数偏小。

(4) 对于组距式数列中的开口组，要按相邻组组距计算组中值，因而具有很大的假定性，在实际应用中，要注意这种假定性对结果的影响。

(二) 调和平均数

调和平均数是各标志值倒数的算术平均数的倒数，又称为倒数平均数。它可以分为简单调和平均数和加权调和平均数。

1. 简单调和平均数

我们先来看一个实际例子。

【例4.5】 有3种不同等级的同种蔬菜，其价格分别为一级品3元/千克，二级品2元/千克，三级品1元/千克，若3种不同等级的蔬菜各买1元钱，其平均价格为多少？此例中，价格表示为每千克多少元，即计算价格的分子为金额，分母为购买量。

$$\text{价格}=\text{金额}/\text{购买量}$$

$$\text{平均价格}=\frac{1+1+1}{\frac{1}{3}+\frac{1}{2}+\frac{1}{1}}=\frac{3}{0.33+0.5+1}=1.64\text{（元/千克）}$$

由例4.5，我们可以得到简单调和平均数的计算式：

$$H=\frac{n}{\sum\frac{1}{x}} \tag{4.16}$$

式中，H为调和平均数；n为变量值的个数；x为各变量值。

从计算形式上看，调和平均数与算术平均数有明显的区别，但从计算内容上看，二者是一致的，均为总体标志总量与总体单位总量之比。

2. 加权调和平均数

在例4.5中，若3种不同等级蔬菜的购买金额不等，一级品1元，二级品2元，三级品3元，此时：

$$平均价格=\frac{1+2+3}{\frac{1}{3}+\frac{2}{2}+\frac{3}{1}}=\frac{6}{0.33+1+3}=1.39\,(元/千克)$$

由于价格低的三级品购买金额较多,所以平均价格较低。若购买金额为一级品 6 元,二级品 3 元,三级品 1 元,则

$$平均价格=\frac{6+3+1}{\frac{6}{3}+\frac{3}{2}+\frac{1}{1}}=\frac{10}{2+1.5+1}=2.22\,(元/千克)$$

由于价格高的一级品购买金额较多,所以平均价格较高,这里购买金额起到了权数的作用。可见,加权调和平均数的计算式为

$$H=\frac{\sum m}{\sum \frac{m}{x}} \tag{4.17}$$

式中,m 为权数;x 为变量值。

3. 由相对数和平均数计算平均数

根据相对数和平均数计算平均数时,如何正确选择和应用算术平均数与调和平均数,是实际中经常碰到的问题,例如,由某局所属 10 个企业的利润计划完成程度指标计算该局的平均计划完成程度;由集团公司 5 家单位的劳动生产率计算该集团公司的平均劳动生产率等。

由于相对数和平均数是两个数字对比所形成的比值,设此比值为 x,分子为 m,分母为 f,则

$$x=\frac{m}{f},\quad m=xf,\quad f=\frac{m}{x}$$

(1) 已知 x 和 f 时,有

$$\bar{x}=\frac{\sum m}{\sum f}=\frac{\sum xf}{\sum f}$$

当缺少被平均标志 x 的分子资料时,要采用算术平均数,即"缺分子,用算术"。如上述利润平均计划完成程度,其分子是实际利润额,分母是计划利润额,当已知各企业的利润计划完成程度和计划利润额时(缺少实际利润额),则采用算术平均数。

【例 4.6】 某局所属 10 家企业的利润计划完成程度和计划利润额资料如表 4.6 所示。

表 4.6　各企业利润计划完成程度和计划利润额

利润计划完成程度 x(%)	企业数(个)	计划利润额(万元)
80～90	2	500
90～100	5	1 600
100～110	3	800
合　计	10	

$$\bar{x}=\frac{\sum xf}{\sum f}=\frac{85\%\times 500+95\%\times 1\,600+105\%\times 800}{500+1\,600+800}=96.03\%$$

(2) 已知 x 和 m 时,有

$$H=\frac{\sum m}{\sum f}=\frac{\sum m}{\sum \frac{1}{x}m}$$

当缺少被平均标志的分母资料时,要采用调和平均数,即“缺分母,用调和”。在例 4.6 中,当已知各企业的利润计划完成程度和实际利润额时(缺少计划利润额资料),则采用调和平均数,有关资料如表 4.7 所示。

表 4.7　各企业利润计划完成程度和实际利润额

利润计划完成程度 x(%)	企业数(个)	实际利润额 m(万元)
80～90	2	425
90～100	5	1 520
100～110	3	840
合　计	10	

$$H=\frac{\sum m}{\sum \frac{m}{x}}=\frac{425+1\,520+840}{\frac{1}{0.85}\times 425+\frac{1}{0.95}\times 1\,520+\frac{1}{1.05}\times 840}=\frac{2\,785}{2\,900}=96.03\%$$

在实际应用中,究竟是采用算术平均数,还是采用调和平均数,要根据拥有资料的具体情况来确定。

4. 关于权数的选择

无论是加权算术平均数或加权调和平均数,均存在权数的选择问题。选择权数时主要应考虑权数与标志值(或标志值的倒数)相乘应具有现实的经济意义,通常要形成被平均标志的分子(或分母)。在例 4.6 中,若选择计划利润额为权数,

则计划利润额与计划完成程度相乘后，形成计划完成程度指标的分子（实际利润额），所以，计划利润额应作为计算加权算术平均数的权数；若选择实际利润额为权数，则实际利润额与计划完成程度的倒数相乘后，形成计划完成程度指标的分母（计划利润额），因此，实际利润额应作为计算加权调和平均数的权数。

（三）几何平均数

在社会经济现象中，许多现象变化的总比率或总速度常常是各分段比率或分段速度的连乘积，所以适合用几何平均数计算平均比率或平均速度。几何平均数是一种具有特殊用途的平均数，有简单几何平均数和加权几何平均数之分。

1. 简单几何平均数

在资料未分组的条件下，几何平均数采用不加权的方法计算，称为简单几何平均数，它是 n 个变量值连乘积的 n 次方根，即

$$G=\sqrt[n]{x_1x_2\cdots x_n}=\sqrt[n]{\prod x} \tag{4.18}$$

【例 4.7】 某企业的总利润 2021 年、2022 年、2023 年的环比发展速度分别是 107.9%，110.9%，109.7%，则各年的平均发展速度是

$$G=\sqrt[3]{1.079\times1.109\times1.097}=1.095=109.5\%$$

2. 加权几何平均数

当计算几何平均数的各个变量值的次数不相等时，要采用加权几何平均数，即

$$G=\sqrt[\sum f_i]{\prod x_i^{f_i}} \tag{4.19}$$

【例 4.8】 某人有一笔款项存入银行 10 年，前 2 年的年利率为 6%，第 3 年至第 5 年的年利率为 5%，后 5 年的年利率为 3%，如果按复利计算，这笔款项的平均年利率为多少？

$$G=\sqrt[10]{1.06^2\times1.05^3\times1.03^5}=1.042$$

$$1.042-1=0.042=4.2\%$$

这笔款项的平均年利率为 4.2%。

（四）中位数

将总体中各单位的标志值按大小顺序排列，位于中间位置的标志值就是中位数（M_e）。它是根据位置确定的，是位置平均数，因而不受极端数值的影响，可以

用来反映现象的一般水平。在变量数列中,有一半单位的标志值小于中位数,另一半单位的标志值大于中位数。中位数的确定分两种情形。

1. 根据未分组资料确定

对于未分组资料,确定中位数的步骤如下:

(1) 将总体各单位的标志值按从小到大顺序排列。

(2) 按$(n+1)/2$计算中位数所在的位置,该位置对应的标志值即为中位数。注意:若总体单位数n为奇数,处于中间位置的标志值就是中位数;若n为偶数,则处于中间位置的两个标志值的算术平均数即为中位数。

【例 4.9】 某班组 9 人的月产量(件)分别为:62,65,66,70,71,73,76,79,80,则中位数的位置是$\frac{n+1}{2}=\frac{9+1}{2}=5$,所以,排在第 5 位的产量 71 件即为所求的中位数。若该组有 10 人,月产量分别为:62,65,66,70,71,73,76,79,80,82,则中位数的位置是$\frac{n+1}{2}=\frac{10+1}{2}=5.5$,将排在第五位、第六位的产量进行简单算术平均,即

$$M_e=(71+73)\div 2=72\ (\text{件})$$

2. 根据分组资料确定

(1) 在单项式分组资料下:首先计算累计次数n,再按$(n+1)/2$确定中位数的位置,该位置对应的数值即为中位数。

【例 4.10】 某班组工人月产量(件)资料如表 4.8 所示。

表 4.8　某班组工人月产量的次数分布

按月产量分组(件)	人　数	累计次数
65	2	2
66	3	5
70	8	13
71	4	17
76	3	20
合　计	20	

由表 4.8 知,中位数位置是$(n+1)/2=(20+1)/2=10.5$,由于第二组的累计次数是 5(比 10.5 小),第三组的累计次数是 13(比 10.5 大),所以,第三组的标志值 70 就是中位数。

(2) 在组距式分组资料下，首先计算累计次数$\sum f$，按$(\sum f)/2$确定中位数所在组，再利用公式按比例求得中位数的近似值，此公式有下限公式和上限公式两种：

下限公式(较小制)：

$$M_e = L + \frac{\frac{\sum f}{2} - S_{m-1}}{f_m} \times d \tag{4.20}$$

上限公式(较大制)：

$$M_e = U - \frac{\frac{\sum f}{2} - S_{m+1}}{f_m} \times d \tag{4.21}$$

式中，M_e是中位数；L为中位数所在组的下限；U为中位数所在组的上限；$\sum f$为总次数；f_m为中位数所在组的次数；S_{m-1}为较小制下，中位数所在组前一组的累计次数；S_{m+1}为较大制下，中位数所在组后一组的累计次数；d是中位数所在组的组距。

【例 4.11】 某班组工人按月产量分组资料如表 4.9 所示。

表 4.9 某班组工人月产量的次数分布

按月产量分组(件)	人 数	累 计 次 数	
		较小制	较大制
60 以下	2	2	20
60～65	3	5	18
65～70	8	13	15
70～75	4	17	7
75 以上	3	20	3
合 计	20	—	—

由表4.9可知，中位数所在组的位置是$(\sum f)/2 = 20/2 = 10$，即中位数所在组为第三组，利用公式确定中位数的具体数值：

已知

$$L = 65,\quad U = 70,\quad \sum f = 20,\quad f_m = 8,\quad S_{m-1} = 5,\quad S_{m+1} = 7,\quad d = 5$$

按下限公式计算：

$$M_e = L + \frac{\frac{\sum f}{2} - S_{m-1}}{f_m} \times d = 65 + \frac{\frac{20}{2} - 5}{8} \times 5 = 65 + 3.125 = 68.125\ (件)$$

按上限公式计算：

$$M_e = U - \frac{\frac{\sum f}{2} - S_{m+1}}{f_m} \times d = 70 - \frac{\frac{20}{2} - 7}{8} \times 5 = 70 - 1.875 = 68.125\ (件)$$

由此可见，无论是下限公式，还是上限公式，计算出的中位数是一样的。

有时已知的资料不是绝对次数，而是相对次数(各组次数占总次数的比重)，同样可以用相对次数代替绝对次数来确定中位数。

【例 4.12】 例 4.11 中有关的分组和人数比重如表 4.10 所示。

表 4.10　某班组工人月产量频率分布

按月产量(件)分组	人数比重(%)	累计比重(%)	
		较小制	较大制
60 以下	10	10	100
60～65	15	25	90
65～70	40	65	75
70～75	20	85	35
75 以上	15	100	15
合　计	100	—	—

由表 4.10 知，中位数所在组的位置是 100÷2=50，即中位数在第三组，再利用公式确定中位数的具体数值：

按下限公式计算：

$$M_e = 65 + \frac{\frac{100}{2} - 25}{40} \times 5 = 68.125\ (件)$$

按上限公式计算：

$$M_e = 70 - \frac{\frac{100}{2} - 35}{40} \times 5 = 68.125\ (件)$$

由此可见，无论是采用绝对次数，还是相对次数，计算结果是相同的。

中位数的取值是位于中位数所在组组距之中的某个值。该数值是中位数所在组的下限加上按一定几何比例分割的中位数所在组的组距，或等于中位数所在组的上限减去按一定比例分割的中位数组组距的另一段。

中位数的特点是：

(1) 中位数是一种位置平均数，它除了受数列中间标志值影响外，不受其他标志值的影响，因此用中位数衡量数列的平均水平有其不全面之处。但是，如果变量数列两端有异常值（极大或极小值），中位数不受其影响，从而增强了作为标志值数列一般水平的代表性。

(2) 各单位标志值与中位数之间离差绝对值的总和最小，即$\sum |x_i - M_e| = \min$。

（五）众数

众数(M_0)是现象总体中出现次数最多的标志值，它也是位置平均数，不受数列中极端变量值的影响。由于它出现的次数最多，在总体各标志值中，它的代表性较强，通常可用来反映现象总体某一标志表现的一般水平。它与算术平均数的作用一样，也可以反映总体各单位某一数量标志值的一般水平，只是精确度有所区别。例如，为了掌握某市场某种商品的价格水平，可不必全面登记该商品的全部价格来求其算术平均数，只需用该商品成交量最多的那个价格即众数作为代表值，就可以反映该商品价格的一般水平了。众数是根据特殊位置确定的，当数列没有明显的集中趋势而趋于均匀分布时，不存在众数。

众数的确定，根据掌握的资料情况不同，可分以下两种情况：

1. 根据单项式数列确定

由单项式分组资料确定众数，只需观察找出次数最多的标志值即可，例如，在例4.10中（表4.8），出现次数最多的标志值是70，它的次数是8，所以众数就是70件。

2. 根据组距式数列确定

首先根据次数最多的原则确定众数所在组，再利用公式求得众数的近似值。计算公式有下限公式和上限公式两种。

下限公式：

$$M_0 = L + \frac{f_n - f_{n-1}}{(f_n - f_{n-1}) + (f_n - f_{n+1})} \times d \tag{4.22}$$

上限公式：

$$M_0 = U - \frac{f_n - f_{n+1}}{(f_n - f_{n-1}) + (f_n - f_{n+1})} \times d \tag{4.23}$$

式中，M_0 为众数；L 是众数组的下限；U 是众数组的上限；f_n 为众数组的次限；f_{n-1} 为众数组前一组的次数；f_{n+1} 为众数组后一组的次数；d 为众数组的组距。

【例 4.13】 仍利用上述某班组工人月产量的分组资料(表 4.9)，首先直观找出众数组为第三组，并确认：$L=65$，$U=70$，$f_n=8$，$f_{n-1}=3$，$f_{n+1}=4$，$d=5$，采用下限或上限公式计算众数。

按下限公式计算：

$$\begin{aligned} M_0 &= L + \frac{f_n - f_{n-1}}{(f_n - f_{n-1}) + (f_n - f_{n+1})} \times d \\ &= 65 + \frac{8-3}{(8-3)+(8-4)} \times 5 \\ &= 67.78(\text{件}) \end{aligned}$$

按上限公式计算：

$$\begin{aligned} M_0 &= U - \frac{f_n - f_{n+1}}{(f_n - f_{n-1}) + (f_n - f_{n+1})} \times d \\ &= 70 - \frac{8-4}{(8-3)+(8-4)} \times 5 \\ &= 67.78(\text{件}) \end{aligned}$$

所以，无论采用下限公式，还是上限公式，计算结果不变。

当已知资料是相对次数时，同样可用相对次数代替绝对次数计算确定众数。

【例 4.14】 接例 4.12(表 4.10)，观察相对次数最多(40%)的组是 65～70(第三组)，采用公式计算。

按下限公式计算：

$$\begin{aligned} M_0 &= 65 + \frac{40-15}{(40-15)+(40-20)} \times 5 \\ &= 65 + \frac{25}{25+20} \times 5 \\ &= 67.78(\text{件}) \end{aligned}$$

按上限公式计算：

$$M_0 = 70 - \frac{40-20}{(40-15)+(40-20)} \times 5$$

$$= 70 - \frac{20}{25 + 20} \times 5$$

$$= 67.78(\text{件})$$

因此,无论是采用绝对次数,还是相对次数,众数的计算结果不变。

三、各种类型的平均数之间的相互关系

(一) 算术平均数 $\bar{x}$、几何平均数 G 和调和平均数 H 的关系

如果根据同一标志值数列计算且各标志值不等,有 $\bar{x}>G>H$;当所有变量值都相等时,$\bar{x}=G=H$,所以概括而言,有 $\bar{x}\geqslant G\geqslant H$。这里的证明略去。

(二) 算术平均数 $\bar{x}$、中位数 M_e 和众数 M_0 的关系

算术平均数、中位数和众数之间的数量关系取决于总体的次数分布特征,有两种情况。

(1) 当总体呈现对称的钟形分布时,算术平均数、中位数和众数三者相等,即 $\bar{x}=M_e=M_0$,如图 4.1 所示。

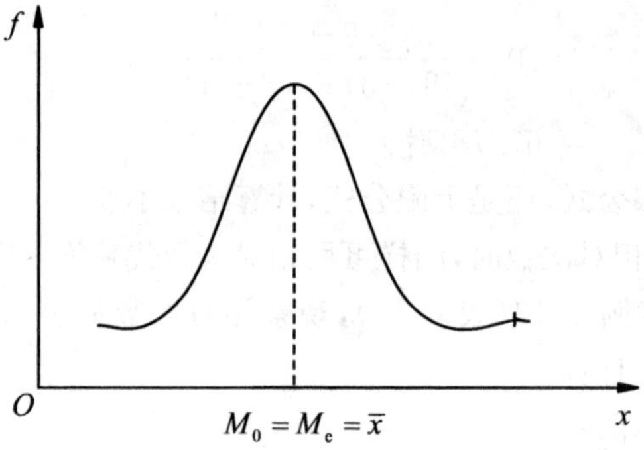

图 4.1 对称分布

(2) 当总体分布呈现偏态时,算术平均数、众数和中位数三者不再相等,而是具有相对固定的关系。若分布右偏,众数最小,中位数适中,算术平均数最大,即 $\bar{x}>M_e>M_0$,如图 4.2 所示。

若分布左偏,众数最大,中位数适中,算术平均数最小,即 $\bar{x}<M_e<M_0$,如图 4.3 所示。

在统计实务中,可以利用算术平均数、中位数和众数的数量关系判断次数分

布的特征。此外还可以利用三者的关系进行相互之间的推算。英国统计学家卡尔·皮尔逊认为,当分布只是适度(轻微)偏态时,三者之间近似的数量关系是:M_e 与 $\bar{x}$ 的距离是 $\bar{x}$ 与 M_0 距离的 1/3,即 $|\bar{x}-M_0|=3|\bar{x}-M_e|$。由此得到以下 3 个关系式:

$$\bar{x}=\frac{3M_e-M_0}{2}$$

$$M_e=\frac{M_0+2\bar{x}}{3}$$

$$M_0=3M_e-2\bar{x}$$

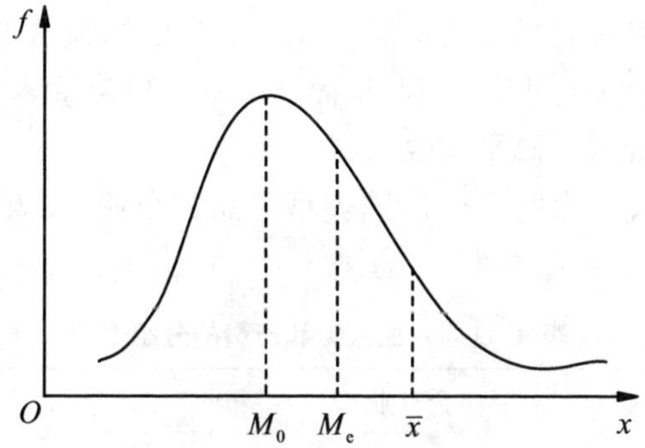

图 4.2　右偏分布

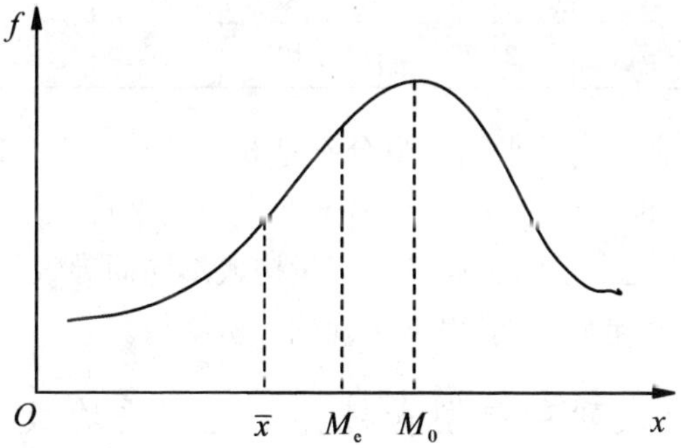

图 4.3　左偏分布

利用这些关系式,由已知的两个平均指标可推算另一个平均指标。

四、平均指标的应用原则

(一) 总体的同质性是计算和应用平均指标的基本前提

在计算和应用平均指标时,要把握现象总体的同质性。例如,计算某地区工业企业职工的平均工资,它所面对的现象总体是该地区工业企业的所有职工,其同质性体现在“工业企业”上,若将部分商业企业职工也加入其中,则计算出的平均工资就不满足统计分析的要求,甚至是毫无意义的。

(二) 分析时要用组平均数补充说明总平均数

总平均数作为总体各单位数量标志值的一般水平,掩盖了总体各单位或各个组别之间在一些其他属性上的差别,从而显示不出现象总体内部的结构状况,因此常用组平均数补充说明总平均数。

【例 4.15】 甲、乙为两个生产同类型产品的企业,其人数和产量资料如表 4.11 所示。

表 4.11 企业人数和产量的分组资料

组 别	甲 企 业			乙 企 业		
	人数	产量(件)	平均产量	人数	产量(件)	平均产量
新型设备生产	25	10 000	400	10	4 200	420
老式设备生产	45	11 700	260	70	19 600	280
合 计	70	21 700	310	80	23 800	297.5

可见,甲、乙两企业的总平均产量分别是 310 件和 297.5 件,即甲企业的总平均产量高于乙企业,但从采用新、旧设备的两个组别来看,甲企业各组的组平均产量均低于乙企业,这是由于两企业各组产量构成不同而导致的。所以必须将总平均数与组平均数结合起来,才能得出正确的分析结果。

(三) 用分配数列和典型资料补充说明平均数

由于平均数反映了总体各单位数量标志值的集中趋势,掩盖了各单位之间的差异和分布状况,所以利用平均数反映现象的总体特征时,要结合分配数列。例如,研究某地区工业企业利润计划完成情况时,除计算平均计划完成程度指标外,还要考查和分析分配数列,从而具体了解各工业企业利润计划完成情况。

为了全面深入地认识现象总体的特征，在应用平均数时，还要注意利用典型单位的事例补充说明平均数。

（四）平均数要与变异指标结合运用

平均数用来表明现象总体各单位标志值的集中趋势，但不能反映总体各单位标志值的差异程度，因此，需要采用变异指标来反映总体各单位标志值的离中趋势，从而较全面地反映总体分布特征。

第四节　标志变异指标

一、标志变异指标的概念和作用

（一）标志变异指标的概念

标志变异指标又称标志变动度，是用来测定总体各单位标志值之间差异程度的统计指标，它综合反映了标志值的离中趋势。

借助平均指标可以了解总体的一般水平，但平均指标不能反映总体各单位的差异情况，它把总体各单位的差异抽象化了，而现象内部各单位的差异却是客观存在的。例如，某班统计学课程考试平均成绩为85分，这里的85分反映了该班学生成绩的一般水平，而事实存在的高分和低分的差异被掩盖了。由此可见，平均指标可能会掩盖极其显著的差异事实。

此外，平均指标本身具有代表性，但其数值本身无法说明其代表性的大小，因此，只用平均指标对总体进行分析是不全面的。标志变异指标弥补了平均指标的不足之处。平均指标说明了总体标志值的集中趋势，标志变异指标说明了标志值的离中趋势，即总体各单位标志值相对平均指标的离散程度。平均指标和标志变异指标分别反映了事物在数量方面的共性和特性，在统计分析中，二者经常结合使用，互为补充。

（二）标志变异指标的作用

1. 标志变异指标是评价平均指标代表性的尺度

平均指标是总体各单位数量标志值一般水平的代表值，其代表性取决于总体各单位标志值的差异程度，标志值的差异程度愈大，标志变异指标值就愈大，平均指标的代表性就愈弱；反之，标志值的差异程度愈小，标志变异指标值就愈小，平均指标的代表性就愈强。例如，两个班组工人的日产量如下(单位：件)：

甲组 10， 11， 12， 13， 14， 15， 16

乙组 7， 9， 11， 13， 15， 17， 19

这两个组的平均日产量均为 13 件，但其标志值的分散程度不同，甲组标志值的分散程度比乙组小，所以甲组平均日产量的代表性比乙组强。

2. 标志变异指标可以反映社会经济活动过程的稳定性和均衡性

对于需控制其均衡发展的社会经济现象，可以通过变异指标衡量其均衡性。通常标志变异指标愈小，说明现象发展过程愈均衡；标志变异指标愈大，说明现象发展过程愈不均衡。

二、常用的标志变异指标

标志变异指标一般有全距、平均差、标准差、离散系数等几种，前三种的计量单位与平均指标一致，后一种是与平均指标对比，消除了原有计量单位的一种相对指标。

(一) 全距

1. 概念与计算

全距是总体标志值中最大值与最小值之差，即两个极端值之差，所以又称为极差，它是表明总体标志值变动范围的指标，其计算公式为

$$R = x_{\max} - x_{\min} \tag{4.24}$$

式中，R 为全距；$x_{\max}$ 为标志值中的最大值；$x_{\min}$ 为标志值中的最小值。

例如，在本节前述的两个班组工人的日产量例子中，有

甲组的全距 $R = 16 - 10 = 6$(件)

乙组的全距 $R = 19 - 7 = 12$(件)

可见两组工人日产量的变动范围不同，甲组的全距只有乙组的一半，表明甲组日产量的差异程度小。

对于组距式数列，则可按式(4.25)计算全距的近似值：

$$R = U_{\max} - L_{\min} \tag{4.25}$$

式中，$U_{\max}$ 为最大组的上限；$L_{\min}$ 为最小组的下限。

2. 全距的优缺点

(1) 全距通俗易懂，计算简便。

(2) 全距的结果仅取决于两端点值的大小,所以不能全面反映各标志值的变异情况。

(二) 平均差

1. 概念与计算

平均差(mean deviation,简称 M. D)是总体各单位标志值对其算术平均数离差绝对数的平均数,是表明总体各单位数量标志值平均变动程度的指标。由于各标志值对算术平均数的离差总和等于 0,所以不能采用离差的代数值,而是利用离差的绝对值来求平均,其计算式为:

(1) 对未分组资料,采用简单式

$$M.D=\frac{\sum|x-\bar{x}|}{n} \tag{4.26}$$

(2) 对于已分组资料,采用加权式

$$M.D=\frac{\sum|x-\bar{x}|f}{\sum f} \tag{4.27}$$

【例 4.16】 某企业工人日产量资料如表 4.12 所示。

表 4.12　工人日产量平均差计算表

日产量 x(件)	工人数(f)	$\lvert x-\bar{x}\rvert$	$\lvert x-\bar{x}\rvert f$
9	5	4	20
11	7	2	14
13	12	0	0
15	8	2	16
19	3	6	18
合　计	35	—	68

注:$\bar{x}$ 是平均数。

$$\bar{x}=\frac{\sum xf}{\sum f}=\frac{455}{35}=13(\text{件})$$

$$M.D=\frac{\sum|x-\bar{x}|f}{\sum f}=\frac{68}{35}=1.94(\text{件})$$

2. 平均差的优缺点

(1) 平均差依据总体各单位标志值计算,所以意义较为完整,受极端值影响小。

(2) 由于对离差取绝对数,计算处理较为繁琐,所以实践中较少应用。

(三) 标准差

1. 概念与计算

在统计上称总体各单位标志值与其算术平均数离差平方的算术平均数为方差,而方差的平方根即为标准差,又称为均方差。它是测定标志变异程度最常用、最主要的指标。

标准差的意义与平均差基本相同,但由于其采用平方的方法消除正、负离差的影响,考虑了总体中各单位标志值对其算术平均数的变动程度,更符合数学的运算要求,不仅有平均差的优点,同时还弥补了平均差的不足,在实践中得到了广泛的运用。标准差一般用 σ 表示,根据掌握资料的情况不同,标准差的计算分为两种情况,其计算式分别为:

(1) 对于未分组资料,采用简单式:

$$\sigma=\sqrt{\frac{\sum(x-\bar{x})^2}{n}} \tag{4.28}$$

(2) 对于已分组资料,采用加权式:

$$\sigma=\sqrt{\frac{\sum(x-\bar{x})^2 f}{\sum f}} \tag{4.29}$$

式中,σ 为标准差;x 为各标志值,$\bar{x}$ 为各标志值的算术平均数;n 为标志值的个数;f 为各标志值对应的次数。

【例 4.17】 接例 4.16,某企业工人日产量资料如表 4.13 所示。

表 4.13 工人日产量标准差计算表

日产量 x(件)	工人数(f)	$(x-\bar{x})^2$	$(x-\bar{x})^2 f$
9	5	16	80
11	7	4	28
13	12	0	0
15	8	4	32
19	3	36	108
合 计	35	—	248

$$\sigma = \sqrt{\frac{\sum (x-\bar{x}) f}{\sum f}} = \sqrt{\frac{248}{35}} = 2.66(\text{件})$$

2. 方差(标准差的平方)的数学性质

(1) 变量的方差等于变量平方的平均数减去变量平均数的平方,即

$$\sigma^2 = \overline{x^2} - (\bar{x})^2$$

下面采用简单式予以证明:

$$\sigma^2 = \frac{\sum (x-\bar{x})^2}{n} = \frac{\sum [x^2 - 2x\bar{x} + (\bar{x})^2]}{n}$$

$$= \frac{\sum x^2 - 2\bar{x}\sum x + n(\bar{x})^2}{n}$$

$$= \frac{\sum x^2}{n} - 2(\bar{x})^2 + (\bar{x})^2$$

$$= \overline{x^2} - (\bar{x})^2$$

(2) 变量对于算术平均数的方差最小。

设任一常数 a,变量对于 a 的方差为 S^2,则 $\sigma^2 \leqslant S^2$。

证明 令 $\bar{x}-a=b$,则 $a=\bar{x}-b$,所以

$$S^2 = \frac{\sum (x-a)^2}{n}$$

$$= \frac{\sum [x-(\bar{x}-b)]^2}{n}$$

$$= \frac{\sum [(x-\bar{x})+b]^2}{n}$$

$$= \frac{\sum [(x-\bar{x})^2 + 2b(x-\bar{x}) + b^2]}{n}$$

$$= \frac{\sum (x-\bar{x})^2 + 2b\sum (x-\bar{x}) + nb^2}{n}$$

$$= \frac{\sum (x-\bar{x})^2}{n} + b^2$$

$$= \sigma^2 + b^2$$

所以

$$\sigma^2 = S^2 - b^2$$

只有当 $a=\bar{x}$ 时，才有 $b=0, \sigma^2=S^2$；当 $a\neq\bar{x}$ 时，则 $b\neq0, \sigma^2<S^2$，所以有

$$\sigma^2 \leqslant S^2$$

(3) 在对总体进行分组的情况下，变量的总方差等于组内方差平均数与组间方差之和，即方差加法定理：

$$\sigma^2 = \overline{\sigma_i^2} + \delta^2$$

式中，$\overline{\sigma_i^2}$ 为组内方差平均数。

$$\overline{\sigma_i^2} = \frac{\sum_i \sigma_i^2 f_i}{\sum f_i}$$

组内方差

$$\sigma_i^2 = \frac{\sum_j (x_{ij} - \bar{x}_i)^2}{f_i}$$

组平均数

$$\overline{x_i} = \frac{\sum_j x_{ij}}{f_i}$$

δ^2 为组间方差

$$\delta^2 = \frac{\sum_i (\bar{x}_i - \bar{x})^2 f_i}{\sum f_i}$$

总平均数

$$\bar{x} = \frac{\sum_i \bar{x}_i f_i}{\sum f_i}$$

其中，x_{ij} 为第 i 组第 j 个总体单位的标志值；f_i 为第 i 组的单位数目。

方差加法定理具有较强的实用性。对于既定的总体，总方差是一定的，可以通过不同标志进行分组，改变总方差在组间方差和组内方差平均数之间的分配，从而认识影响现象发展变化的因素类型和程度。

【例 4.18】 某公司员工的工资水平按文化程度分组如表 4.14 所示。

表 4.14　公司员工的工资水平和标准差

文化程度	员工人数	月平均工资(元)	工资标准差(元)
本科及以上	10	4 700	560
大中专及技工	20	2 900	450
其　他	170	1 600	370
合　计	200	—	—

$$\bar{x}=\frac{\sum \bar{x}_i f_i}{\sum f_i}=\frac{47\,000+58\,000+272\,000}{200}=1\,885\ (\text{元})$$

$$\overline{\sigma_i^2}=\frac{\sum \sigma_i^2 f_i}{\sum f_i}=\frac{30\,459\,000}{200}=152\,295$$

$$\delta^2=\frac{\sum(\bar{x}_i-\bar{x})^2 f_i}{\sum f_i}=\frac{79\,242\,250+20\,604\,500+13\,808\,250}{200}$$

$$=\frac{113\,655\,000}{200}=568\,275$$

$$\sigma^2=\overline{\sigma_i^2}+\delta^2=152\,295+568\,275=720\,570$$

进一步可计算相关比 η:

$$\eta=\sqrt{\frac{\delta^2}{\sigma^2}}=\sqrt{\frac{568\,275}{720\,570}}=\sqrt{0.788\,65}=0.888\,1$$

相关比 η 值是介于 0～1 之间的数值,η 愈接近 1,表明分组标志与结果标志相关程度愈密切;反之,说明分组标志对结果标志影响很小。上述计算结果表明:该企业职工工资水平的高低与文化程度有一定的相关性,工资水平的变动有 88.81%可由文化程度来解释。

(四) 离散系数

1. 离散系数的定义

以上所介绍的各种标志变异指标,都与平均指标有相同的计量单位,是反映标志变动度的绝对指标,其数值的大小不仅受总体各单位标志值的影响,而且还要受平均数水平高低的制约。所以,在比较两个数列的标志变动度,衡量其平均指标的代表性时,如果两个数列的性质不同,计量单位或平均水平不同,就不能采用前述的标志变异指标直接比较其离差的大小,而应该分析标志变异指标的相对指标，即离散系数。

离散系数又称为标志变动系数，是全距、平均差和标准差与其算术平均数的比值，分别称为全距系数、平均差系数和标准差系数。在实际应用中，离散系数越大，说明总体各单位标志值差异越大，总体越分散，平均指标的代表性越弱；离散系数越小，说明总体各单位标志值差异越小，总体越集中，平均指标的代表性越强。离散系数中最常用的是标准差系数。

2. 标准差系数

如上所述，标准差系数是将一组数据的标准差与其算术平均数对比，通常用 V_σ 表示，其计算公式为

$$V_\sigma = \frac{\sigma}{\bar{x}} \times 100\% \tag{4.30}$$

式中，σ 是标准差；$\bar{x}$ 是平均数。

【例 4.19】 甲、乙两厂职工的月平均工资如表 4.15 所示。

表 4.15 甲、乙两厂职工月平均工资的标准差系数

厂别	月平均工资(元)	标准差(元)	标准差系数(%)
甲厂	2 000	260	13
乙厂	2 500	300	12

虽然甲厂职工的月平均工资标准差低于乙厂，但是由于两厂职工月平均工资水平不等，所以需计算标准差系数并加以判断。计算结果显示：甲厂职工的月平均工资标准差系数(13%)高于乙厂(12%)，说明乙厂职工的月平均工资具有较强的代表性。

（五）是非标志的标准差

统计实践中，有时需要将现象总体分为具有某一标志值的单位和不具有某一标志值的单位。例如，将全体学生区分为男生组和女生组；把全部产品分为合格品和不合格品等，这种用“是”或“否”来表示的标志，称为是非标志。

对于是非标志，确定各单位标志值的方式是：当该单位具有某一标志属性时，变量值取 1；不具有某一标志属性时，变量值取 0。假设某总体有 n 个总体单位，其中，n_1 个单位取值为 1，n_2 个单位取值为 0。通常称具有(或不具有)所研究标志值的单位数占全部总体单位数的比值为是非标志的成数，用 p(或 q)表示，即

$$p=\frac{n_1}{n},\quad q=\frac{n_2}{n}=\frac{n-n_1}{n}=1-\frac{n_1}{n}=1-p$$

1. 是非标志的平均数

$$\bar{x}=\frac{\sum xf}{\sum f}=\frac{1\times n_1+0\times n_2}{n}=\frac{n_1}{n}=p$$

2. 是非标志的标准差

$$\begin{aligned}\sigma&=\sqrt{\frac{\sum (x-\bar{x})^2 f}{\sum f}}\\&=\sqrt{\frac{(1-p)^2 n_1+(0-p)^2 n_2}{n}}\\&=\sqrt{q^2 p+p^2 q}\\&=\sqrt{pq(q+p)}\\&=\sqrt{pq}\end{aligned}$$

可见,是非标志的平均数为成数 p,标准差为两个成数乘积的平方根。

是非标志的平均数和标准差具有实际应用的意义。例如,某班统计学课程考试有 100 人参加,其中 90 人及格,若考试成绩及格,则是非标志值取 1,不及格则是非标志值取 0,那么作为是非标志的考试成绩的平均数为 $p=\frac{90}{100}=90\%$,方差 $\sigma^2=90\%\times(1-90\%)=0.09$,标准差 $\sigma=0.3$。这里的平均数 p 即为及格率,它从一个方面反映考试成绩的一般水平,方差和标准差则反映考试成绩的变异程度。

在具有是非标志的总体单位中,当 $p=q=0.5$ 时,是非标志的方差和标准差达到最大,$\sigma^2=0.5\times0.5=0.25$,$\sigma=0.5$。

三、偏度和峰度

平均指标和标志变异指标分别反映了分布的集中趋势和离中趋势,但仅仅掌握上述两个特征还不够,必须通过偏度和峰度进一步体现分布的形态特征。

(一) 偏度

偏度是指次数分布的非对称程度和方向。与对称分布相比较,偏度可分为正偏和负偏，它可以通过多种方式来测定，以下介绍两种较为简单的方法。

1. 偏度系数法

在对称分布中，算术平均数、中位数、众数是重合的，但在非对称分布中，三者是彼此分离的，算术平均数与众数分居在中位数的两边，所以可用算术平均数与众数之间的距离近似测定偏度的大小和方向，即

$$\text{偏度绝对量} = \bar{x} - M_0$$

偏度绝对量具有原数列的计量单位，不便于对不同计量单位的分布数列进行比较，即使是相同计量单位也会因标志值水平的差异而影响其可比性，故通常以偏度系数 α 来测定偏度：

$$\text{偏度系数}\ \alpha = \frac{\bar{x} - M_0}{\sigma} \tag{4.31}$$

当 $\bar{x} > M_0$ 时，偏度系数为正，表示正偏；当 $\bar{x} < M_0$ 时，偏度系数为负，表示负偏。

【例 4.20】 依据某企业工人日产量的分布，其算术平均数为 68.25 件，众数为 67.78 件，标准差是 5.76 件，则偏度系数为

$$\alpha = \frac{\bar{x} - M_0}{\sigma} = \frac{68.25 - 67.78}{5.76} = 0.082$$

该企业工人日产量分布稍有些正偏。

2. 矩法

(1) 矩的概念及形式：统计中，通常将变量 x 对常数 a 的"k 阶矩"定义为

$$M_k = \frac{\sum (x_i - a)^k}{n} \quad \text{或} \quad M_k = \frac{\sum (x_i - a)^k f_i}{\sum f_i}$$

取 $a=0$，可得到变量 x 对于原点的 k 阶矩，称为"k 阶原点矩"，即

$$\mu_k = \frac{\sum x_i^k}{n} \quad \text{或} \quad \mu_k = \frac{\sum x_i^k f_i}{\sum f_i}$$

可见，一阶原点矩是变量的算术平均数。

取 $a=\bar{x}$，可得到变量 x 对于均值 $\bar{x}$ 的 k 阶矩，称为"k 阶中心矩"，即

$$\nu_k = \frac{\sum (x_i - \bar{x})^k}{n} \quad \text{或} \quad \nu_k = \frac{\sum (x_i - \bar{x})^k f_i}{\sum f_i}$$

可见，任何分布的一阶中心矩恒为 0，二阶中心矩是分布的方差。

(2) 利用矩法测定偏度：由于偶数阶中心矩不能抵消正负离差，不能用来测

定分布的非对称程度，所以可运用奇数阶中心矩来判定分布的偏斜情况。根据上面的介绍，任何分布的一阶中心矩恒为 0，故采用三阶中心矩来测定分布的偏度是合理的。考虑到三阶中心矩是个有名数，为消除计量单位的影响，定义分布的偏度为

$$\alpha = \frac{\nu_3}{\sigma^3} \tag{4.32}$$

其图形如图 4.4 所示。

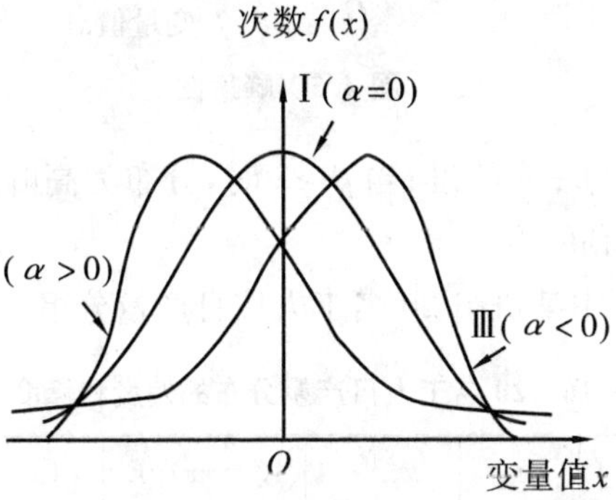

图 4.4　偏度图

当 $\alpha=0$ 时，说明分布是对称的；当 $\alpha>0$ 时，分布正偏，α 的值愈大说明正偏的程度愈大；当 $\alpha<0$ 时，分布负偏，α 的值愈小说明负偏的程度愈大。

（二）峰度

峰度是指分布图形的尖峭程度。当分布数列的次数比较集中于众数的位置，则分布图形就会较为陡峭；当分布数列的次数在众数周围的集中程度较低，则分布图形就会较为平坦。利用矩法可以测定峰度（β）的高低。

分布图形的尖峭程度与偶数阶中心矩的数值大小有关，通常偶数阶中心矩的数值愈小，分布图形愈尖峭，所以利用四阶中心矩除以标准差的四次方来衡量峰度的高低，其测定的公式为

$$\beta = \frac{\nu_4}{\sigma^4} \tag{4.33}$$

由于正态分布的 β 值为 3，所以可将实测的 β 值与 3 比较反映峰度的高低，如图 4.5 所示。

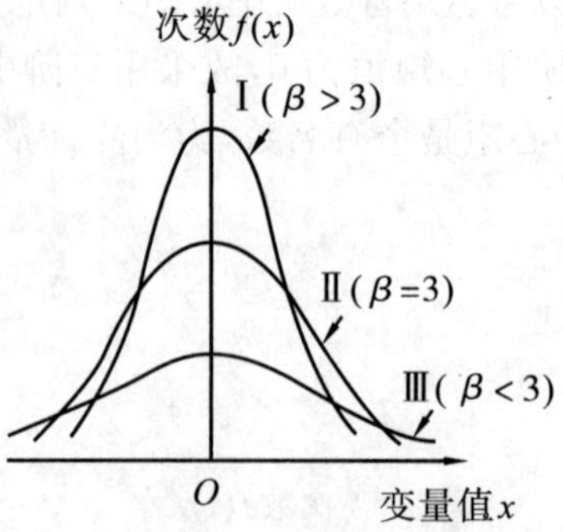

图 4.5　峰度图

当$\beta=3$时，分布为正态峰度；当$\beta>3$时，分布为高峰度（尖顶峰度）；当$\beta<3$时，分布为低峰度（平顶峰度）。

【例 4.21】 前例中某班组 20 名工人按日产量分组资料列于表 4.16。

表 4.16　20 名工人日产量分布的偏度和峰度计算表

日产量 x(件)	人数(f)	$x\cdot f$	$x-\bar{x}$	$(x-\bar{x})^2f$	$(x-\bar{x})^3f$	$(x-\bar{x})^4f$
60	2	120	−15.25	465.125	−7 093.156	108 170.632 8
65	3	195	−10.25	315.188	−3 230.672	33 114.386 7
75	8	600	0.25	0.500	0.125	0.031 3
80	4	320	4.75	90.250	428.688	2 036.265 6
90	3	270	14.75	652.688	9 627.141	142 000.324 2
合　计	20	1 505		1 523.751	−267.874	285 321.640 6

$$\bar{x}=\frac{\sum xf}{\sum f}=\frac{1\,505}{20}=75.25$$

$$\sigma^2=\nu_2=\frac{\sum(x-\bar{x})^2f}{\sum f}=\frac{1\,523.751}{20}=76.19$$

$$\nu_3=\frac{\sum(x-\bar{x})^3f}{\sum f}=\frac{-267.874}{20}=-13.39$$

$$\nu_4=\frac{\sum(x-\bar{x})^4f}{\sum f}=\frac{285\,321.640\,6}{20}=14\,266.08$$

$$偏度\ \alpha=\frac{\nu_3}{\sigma^3}=\frac{\nu_3}{(\nu_2)^{\frac{3}{2}}}=\frac{-13.39}{76.19^{\frac{3}{2}}}=-0.02$$

$$峰度\ \beta=\frac{\nu_4}{\sigma^4}=\frac{14\,266.08}{76.19^2}=2.46$$

可见,分布略有负偏,峰度稍低于正态分布。

第五节　用 Excel 计算描述统计量

采用本章第三节的例 4.3 数据,介绍描述统计量的 Excel 计算步骤。

(1) 将 10 个原始数据输入到 Excel 工作表的 A1:A10 单元格中。

(2) 选择“工具”菜单。

(3) 选择“数据分析”。

(4) 选择“描述统计”。

(5) 出现对话框时,在“输入区域”方框内键入 A1:A10,在“输出选项”选择输出区域(如“新工作表”),选择“汇总统计”,最后选择“确定”。

表 4.17 是 Excel 输出的描述统计量的计算结果。

表 4.17　例 4.3 的描述统计量计算结果

A	B
平均	79.6
标准误差	2.098 677
中位数	80.5
众数	#N/A
标准差	6.636 599
方差	44.044 44
峰度	0.074 965
偏度	−0.077 77
区域	23
最小值	68
最大值	91
求和	796
观测数	10
置信度(95.0%)	4.747 537

习 题

1. 常用的相对指标有哪几种？应用中应注意哪些问题？

2. 时期指标和时点指标各有哪些特点？

3. 如何正确选用算术平均数和调和平均数？

4. 如何理解平均数的特点和作用？

5. 常用的标志变异指标有哪些？各有何特点？

6. 考察分布的偏度和峰度有何意义？

7. 下表是某公司所属 3 个商场的有关资料（流通费用率＝流通费用/销售额）：

商 场	2023 年销售额(万元)				2023 年流通费用(万元)	
	计划金额	实际		计划完成(%)	流通费用	流通费用率(%)
		金额	比重(%)			
(甲)	(1)	(2)	(3)	(4)	(5)	(6)
甲	500	550				9
乙	750			120	99.0	
丙	1 250	1 100				10
合 计						

请填写上表空格，并指出上述各指标的类型。

8. 某公司所属 10 家商场，销售某商品的价格资料如下：

平均单价(元/件)	商场数	各组销售量占总销售量的比重(%)
9 000～10 000	2	26
10 000～11 000	5	45
11 000～12 000	3	29

试计算这 10 家商场销售该商品的平均单价。

9. 5 位电脑打字员每分钟可分别打字：90，100，110，120，130 个字符，问：

(1) 5 人打字时间相等时，平均打字速度为每分钟多少字符？

(2) 5 人完成的打字工作量相等时，平均打字速度为每分钟多少字符？

10. 对我国第七次人口普查资料按年龄重新分组，整理得下表：

年　龄	人　数
0～14	253 383 938
15～29	239 473 147
30～44	316 113 452
45～59	336 789 969
60～74	196 978 534
75 以上	67 039 684
合计	1 409 778 724

资料来源：根据中国国家统计局官方网站数据整理得到。

请计算我国人口年龄的算术平均数、中位数和众数。

11. 某局 16 家企业 2023 年的有关资料如下（劳动生产率＝增加值/职工人数）：

劳动生产率(万元)	企业数	增加值(万元)
3 以下	2	400
3～5	5	3 000
5～7	6	10 800
7～9	2	7 200
9 以上	1	7 000
合　计	16	28 400

请计算该局的平均劳动生产率。

12. 有两个班学生的统计学课程考试成绩如下，请分别计算两个班的平均成绩，并说明哪个班的平均成绩更具有代表性。

成　绩	学　生　数	
	一　班	二　班
50 以下	1	2
50～60	3	3
60～70	6	6
70～80	12	9
80～90	8	12
90 以上	2	3
合　计	32	35

第五章　时间数列

【内容介绍】 时间数列是指将某一现象所发生的数量变化，依时间的先后顺序进行排列，以揭示随着时间变化这一现象的发展规律。通过本章学习，理解时间数列编制的意义，掌握时间数列的水平指标、速度指标，以及两类指标的结合运用，掌握长期趋势与季节变动的测定方法。学会运用动态指标对实际问题进行分析等。

第一节　时间数列及其编制

一、时间数列的意义

时间数列是一种统计数列，是将同类指标在不同时间上的数值按时间先后顺序排列所形成的数列，通常又称它为时间序列或动态数列。表 5.1 是 2015—2022 年我国若干国民经济指标的时间数列。

从表 5.1 可以看出，不论何种时间数列，它们均有两个基本要素：一是现象所属的时间，称为时间要素（常用 t 表示）。时间可长可短，可以以日为时间单位，也可以以年为时间单位，甚至更长。二是在一定时间条件下的统计指标数值，称为数据要素（常用 a 表示）。指标值既可以是绝对数，也可以是相对数或平均数。

编制和研究时间数列，有着重要的意义：① 通过时间数列的编制和分析，可以从事物在不同时间上量变的过程中，认识社会经济现象发展变化的方向、程度、趋势和规律，为制定政策、编制计划提供依据。② 通过对时间数列资料的研究，可以对某些经济现象进行预测。③ 利用不同的时间数列对比，可以揭示各种社会现象的不同发展方向、发展规律及其相互之间的变化关系。④ 利用时间数列，可以在不同地区或国家之间进行对比分析。

表 5.1　2015—2022 年我国若干国民经济指标

指　　标	2015 年	2016 年	2017 年	2018 年	2019 年	2020 年	2021 年	2022 年
国内生产总值(亿元)	688 858.2	746 395.1	832 035.9	919 281.1	986 515.2	1 013 567	1 149 237	1 210 207.2
其中:第一产业占比(%)	8.4	8.1	7.5	7.0	7.1	7.7	7.2	7.3
第二产业占比(%)	40.8	39.6	39.9	39.7	38.6	37.8	39.3	39.9
第三产业占比(%)	50.8	52.4	52.7	53.3	54.3	54.5	53.5	52.8
城镇登记失业人数(万人)	966.0	982.0	972.0	974.0	945.0	1 160.0	1 040.0	1 203.0
城镇登记失业率(%)	4.1	4.0	3.9	3.8	3.62	4.24	3.96	
城镇单位就业人员平均工资(元)	62 029	67 569	74 318	82 413	90 501	97 379	106 837	114 029

资料来源:国家统计局。

二、时间数列的种类

时间数列按其统计指标的性质和表现形式，分为绝对数时间数列、相对数时间数列和平均数时间数列 3 种。其中，绝对数时间数列是基本数列，相对数时间数列和平均数时间数列是派生数列。

（一）绝对数（总量指标）时间数列

将同类总量指标在不同时间上按时间先后顺序排列所形成的时间数列称为绝对数时间数列。绝对数时间数列反映了社会经济现象总量在各个时期所达到的绝对水平及其发展变化过程。依据时间特点，总量指标分为时期指标和时点指标，因此绝对数时间数列又可以分为时期数列和时点数列。表 5.1 中的国内生产总值时间数列和城镇登记失业人数时间数列就分别属于时期数列和时点数列。

1. 时期数列

时期数列是指由时期总量指标编制而成的时间数列。在时期数列中，每个指标都反映某社会经济现象在一定时期内发展过程的总量。如表 5.1 所列的 2015—2022 年我国国内生产总值就是一个时期数列，表明 8 年来我国国内生产总值的变化情况，它的每一个指标数值都是一年内国内生产总值的总和。时期数列具有以下特点：

（1）时期数列中的各个指标值是可以相加的。由于时期数列中每一个指标数值都是在一段时期内发展的总数，所以相加之后指标数值就表明现象在更长时期发展的总量。如全年的国内生产总值是一年中每个月国内生产总值相加的结果，各月份的国内生产总值又是月份内每天的国内生产总值之和。

（2）时期数列中，每个指标数值的大小与时期长短有直接关系。由于时期数列中每个指标都是社会经济现象在一段时期内的发展过程中不断累计的结果，所以一般来说，时期愈长，指标数值就愈大，反之就愈小。

（3）时期数列中每个指标数值通常都是连续（不间断）登记取得的。

2. 时点数列

时点数列是指由时点总量指标编制而成的时间数列。在时点数列中，每个指标数值所反映的社会经济现象都是在某一时点（时刻）上所达到的水平。如表 5.1 所列的 2015—2022 年我国城镇登记失业人数就是一个时点数列，表明 8 年来我国城镇登记失业人数不断变化的情况。数列中的每一个指标数值都是表明全国城镇登记失业人数当年年末这一时刻上的总数。在时点数列中，每个指标数值所属的时间称为“时点”，相邻两个时点间的距离称为“时点间隔”。表 5.1 中时点间隔为 1 年。时点间隔的长短，应根据现象在时点上的变动大小或快慢确定。时点数列有以下特点：

(1) 时点数列中的每个指标值不能相加。由于时点数列中的指标数值都是反映现象在某一瞬间的数量，几个指标值相加后无法说明这个数值属于哪一个时点上的数量，没有实际意义。

(2) 时点数列中每个指标数值大小和时点间隔长短没有直接关系。时点数列中每个指标值只是现象在某一时点上的水平，因此它的大小与时点间隔的长短没有直接关系。如年末的职工人数不一定比某月底的职工人数多。

(3) 时点数列中每个指标数值通常都是不连续(间断)登记取得的。

(二) 相对数时间数列

相对数时间数列是指一系列相对指标按照时间先后顺序排列所组成的时间数列。它是用来反映社会经济现象之间数量对比关系的发展变化过程及其规律的。如表 5.1 所列的 2015—2022 年我国第一产业、第二产业、第三产业占比，就是一个相对数时间数列，它反映了我国 8 年来第一产业占比不断下降，第三产业占比不断上升的趋势。因此，相对数时间数列比较直观，更能明显的表现现象发展的趋势和规律。

(三) 平均数时间数列

平均数时间数列是由一系列同类平均指标按照时间的先后顺序排列而成的时间数列。它反映的是社会经济现象一般水平的发展过程及其变动趋势。如表 5.1 所列的 2015—2022 年我国城镇单位就业人员平均工资的变化情况，就是一个平均数时间数列。

由于平均数有静态平均数和动态平均数之分，所以平均数时间数列也有静态平均数时间数列和动态平均数时间数列之分，表 5.1 所列的平均工资属于静态平均数时间数列。

相对数时间数列和平均数时间数列均为绝对数时间数列的派生数列。如我国第一产业、第二产业、第三产业占比时间数列是由两个时期数列派生形成的，城镇登记失业率时间数列是由两个时点数列派生形成的，城镇单位就业人员平均工资时间数列是由一个时期数列和一个时点数列派生形成的。

应当注意:相对数时间数列和平均数时间数列中的指标值相加无实际意义。

三、编制时间数列的原则

编制时间数列的目的之一就是要进行动态对比分析,所以保证统计指标的可比性是编制时间数列时要遵循的最基本原则,具体包括:

(1) 总体空间范围应该一致。时间数列中指标值的大小与总体范围有着密切的联系,若现象的总体范围随时间的变化而发生了改变,则变化前后的指标值就不能直接对比,必须进行相应的调整以保证总体范围的一致性。如巢湖市撤分划入合肥市后,则合肥市的GDP、工业总产值都应该做相应的调整,从而使前后指标具有可比性。

(2) 时期长短应该相等。在时期数列中各指标值大小直接取决于时期长度,若时期长短不一,指标值则不可比,所以同一时期数列中各指标值所属的时期长度应当一致。如对改革开放以来的季度GDP进行计算与分析时,就要把1995年以前的GDP通过相应的方法化为季度GDP,从而保持时期长短的一致性。在时点数列中各指标值大小虽然与时点间隔长短无直接关系,但为了更准确地反映现象发展变化的状况,同一时点数列中各指标值之间的时点间隔应尽可能相等。

(3) 指标经济内容要可比。随着时间的推移,同一名称的指标涵盖的经济内容可能会发生改变,则不同经济内容的指标值之间不能直接对比,需要根据指标经济内容的变化调整相应的指标值。例如,新中国成立以来,我国的工业总产值指标,有的年份包括了乡村企业的工业产值,有的年份则不包括。

(4) 指标计算方法和计量单位应该一致。例如,国内生产总值指标的计算方法有生产法、支出法和分配法,不同计算方法往往会导致结果的一定差异,所以同一时间数列中指标值的计算方法要前后一致。有些统计指标的计算涉及计算价格问题,如产值指标是根据不变价格还是现行价格计算,即使是不变价格,也存在不同时期的不变价格之分,因此在编制时间数列时,要始终保持计算价格的一致性。同一时间数列中各指标值的计量单位要统一,这一点在实物指标时间数列中尤其重要,如万元、亿元、美元、人民币等,在统计资料中变化很多,要注意调整一致后,再运用时间数列进行分析。

第二节　时间数列的水平分析指标

时间数列的水平分析指标包括发展水平、平均发展水平、增长量和平均增长量。

一、发展水平

发展水平亦称发展量。时间数列中的每项指标值反映社会经济现象在不同时期的规模或水平。正确地计算发展水平是编制时间数列和计算各种动态分析指标的一项重要的基础工作。根据发展水平在一个时间数列中所处位置的不同，可分为最初水平、中间水平和最末水平。最初水平是时间数列最初一项指标数值，最末水平是时间数列最后一项指标数值，其他各项指数值就是中间水平。在动态分析中，当对比两期发展水平时，所研究的那一时期的发展水平，称为报告期水平或计算期水平；作为对比基础的水平称为基期水平。发展水平是时间意义上的统计指标，一般表现为绝对数、相对数和平均数。

发展水平通常用 a_i 表示，则时间数列各期的发展水平分别为 $a_0, a_1, a_2, \cdots, a_{n-1}, a_n$，其中，数列首期水平 a_0 为最初水平，排在最后的 a_n 为最末水平，$a_1, a_2, \cdots, a_{n-1}$ 为中间水平。

二、平均发展水平

平均发展水平是将时间数列中各期发展水平加以平均而求得的平均数，统计上又称这种平均数为序时平均数或动态平均数。它从动态上反映了现象在一段时间内发展水平的一般情况。

序时平均数与前面介绍的一般平均数相比，既有相同之处，又有不同之处。其相同之处在于都是将现象的个别数量差异抽象化，反映现象总体的一般水平。不同之处主要体现在：序时平均数是将现象在不同时间上的个别数量差异抽象化，从动态上表明现象在一段时间内发展变化所达到的一般水平，是依据时间数列来计算的；而一般平均数是将总体各单位标志值在同一时间上的个别数量差异抽象化，从静态上表明现象在某一具体时间条件下所达到的一般水平，是依据变量数列计算的。

由于发展水平可以表现为绝对数、相对数和平均数，它们在计算序时平均数的方法上各有不同，下面分别介绍。

（一）由绝对数时间数列计算序时平均数

绝对数时间数列有时期数列和时点数列之分，其计算方法分别如下：

1. 由时期数列计算序时平均数

由于时期数列中各指标值之间具有可加性，可直接采用简单算术平均法，即以各时期指标数值之和除以时间数列的项数，用公式表示为

$$\bar{a}=\frac{\sum_{i=1}^{n}a_i}{n} \tag{5.1}$$

式中，$\bar{a}$ 为序时平均数；a_i 为第 i 期的发展水平（$i=1,2,\cdots,n$）；n 为时期数列的项数。

【例 5.1】 根据表 5.1 中的国内生产总值时期数列计算 2015—2022 年间的年平均国内生产总值为

$$\bar{a}=\frac{\sum a}{n}=\frac{688\,858.2+746\,395.1+\cdots+1\,149\,237+1\,210\,207.2}{8}$$

$$=\frac{7\,546\,096.7}{8}=943\,262.1\text{（亿元）}$$

2. 由时点数列计算序时平均数

时点数列中有的指标数值是逐日登记，有的却是间隔较长一段时间登记一次，如月末、季末、年末进行登记。

统计上通常将逐日登记指标值的时点数列称为连续时点数列，而将间隔较长时间登记一次指标值的时点数列称为间断时点数列。两种不同的时点数列有着不同的计算公式。

1）由连续时点数列计算序时平均数

根据连续时点数列计算序时平均数有两种情形：

第一种情形：逐日登记并逐日给出资料时，可采用简单算术平均法计算，同公式(5.1)，此时 a_i 表示各时点的指标值，n 表示时点指标值的个数。例如，逐日给出某企业每天的出勤人数，可用每天出勤人数之和除以天数即得该段时间出勤人数的序时平均数。又如，已知某企业某月份每天拥有的生产用设备数，将每天的生产用设备数相加之后除以天数即得该月份生产用设备数的序时平均数。

第二种情形：仅在时点指标值发生变动时进行登记，但登记资料的时间单位

仍为“日”，此时可以每次变动持续的间隔长度 f_i 为权数，采用加权算术平均数的方法计算，计算公式如下：

$$\bar{a}=\frac{\sum_{i=1}^{n}a_i f_i}{\sum_{i=1}^{n}f_i} \tag{5.2}$$

其中，a_i 为各时点指标值；f_i 为每次变动持续的间隔长度。

【例 5.2】 某自行车车库 4 月 1 日有自行车 320 辆，4 月 6 日调出 70 辆，4 月 18 日进货 120 辆，4 月 26 日调出 80 辆，直至月末再未发生变动。问该车库 4 月份平均库存自行车多少辆?

因为数据取得的资料是连续时点数列，但资料间隔不等，故采取加权平均法。

$$\bar{a}=\frac{\sum af}{\sum f}=\frac{320\times5+250\times12+370\times8+290\times5}{5+12+8+5}\approx300\text{（辆）}$$

2）由间断时点数列计算序时平均数

根据间断时点数列计算序时平均数也有两种情形：

第一种情形：对于间隔相等的间断时点数列。计算序时平均数的步骤如下：首先，假定所研究的现象在相邻两个时点之间是均匀变化的，可将相邻两个时点值相加后除以 2，求出两个时点之间的平均值，该平均值与两个时点之间的时间段相对应，从而形成一个新的时期数列。其次，对上面求出的各平均值采用简单算术平均法计算其序时平均数。

【例 5.3】 我国 2015—2022 年年末总人口资料如表 5.2 所示。

表 5.2　我国 2015—2022 年年末总人口数

指　标	2015 年	2016 年	2017 年	2018 年	2019 年	2020 年	2021 年	2022 年
年末总人口数（万人）	138 326	139 232	140 011	140 541	141 008	141 212	141 260	141 175

则我国 2015—2022 年各年平均总人口数为

$$2016\text{ 年平均总人口数}=\frac{138\,326+139\,232}{2}=138\,779\text{（万人）}$$

$$2017\text{ 年平均总人口数}=\frac{139\,232+140\,011}{2}=139\,621.5\text{（万人）}$$

其余依此类推。

我国 2016—2022 年平均总人口数为

$$2016—2022\text{ 年平均总人口数}=\frac{\frac{138\,326+139\,232}{2}+\frac{139\,232+140\,011}{2}+\cdots+\frac{141\,260+141\,175}{2}}{7}$$

$$=\frac{\frac{138\,326}{2}+139\,232+\cdots+141\,260+\frac{141\,175}{2}}{8-1}=140\,430.6\text{（万人）}$$

由此可见，间隔相等间断时点数列计算序列平均数的一般公式为

$$\bar{a}=\frac{\frac{a_1}{2}+a_2+\cdots+a_{n-1}+\frac{a_n}{2}}{n-1} \tag{5.3}$$

式中，a_i 是时点数列中各指标值$(i=1,2,\cdots,n)$，n 是时点数列的项数。

第二种情形：对于间隔不等的间断时点数列。首先应将相邻两个时点值相加后除以 2，得出一系列时点间的平均值。然后以间隔时间长度 f_i 为权数，对这些平均值进行加权算术平均求得其序时平均数。

【例 5.4】 某企业某年职工人数资料如表 5.3 所示。

表 5.3 某企业月初职工人数资料

时 间	1 月	3 月	7 月	11 月
月初职工人数(人)	240	230	256	250

另外，12 月末职工人数为 260 人。

则某年该企业的月平均职工人数为

$$\bar{a}=\frac{\frac{240+230}{2}\times 2+\frac{230+256}{2}\times 4+\frac{256+250}{2}\times 4+\frac{250+260}{2}\times 2}{2+4+4+2}$$

$$=\frac{470+972+1\,012+510}{12}$$

$$=247\text{（人）}$$

可见，对于间隔不等的间断时点数列，计算序时平均数的一般计算公式为

$$\bar{a}=\frac{\frac{a_1+a_2}{2}\times f_1+\frac{a_2+a_3}{2}\times f_2+\cdots+\frac{a_{n-1}+a_n}{2}\times f_{n-1}}{\sum_{i=1}^{n-1} f_i} \tag{5.4}$$

（二）由相对数时间数列计算序时平均数

相对数时间数列是派生数列，它是由两个有联系的绝对数时间数列相应项对比所形成的数列，用来对比的两个绝对数时间数列可以均为时期数列，亦可以均为时点数列，还可以一个是时期数列，另一个为时点数列。因此计算相对数时间数列的序时平均数时，不能直接对数列中的相对数指标值进行平均，而是先分别算出分子数列和分母数列的序时平均数，再将这两个序时平均数对比得到相对数时间数列的序时平均数，计算公式为

$$\bar{c}=\frac{\bar{a}}{\bar{b}}$$

式中，$\bar{c}$ 为相对数时间数列的序时平均数；$\bar{a}$ 为分子数列的序时平均数；$\bar{b}$ 为分母数列的序时平均数。

下面根据子母项数列的性质，讨论几种情形。

第一种情形：子母项数列均为时期数列时。计算序时平均数的公式为

$$\bar{c}=\frac{\bar{a}}{\bar{b}}=\frac{\frac{\sum a}{n}}{\sum\frac{b}{n}}=\frac{\sum a}{\sum b} \tag{5.5}$$

【例 5.5】 表 5.4 给出了 2015—2022 年我国国内生产总值及结构指标的资料。

表 5.4　2015—2022 年我国国内生产总值及结构指标

年　份	2015	2016	2017	2018	2019	2020	2021	2022
国内生产总值（亿元）b	688 858.2	746 395.1	832 035.9	919 281.1	986 515.2	1 013 567	1 149 237	1 210 207.2
第三产业占比（%）c	50.8	52.4	52.7	53.3	54.3	54.5	53.5	52.8

则 2015—2022 年我国第三产业占国内生产总值的平均比重为

$$\bar{c}=\frac{\sum a}{\sum b}=\frac{\sum bc}{\sum b}$$

$$= \frac{688\,858.2 \times 50.8\% + 746\,395.1 \times 52.4\% + \cdots + 1\,210\,207.2 \times 52.8\%}{688\,858.2 + 746\,395.1 + \cdots + 1\,210\,207.2}$$

$$= \frac{4\,011\,413.7}{7\,546\,096.7} = 53.16\%$$

如果运用下面的方式计算，则是错误的：

$$\bar{c} = \frac{\sum c}{n} = \frac{50.8\% + 52.4\% + \cdots + 52.8\%}{8} = 53.04\%$$

以下两种情形也是如此。

第二种情形：子母项数列均为间隔相等的时点数列。计算序时平均数的公式应为

$$\bar{c} = \frac{\bar{a}}{\bar{b}} = \frac{\left(\frac{a_1}{2} + a_2 + \cdots + \frac{a_n}{2}\right) \div (n-1)}{\left(\frac{b_1}{2} + b_2 + \cdots + \frac{b_n}{2}\right) \div (n-1)}$$

$$= \frac{\frac{a_1}{2} + a_2 + \cdots + \frac{a_n}{2}}{\frac{b_1}{2} + b_2 + \cdots + \frac{b_n}{2}} \tag{5.6}$$

【例 5.6】 某企业 2022 年 7—10 月月初管理人员数、职工总数和管理人员占职工总数比重的资料如表 5.5 所示。

表 5.5 某企业 7—10 月初管理人员数和职工人数

月　　份	7 月	8 月	9 月	10 月
管理人员数（人）a	192	228	207	240
职工总数（人）b	870	910	900	920
管理人员占职工总数的比重（%）c	22.1	25.1	23.0	26.1

则该企业 2022 年第三季度月平均管理人员占职工总数的比重为

$$\bar{c} = \frac{\frac{192}{2} + 228 + 207 + \frac{240}{2}}{\frac{870}{2} + 910 + 900 + \frac{920}{2}}$$

$$= \frac{651}{2\,705} = 24.1\%$$

第三种情形：子母项数列属于不同性质的时间数列时，应根据具体情况进行计算。当分子数列是时期数列，分母数列是间隔相等间断时点数列的相对数时间数列的情况，其计算序时平均数的一般公式为

$$\bar{c}=\frac{\bar{a}}{\bar{b}}=\frac{\sum a_i/n}{\left(\frac{b_1}{2}+b_2+\cdots+\frac{b_{n+1}}{2}\right)\Big/n}$$

$$=\frac{\sum a_i}{\frac{b_1}{2}+b_2+\cdots+\frac{b_{n+1}}{2}} \tag{5.7}$$

【例 5.7】 某工业企业 1—4 月劳动生产率有关资料如表 5.6 所示：

表 5.6　某企业工业产值与月初职工人数资料

月　　份	1 月	2 月	3 月	4 月
劳动生产率(万元/人)c	3.5	4	5	5.4
工业产值(万元)a	350	480	750	840
月初职工人数(人)b	95	105	135	165

由于该时间数列分子是时期数列，分母是间隔相等的间断时点数列，故该企业第一季度人均月劳动生产率

$$\bar{c}=\frac{\bar{a}}{\bar{b}}=\frac{\text{第一季度月平均工业总产值}}{\text{第一季度月平均职工人数}}$$

$$=\frac{(350+480+750)/3}{\frac{\frac{95}{2}+105+135+\frac{165}{2}}{3}}=4.27\,(\text{万元}/\text{人})$$

则

$$\text{该企业第一季度人均劳动生产率}=4.27\times 3=12.81\,(\text{元}/\text{人})$$

必须注意的是，该企业第一季度平均每月人均劳动生产率与第一季度人均劳动生产率的计算结果是不相同的。

（三）由平均数时间数列计算序时平均数

平均数时间数列有一般平均数时间数列和序时平均数时间数列两种。

通常一般平均数时间数列的分子数列是标志总量数列，分母数列是总体单位

总量数列,因此,由一般平均数时间数列计算序时平均数的方法,与相对数时间数列计算序时平均数的方法相同,即分别计算出分子数列和分母数列的序时平均数,然后再将这两个序时平均数对比,得到一般平均数时间数列的序时平均数。

由序时平均数时间数列计算序时平均数时,若时间数列的间隔相等,则直接采用简单算术平均法计算;若间隔不相等,则以时期数为权数,采用加权算术平均法计算。

三、增长量

增长量又称增减量,是在一定时期内所增减的绝对量,即报告期水平与基期水平之差,即

$$增长量 = 报告期水平 - 基期水平$$

此式说明某种社会经济现象报告期水平比基期水平增加(或减少)了多少。计算结果为正值,表示增加量;计算结果为负值,表示减少量。由于比较的基期不同,增长量分为逐期增长量和累计增长量两种。下面以 $n+1$ 项资料 $a_0, a_1, a_2, \cdots, a_{n-1}, a_n$ 来说明。a_0 为最初水平,a_n 为最末水平。

(一) 逐期增长量

逐期增长量是报告期水平减去前一期水平的差额,说明现象逐期增加或减少的数量,其计算公式为

$$z_i = a_i - a_{i-1} \quad (i = 1, 2, \cdots, n) \tag{5.8}$$

式中,z_i 为第 i 期相对于第 $i-1$ 期的逐期增长量;a_i 为第 i 期的指标数值。

(二) 累计增长量

它是报告期水平与某一固定时期水平(常为时间数列的最初水平)之差,表明现象在一定时间内总的增长或减少的数量,其计算公式为

$$L_i = a_i - a_0 \quad (i = 1, 2, \cdots, n) \tag{5.9}$$

式中,L_i 为第 i 期的累计增长量;a_0 为时间数列最初水平。

累计增长量与逐期增长量存在如下关系:

(1) 累计增长量等于相应时期逐期增长量之和,即

$$L_i = a_i - a_0 = \sum_{i=1}^{i} (a_i - a_{i-1}) = \sum_{i=1}^{i} z_i \tag{5.10}$$

(2) 相邻两个累计增长量之差等于相应的逐期增长量,即

$$L_i - L_{i-1} = (a_i - a_0) - (a_{i-1} - a_0) = a_i - a_{i-1} = z_i \tag{5.11}$$

（三）年距增长量

为了消除季节变动的影响，实际工作中常计算年距增长量，它是本期发展水平与去年同期发展水平之差，即

$$\text{年距增长量} = \text{本期发展水平} - \text{去年同期发展水平}$$

【例 5.8】 某地区 2022 年 6 月份工业增加值是 5 967.51 亿元，2021 年 6 月份工业增加值为 4 544.46 亿元，即

$$\text{年距增长量} = 5\,967.51 - 4\,544.46 = 1\,423.05\ (\text{亿元})$$

表明该地区 2022 年 6 月工业增加值比 2021 年同期增加 1 423.05 亿元。

四、平均增长量

平均增长量是时间数列中各逐期增长量的序时平均数。对一个 $n+1$ 项时间数列 $a_0, a_1, a_2, \cdots, a_{n-1}, a_n$，其逐期增长量有 n 个，这 n 个逐期增长量分别反映 n 个时期现象的增减变化情况，要想表明现象在一段较长时间内平均每期增减的数量，必须对各逐期增长量计算序时平均数。

实际计算中，有两种方法可供选择：

（一）水平法

水平法就是将各逐期增长量累加后除以逐期增长量的个数，即

$$\bar{z} = \frac{\sum_{i=1}^{n}(a_i - a_{i-1})}{n}$$

由于累计增长量等于相应逐期增长量之和，上式又可写成

$$\bar{z} = \frac{L_n}{n} = \frac{a_n - a_0}{n} \tag{5.12}$$

式中，n 为逐期增长量的项数。

（二）累计法

由于水平法实质上仅利用了首末两期的指标数值，反映不出指标值在中间过程中是如何变化的，从而损失了大量的中间信息。因此可从另一角度来考虑，采用累计法计算。

对于时间数列 $a_0, a_1, a_2, \cdots, a_{n-1}, a_n$，设平均增长量为 $\bar{z}$，由最初水平 a_0 可以

推算随后各期的发展水平分别为 $a_0+\bar{z}, a_0+2\bar{z}, \cdots, a_0+n\bar{z}$，令推算出的各期发展水平之和与相应的实际发展水平之和相等，即

$$(a_0+\bar{z})+(a_0+2\bar{z})+\cdots+(a_0+n\bar{z})=\sum_{i=1}^{n}a_i$$

所以

$$na_0+\frac{n(n+1)}{2}\bar{z}=\sum_{i=1}^{n}a_i$$

故

$$\bar{z}=\frac{\sum_{i=1}^{n}a_i-na_0}{\frac{n(n+1)}{2}} \tag{5.13}$$

【例 5.9】 表 5.7 给出了我国 2015—2022 年国内生产总值资料。

表 5.7 我国 2015—2022 年国内生产总值及增长量(单位:亿元)

指　标	2015	2016	2017	2018	2019	2020	2021	2022
国内生产总值	688 858.2	746 395.1	832 035.9	919 281.1	986 515.2	1 013 567	1 149 237	1 210 207.2
逐期增长量	—	57 536.9	85 640.8	87 245.2	67 234.1	27 051.8	135 670	60 970.2
累计增长量	—	57 536.9	143 177.7	230 422.9	297 657	324 708.8	460 378.8	521 349

则我国 2016—2022 年国内生产总值的平均年增长量为

用水平法计算：

$$\bar{z}=\frac{57\,536.9+85\,640.8+87\,245.2+67\,234.1+27\,051.8+135\,670+60\,970.2}{7}$$

$$=\frac{521\,349}{7}=74\,478.4\ (\text{亿元})$$

用累计法计算：

$$\bar{z}=\frac{746\,395.1+832\,035.9+919\,281.1+986\,515.2+1\,013\,567+1\,149\,237+1\,210\,207.2-7\times688\,858.2}{\frac{7\times8}{2}}$$

$$=\frac{2\,035\,231.1}{28}=72\,686.8\ (\text{亿元})$$

第三节　时间数列的速度分析指标

时间数列的速度指标包括发展速度、平均发展速度、增长速度和平均增长速度。另外,为了将速度指标与水平指标结合运用,还需要计算每增长1%绝对值。

一、发展速度

发展速度是两个不同时期发展水平之比,表明报告期水平已发展到基期水平的百分之几或若干倍,常用百分数或倍数表示,其计算公式为

$$\text{发展速度}=\frac{\text{报告期水平}}{\text{基期水平}} \tag{5.14}$$

由于选择的基期不同,发展速度有环比发展速度、定基发展速度和年距发展速度之分,下面以$n+1$项时间数列$a_0,a_1,a_2,\cdots,a_{n-1},a_n$为例加以说明。

(一) 环比发展速度

环比发展速度是时间数列中报告期水平与前一期水平之比。它表明现象在相邻两个时期的逐期发展方向和发展程度,其计算公式为

$$\frac{a_1}{a_0},\frac{a_2}{a_1},\frac{a_3}{a_2},\cdots,\frac{a_i}{a_{i-1}},\cdots,\frac{a_n}{a_{n-1}}$$

式中,$\frac{a_i}{a_{i-1}}$表明第i个时期的发展速度。

(二) 定基发展速度

定基发展速度是时间数列中报告期水平与某一固定时期水平(通常为最初水平)之比。它用来反映社会经济现象在较长时期总的发展速度,其计算公式为

$$\frac{a_1}{a_0},\frac{a_2}{a_0},\cdots,\frac{a_i}{a_0},\cdots,\frac{a_n}{a_0}$$

式中,$\frac{a_i}{a_0}$表明i个时期总的发展速度。

定基发展速度与环比发展速度之间存在如下关系:

(1) 定基发展速度等于相应时期各环比发展速度的连乘积,即

$$\frac{a_i}{a_0}=\prod_{1}^{i}\frac{a_i}{a_{i-1}} \tag{5.15}$$

(2) 相邻时期的两个定基发展速度之比等于相应的环比发展速度，即

$$\frac{a_i/a_0}{a_{i-1}/a_0}=\frac{a_i}{a_{i-1}} \tag{5.16}$$

(三) 年距发展速度

年距发展速度是本期发展水平与上年同期发展水平之比，它消除了季节变动的影响，表明了现象本期水平相对于上年同期水平的发展变化情况。计算年距发展速度的计算公式为

$$年距发展速度=\frac{本期发展水平}{去年同期发展水平} \tag{5.17}$$

二、增长速度

增长速度是报告期增长量与基期水平之比，它表明现象的报告期水平比基期增长了百分之几或若干倍，其计算公式为

$$\begin{aligned}增长速度&=\frac{增长量}{基期水平}=\frac{报告期水平-基期水平}{基期水平}\\&=发展速度-1\end{aligned} \tag{5.18}$$

由于基期选择的不同，与发展速度一样，增长速度也可区分为定基增长速度、环比增长速度和年距增长速度，即

$$定基增长速度=定基发展速度-1$$

$$环比增长速度=环比发展速度-1$$

$$年距增长速度=年距发展速度-1$$

根据增长速度与发展速度的关系，当发展速度大于 1 时，增长速度大于 0，表明现象的发展水平是增长的，其具体数值体现了增长的程度；若发展速度小于 1，则增长速度小于 0，表明现象的发展水平是下降的，其具体数值体现了下降的程度。

应用速度指标时应注意以下问题：

(1) 定基增长速度不等于相应时期各环比增长速度的连乘积。

(2) 相邻两个时期的定基增长速度之比不等于相应时期的环比增长速度。

(3) 速度指标数值的大小与基期水平的高低密切相关。通常基期水平越高，发展速度增长 1%所对应的绝对值就越大。所以往往将增长 1%绝对值与速度指标结合起来进行统计分析，增长 1%绝对值的计算公式为

$$增长1\%绝对值 = \frac{逐期增长量}{环比增长速度\%} = \frac{前期水平}{100} \tag{5.19}$$

(4) 在绝对数时间数列中，有时可能会出现指标数值为负值的情况。例如，某企业近5年的利润总额为240万元、160万元、−20万元、−100万元和40万元，对于该时间数列计算其环比发展速度分别为：66.67%、−12.5%、500%、−40%。此时，这些环比发展速度已不能真实地反映利润总额的发展变化方向，如利润总额从第3期亏损20万元继续发展到第4期亏损100万元，两期发展水平均为负值，体现在发展速度上为500%，表明利润总额增长400%，这与实际情况相违背；再如，第5期改变了前期的亏损状况，盈利40万元，但由于两期发展水平一正一负，体现在发展速度上就为−40%，表明利润总额下降140%，显然也是不符合实际情况的。对于指标数值时正时负的时间数列，利用速度指标进行分析是不合适的。此时可采用水平指标，如上述时间数列的逐期增长量分别为−80万元、−180万元、−120万元、140万元，说明前4期连续出现下降的态势，最后一期才转降为增。

【例5.10】 下面是我国2015—2022年国内生产总值的资料，计算有关国内生产总值时间数列的动态分析指标，如表5.8所示。

三、平均发展速度

对于一个时间数列，可计算若干个环比发展速度，这些环比发展速度分别体现了现象在每两个相邻时间内的发展变化情况，显然这些环比发展速度在数值上是有差异的，要想反映一个较长时期内现象发展变化的一般情况，需将这些数量差异抽象化，即计算这些环比发展速度的平均数。所以平均发展速度是对若干个环比发展速度计算序时平均数，表明现象在一段时间内发展变化的一般水平。计算平均发展速度的方法有几何平均法(水平法)和方程式法(累计法)

(一) 几何平均法(水平法)

由于定基发展速度(即总速度)等于相应各期环比发展速度的连乘积，若以 x 表示环比发展速度，则

$$x_1 \cdot x_2 \cdot x_3 \cdot \cdots \cdot x_n = \frac{a_n}{a_0}$$

现将各环比发展速度的数量差异抽象化，用平均发展速度 $\bar{x}$ 代替所有的 x_i，上式可变形为

表 5.8 2015—2022 年我国国内生产总值及其动态分析指标

指 标	2015	2016	2017	2018	2019	2020	2021	2022
国内生产总值(亿元)	688 858.2	746 395.1	832 035.9	919 281.1	986 515.2	1 013 567	1 149 237	1 210 207.2
逐期增长量(亿元)	—	57 536.9	85 640.8	87 245.2	67 234.1	27 051.8	135 670.0	60 970.2
累计增长量(亿元)	—	57 536.9	143 177.7	230 422.9	297 657.0	324 708.8	460 378.8	521 349.0
环比发展速度(%)	—	108.4	111.5	110.5	107.3	102.7	113.4	105.3
定基发展速度(%)	—	108.4	120.8	133.4	143.2	147.1	166.8	175.7
环比增长速度(%)	—	8.4	11.5	10.5	7.3	2.7	13.4	5.3
定基增长速度(%)	—	8.4	20.8	33.4	43.2	47.1	66.8	75.7
增长 1%绝对值(亿元)	—	6 888.6	7 464.0	8 320.4	9 192.8	9 865.2	10 135.7	11 492.4

$$\bar{x}^n = \frac{a_n}{a_0}$$

即

$$\bar{x} = \sqrt[n]{\frac{a_n}{a_0}} = \sqrt[n]{\prod_1^n x_i} \tag{5.20}$$

式中，n 为环比发展速度的个数；a_0 与 a_n 分别为时间数列的最初水平和最末水平；$\bar{x}$ 为平均发展速度；x_i 为环比发展速度。

在例 5.10 中，我国 2016—2022 年国内生产总值年平均发展速度为

$$\bar{x} = \sqrt[n]{\frac{a_n}{a_0}} = \sqrt[7]{\frac{1\,210\,207.2}{688\,858.2}} = \sqrt[7]{175.68\%} = 1.083\,8 = 108.38\%$$

或为

$$\begin{aligned} \bar{x} &= \sqrt[n]{\prod_1^n x_i} \\ &= \sqrt[7]{108.4\% \times 111.5\% \times 110.5\% \times 107.3\% \times 102.7\% \times 113.4\% \times 105.3\%} \\ &= 1.083\,8 = 108.38\% \end{aligned}$$

值得注意的是，本例中的 2015 年为基期（或最初水平），计算的结果为 2016—2022 年这 7 年的平均发展速度为 108.38%。

由几何平均法计算平均发展速度的公式可以看出：从时间数列的最初水平出发，按平均发展速度一直发展到最末一期，其最末水平的理论值与实际值相符，所以几何平均法又称为水平法。

通常用于计算人口、产品产量、总产值、社会消费品零售总额等指标的速度。

（二）方程式法（累计法）

方程式法的基本思想是：由最初水平 a_0 和平均发展速度 $\bar{x}$，推算出各期发展水平的理论值，然后令这些理论值之和与实际发展水平之和相等，即

$$a_0\bar{x} + a_0\bar{x}^2 + \cdots + a_0\bar{x}^{n-1} = \sum_1^n a_i$$

所以

$$\bar{x}^n + \cdots + \bar{x}^2 + \bar{x} = \frac{\sum_1^n a_i}{a_0} \tag{5.21}$$

解这个高次方程，其正根即为平均发展速度。但是，要求解这个高次方程是非常麻烦的，因此，在实际工作中，往往利用已经编好的《平均增长速度查对表》来计算。式中的 $\frac{\sum_{i=1}^{n} a_i}{a_0}$ 除以 n，若所得商大于1，查增长速度表；若所得商小于1，查下降速度表。

由方程式法的基本思想可以看出：从时间数列的最初水平出发，按平均发展速度发展，形成各期发展水平的理论值，这些理论值的累计和与实际发展水平的累计和相等，所以方程式法又称为累计法，也称代数平均法。

由此可见，用方程法计算平均发展速度，侧重于考察中长期计划各期水平的总和，亦即计划期间的累计总量。这种方法适用于计算基本建设投资额、新增固定资产额、住宅建筑面积、造林面积和指标的平均发展速度等。

平均发展速度是时间数列的一个重要分析指标，在计算和应用该指标时，应注意以下问题：

(1) 计算平均发展速度的两种方法有着不同的基本出发点。水平法强调最末水平与实际相符，侧重考查最末一期的发展水平，如某企业五年计划期末某产品产量要达到1 000万吨。而累计法强调各期发展水平之和与实际相符，侧重考查整个时期的发展水平总和，如研究某时期的基本建设投资总量问题。因此，在实际工作中选用何种方法计算平均发展速度，要根据研究对象的具体情况和特点而定。

(2) 平均发展速度指标是对各环比发展速度的抽象化，在它的背后隐藏着各环比发展速度增减变化的具体事实，尤其是在使用几何平均法计算平均发展速度时，利用的仅仅是首末两期水平，中间各期水平如何变动，变动程度怎样，都得不到反映。所以，在应用平均发展速度指标分析实际问题时，要注意利用分段平均发展速度和环比发展速度补充说明总平均发展速度。

四、平均增长速度

平均增长速度是反映现象在一定时期内逐期平均增长程度的指标，它与平均发展速度的关系是

$$平均增长速度 = 平均发展速度 - 1$$

若平均发展速度大于1，则平均增长速度大于0，说明在一定时期内现象的发展水平是平均递增的；若平均发展速度小于1，则平均增长速度小于0，说明现象

的发展水平是平均递减的。

在例 5.10 中，我国 2016—2022 年国内生产总值的年平均发展速度为 108.38%，则平均增长速度是：108.38% − 1 = 8.38%，表明这期间（2016—2022 年）我国国内生产总值平均来说是递增的，平均递增程度为 8.38%。

第四节　时间数列的影响因素分析

一、时间数列的影响因素及分析模型

（一）时间数列的影响因素

在时间数列中，每一期指标值的形成都是多种因素共同作用的结果。为了研究现象的发展变化趋势和规律性，需要将这些因素加以分类，并测定出各类因素对时间数列指标值的影响程度。影响时间数列的主要因素可以综合为以下 4 类：

1. 长期趋势

通常用 T 表示，现象在发展变化过程中会受到基本因素的影响，这些基本因素对事物的发展变化起着决定性作用，它会使事物的发展变化在一定时期内呈现出某种基本态势。所以，长期趋势是在基本因素的作用下，在较长时间内时间数列呈现的某种趋势，这种趋势可以是向上、向下或持平。

2. 季节变动

通常用 S 表示，是指社会经济现象受季节更替等因素的影响，在一定时间内所呈现的周期性波动。季节变动通常以“年”或更短的时间长度为周期，如空调的月销售量以年为周期呈现出周期性变动，夏季各月销售量高，春秋各月销售量低；商场的日零售额按周呈现出周期性变动，一般是周末日销售额较高。所以，这里所讲的季节变动是一个广义的概念，是指一年或更短的时间内，现象随季节变化而呈现出的周期性波动。

3. 循环变动

通常用 C 表示，是指时间数列以若干年为周期出现的涨落相间的循环波动，如经济周期呈现的周而复始的变动、房地产需求量的循环变动等。

4. 随机变动

通常用 I 表示，是指社会经济现象受偶然因素影响而出现的不规则波动，也称为不规则变动。一般地，是指在时间数列的变动中，不能由上述 3 个因素解释的剩余部分。

基本上,时间数列中指标值的形成是以上 4 类因素共同作用的结果。

(二) 时间数列的分析模型

根据影响因素的相互关系的不同假设,可将时间数列的分析模型分为加法和乘法两种。

加法模型假设 4 类影响因素是相互独立的,则时间数列各期发展水平是各影响因素相加的总和,它们之间的结构可以表述为加法模型:

$$Y = T + S + C + I$$

乘法模型假设 4 类影响因素存在某种相互影响的关系,互不独立,则时间数列各期发展水平是各影响因素相乘之积,它们之间的结构可以表述为乘法模型:

$$Y = T \times S \times C \times I$$

在统计实践中,因素之间总是存在这样或那样的交互影响,因此乘法模式更为常用。当然,也常用混合模型进行因素的分析。

二、长期趋势的测定

测定现象发展变化的长期趋势就是对时间数列进行修匀,通过修匀显示出现象发展变化的基本态势。测定长期趋势的方法主要有时距扩大法、移动平均法和趋势模型法。

(一) 时距扩大法

扩大时间数列指标值所属的时间单位,再根据新的时间单位计算相应的指标值,这样就形成一个新的时间数列。由于时距的扩大,新时间数列的指标值受随机因素的影响比较小,从而显示出长期趋势。应用时距扩大法要注意:

(1) 对于时期数列和时点数列,时距扩大后,新指标值的计算方式有所不同。如果是时期数列,只需根据新的时间长度累加原有的指标值;如果是时点数列,可按新的时间长度计算原有指标值的序时平均数。

(2) 时距扩大到多少为宜,要根据所考察现象本身的特点来定。如果现象的变动本身具有周期性,则时距长度应与波动周期相一致;一般情况下,需要逐步扩大时距试算,以较为充分地显示现象长期趋势为宜。由于时距扩大后,指标值的个数减少,现象变得较为笼统,因此不要过分追求大时距。

（二）移动平均法

移动平均法的基本思想是：选择一定的期数，对原数列按逐项移动计算平均数，从而对原数列进行修匀。显然，该方法是通过移动平均的方式消除现象短期内的不规则因素影响，达到显示现象长期趋势的目的。应用移动平均法要注意：

（1）合理确定移动的时期长度。确定移动的时期长度就是要确定移动平均的项数 N，通常是根据时间数列的特点而定。如果现象存在周期性变动，为消除周期性变动的影响，要以周期长度为移动的时期长度。一般情况下，移动的时期长度不能过大，也不能过小。若是过大，虽有较强的修匀作用，但对趋势变化的敏感性较差；若是过小，虽能增强移动平均数的敏感性，但修匀作用会下降。因此，要视时间数列本身的特点选择合理的移动时期长度。

（2）奇数项移动平均只要进行一次移动，即可将各移动平均数与相应时期对准，偶数项移动平均要进行二次移动，才能达到上述目的。所谓二次移动就是在第一次移动的基础上，再对相邻两个移动平均数依次进行简单算术平均（即相邻两个移动平均数相加除以 2）。

【例 5.11】 以我国某年度各月货物运输量为例，说明时距扩大法和移动平均法的具体应用。

由表 5.9 中的计算结果可以看出：原数列的指标值虽存在长期趋势，但不明显，经过时距扩大和移动平均后，新数列都显示出明显的增长趋势，计算结果如表 5.9 所示。

对表 5.9 中的计算数据说明如下：

一是第(3)列数据是时距扩大为 3 个月后形成季度资料的时间数列，其中

第一季度货物运输量（万吨）$1\,022\,228 = 386\,354 + 244\,273 + 391\,601$

其余季度依此类推。

二是第(4)列数据是 5 项移动平均后形成的时间数列，其中

对应 3 月份的 5 项移动平均数（万吨）$377\,189.4$

$$= (386\,354 + 244\,273 + 391\,601 + 423\,516 + 440\,203) \div 5$$

对应 4 月份的 5 项移动平均数（万吨）$386\,914.2$

$$= (244\,273 + 391\,601 + 423\,516 + 440\,203 + 434\,978) \div 5$$

其余依此类推。

表 5.9 我国某年度各月货运量的长期趋势计算表

月份	货运量（万吨）	时距	时距扩大后的指标值（万吨）	移动平均数		
				$N=5$（一次移动）	$N=4$	
					一次移动	二次移动
甲	(1)	(2)	(3)	(4)	(5)	(6)
1月	386 354					
2月	244 273	1—3月	1 022 228			
					361 436.0	
3月	391 601			377 189.4		368 167.2
					374 898.3	
4月	423 516			386 914.2		398 736.4
					422 574.5	
5月	440 203	4—6月	1 298 697	424 746.6		427 803.8
					433 033.0	
6月	434 978			436 575.0		436 436.4
					439 839.8	
7月	433 435			445 662.0		443 433.3
					447 026.8	
8月	450 743	7—9月	1 353 129	450 104.4		450 456.4
					453 886.0	
9月	468 951			457 562.0		458 739.9
					463 593.8	
10月	462 415			461 429.8		463 847.6
					464 101.5	
11月	472 266	10—12月	1 387 455			
12月	452 774					

三是第(5)列是4项一次移动平均后形成的时间数列，其计算方法与上面相同，不过这一时间数列没有正对各个月份，而是对应于相邻月的交界处，即361 436.0对应2月和3月的中间，其他类推。

数列(6)经二次移动得到最终的移动平均数，也就是对数列进行修正，其中

对应3月份的4项移动平均修正数(万吨)$368\,167.2=(361\,436.0+374\,898.3)\div 2$

对应4月份的4项移动平均修正数(万吨)$398\,736.4=(374\,898.3+422\,574.5)\div 2$

其余依此类推。

从上例可以看出，通过时距扩大法与移动平均法计算后，新时间数列比原时间数列的趋势更为明显。

知 识 链 接

HP滤波法

这种方法是Hodrick和Prescott采用对称的数据移动平均方法原理，设

计的一个滤波器(即 HP 滤波器),该滤波器从时间序列 y_t 中得到一个平滑的序列 g_t(即趋势部分),g_t 是下列问题的解:

$$\min(M)=\min\left\{\sum_{t=1}^{T}(y_t-g_t)^2+\lambda\sum_{t=3}^{T}\left[(g_t-g_{t-1})-(g_{t-1}-g_{t-2})\right]^2\right\}$$

在上式中,第一部分与时间回归法即最小二乘法涉及的公式类似,这部分数值越大,说明该序列 g_t 离原始序列越远,最小化这个公式中的第一部分的本质是希望新的序列离原始时间序列尽可能地近,也就是尽可能地还原原始序列;而第二个部分体现了新的序列 g_t 的平滑性。这个部分越小,说明原始序列的变化越慢,也就是随时间的变化越不明显,最小化这个公式中第二部分的本质是希望新的序列 g_t 能够尽可能地平滑,从而使得趋势序列的可预测性和可把握性越好。而参数 λ 则是对两个部分的一种权衡。通过调节 λ 的值,我们可以自由设置这个 HP 滤波器的性质,从而使其滤出既贴近原始序列,又具备一定光滑性的新序列。

(三) 趋势模型法

趋势模型法是根据时间数列中指标值的发展变化趋势,配合一条理想的趋势线,直观上看,这条趋势线要距离各散点最近。趋势模型法首先要选择合适的趋势方程,并估计其中的未知参数;其次根据确定的趋势方程计算趋势变动测定值,前者是关键。下面重点介绍趋势方程的选择和未知参数的确定。

1. 趋势方程的选择

选择趋势方程可以通过两条途径:一是以时间为横轴、指标值为纵轴画出散点图,然后根据对所研究现象的认识,仔细观察散点的分布规律,选择合适的趋势方程。二是根据时间数列的分析指标来确定,当时间数列指标值的一级增长量大致相等时,可选用直线趋势方程;当时间数列指标值的二级增长量(一级增长量的增长量)大致相等时,可选用抛物线;当时间数列指标值的环比发展速度大致相等时,可选用指数曲线。

2. 未知参数的确定

未知参数确定的方法有很多,一般用最小二乘法来估计参数,又称为最小平方法。它通过最小化误差的平方和寻找数据的最佳函数匹配。利用最小二乘法可以简便地求得未知的参数,并使得这些求得的参数与实际数据之间误差的平方

和为最小，用公式表示为

$$\sum (y - y_t)^2 = \min$$

下面分别以直线、抛物线和指数曲线说明未知参数的确定。

1）直线趋势

其趋势方程为

$$y_t = a + bt$$

式中，y_t 为时间数列 y 的趋势值；a,b 为参数；t 为时间序时数。

现在的目标是确定 a 和 b，使时间数列指标值与相应趋势值的离差平方和最小，即

$$Q = \sum (y - y_t)^2 = \sum (y - a - bt)^2 = \min$$

要想达到上述目的，可以采用最小二乘法，建立如下标准方程：

$$\begin{cases} \sum y = na + b\sum t \\ \sum ty = a\sum t + b\sum t^2 \end{cases}$$

解上述方程组得

$$\begin{cases} b = \dfrac{n\sum ty - \sum t\sum y}{n\sum t^2 - \left(\sum t\right)^2} \\ a = \bar{y} - b\bar{t} = \dfrac{\sum y}{n} - b\dfrac{\sum t}{n} \end{cases}$$

为简化计算，可使 $\sum t = 0$。对于奇数项时间数列，可令中间一项的时间 $t=0$，中间点前后各项的时间分别为 -1，-2，-3 和 1，2，3 等；对于偶数项时间数列，令中间两项中点的时间 $t=0$，中间点前后各项的时间分别为 -1，-3，-5 和 1，3，5 等，也可弃用时间数列首项，变为奇数项时间数列。参数 a,b 计算公式简化为

$$\begin{cases} b = \dfrac{\sum ty}{\sum t^2} \\ a = \dfrac{\sum y}{n} \end{cases}$$

【例 5.12】 以某企业 2014—2022 年的产品销售利润（万元）为例，有关资料如表 5.10 所示。

表 5.10　某企业 2014—2022 年产品销售利润的长期趋势计算表

年　份	时间值 t	销售利润 y	逐期增长量 (y_t-y_{t-1})	t^2	ty	趋势值 y_t
甲	(1)	(2)	(3)	(4)	(5)	(6)
2014	−4	1 530		16	−6 120	1 533.40
2015	−3	1 680	150	9	−5 040	1 678.55
2016	−2	1 824	144	4	−3 648	1 823.70
2017	−1	1 977	153	1	−1 977	1 968.85
2018	0	2 112	135	0	0	2 114.00
2019	1	2 250	138	1	2 250	2 259.15
2020	2	2 409	159	4	4 818	2 404.30
2021	3	2 550	141	9	7 650	2 549.45
2022	4	2 694	144	16	10 776	2 694.60
合计	0	19 026	—	60	8 709	—

由表 5.10 中(3)可见，产品销售利润的逐期增长量大致相等，所以应配合直线趋势。

设趋势方程为

$$y_t = a + bt$$

令 $\sum t = 0$，计算有关数据如表 5.10 所示，参数 a，b 为

$$\begin{cases} b = \dfrac{\sum ty}{\sum t^2} = \dfrac{8\,709}{60} = 145.15 \\ a = \dfrac{\sum y}{n} = \dfrac{19\,026}{9} = 2\,114 \end{cases}$$

所以趋势方程为

$$y_t = 2\,114 + 145.15t$$

将数据表 5.10 中的时间 t 代入趋势方程，即可得到销售利润的趋势值 y_t，具体数值如表 5.10 中(6)所示。

若要预测 2024 年的产品销售利润，则可将 $t=6$ 代入方程，求得

$$y_{2024} = 2\,114 + 145.15 \times 6 = 2\,984.9(\text{万元})$$

2）抛物线趋势

当时间数列指标值的二级增长量大致相等时，可选用抛物线趋势模型，又称

二次曲线趋势模型。其趋势方程为

$$y_t = a + bt + ct^2$$

式中,a,b,c 为 3 个待估参数。

采用最小二乘法得到如下标准方程：

$$\begin{cases} \sum y = na + b\sum t + c\sum t^2 \\ \sum ty = a\sum t + b\sum t^2 + c\sum t^3 \\ \sum t^2 y = a\sum t^2 + b\sum t^3 + c\sum t^4 \end{cases}$$

解上述方程组,可得 a,b,c 值。

3）指数曲线趋势

如果时间数列的环比发展速度大致相等,则可拟合指数曲线。指数曲线的趋势方程为

$$y_t = ab^t$$

对上述方程两边求对数,可使曲线方程线性化,即

$$\lg y = \lg a + t\lg b$$

令 $Y=\lg y$,$A=\lg a$,$B=\lg b$,得

$$Y = A + tB$$

同样采用最小二乘法,得到如下的标准方程：

$$\begin{cases} \sum Y = nA + B\sum t \\ \sum tY = A\sum t + B\sum t^2 \end{cases}$$

仍然使时间数列的 $\sum t = 0$,解出 A 和 B：

$$A = \frac{\sum Y}{n}, \quad B = \frac{\sum tY}{\sum t^2}$$

由 A,B 再求反对数得到 a,b,从而给出趋势方程。

三、季节变动的测定

季节变动是指社会经济现象受自然条件和社会风俗等因素的影响,在一年内随季节更替而出现的周期性波动。由于自然条件和社会因素的影响,客观现象的统计数值在一年内出现带有规律性的变化,如农作物产量和许多用品的销售量,都具有季节变动的特点。研究过去的季节变动,目的在于把握季节变动的规律,

对于决定当前经营管理活动，特别是组织商业活动，避免由于季节变动引起的不良影响和预测未来、制订计划等，具有重要意义，同时还可以将测定出的季节变动从时间数列中剔除，更好地研究长期趋势和循环变动。测定季节变动的常用方法有同期平均法和移动平均趋势剔除法。

（一）同期平均法

同期平均法是最简单的一种方法，其特点是测定季节变动时，不考虑长期趋势的影响。当时间数列的长期趋势不存在或不明显时，可采用同期平均法。基本步骤如下：

(1) 计算若干年内同月(季)平均数。

(2) 计算总的月(季)平均数。

(3) 用同期平均数除以总平均数，得季节比率。

(4) 计算出的季节比率之和应该等于 12 或 4，但实际上由于计算过程的四舍五入，往往季节比率之和与理论值不符，需要进行调整，即用调整系数乘以各季节比率。调整系数的计算式如下：

$$\text{调整系数} = \frac{12(4)}{\text{各月(季)季节比率之和}}$$

【例 5.13】 下面以某商场某种冲锋衣销售量为例，说明同期平均法。

根据该商场 3 年某种冲锋衣销售量的季度资料计算出季节比率，如表 5.11 所示。由于 4 个季度比率之和刚好等于 400%，所以无须进行调整。计算结果表明：该种冲锋衣销售量明显存在季节性，第 1 季度、第 4 季度的季节比率较高，是销售的旺季，第 2 季度、第 3 季度的季节比率较低，是销售的淡季。

表 5.11　某种冲锋衣销售量(件)的季节比率计算表

年度	1 季度	2 季度	3 季度	4 季度	合计
2020	1 900	1 180	640	1 720	5 440
2021	2 040	1 220	720	1 760	5 740
2022	2 100	1 300	760	1 820	5 980
合计	6 040	3 700	2 120	5 300	17 160
季平均	2 013.33	1 233.33	706.67	1 766.67	1 430
季节比率(%)	141	86	49	124	400

在分析季节变动时，要注意季节比率大于 100%或小于 100%均表明有季节

变动，当大于 100％或小于 100％的程度较大时，说明现象分别处于旺季或淡季。

（二）移动平均趋势剔除法

当时间数列存在明显的长期趋势时，需要先剔除长期趋势的影响，然后再计算季节比率，其步骤如下：

（1）对时间数列计算移动平均数，作为时间数列的长期趋势值。

（2）用时间数列的原有指标值除以对应的长期趋势值，得到剔除长期趋势后的新时间数列。

（3）对该新时间数列实施同期平均法的各步骤，计算出季节比率。

（4）将原时间数列除以相应的季节比率得到季节调整值。

【例 5.14】 2019—2022 年某地区国内生产总值的季节资料如表 5.12 所示。根据表中的资料，按上述步骤进行计算，计算过程和结果如表 5.12 所示。

表 5.12 2019—2022 年某地区国内生产总值季节变动计算表

年/季	国内生产总值（亿元）Y	四季移动平均数	长期趋势值 T	新数列 Y/T	同季平均	季节比率 S	季节调整值（亿元）
2019/1	21 884.28						25 595.65
2	25 351.92	26 381.66					26 646.96
3	26 713.39	26 691.42	26 536.54	1.006 7			26 710.72
4	31 577.04	27 095.23	26 893.33	1.174 2			26 459.73
2020/1	23 123.32	27 607.17	27 351.20	0.845 4	0.852 7	0.855 0	27 044.82
2	26 967.16	28 159.70	27 883.44	0.967 1	0.948 8	0.951 4	28 344.71
3	28 761.15	28 858.31	28 509.01	1.008 8	0.997 4	1.000 1	28 758.28
4	33 787.16	29 401.57	29 129.94	1.159 9	1.190 1	1.193 4	28 311.68
2021/1	25 917.76	30 203.06	29 802.32	0.869 7			30 313.17
2	29 140.21	32 244.28	31 223.67	0.933 3			30 628.76
3	31 967.13	33 218.86	32 731.57	0.976 6			31 963.93
4	41 951.99	34 642.36	33 930.61	1.236 4			35 153.33
2022/1	29 816.09	36 102.59	35 372.48	0.842 9			34 872.63
2	34 834.21	37 541.63	36 822.12	0.946 0			36 613.63
3	37 808.10						37 804.32
4	47 708.10						39 976.62
新数列总平均					0.997 3	1.000 0	

从表 5.12 的计算结果看：该地区国内生产总值的季节比率第 1 季度较低，第 4 季度较高，但季节性并不十分明显。

四、循环变动的测定

循环变动是时间数列以若干年为周期出现的涨落相间的循环波动，与长期趋势不同，它是一种涨落相间的循环波动，不是朝某一方向的持续变动；它与季节变动也不同，它的变动周期常常大于 1 年，周期长短也不完全相同。

通常用于测定循环变动的方法是：从影响时间数列变动的各因素中，逐步剔除季节变动、长期趋势的影响，再利用移动平均法消除不规则变动，剩余部分基本上表现为循环变动，因此这种方法被称为“剩余法”。根据前面介绍过的乘法模式，测定循环变动的步骤如下：

(1) 求出季节比率，用原数列值除以季节比率剔除季节变动，得 $T\times C\times I$。

(2) 计算长期趋势值，并从时间数列中剔除，得 $C\times I$。

(3) 将上述结果进行移动平均，消除不规则变动，得 C。

此时的结果已大体反映了循环变动的周期性。

【例 5.15】 表 5.13 是根据 2019—2022 年某地区的季度国内生产总值，采用剩余法测定循环变动的过程和结果。

表 5.13　国内生产总值循环变动计算表

年/季	时间标号 t	国内生产总值(亿元) Y	季节比率 S	长期趋势 T	循环变动和不规则变动 $C\times I$	循环变动 C
2019/1	−15	21 884.28	0.855 0	22 557.91	1.134 7	
2	−13	25 351.92	0.951 4	23 694.43	1.124 6	1.111 7
3	11	26 713.30	1.000 1	24 830.95	1.075 7	1.073 1
4	−9	31 577.04	1.193 4	25 967.47	1.019 0	1.030 8
2020/1	−7	23 123.32	0.855 0	27 103.99	0.997 8	1.006 8
2	−5	26 967.16	0.951 4	28 240.51	1.003 7	0.993 5
3	−3	28 761.15	1.000 1	29 377.03	0.978 9	0.970 2
4	−1	33 787.16	1.193 4	30 513.55	0.927 8	0.954 8
2021/1	1	25 917.76	0.855 0	31 650.07	0.957 8	0.939 9
2	3	29 140.21	0.951 4	32 786.59	0.934 2	0.944 7
3	5	31 967.13	1.000 1	33 923.11	0.942 2	0.959 7
4	7	41 951.99	1.193 4	35 059.63	1.002 7	0.969 5

续表

年/季	时间标号 t	国内生产总值（亿元）Y	季节比率 S	长期趋势 T	循环变动和不规则变动 $C\times I$	循环变动 C
2022/1	9	29 816.09	0.855 0	36 196.15	0.963 4	0.982 3
2	11	34 834.21	0.951 4	37 332.67	0.980 7	0.975 6
3	13	37 808.10	1.000 1	38 469.19	0.982 7	0.990 9
4	15	47 708.10	1.193 4	39 605.71	1.009 4	

表 5.13 中的长期趋势是根据原时间数列配合的趋势方程：

$$y_t = 31\,081.81 + 568.26t$$

将时间标号 t 值代入方程计算而得。

从测定结果来看，2019—2022 年某地区的国内生产总值由高峰逐步走向 2021 年第 1 季度的低谷，又由低谷逐渐上升，此轮时间周期约为两年半。

习 题

1. 时期数列与时点数列各有何特点？
2. 编制时间数列的原则是什么？
3. 环比发展速度与定基发展速度之间的关系如何？
4. 序时平均数和一般平均数的异同点有哪些？
5. 平均发展速度两种计算方法有何实质不同？
6. 什么是长期趋势？测定方法有哪些？
7. 采用移动平均趋势剔除法如何测定季节变动？
8. 某企业某年下半年的产品增加值计划数和实际数资料如下(单位:万元)：

时 间	7 月	8 月	9 月	10 月	11 月	12 月
实际数	190	200	220	220	250	280
计划数	180	200	230	230	230	260
月初职工人数	260	255	262	270	268	285

已知 12 月末职工人数为 290 人，试计算该企业该年下半年产品增加值的平均计划完成程度和平均月劳动生产率。

9. 某地区 2014—2022 年国民总收入(百万元)如下表所示：

年　份	2014	2015	2016	2017	2018	2019	2020	2021	2022
国民总收入（百万元）	410 354.1	483 392.8	537 329	588 141.2	644 380.2	686 255.7	743 408.3	831 381.2	915 887.3

试计算：

（1）工业增加值的环比和定基发展速度。

（2）增长1%的绝对值。

（3）工业增加值的平均增长速度。

10. 某地区居民消费额(亿元)如下表所示：

年　份	居民消费额	年份	居民消费额
2005	1 086.5	2014	2 240.7
2006	1 134.4	2015	2 738.4
2007	1 185.0	2016	3 014.9
2008	1 282.2	2017	3 295.5
2009	1 394.1	2018	3 624.4
2010	1 509.3	2019	3 942.9
2011	1 705.9	2020	4 288.8
2012	1 922.7	2021	4 545.2
2013	2 044.4	2022	4 966.3

试分别用时距扩大法和移动平均法测定其长期趋势(时距长度为3年)。

11. 某企业2011—2022年实际完成的销售额(万元)如下：

年　份	销售额	年份	销售额
2011	267	2017	390
2012	285	2018	414
2013	306	2019	432
2014	330	2020	453
2015	348	2021	477
2016	369	2022	501

试用趋势模型法求出直线趋势方程，并预测2024年的销售额。

12. 现有某企业2017—2022年的销售额资料如下：

时 间	2017	2018	2019	2020	2021	2022
销售额(万元)	530	720	960	1 290	1 710	2 320

试选择合适的预测模型,并预测 2024 年该企业销售额。

13. 某商场 2019—2022 年各季度某种产品销售量(千克)如下:

季 度	2019	2020	2021	2022
1	1 740	1 830	1 980	2 100
2	570	600	660	690
3	690	750	780	870
4	1 860	2 010	2 130	2 190

试测定该产品销售量的季节变动。

第六章　统　计　指　数

【内容介绍】　统计指数是用于反映社会经济现象数量对比关系的相对数。通过本章学习，理解指数的意义与作用，掌握综合指数、平均指数的编制方法，理解两种编制方法的联系与区别。学会能够运用适当的指数对现实问题进行分析。

第一节　统计指数概述

一、统计指数的概念

在进行统计分析时，我们常常遇到各种指数的统计数字。例如 2023 年我国国民经济和社会发展统计公报提供的数字表明：全年居民消费价格比上年上涨 0.2%。工业生产者出厂价格下降 3.0%。工业生产者购进价格下降 3.6%。农产品生产者价格下降 2.3%。这些数字是怎样计算出来的？它们反映了什么内容？为了说明这些数字的含义，我们必须知道指数的基本意义。

统计指数(statistical index)亦称指数法(method of index number)，这一概念有广义和狭义之分。从广义上说，凡是用来反映同类现象在不同空间、不同时间、实际与计划对比变动的相对数等都称为指数；从狭义上说，则是指用来反映由不能直接加总的多要素所构成的复杂社会经济现象综合变动程度的特殊相对数。如要说明一个国家或一个地区全部商品价格的变动情况，由于各种商品的经济用途、计量单位、规格、型号等不同，不能直接将各种商品的价格简单相加对比，而解决这种复杂经济总体(全部商品)价格的变动情况，就需要编制总指数。

本章主要研究狭义指数的编制，并且只对动态指数做详细说明。

二、统计指数的性质

从统计指数的概念可以看出，统计指数具有以下特征：

(1) 相对性。指数是总体各现象在不同场合下对比形成的相对数。它可以度量一个现象在不同时间或空间的相对变化，例如，一种商品的价格指数或数量指数称为个体指数；也可用于反映一组现象的综合变动，例如，消费价格指数反映了一组指定商品和服务的价格变动水平。例如，2023 年我国居民消费价格总指数为 100.2%，说明，2023 年居民消费价格总水平与 2022 年相比，上涨了 0.2%。

(2) 综合性。本章中我们所研究的是狭义的指数，即指数是反映一组现象在不同场合下的综合变动水平。这也是指数理论和方法的核心问题。没有综合性，指数就不可能发展成为一种独立的理论和方法论体系。综合性说明指数是一种特殊的相对数，它是一组事物综合对比形成的。例如，CPI 价格指数反映日常衣食住行等各方面价格的综合变动情况。

(3) 平均性。统计总指数的本质就是个体现象变动的平均数。如上证综合指数反映了上海证券市场全部股票价格变动的平均水平。同时统计总指数又是现象总体变动水平的一个代表性量。如 CPI 价格指数的编制，在衣食住行众多商品中，不可能选取所有的商品来计算统计指数，实际上只能选取有代表性的商品进行分析；另外，有些商品价格上涨，有些则不变或下降，总体看其平均变化趋势。

三、统计指数的作用

统计指数的作用有如下几个方面：

(1) 综合反映社会经济现象总体变动方向及幅度。它以相对数的形式，表明多种产品或商品的数量指标或质量指标的综合变动方向和程度。编制统计指数的根本目的就在于对这些多种不同使用价值的产品或商品过渡到可以综合比较，从而通过计算出诸如工业产品产量、商品零售价格等的总指数来反映它们的总变动状况。

(2) 分析现象总体变动中受各个因素变动的方向及幅度。运用指数法可以分析和测定复杂社会经济现象中各构成因素的变动对现象总变动的影响，这种影响可以从相对数和绝对数两方面分析，包括现象总体总量指标和平均指标的变动受各个因素变动的影响程度分析。

(3) 利用指数编制的指数数列，可以分析复杂现象总体长期变动趋势。如将改革开放以来的物价指数按时间的先后顺序排列形成的物价指数数列，能够揭示价格的变动趋势，研究物价变动对经济建设和人民生活水平的影响程度，进而可以分析我国改革的进程以及经济发展的变化趋势。

(4) 利用指数对经济现象进行综合评价。例如,可以利用指数对一个地区或单位的经济效益进行评价,可以利用环境污染指数或环境质量指数,从不同侧面揭示环境问题,前者侧重对环境受污染程度的描述,后者侧重对环境因受污染而导致质量变化的表征分析;同时还可以利用指数理论建立社会发展和国民经济的评价及预警系统等。

四、统计指数的分类

根据研究的目的与要求的不同,统计指数可以划分为不同的种类。

(1) 指数按其所反映的对象范围的不同,分为个体指数和总指数。个体指数是反映个别现象变动的相对数,如个别产品的产量指数、个别商品的价格指数等。显然,个体指数是在简单现象总体的条件下存在的。总指数则是综合表明全部现象总体数量变动的相对数,如工业产品总产值指数、商品零售物价总指数等。总指数是在复杂现象总体的条件下进行编制的,由于多种事物计量单位不同不能直接相加,以及掌握的资料不同,所以总指数的计算方法有两种:综合指数法和平均指数法。一般的,指数法的应用要与科学分组法相结合,因而在编制总指数的同时,往往还要编制组指数或类指数,借以反映总体内部各部分现象数量上的变动程度,如工业总产值指数分为重工业和轻工业产值指数,零售物价指数分为食品类、衣着类、日用品类等物价指数。组指数或类指数是相对于总指数而言的,它实质上还是总指数,也是反映复杂现象总体的总变动。组指数同总指数结合起来,可以更深入、更全面地反映现象发展的变动情况。

(2) 指数按其所表明的指标性质的不同,分为数量指标指数和质量指标指数。数量指标指数如产量指数、销售量指数、工人人数指数等,反映着现象总体总规模的变动程度;质量指标指数如成本指数、价格指数、劳动生产率指数等,用以说明生产经营所取得的效益状况,反映生产工作质量的提高程度。在统计指数的应用中,必须重视这种数量指标指数和质量指标指数的区分,采用不同的编制方法,进行不同情况的变动分析。

(3) 指数按其比较对象的不同,可分为时间性指数、地区性指数和计划完成指数。时间性指数是由两个不同时期的经济量对比的相对数,反映现象在时间上的动态变化情况,也叫动态指数;地区性指数和计划完成指数是由同一时间条件下不同单位、不同地区同一经济量,或同一地区、同一单位计划和实际指标对比的相对数,分别反映现象在地区间的比例变化和经济计划的完成程度,统称为静态指数。

(4) 指数按计算形式不同可分为简单指数和加权指数。简单指数又称不加权指数,它把计入指数的各个项目的重要性视为相同;加权指数则对各个项目依据重要程度赋予不同的权数,而后再进行计算。目前应用的主要是加权指数。因此,本章主要介绍加权指数的编制方法。

(5) 指数按照采用基期的不同,可分为定基指数和环比指数。定基指数指各个时期指数都是采用同一固定时期为基期计算的;环比指数是依次以前一时期为基期计算的指数。

五、统计指数的发展历程

指数的编制最早起源于物价指数。早在1650年英国人沃汉(Rice Voughan)首创物价指数$\frac{p_1}{p_0}$,用于度量单个商品物价的变动状况。其后,指数的应用范围不断扩大,其含义和内容也随之发生了变化,由单纯反映一种现象的相对变动,发展到反映多种现象的综合变动。

18世纪中叶,金银大量流入欧洲,导致物价飞涨,引起社会不安,于是产生了反映多种商品总体变动的要求,编制反映总体产品的物价指数应运而生。1738年,法国调查员杜托用多种商品价格总和$\frac{\sum p_1}{\sum p_0}$计算综合物价指数。1764年,英国经济学家鲍利采用个体物价指数求算术平均数$\frac{1}{n}\sum\frac{p_1}{p_0}$,来表现多种产品价格总变动。

1812年,英国经济学家扬格采用个体价格指数加权平均的形式计算价格总指数,权数按各种商品在消费结构中的重要性确定,成为加权指数编制的开端。1863年,英国经济学家杰文斯提出用简单几何平均法计算物价指数,即$\sqrt[n]{\frac{p_1^{(1)}}{p_0^{(1)}}\cdot\frac{p_1^{(2)}}{p_0^{(2)}}\cdot\cdots\cdot\frac{p_1^{(n)}}{p_0^{(n)}}}$。1864年,德国经济统计学家拉斯佩雷斯(Etienne Laspeyres,1834—1913)主张从维持基期生活水准出发,采用基期消费量为权数编制价格总指数,即$\overline{K}_p=\frac{\sum p_1q_0}{\sum p_0q_0}$。1874年,另一位德国经济统计学家帕舍

(Hermann Paasche,1851—1925)提出用计算期消费量为权数编制价格总指数，即 $\overline{K_p}=\dfrac{\sum p_1q_1}{\sum p_0q_1}$。

1911 年，美国统计学家欧文·费希尔为了调和拉氏与帕氏两种指数的矛盾，提出用拉氏指数和帕氏指数的几何平均数，即 $\overline{K_p}=\sqrt{\dfrac{\sum q_0p_1}{\sum q_0p_0}\cdot\dfrac{\sum q_1p_1}{\sum q_1p_0}}$，又被称为“费希尔理想指数”。

知识链接

费希尔理想指数

费希尔指数是美国统计学家欧文·费希尔(R. A. Fisher)于 1911 年提出的。费希尔指数是指拉氏指数和帕氏指数的几何平均数，主要用于对指数公式的测验，以及调和拉氏与帕氏两种指数的矛盾，又被称为“费希尔理想指数”。

费希尔还提出了评价指数优劣的 3 项测验标准：① 时间互换测验标准。报告期对基期的指数和基期对报告期的指数的乘积应等于 1。② 因子互换测验标准。物价指数和特量指数的乘积应等于其总量指数。③ 循环测验标准。环比指数的乘积等于相应的定基指数。

极少的综合指数能够通过费希尔提出的测验标准，而费希尔提出几何平均的指数公式可以通过前两项测验，因此费希尔将其称为理想公式。

其价格指数和物量指数公式如下：

费希尔价格指数公式：

$$\overline{K_p}=\sqrt{\frac{\sum q_0p_1}{\sum q_0p_0}\cdot\frac{\sum q_1p_1}{\sum q_1p_0}}$$

费希尔物量指数公式：

$$\overline{K_q}=\sqrt{\frac{\sum q_1p_0}{\sum q_0p_0}\cdot\frac{\sum q_1p_1}{\sum q_0p_1}}$$

费希尔的价格指数在一些国际对比中应用较多。例如,不少国家人均国民生产总值就是借用价格指数,运用货币购买力平价指数法计算的;又如,联合国编制的地域差别生活费指数也采用了费希尔价格指数公式。但由于费希尔指数是拉氏和帕氏指数的一种折中方法,其计算结果往往缺乏明确的经济意义。

知 识 链 接

马埃指数

英国学者马歇尔(A. Marshall)和埃奇沃思(F. Y. Edgenorth)共同设计了选择基期和报告期同度量因素平均值来计算指数,被称为"马埃指数"。目的是避免帕氏指数和拉氏指数的偏误,其质量指数和数量指数公式如下:

马埃价格指数公式:

$$\overline{K_p}=\frac{\sum p_1\left(\dfrac{q_0+q_1}{2}\right)}{\sum p_0\left(\dfrac{q_0+q_1}{2}\right)}=\frac{\sum p_1q_0+\sum p_1q_1}{\sum p_0q_0+\sum p_0q_1}$$

马埃物量指数公式:

$$\overline{K_q}=\frac{\sum q_1\left(\dfrac{p_0+p_1}{2}\right)}{\sum q_0\left(\dfrac{p_0+p_1}{2}\right)}=\frac{\sum q_1p_0+\sum q_1p_1}{\sum q_0p_0+\sum q_0p_1}$$

马埃公式的计算结果介于拉氏公式与帕氏公式的计算结果之间。

第二节 综合指数

一、综合指数的意义

综合指数是编制总指数的基本形式。它是由两个总量指标对比形成的指数，凡是一个总量指标可以分解为两个或两个以上的因素指标时，将其中一个或一个以上的因素指标固定下来，仅观察其中一个因素指标的变动程度，这样的总指数就叫综合指数。

以 q 表示销售量，p 表示价格。下标 0 表示基期，下标 1 表示报告期，$\overline{K}_q$，$\overline{K}_p$ 分别代表销售量总指数和价格总指数，一般有

$$\overline{K}_q = \frac{\sum q_1 p_0}{\sum q_0 p_0} \tag{6.1}$$

$$\overline{K}_p = \frac{\sum p_1 q_1}{\sum p_0 q_1} \tag{6.2}$$

由于式(6.1)和式(6.2)的分子和分母都是综合各种商品的不同总量而成的，所以从形式上看都是综合指数。就上述价格指数来看，它是两个价值指标(即销售额)之比，分子是报告期的实际销售额，分母是一个假定的、用基期价格估计的报告期销售额。由于把销售量固定在一定时期(即报告期)水平上，所以指数所反映的只是在一定销售量条件下各种商品价格的综合变动程度；就上述销售量指数来看，它也是两个价值指标(即销售额)之比，分子是假定的、用基期价格估计的报告期销售额，分母是基期的实际销售额，由于把销售价格固定在一定时期(即基期)水平上，所以，指数所反映的只是在一定销售价格下各种商品销售量的综合变动程度。综合指数的重要意义是它能最完善地显示出所研究总体现象的实际经济内容，它们都是从现象内在的联系中来确定所研究现象相关联的经济因素，并把这一因素固定下来，使各种原来不能直接相加的实物指标改变为能直接相加的价值指标。

从其概念与形式的分析可以看出，用综合指数法计算总指数有如下特点：

(1) 借助于同度量因素进行“先综合，后对比”。在社会经济现象的变动中，不同度量的现象显然是不能直接相加的，但有时又往往需要把它们作为一

个总体来研究，必须把它们加总起来，这就是用综合指数法编制总指数首先要解决的矛盾。人们从事社会生产活动的结果，创造了各种各样的产品，这些不同产品具有不同的使用价值，是不能同度量的现象。马克思在分析商品二重性时指出："作为使用价值，商品首先有质的差别；作为交换价值，商品只能有量的差别，因而不包含任何一种使用价值的原子。"①这就是说，作为使用价值不同的产品或商品是不能同度量的，但所有的产品或商品都是人们从事社会劳动的成果，都是人类劳动的结晶，都具有一定的价值，而价值对于任何产品或商品来说都是相同性质的东西，是能同度量的现象。由此可见，为了使不同度量单位的现象改变为可以加总的总体，需要将各种产品或商品由使用价值形态还原为价值形态。如在分析各种商品销售量的总动态中，可把各种商品销售量分别乘上销售价格来计算总销售额。在分析各种商品销售价格的总动态中，可把它们分别乘以相应的销售量求得总销售额。这样，就可以从两个时期的总销售额的对比中进行分析。

指数编制的这一特点表明，指数化指标不是孤立的，而是在同其他指标相互联系中被观察研究的。而指数化指标乘上同它有关的指标，即所谓同度量因素，使得不同度量单位的现象总体转化为数量上可以加总，并客观上体现它在实际经济现象或过程中的份额或比重。所以同指数化指标相联系的同度量因素又可以称为指数权数，而权数乘上指数化指标的过程也称为加权。

(2) 同度量因素的时期要加以固定。引入同度量因素并没有解决上面所提出的分析各种商品销售量和价格的综合动态的任务。因为总销售额的变动包括了销售量和价格两个因素的变化。现在，对复杂现象总体所包含的两个因素，把其中一个因素即同度量因素加以固定，以便消除其变化，来测定我们所要研究的那个因素即指数化指标的变动。这就是说，采用同一时期的价格作为同度量因素来计算两个时期的总销售额，进行对比，以测定各种商品的销售量动态；采用同一时期的销售量作为同度量因素来计算两个时期的总销售额，进行对比，以反映各种商品的价格变动。这样，我们分析各种商品销售量和价格等指标动态的目的也就达到了。

从上述指数发展的历史可以看出，同度量因素的时期固定问题有多种观点，具有代表性的是拉氏指数公式与帕氏指数公式。

---

① 马克思，恩格斯. 马克思恩格斯全集：23 卷[M]. 北京：人民出版社，1972：50.

1864年,德国经济统计学家拉斯佩雷斯主张以基期的数量为权数编制价格指数,其后又被推广到各种数量指标指数和质量指标指数的计算,即

$$\frac{\sum q_1 p_0}{\sum q_0 p_0} \quad 和 \quad \frac{\sum p_1 q_0}{\sum p_0 q_0} \tag{6.3}$$

1874年,德国经济统计学家帕舍提出用计算期数量为权数编制价格指数,有关方法其后也被推广到各种数量指标指数和质量指标指数的计算,即

$$\frac{\sum q_1 p_1}{\sum q_0 p_1} \quad 和 \quad \frac{\sum p_1 q_1}{\sum p_0 q_1} \tag{6.4}$$

纵观上述公式,拉氏公式的特点是将同度量因素固定在基期,而帕氏公式的特点是将同度量因素固定在报告期。

在综合指数公式中,同度量因素在这里起着两个作用:一是“同度量”的作用。即加总综合的作用,使得不同度量单位的现象总体转化为数量上可以加总。二是权数的作用。即权衡轻重的作用,对于同一资料,采用基期数值作为同度量因素或是采用报告期数值作为同度量因素,其计算结果是不一样的。

(3) 用综合指数法编制总指数,使用的是全面的实际资料,所以没有代表性误差。例如,用综合指数法编制商品销售量指数,要求使用全部商品销售量报告期和基期的资料,即利用全面统计的资料。全面统计资料只存在登记性误差,而不存在代表性误差。

二、数量指标综合指数的编制

数量指标综合指数是说明总体在规模上数量变动的指数,如商品销售量指数、产品产量指数和货物运输量指数等。

现以商品销售量总指数为例,说明用综合指数法编制数量指标总指数的方法和原则。

【例6.1】 某大型商场销售3种不同类型的商品,其销售量和价格资料如表6.1所示。

如果只观察3种商品销售量的个体指数,则分别用报告期销售量除以基期的销售量,结果甲、乙、丙的个体指数分别为150.0%,62.5%,120.0%。可以看出甲、乙、丙3种商品销售量变化的方向和程度不完全一样,甲、丙两种商品分别增长50.0%和20.0%,而乙商品却下降了37.5%。

表 6.1 某商场商品销售量和价格资料

商品名称	计量单位	商品销售量			价格(元)		
		基 期 q_0	报告期 q_1	指数(%) $k_q=\frac{q_1}{q_0}$	基 期 p_0	报告期 p_1	指数(%) $k_p=\frac{p_1}{p_0}$
甲	台	1 600	2 400	150	800	1 120	140
乙	箱	3 200	2 000	62.5	40	48	120
丙	千克	8 000	9 600	120	32	28	87.5

如果要观察3种商品销售量综合变动的方向和程度,就必须通过编制3种商品销售量的综合指数来计算其总指数。从表6.1资料看,这3种商品的计量单位不同,是一种不同度量现象,其销售量不能直接相加。为了解决这个问题,在编制指数中,需要根据经济现象的内在联系引入一个因素——价格,使总体内不能同度量的指数化指标同度量化,即商品销售量乘以销售价格等于商品销售额,以价格作为同度量因素,使不能直接相加的销售量指标变成能够直接相加的价值指标,再进行对比。为了仅仅说明商品销售量的变动,同度量因素——价格必须使用同一时期,即假定两个时期的销售额是按同一时期的价格计算的。

将同度量因素固定在同一时期可以有不同的选择,使用不同时期的销售价格得到不同的结果,且有不同的经济内容(表6.2)。

表 6.2 商品销售额计算表

商品名称	计量单位	商品销售量		商品价格(元)		商品销售额(万元)			
		q_0	q_1	p_0	p_1	p_0q_0	p_0q_1	p_1q_0	p_1q_1
甲	台	1 600	2 400	800	1 120	128	192	179.2	268.8
乙	箱	3 200	2 000	40	48	12.8	8	15.36	9.6
丙	千克	8 000	9 600	32	28	25.6	30.72	22.4	26.88
合计	—	—	—	—	—	166.4	230.72	216.96	305.28

(1) 用基期销售价格作为同度量因素,其公式和计算过程为

$$\overline{K}_q=\frac{\sum q_1p_0}{\sum q_0p_0}=\frac{230.72}{166.4}=138.65\%$$

分子与分母之差为

$$\sum q_1p_0-\sum q_0p_0=230.72-166.4=64.32\ (\text{万元})$$

这个指数表明，3 种商品销售量按基期销售价格计算，报告期销售量比基期增长了 38.65%，由此而影响销售额报告期比基期增加 64.32 万元。

(2) 用报告期销售价格作为同度量因素，其公式和计算过程为

$$\overline{K}_q = \frac{\sum q_1 p_1}{\sum q_0 p_1} = \frac{305.28}{216.96} = 140.71\%$$

分子与分母之差为

$$\sum q_1 p_1 - \sum q_0 p_1 = 305.28 - 216.96 = 88.32\ (\text{万元})$$

这个指数表明，3 种商品销售量按报告期销售价格计算，报告期销售量比基期增长了 40.71%，由此而影响销售额报告期比基期增加 88.32 万元。

这两个指数相比较，无论是销售量增长的幅度，还是销售额的增加值都不相同。其原因在于计算销售量总指数时用的是不同时期的价格，即权数不同。那么应该怎样确定同度量因素来编制像销售量这样的数量指标指数呢？从 $\frac{\sum q_1 p_0}{\sum q_0 p_0}$ 和 $\frac{\sum q_1 p_1}{\sum q_0 p_1}$ 两指数式的经济内容分析，二者都是可行的。拉氏销售量指数以基期销售价格作为同度量因素，这说明它是在过去的价格水平上来考察各种商品销售量的综合变动程度的；而帕氏销售量指数以报告期价格作为同度量因素，则说明它是在价格已经变化到报告期的基础上来考察各种商品销售量的综合变动程度的。二者的基本作用是一致的，都是反映销售量水平的综合变动情况，但如何反映、在什么基础上反映，二者是存在差别的。

在实际应用上，一般是采用基期质量指标作为同度量因素来编制像销售量这样的数量指标综合指数。

三、质量指标综合指数的编制

质量指标综合指数是说明总体在属性上数量变动的指数，如零售商品价格指数、职工工资水平指数、成本指数和劳动生产率指数等。

【例 6.2】 现仍以表 6.1 某企业 3 种商品价格为例，说明质量指标指数的编制。

如果只观察 3 种商品价格的个体指数，则分别用报告期价格除以基期的价格，结果甲、乙、丙的个体指数分别为 140.0%，120.0%，87.5%。可以看出，甲、

乙、丙3种商品价格变化的方向和程度不完全一样，甲、乙两种商品分别上涨40.0%和20.0%，丙商品却下降了12.5%。

如果要观察3种商品价格综合变动的方向和程度，就必须通过编制3种商品价格的综合指数来计算其总指数。由于3种商品使用价值、计量单位不同，它们的价格直接相加综合对比没有经济意义。为了解决这个问题，在编制指数时，需要引入一个因素，使总体内不能同度量的指数化指标同度量化。就商品销售价格而言，必须以商品的销售量作为同度量因素，即销售价格乘以商品销售量等于商品销售额。把不同商品的价格转化为销售额，然后再做比较。而商品销售额变动除了受价格变动影响之外，还受商品销售量变动的影响。要单纯反映物价的变动，就要将销售量加以固定，以消除其影响，即假定两个时期的商品销售价格是按同一个时期的销售量计算的。

将销售量固定在同一时期也有不同的选择。使用不同时期的销售量作为同度量因素，计算出来的销售价格指数会有不同的结果，也具有不同的经济内容。

(1) 基期销售量作为同度量因素，其公式和计算过程为

$$\overline{K}_p = \frac{\sum p_1 q_0}{\sum p_0 q_0} = \frac{216.96}{166.4} = 130.38\%$$

分子与分母之差为

$$\sum p_1 q_0 - \sum p_0 q_0 = 216.96 - 166.4 = 50.56\ (\text{万元})$$

这个指数表明，3种商品销售价格按基期销售量计算，报告期销售价格比基期增长了30.38%，由此而影响销售额报告期比基期增加50.56万元。

(2) 报告期销售量作为同度量因素，其公式和计算过程为

$$\overline{K}_p = \frac{\sum p_1 q_1}{\sum p_0 q_1} = \frac{305.28}{230.72} = 132.32\%$$

分子与分母之差为

$$\sum p_1 q_1 - \sum p_0 q_1 = 305.28 - 230.72 = 74.56\ (\text{万元})$$

这个指数表明，3种商品按报告期销售量计算的销售价格，报告期比基期上涨了32.32%，由于价格上涨影响，销售额报告期比基期增加74.56万元。

这两个指数相比较，无论是销售量增长的幅度，还是销售额的增加值都不相同。其原因是计算销售价格总指数时用的是不同时期的销售量，即权数不同。那

么同度量因素应该怎样加以选择运用呢？通常编制质量指标的任务，不仅是测定指数化指标的相对变动，而且要测定由于这个指数化指标在本期内变化结果而取得的绝对数额。上面例子就说明了这一点。这样提出要求实际上导致质量指标指数要用报告期的数量指标作为同度量因素的结论，因为我们关心的是现在而不是以往销售的商品质量指标（如销售价格、销售成本等）的变化情况；经济效果也应该同当前的、报告期的实际成果相联系，而不是同以往的、基期的实际成果相联系。帕氏综合价格指数的分子指标 $\sum p_1q_1$ 表示该企业报告期销售3种商品实际获得的总销售额，分母指标 $\sum p_0q_1$ 表示销售这3种商品按基期价格计算所获得的报告期总销售额。它们之间的对比关系和绝对差额可以说明在报告期实际销售条件下单位价格的变化程度和销售额的增减。这显然是编制价格指数所追求的、合乎逻辑的目的。拉氏价格指数的分子指标 $\sum p_1q_0$ 表示按报告期价格计算的基期获得的销售额，分母指标 $\sum p_0q_0$ 表示基期实际获得的销售额，二者的对比关系和绝对差额只是说明按照过去时期销售量构成状态下单位价格的变化程度和销售额的增减。这等于说过去销售的商品的销售价格在现在和过去之间的变动情况。这显然是我们不太关注的问题。所以，二者相比较，可以说明编制价格综合指数要采用帕氏指数公式，即以报告期销售量为同度量因素比较合理。

综上所述，编制质量指标综合指数，在一般情况下，把作为同度量因素的数量指标固定在报告期的规模和构成上。

以上分析了数量指标综合指数和质量指标综合指数编制的方法和原则。应该强调指出，根据现象的经济联系引入同度量因素，立足于现实经济意义的分析，来确定综合指数中的同度量因素所属的时期，具有普遍的应用意义，但不是固定不变的原则，因而不能机械地加以应用。编制综合指数，往往要注意研究对象总体的不同情况以及分析任务的不同要求，来具体确定同度量因素所属的时期。

第三节　平均数指数

平均数指数是编制总指数的另一种形式。由于编制综合指数需要全面的资料收集和同度量因素的不断更新，因此综合指数的应用要求非常高。实际工作中直接用综合指数来编制经济指数的范围并不大。在掌握资料受限的情况下，平均数指数不失为一个好的选择。与综合指数不同,编制平均数指数遵循“先对比,后平均”的原则,先通过对比计算个别产品或商品的数量指标或质量指标的个体指数,然后将个体指数进行加权平均求得总指数。

平均数指数的基本形式主要有加权算术平均数指数、加权调和平均数指数两种。

一、加权算术平均数指数

加权算术平均数指数就是对各种产品或商品的数量指标或质量指标的个体指数按加权算术平均法加以计算。根据经济分析的一般要求,平均数指数的权数应该是与所要编制的指数密切关联的价值总量,即 pq,但权数的水平却可以是不同时期,既可以是基期,也可以是报告期。

设 $K_q=\dfrac{q_1}{q_0}$表示个体销售量指数,p_0q_0 为基期销售额,则加权算术平均销售量指数的公式为

$$\overline{K}_q=\frac{\sum K_q q_0 p_0}{\sum q_0 p_0} \tag{6.5}$$

可以证明:

$$\overline{K}_q=\frac{\sum K_q q_0 p_0}{\sum q_0 p_0}=\frac{\sum \dfrac{q_1}{q_0} q_0 p_0}{\sum q_0 p_0}=\frac{\sum q_1 p_0}{\sum q_0 p_0}$$

这与拉氏销售量综合指数公式一致。

设 $K_p=\dfrac{p_1}{p_0}$表示个体价格指数,p_0q_0 为基期销售额,则加权算术平均价格指数的公式为

$$\overline{K}_p=\frac{\sum K_p q_0 p_0}{\sum q_0 p_0} \tag{6.6}$$

仍可以证明:

$$\overline{K}_p=\frac{\sum K_p q_0 p_0}{\sum q_0 p_0}=\frac{\sum \dfrac{p_1}{p_0} q_0 p_0}{\sum q_0 p_0}=\frac{\sum p_1 q_0}{\sum p_0 q_0}$$

这与拉氏价格综合指数公式一致。

【例 6.3】 以表 6.1 的某大型商场 3 种商品销售资料为例，进一步计算有关数据如表 6.3 所示。

表 6.3 3 种商品加权算术平均数指数计算表

商品名称	计量单位	销售量个体指数(%) K_q	价格个体指数(%) K_p	基期销售额(万元) p_0q_0	$K_qp_0q_0$	$K_pp_0q_0$
(甲)	(乙)	(1)	(2)	(3)	(4)=(1)×(3)	(5)=(2)×(3)
甲	台	150.00	140.00	128.00	192.00	179.20
乙	箱	62.50	120.00	12.80	8.00	15.36
丙	千克	120.00	87.50	25.60	30.72	22.40
合计	—	—	—	166.40	230.72	216.96

采用基期销售额加权的算术平均数公式分别编制销售量总指数和价格总指数，即有

$$\overline{K}_q = \frac{\sum K_q q_0 p_0}{\sum q_0 p_0} = \frac{230.72}{166.4} = 138.65\%$$

$$\overline{K}_p = \frac{\sum K_p q_0 p_0}{\sum q_0 p_0} = \frac{216.96}{166.4} = 130.38\%$$

可以看出，这些计算结果与同度量因素固定在基期的拉氏综合指数的结果完全一样。根据算术平均数的应用条件，只有在已知分母资料，而未知分子资料的情况下，才适用算术平均数公式，因此，只有在权数为 p_0q_0 的情况下，加权算术平均数指数才可以看成是综合指数的一种变形。一般地，这种形式用于编制数量指标指数。

但是，在现实的经济指数编制过程中，权数一般不是用 p_0q_0，而是某种固定权数 W，习惯上称为固定权数加权算术平均数指数。W 是经过调整计算的一种不变权数，通常用比重表示。这时加权算术平均数与综合指数之间不存在变形关系，二者计算结果也不会一致，其一般表达式为

$$\overline{K} = \frac{\sum KW}{\sum W} \quad 或 \quad \overline{K} = \sum \left(K \cdot \frac{W}{\sum W} \right) \tag{6.7}$$

其中,K 为个体指数,既可以是个体销售量指数,也可以是个体价格指数。

这种指数形式在国内外统计工作中得到广泛的应用。

知 识 链 接

居民消费价格指数的编制方法

CPI 的编制方法是在众多计量对象中选择代表规格品,采集其价格数据,计算这些代表规格品的平均价格和个体价格指数,然后运用几何平均计算出基本分类价格指数,再运用加权平均方法逐级计算小类、中类和大类价格指数,直至总价格指数。其计算过程如下:国家统计局根据全国城乡居民家庭消费支出的抽样调查资料统一确定商品和服务项目的类别,设置包括:食品烟酒、衣着、居住、生活用品及服务、交通通信、教育文化娱乐、医疗保健、其他用品及服务八大类 268 个基本分类,基本涵盖了城乡居民的全部消费内容。全国抽选约 500 个市县,确定采集价格的调查网点。按照"定人、定点、定时"的方式,统计部门派调查员到调查网点现场采集价格。根据审核后的原始价格资料,计算单个项目与分类价格指数。根据各类别相应的权数,再计算类别价格指数以及 CPI。我国 CPI 中的权数,主要是根据全国城乡居民家庭各类商品和服务的消费支出详细比重确定的。CPI 汇总计算方法采用链式拉式公式,编制月环比、月同比以及定基价格指数。

二、加权调和平均数指数

加权调和平均数指数就是对各种产品或商品的数量指标或质量指标的个体指数按加权调和平均法加以计算。

设 $K_q=\dfrac{q_1}{q_0}$ 表示个体销售量指数,p_1q_1 为报告期销售额,则加权调和平均销售量指数的公式为

$$\overline{K}_q=\frac{\sum q_1p_1}{\sum \dfrac{1}{K_q}q_1p_1} \tag{6.8}$$

可以证明：

$$\overline{K}_q=\frac{\sum q_1p_1}{\sum \frac{1}{K_q}q_1p_1}=\frac{\sum q_1p_1}{\sum \frac{q_0}{q_1}q_1p_1}=\frac{\sum q_1p_1}{\sum q_0p_1}$$

这与帕氏销售量综合指数公式一致。

设 $K_p=\frac{p_1}{p_0}$表示个体价格指数，p_1q_1 为报告期销售额，则加权调和平均价格指数的公式为

$$\overline{K}_p=\frac{\sum p_1q_1}{\sum \frac{1}{K_p}p_1q_1} \tag{6.9}$$

仍可以证明：

$$\overline{K}_p=\frac{\sum p_1q_1}{\sum \frac{1}{K_p}p_1q_1}=\frac{\sum p_1q_1}{\sum \frac{p_0}{p_1}p_1q_1}=\frac{\sum p_1q_1}{\sum p_0q_1}$$

这与帕氏价格综合指数公式一致。

【例 6.4】 以表 6.1 的某大型商场 3 种商品销售资料为例，计算数据如表 6.4 所示。

表 6.4　3 种商品加权调和平均数指数计算表

商品名称	计量单位	销售量个体指数(%) K_q	价格个体指数(%) K_p	报告期销售额(万元) p_1q_1	$\frac{p_1q_1}{K_q}$	$\frac{p_1q_1}{K_p}$
(甲)	(乙)	(1)	(2)	(3)	(4)=(3)÷(1)	(5)=(3)÷(2)
甲	台	150.00	140.00	268.80	179.20	192.00
乙	箱	62.50	120.00	9.60	15.36	8.00
丙	千克	120.00	87.50	26.88	22.40	30.72
合计	—	—	—	305.28	216.96	230.72

按报告期销售额加权的调和平均数公式分别计算销售量总指数和价格总指数，即有

$$\overline{K}_q=\frac{\sum q_1p_1}{\sum \frac{1}{K_q}q_1p_1}=\frac{305.28}{216.96}=140.71\%$$

$$\overline{K}_p=\frac{\sum p_1q_1}{\sum \frac{1}{K_p}p_1q_1}=\frac{305.28}{230.72}=132.32\%$$

可以看出，计算结果与同度量因素固定在报告期的帕氏综合指数的结果完全一样。一般地，只有在权数为 p_1q_1 的情况下，加权调和平均数指数才可以看成是综合指数的一种变形。这种形式多用于编制质量指标指数。我国农产品收购价格指数就是采用这种方法编制的。

农产品收购价格指数，综合反映全社会农产品收购者以各种形式收购各种农产品价格的变动总趋势及平均幅度。它是我国国民经济价格指数体系的重要组成部分。我国农产品收购价格指数的编制，是根据《农副产品收购价格指数的商品目录》，将商品按 3 级分类，即分为 11 个商品大类，大类下分为 22 个小类，小类下细分为 276 种代表规格品。这 11 大类商品分别如下：① 粮食类；② 经济作物类；③ 竹木材类；④ 工业用油漆类；⑤ 畜禽产品类；⑥ 蚕茧蚕丝类；⑦ 干鲜果类；⑧ 干鲜菜及调味品类；⑨ 药材类；⑩ 土副产品类；⑪ 水产品类。

由于农产品收购季节性强，时间比较集中，产品品种也比较少，其当年的收购金额资料容易获得，因此长期以来我国的农产品收购价格指数都是采用以报告期实际收购额加权的调和平均指数公式计算的。农产品收购价格指数计算公式为

$$\overline{K}_p=\frac{\sum p_1q_1}{\sum \frac{1}{K_p}p_1q_1}$$

式中，$K_p=\frac{p_1}{p_0}$，代表各种（类）农产品收购价格指数；p_1q_1 表示各种（类）农产品报告期收购金额。

编制步骤如下：先计算各种商品的个体价格指数，继而依次计算各小类指数、大类指数，直至最后计算出农产品收购价格总指数。

【例 6.5】 表 6.5 是某地农产品收购价格的有关分类资料。试编制某地农产品收购价格总指数，并分析由于农产品收购价格的变动对农民收入的影响。

表 6.5　某地农产品收购价格有关资料

类别及品名	品级	计量单位	综合平均价（元）		价格指数（%）	收购金额（万元）
			上年	本年		本年实际
甲	乙	丙	（1）	（2）	（3）	（4）
1. 粮食类：						6 955
① 小麦	中等	百千克	158.03	136.75		2 550
② 玉米	中等	百千克	127.18	105.97		2 840
③ 籼稻	中等	百千克	160.13	128.95		1 105
④ 黄豆	中等	百千克	310.13	297.36		460
2. 经济作物类					101.7	4 905
3. 竹木材类					103.7	1 890
4. 工业用油漆类					111.7	742
5. 畜禽产品类					108.7	2 580
6. 蚕茧蚕丝类					118.4	760
7. 干鲜果类					86.8	420
8. 丁鲜菜及调味品类					81.9	1 124
9. 药材类					104.6	815
10. 土副产品类					108.5	665
11. 水产品类					101.4	1 190
合计	—	—	—	—	—	22 046

农产品收购价格指数的具体计算步骤如下：

（1）计算各代表规格品的收购价格指数。将各调查商品的报告期综合平均收购价格除以基期综合平均收购价格求得。如小麦个体价格指数计算如下：

$$\text{小麦个体价格指数} = 136.75 \div 158.03 = 86.5\%$$

其余依此类推（表 6.6）。

（2）计算各大类商品的收购价格指数。

粮食人类收购价格指数计算公式为

$$\overline{K}_p = \frac{\sum p_1 q_1}{\sum \frac{1}{K_p} p_1 q_1} = \frac{2\,550 + 2\,840 + 1\,105 + 460}{\frac{2\,550}{0.865} + \frac{2\,840}{0.833} + \frac{1\,105}{0.805} + \frac{460}{0.958}} = \frac{6\,955}{8\,210} = 84.7\%$$

（3）计算农产品收购价格总指数。将各大类指数用各相应大类商品的报告期收购额做权数调和平均，即可得表 6.6。

表 6.6　某地农产品收购价格计算表

类别及品名	品级	计量单位	综合平均价(元)		价格指数(%)	收购金额(万元)	
			上年	本年		本年实际	按上年价计算
甲	乙	丙	(1)	(2)	(3)	(4)	(5)=(4)÷(3)
1. 粮食类					84.7	6 955	8 210
① 小麦	中等	百千克	158.03	136.75	86.5	2 550	2 948
② 玉米	中等	百千克	127.18	105.97	83.3	2 840	3 409
③ 籼稻	中等	百千克	160.13	128.95	80.5	1 105	1 373
④ 黄豆	中等	百千克	310.13	297.36	95.8	460	480
2. 经济作物类					101.7	4 905	4 823
3. 竹木材类					103.7	1 890	1 823
4. 工业用油漆类					111.7	742	664
5. 畜禽产品类					108.7	2 580	2 374
6. 蚕茧蚕丝类					118.4	760	642
7. 干鲜果类					86.8	420	484
8. 干鲜菜及调味品类					81.9	1 124	1 372
9. 药材类					104.6	815	779
10. 土副产品类					108.5	665	613
11. 水产品类					101.4	1 190	1 174
合计	—	—	—	—	96.0	22 046	22 958

农产品收购价格总指数计算公式为

$$\overline{K}_p=\frac{\sum p_1q_1}{\sum \frac{1}{K_p}p_1q_1}=\frac{22\,046}{22\,958}=96.0\%$$

计算结果表明,该地区农产品收购价格比上年平均降低了 4.0%。

$$\sum p_1q_1-\sum\frac{p_1\,q_1}{K_p}=22\,046-22\,958=-912\ (\text{万元})$$

它说明由于农产品收购价格的降低,使得农民减少收入 912 万元。

同样,也存在固定权数加权调和平均数指数,其计算公式为

$$K=\frac{\sum W}{\sum \frac{1}{K}W} \tag{6.10}$$

这个公式应用较少。目前，我国房地产价格指数就是用这种方法编制的。

三、平均数指数与综合指数的关系

平均数指数与综合指数的联系表现如下：平均数指数可以看作是综合指数的变形。但是，那是在特定条件下形成的，即只有用综合指数的分母资料（通常用基期实际资料 p_0q_0）为权数，加权算术平均数指数才是综合指数的变形；当用综合指数的分子资料（通常用报告期实际资料 p_1q_1）为权数，加权调和平均数指数才是综合指数的变形。离开上述特定条件，两种形式的总指数之间就不存在变形关系。

平均数指数与综合指数的区别在于：

（1）平均数指数与综合指数的计算程序不同。它不像综合指数那样，先综合后对比，而是先对比计算出个体指数，然后再综合平均。

（2）需要掌握的资料及应用范围不同。综合指数适用于根据全面资料编制，而平均数指数既可以用全面资料编制，也可以用非全面资料编制，即只需对少数有代表性个体的个体指数进行加权平均，由于所需资料比较少，它比综合指数更具有现实应用的意义。如社会商品零售物价指数，市场上成千上万种零售商品，不可能取得其全部的零售量与价格资料来编制物价指数，反映零售商品价格的变动。即使选用代表性规格品来编制零售价格综合指数，也只能反映代表性规格品价格的变动。而采用平均数指数，可以选用代表性规格品计算个体物价指数，然后采用各自所代表的集团零售额为权数进行加权平均计算，这样就可以比较完整地反映出市场上的零售物价的变动了。

（3）权数确定的依据不同。综合指数一般要用实际资料作为同度量因素（权数），而平均数指数不仅可以用实际资料作为权数，而且可以用固定权数加权计算，这就为指数的计算提供了便利条件，从而可以保证指数计算结果的及时性，是经济指数编制工作中值得引起重视的实际问题。如我国零售价格指数就是根据上期的零售额，参照当期的计划与市场供求实际情况修正而定。

但平均指数也有局限性，由于它一般是采用非全面资料计算，因此，通常只能反映现象变动的程度，而不能像综合指数那样，从相对数和绝对数两方面做出分析。另外，如果选择的个体指数不够多或不具有代表性，将影响总指数计算结果的准确性。

第四节 指数体系与因素分析

一、指数体系及其作用

社会经济现象所存在的普遍联系，在统计中可通过相应的指标体系表现出来。指标体系有许多能表达为经济方程式，以结果指标为原因指标的函数，例如：

商品销售额 = 商品销售量 × 商品价格

生产总值 = 产量 × 出厂价格

总产值 = 职工人数 × 劳动生产率

利税额 = 销售量 × 销售价格 × 利税率

上述这些现象与客观存在的数量联系，表现在动态上，就可以形成如下指数体系：

商品销售额指数 = 商品销售量指数 × 商品价格指数

生产总值指数 = 产量指数 × 出厂价格指数

总产值指数 = 职工人数指数 × 劳动生产率指数

利税额指数 = 销售量指数 × 销售价格指数 × 利税率指数

从以上分析可以得出两点：第一，指数体系是由 3 个或 3 个以上，在经济上存在一定联系，并在数量上又保持一定对等关系的统计指数所组成的整体。第二，在指数体系中，包含着两大类指数，一类是反映现象总变动的指数，如商品销售额指数等，这类指数在一个指数体系中只有一个，一般放在等式的左边；另一类是反映某一因素变动的指数，称为因素指数，如商品销售量指数、商品价格指数等，这类指数在一个指数体系中可以是多个，一般放在等式的右边。

指数体系的分析作用主要表现在两个方面：

(1) 可以进行因素分析。指数体系是利用指数对现象进行因素分析的依据，借助综合指数体系可以从相对数和绝对数两个方面分析各因素的变动对现象总变动的影响。例如，编制商品销售量和销售价格指数，分析销售量的增减和物价的升降对商品销售额的影响程度。借助平均指标指数体系可以从相对数和绝对数两个方面分析各组平均水平的变动和总体内部结构变动对现象总平均水平变动的影响。如编制固定构成指数和结构变动影响指数，分析其对总平均指标变动的影响程度。

(2) 可以进行指数间的互相推算。在一个指数体系中，当已知其中某几个指数时，可以利用指数体系所表现的数量关系，推算出某个未知指数的值。

从数量上测定各因素的变动对现象总变动的影响，主要包括两类问题：一类是对总量指标变动的因素分析；另一类是对平均指标变动的因素分析。本节将分别就两类问题，说明利用指数体系进行因素分析的方法。

二、总量指标变动的因素分析

因素分析是利用指数体系中总变动指数与因素指数的关系，从数量上分析各因素的变动对总变动的影响程度和绝对值。因素分析包括相对数和绝对数的分析，即相对数分析是分析总变动中各个因素变动影响的相对程度，而绝对数分析是分析总变动中各个因素变动影响的绝对值。

（一）简单现象总体的总量指标变动的因素分析

分析简单现象总体的总量变化，可以利用个体指数进行。例如要对表 6.2 中的任何一项商品进行销售额变动的因素分析。显然，每种商品的个体销售量指数与商品价格指数的乘积恒等于相应的个体销售额指数，有

$$K_{qp} = K_q \times K_p \tag{6.11}$$

即

$$\frac{q_1 p_1}{q_0 p_0} = \frac{q_1}{q_0} \times \frac{p_1}{p_0} \tag{6.12}$$

指数体系中数量上的对等关系既包括相对数关系，也包括绝对数关系。在相对数分析时可以不使用同度量因素，但在进行绝对数分析时，一定要引入同度量因素，否则，数量上的对等关系就不成立。这是简单现象总体因素变动分析的主要特点。绝对数关系如下：

$$\begin{aligned} q_1 p_1 - q_0 p_0 &= (q_1 p_0 - q_0 p_0) + (p_1 q_1 - p_0 q_1) \\ &= (q_1 - q_0) p_0 + (p_1 - p_0) q_1 \end{aligned} \tag{6.13}$$

【例 6.6】 仍以表 6.1 的资料，以甲商品为例，有

甲商品销售额指数 $K_{qp} = \frac{q_1 p_1}{q_0 p_0} = \frac{268.8}{128} = 210\%$

销售额的变动额 $q_1 p_1 - q_0 p_0 = 268.8 - 128 = 140.8$（万元）

甲商品销售量指数 $K_q = \frac{q_1}{q_0} = \frac{2\,400}{1\,600} = 150\%$

由于销售量的变动，使销售额变动 $(q_1 - q_0) p_0 = (2\,400 - 1\,600) \times 800 =$

640 000(元),即 64 万元。

$$甲商品销售价格指数\ K_p=\frac{p_1}{p_0}=\frac{1\,120}{800}=140\%$$

由于销售价格的变动,使销售额变动 $(p_1-p_0)q_1=(1\,120-800)\times 2\,400=$ 768 000(元),即 76.8 万元,即

$$\begin{cases}210\%=150\%\times 140\%\\140.8=64+76.8\ (万元)\end{cases}$$

这表明,由于甲商品的销售量增长 50%,使销售额增加了 64 万元,由于价格上涨 40%,使销售额增加了 76.8 万元,二者共同作用的结果使甲商品的销售额增长 110%,增加额为 140.8 万元。

(二) 复杂现象总体的总量指标变动的因素分析

介绍复杂现象总量指标变动的两因素分析与多因素分析,其中,多因素分析是以三因素分析为例来说明的。

1. 总量指标的两因素分析法

在复杂现象总体的条件下,总量指标的两因素分析是利用综合指数体系的方法进行的。两因素综合指数体系是综合指数体系最基本的形式,即由数量指标指数与质量指标指数二者构成。由于同度量因素在固定时期上有两种不同的选择,这样综合指数体系也就有 4 种形式,其中,如果都用拉氏公式来编制数量指标指数和质量指标指数,或者都用帕氏公式来编制数量指标指数和质量指标指数,那么它们与总体总量指标指数之间就难以形成数量上的对等关系。以销售额指数、销售量指数、价格指数的关系为例,即有

$$\frac{\sum q_1p_1}{\sum q_0p_0}\neq\frac{\sum q_1p_0}{\sum q_0p_0}\times\frac{\sum p_1q_0}{\sum p_0q_0}$$

$$\frac{\sum q_1p_1}{\sum q_0p_0}\neq\frac{\sum q_1p_1}{\sum q_0p_1}\times\frac{\sum p_1q_1}{\sum p_0q_1}$$

因此,在同一指数体系中,数量指标指数和质量指标指数中只能有一个采用拉氏指数公式,而另一个为保证指数体系内部各因子指数在数量上的对等关系成立,只能采用帕氏指数的计算公式,即有

$$\frac{\sum q_1p_1}{\sum q_0p_0}=\frac{\sum q_1p_1}{\sum q_0p_1}\times\frac{\sum p_1q_0}{\sum p_0q_0}\tag{6.14}$$

$$\frac{\sum q_1 p_1}{\sum q_0 p_0} = \frac{\sum q_1 p_0}{\sum q_0 p_0} \times \frac{\sum p_1 q_1}{\sum p_0 q_1} \tag{6.15}$$

从式(6.14)和式(6.15)可以看出，在一个由数量指标指数与质量指标指数所组成的最基本的综合指数体系中，数量指标与质量指标互为对方的同度量因素。一般地，数量指标指数采用拉氏指数公式，质量指标指数采用帕氏指数公式，即用式(6.15)。同时可以计算各指标的绝对数关系。

这样两因素综合指数体系最基本的形式为

$$\begin{cases} \dfrac{\sum q_1 p_1}{\sum q_0 p_0} = \dfrac{\sum q_1 p_0}{\sum q_0 p_0} \times \dfrac{\sum p_1 q_1}{\sum p_0 q_1} \\ \sum q_1 p_1 - \sum q_0 p_0 = \left(\sum q_1 p_0 - \sum q_0 p_0\right) + \left(\sum p_1 q_1 - \sum p_0 q_1\right) \end{cases} \tag{6.16}$$

【例 6.7】　仍以表 6.2 为例，对全部 3 种商品进行销售额变动的因素分析，有

$$销售额指数 = 销售量指数 \times 价格指数$$

首先计算 3 种商品销售额总指数及其差额，其计算公式为

$$销售额总指数\overline{K}_{pq} = \frac{\sum p_1 q_1}{\sum p_0 q_0} = \frac{305.28}{166.4} = 183.46\%$$

分子与分母之差为

$$\sum p_1 q_1 - \sum p_0 q_0 = 305.28 - 166.4 = 138.88\ (万元)$$

编制 3 种商品销售额的指数体系得到

$$\begin{cases} 183.46\% = 138.65\% \times 132.32\% \\ 138.88 = 64.32 + 74.56\ (万元) \end{cases}$$

计算结果表明，由于 3 种商品的销售量报告期比基期增长 38.65%，使销售额增加了 64.32 万元，同时由于商品的销售价格报告期比基期增长 32.32%，使销售额增加了 74.56 万元，两个因素共同作用的结果使销售额增长 83.46%，即增加了 138.88 万元。显然，本例中销售价格对销售额的增长起了略大的作用。

2. 总量指标的三因素分析法

客观现象是比较复杂的，有时某一现象的变动可能要受到 3 个或 3 个以上因素的影响。当一个总量指标的变动可以表示为 3 个或 3 个以上因素指标变动的连乘积时，同样可以利用指数体系测定各因素变动对总量指标变动的影响，这种分析就是对总量指标变动的多因素分析。这里只讨论三因素的分析，如要分析原

材料总费用变动时,可以从原材料消耗量和单位原材料价格两个方面进行分析,而原材料消耗量的变动又决定于产量和单位原材料消耗量两个因素的变动。这样原材料费用总额变动就可以分解为产量、单位原材料消耗量、单位原材料价格3个因素进行变动影响分析。

多因素现象的指数体系,由于所包括的现象因素较多,指数的编制过程比较复杂,必须注意以下问题:

(1) 合理排列各因素的顺序。一般是数量指标在前,质量指标在后;主要指标在前,次要指标在后。并保证使相邻的指标之间的乘积有一定的经济意义。如根据影响原材料费用各因素之间的经济联系,因素的排列顺序应该是

$$\text{原材料费用总额} = \text{产量} \times \text{单位原材料消耗量} \times \text{单位原材料价格}$$

其中,产量与单位原材料消耗量的乘积为原材料消耗总量,而单位原材料消耗量与单位原材料价格的乘积表示单位原材料的消耗额,都具有经济意义。

(2) 遵循连环替代法的原则。在正确排序的基础上,必须逐次逐项进行分析。为了测定某一个因素指标的变动影响时,必须将其他因素全部加以固定。

(3) 逐项确定同度量因素的时期。这里仍然利用综合指数编制的一般要求,来确定同度量因素所属的时期,即当编制数量指标指数时,将作为同度量因素的质量指标固定在基期;当编制质量指标指数时,将作为同度量因素的数量指标固定在报告期。而数量指标与质量指标的确定,要根据指标所说明的现象内容的不同和因素间的联系来判断。如对于单位原材料消耗量来说,产量属于数量指标,而单位原材料价格则属于质量指标。

根据以上原则,假设 q,m,p 分别代表产量、单位原材料消耗量、原材料单价,可以建立原材料费用总额的指数体系:

$$\begin{cases} \dfrac{\sum q_1 m_1 p_1}{\sum q_0 m_0 p_0} = \dfrac{\sum q_1 m_0 p_0}{\sum q_0 m_0 p_0} \times \dfrac{\sum q_1 m_1 p_0}{\sum q_1 m_0 p_0} \times \dfrac{\sum q_1 m_1 p_1}{\sum q_1 m_1 p_0} \\ \sum q_1 m_1 p_1 - \sum q_0 m_0 p_0 = \left(\sum q_1 m_0 p_0 - \sum q_0 m_0 p_0\right) \\ \qquad + \left(\sum q_1 m_1 p_0 - \sum q_1 m_0 p_0\right) \\ \qquad + \left(\sum q_1 m_1 p_1 - \sum q_1 m_1 p_0\right) \end{cases} \tag{6.17}$$

【例 6.8】 根据表 6.7 的资料,分析原材料消耗费用的变动以及分别受产量、单位原材料消耗量和单位原材料价格变动的影响。

为进行原材料消耗费用变动的多因素分析,有关的原材料消耗费用总额的计

算如表 6.8 所示。

表 6.7　某地区 3 种产品原材料消耗资料

产品名称	计量单位	产量		单位原材料消耗量		单位原材料价格(元)	
		基期 q_0	报告期 q_1	基期 m_0	报告期 m_1	基期 p_0	报告期 p_1
甲	吨	150	200	10	9	100	110
乙	件	500	600	2	1.8	20	24
丙	套	300	400	5	6	50	40

表 6.8　某地区 3 种粮食作物总产值计算表

产品名称	原材料费用总额(万元)			
	$q_0m_0p_0$	$q_1m_0p_0$	$q_1m_1p_0$	$q_1m_1p_1$
甲	15	20	19	19.8
乙	2	2.4	2.16	2.592
丙	7.5	10	12	9.6
合　计	24.5	32.4	32.16	31.992

根据表 6.8 资料，编制指数体系并进行因素分析如下：

(1) 相对数分析：

$$\text{原材料费用指数} = \frac{\sum q_1m_1p_1}{\sum q_0m_0p_0} = \frac{31.992}{24.5} = 130.58\%$$

$$\text{产量指数} = \frac{\sum q_1m_0p_0}{\sum q_0m_0p_0} = \frac{32.4}{24.5} = 132.24\%$$

$$\text{单位原材料消耗量指数} = \frac{\sum q_1m_1p_0}{\sum q_1m_0p_0} = \frac{32.16}{32.4} = 99.26\%$$

$$\text{单位原材料价格指数} = \frac{\sum q_1m_1p_1}{\sum q_1m_1p_0} = \frac{31.992}{32.16} = 99.48\%$$

于是得到绝对关系式为

$$130.58\% = 132.24\% \times 99.26\% \times 99.48\%$$

(2) 绝对数分析：

$$\begin{aligned}\text{原材料费用总变动额} &= \sum q_1m_1p_1 - \sum q_0m_0p_0 \\ &= 31.992 - 24.5 = 7.492\ (\text{万元})\end{aligned}$$

$$产量变动的影响额=\sum q_1m_0p_0-\sum q_0m_0p_0$$
$$=32.4-24.5=7.9（万元）$$

$$单位原材料消耗量变动的影响额=\sum q_1m_1p_0-\sum q_1m_0p_0$$
$$=32.16-32.4=-0.24（万元）$$

$$单位原材料价格变动的影响额=\sum q_1m_1p_1-\sum q_1m_1p_0$$
$$=31.992-32.16=-0.168（万元）$$

于是得到绝对关系式为

$$7.492（万元）=7.9+(-0.24)+(-0.168)（万元）$$

综合以上分析，3 个因素所组成的指数体系应为

$$\begin{cases}130.58\%=132.24\%\times 99.26\%\times 99.48\% \\ 7.492（万元）=7.9-0.24-0.168（万元）\end{cases}$$

计算结果表明，产量增长 32.24%，使原材料消耗费用增加 7.9 万元；单位原材料消耗量降低 0.74%，使原材料消耗费用减少 0.24 万元；单位原材料价格降低 0.52%，使原材料消耗费用减少 0.168 万元，三者共同作用，总的使原材料消耗费用增长 30.58%，增加额为 7.492 万元。其中产量提高对原材料消耗费用变动起主要作用。

三、平均指标变动及其因素分析

在现实社会生活中，常常需要就两个时期同一现象平均水平的变动进行对比分析，例如，分析平均工资或劳动生产率的变动等。这时就需要借助建立平均指标指数体系来进行分析。

（一）平均指标指数体系

在总体分组的条件下，总平均水平的高低受到两个因素的影响：一个是各组的变量水平；另一个是总体内部的结构状况，通常表现为各组单位数占总体单位数的比重。因此，平均指标的变动往往取决于各组平均水平变动的影响和各组的单位数占总体单位数比重变动的影响。

为了反映它们的影响，平均指标变动的因素分析需要编制 3 个指数，分别是可变构成指数、固定构成指数和结构变动影响指数，分别简称为可变指数、固定指数和结构指数，由此组成指数体系：

$$可变构成指数=固定构成指数\times 结构变动影响指数$$

并进行因素分析。

【例 6.9】 以平均工资指数为例，说明平均指标指数及其影响因素指数的编制，如表 6.9 所示。

表 6.9　某企业月平均工资计算表

工人类别	月平均工资(元)		月平均工人数(人)		月工资总额(万元)		
	基期 x_0	报告期 x_1	基期 f_0	报告期 f_1	基期 $x_0 f_0$	假定 $x_0 f_1$	报告期 $x_1 f_1$
(甲)	(1)	(2)	(3)	(4)	(5)=(1)×(3)	(6)=(1)×(4)	(7)=(2)×(4)
技术工人	4 200	4 500	300	400	126	168	180
辅助工人	3 000	3 150	200	600	60	180	189
合　计	—	—	500	1 000	186	348	369

1．可变构成指数

从两个时期的总平均工资可以看出，其变动不仅受各组工人工资水平变动的影响，而且还受工人数在各组的结构变动的影响。这种包括两种变动影响的总平均工资指数，称为平均工资的可变构成指数，可用公式表示为

$$\text{可变构成指数} = \frac{\bar{x}_1}{\bar{x}_0} = \frac{\dfrac{\sum x_1 f_1}{\sum f_1}}{\dfrac{\sum x_0 f_0}{\sum f_0}} = \frac{\sum \left(x_1 \cdot \dfrac{f_1}{\sum f_1} \right)}{\sum \left(x_0 \cdot \dfrac{f_0}{\sum f_0} \right)} \tag{6.18}$$

现以表 6.9 所示数字为例，计算如下：

$$\text{基期平均工资 } \bar{x}_0 = \frac{\sum x_0 f_0}{\sum f_0} = \frac{1\ 860\ 000}{500} = 3\ 720\ (\text{元})$$

$$\text{报告期平均工资 } \bar{x}_1 = \frac{\sum x_1 f_1}{\sum f_1} = \frac{3\ 690\ 000}{1\ 000} = 3\ 690\ (\text{元})$$

则

$$\text{平均工资可变构成指数} = \frac{\bar{x}_1}{\bar{x}_0} = \frac{3\ 690}{3\ 720} = 99.19\%$$

企业职工总平均工资变动的绝对额为

$$\bar{x}_1 - \bar{x}_0 = 3\,690 - 3\,720 = -30\ (\text{元})$$

2．固定构成指数

为了单纯反映各组工人工资水平变动的程度，消除总体结构变动的影响，需编制固定构成指数，通常把总体结构固定在报告期，其计算公式为

$$\text{固定构成指数} = \frac{\dfrac{\sum x_1 f_1}{\sum f_1}}{\dfrac{\sum x_0 f_1}{\sum f_1}} = \frac{\sum \left(x_1 \cdot \dfrac{f_1}{\sum f_1}\right)}{\sum \left(x_0 \cdot \dfrac{f_1}{\sum f_1}\right)} = \frac{\bar{x}_1}{\bar{x}_n} \tag{6.19}$$

以平均工资固定构成指数为例，其经济内容为分子是报告期工人实际总平均工资，分母则是假定各组工人数结构保持不变情况下的工人总平均工资。二者之间的区别仅在于由于不同时间各组工人工资水平上的差异。以表 6.9 为例，有

$$\text{假定总平均工资}\bar{x}_n = \frac{\sum x_0 f_1}{\sum f_1} = \frac{3\,480\,000}{1\,000} = 3\,480\ (\text{元})$$

则

$$\text{平均工资固定构成指数} = \frac{\bar{x}_1}{\bar{x}_n} = \frac{3\,690}{3\,480} = 106.03\%$$

在工人结构不变的条件下，两组工人平均工资的变动使总平均工资增加绝对额为

$$\bar{x}_1 - \bar{x}_n = 3\,690 - 3\,480 = 210\ (\text{元})$$

3．结构变动影响指数

为了反映总体结构的变动对总平均水平变动的影响，应将各组平均水平加以固定，编制结构变动影响指数，通常将各组平均水平固定在基期，其计算公式为

$$\text{结构变动影响指数} = \frac{\dfrac{\sum x_0 f_1}{\sum f_1}}{\dfrac{\sum x_0 f_0}{\sum f_0}} = \frac{\sum \left(x_0 \cdot \dfrac{f_1}{\sum f_1}\right)}{\sum \left(x_0 \cdot \dfrac{f_0}{\sum f_0}\right)} = \frac{\bar{x}_n}{\bar{x}_0} \tag{6.20}$$

仍以表 6.9 为例，分子是假定的总平均工资，分母是基期实际总平均工资。二者对比结果，只反映不同时期各组工人数结构变动程度对总平均工资的影响程度，则

$$\text{平均工资结构变动影响指数} = \frac{\bar{x}_n}{\bar{x}_0} = \frac{3\,480}{3\,720} = 93.55\%$$

由于各组工人结构的变动，使企业工人总平均工资变动的绝对额为

$$\bar{x}_n - \bar{x}_0 = 3\,480 - 3\,720 = -240\ (\text{元})$$

（二）平均指标变动的因素分析

上面分析和编制了平均指标指数，即可变构成指数、固定构成指数和结构变动影响指数，它们组成指数体系如下：

平均工资可变构成指数 ＝ 平均工资固定构成指数 × 平均工资结构变动影响指数

即

$$\begin{cases} \dfrac{\dfrac{\sum x_1 f_1}{\sum f_1}}{\dfrac{\sum x_0 f_0}{\sum f_0}} = \dfrac{\dfrac{\sum x_1 f_1}{\sum f_1}}{\dfrac{\sum x_0 f_1}{\sum f_1}} \times \dfrac{\dfrac{\sum x_0 f_1}{\sum f_1}}{\dfrac{\sum x_0 f_0}{\sum f_0}} \\ \dfrac{\sum x_1 f_1}{\sum f_1} - \dfrac{\sum x_0 f_0}{\sum f_0} = \left(\dfrac{\sum x_1 f_1}{\sum f_1} - \dfrac{\sum x_0 f_1}{\sum f_1}\right) + \left(\dfrac{\sum x_0 f_1}{\sum f_1} - \dfrac{\sum x_0 f_0}{\sum f_0}\right) \end{cases} \tag{6.21}$$

可简化为

$$\begin{cases} \dfrac{\bar{x}_1}{\bar{x}_0} = \dfrac{\bar{x}_1}{\bar{x}_n} \times \dfrac{\bar{x}_n}{\bar{x}_0} \\ \bar{x}_1 - \bar{x}_0 = (\bar{x}_1 - \bar{x}_n) + (\bar{x}_n - \bar{x}_0) \end{cases}$$

由指数体系可知，可变构成指数是通过报告期与基期平均指标的实际水平对比来计算的，它同时包含两个因素变动的综合影响，全面反映了总平均指标的实际变动情况。

在平均指标变动的两个影响因素中，一般把各组水平看成质量指标，而把总体构成或结构（即各组比重）当作数量指标，这样根据综合指数的一般规则，固定构成指数是将总体构成固定在报告期，它消除了总体结构变动的影响，单纯反映各组水平变动对总平均指标变动的影响。而结构影响指数是将各组水平固定在基期，仅仅反映了由于总体结构变动对总平均指标变动的影响。

根据计算的结果，总平均工资的变动关系如下：

$$\begin{cases} 99.19\% = 106.03\% \times 93.55\% \\ -30\ (\text{元}) = 210 + (-240)\ (\text{元}) \end{cases}$$

说明该企业各组工资水平的提高，使企业总平均工资提高 6.03%，平均每人

增加 210 元；由于企业工资较低的辅助工人数比重提高，使企业总平均工资下降 6.45%，平均每人减少 240 元。两个因素共同作用的结果，最终使企业职工的总平均工资下降了 0.81%，平均每人减少 30 元。

从表 6.9 中可以看出，各组工人的平均工资都有不同程度的提高，技术工的月平均工资从基期的 4 200 元提高到报告期的 4 500 元；辅助工的月平均工资从基期的 3 000 元提高到报告期的 3 150 元。导致企业月总平均工资从基期的3 720 元下降到报告期的 3 690 元，其原因是由于各组工人人数结构发生了变化。即由于工资较高的技术工人数的比重从基期的 60%下降到报告期的 40%；而工资较低的辅助工人数的比重从基期的 40%上升到报告期的 60%，用公式表示为

$$\begin{cases} \bar{x}_0 = \sum \left(x_0 \cdot \dfrac{f_0}{\sum f_0} \right) = 4\,200 \times 60\% + 3\,000 \times 40\% = 3\,720\ (\text{元}) \\ \bar{x}_1 = \sum \left(x_1 \cdot \dfrac{f_1}{\sum f_1} \right) = 4\,500 \times 40\% + 3\,150 \times 60\% = 3\,690\ (\text{元}) \end{cases}$$

可见我们在进行研究时，必须用组平均数补充说明总平均数，这样才能达到对现象进行较为全面分析的目的。

（三）平均指标指数与综合指数的结合运用

平均指标指数在应用上还可以与综合指数结合，分析说明平均数变动对总体总量的影响。仍以例 6.9 资料为例，如果要求分析由于工人数和平均工资的变动对工资总额的影响，则建立的指数体系为

$$\text{工资总额指数} = \text{工人数指数} \times \text{平均工资指数}$$

用数学算式表示为

$$\begin{cases} \dfrac{\sum x_1 f_1}{\sum x_0 f_0} = \dfrac{\sum f_1}{\sum f_0} \times \dfrac{\bar{x}_1}{\bar{x}_0} \\ \sum x_1 f_1 - \sum x_0 f_0 = \left(\sum f_1 - \sum f_0 \right) \cdot \bar{x}_0 + (\bar{x}_1 - \bar{x}_0) \cdot \sum f_1 \end{cases} \tag{6.22}$$

而平均工资指数又可分为固定构成指数和结构变动影响指数，所以有

$$\begin{aligned} \text{工资总额指数} = & \text{工人数指数} \times \text{平均工资固定构成指数} \\ & \times \text{平均工资结构变动影响指数} \end{aligned}$$

用数学算式表示为

$$\begin{cases} \dfrac{\sum x_1 f_1}{\sum x_0 f_0} = \dfrac{\sum f_1}{\sum f_0} \times \left(\dfrac{\bar{x}_1}{\bar{x}_n} \times \dfrac{\bar{x}_n}{\bar{x}_0}\right) \\ \sum x_1 f_1 - \sum x_0 f_0 = \left(\sum f_1 - \sum f_0\right) \cdot \bar{x}_0 \\ \qquad + \left[(\bar{x}_1 - \bar{x}_n) \cdot \sum f_1 + (\bar{x}_n - \bar{x}_0) \cdot \sum f_1\right] \end{cases} \tag{6.23}$$

根据以上内容计算的结果为

$$\begin{cases} \dfrac{3\,690\,000}{1\,860\,000} = \dfrac{1\,000}{500} \times \left(\dfrac{3\,690}{3\,480} \times \dfrac{3\,480}{3\,720}\right) \\ 3\,690\,000 - 1\,860\,000 = (1\,000 - 500) \times 3\,720 + (3\,690 - 3\,480) \times 1\,000 \\ \qquad + (3\,480 - 3\,720) \times 1\,000 \end{cases}$$

进一步计算，得到如下关系：

$$\begin{cases} 198.38\% = 200\% \times 106.03\% \times 93.55\% \\ 1\,830\,000\,(\text{元}) = 1\,860\,000 + 210\,000 + (-240\,000)\,(\text{元}) \end{cases}$$

计算结果表明：该企业由于工人数增长 100%，使其工资总额报告期比基期增加了 186 万元；由于各组工人工资水平的变动，使平均工资增长 6.03%，导致工资总额增加 21 万元；由于工人结构的变化，使平均工资下降 6.45%，导致工资总额减少 24 万元。以上各因素共同影响，使得该企业工资总额增长 98.39%，增加额为 183 万元。可见该企业工资总额的增长主要是由于大量引进新工人所致。

总之，运用指数体系的方法可以对各种各样的现象进行因素分析，其具体方法和形式千变万化，关键在于熟练把握指数法的基本原理，并将其灵活应用于有关的实际问题。

习　题

1. 广义指数与狭义指数的概念是什么？如何理解指数？
2. 统计指数有哪些作用？有哪几种分类方法？
3. 综合指数与平均数指数的联系与区别有哪些？
4. 指数编制过程中，同度量因素有何作用？
5. 在编制数量指标综合指数和质量指标综合指数时，一般如何固定同度量因素的时期？
6. 拉氏指数公式和帕氏指数公式有何不同？各自说明什么问题？
7. 平均指数变形为综合指数的条件是什么？其独立性如何体现？

8. 为什么要建立指数体系？数量对等关系表现在哪两个方面？

9. 因素分析与指数体系的关系如何？简述因素分析的步骤与方法。

10. 根据平均指标指数法分析平均工资时，采用的3个平均指标指数各有什么含义？

11. 总量指标的多因素分析必须注意哪些问题？

12. 某商场3种商品的销售情况资料如下：

商品名称	计量单位	价格(元)		销售量	
		基期	报告期	基期	报告期
皮鞋	双	300.00	360.00	4 000	5 000
大衣	件	280.00	320.00	500	550
手套	双	11.00	10.00	800	1 000
合计	—	—	—	—	—

要求：(1) 计算各商品价格和销售量个体指数。

(2) 计算3种商品价格总指数。

(3) 计算由于每种商品和全部商品价格变动使销售额变动的数值。

13. 某企业资料如下：

车间	劳动生产率(百元/人)		工人数	
	基期	报告期	基期	报告期
甲	200	240	40	50
乙	180	200	50	60
丙	400	500	150	200
合计	—	—	240	310

要求：从相对数和绝对数两个方面简要分析劳动生产率和工人数的变动对总产值变动的影响。

14. 某商店3种商品的销售资料如下：

商品名称	销售额(万元)		销售量增长(%)
	基期	报告期	
甲	1 500	1 800	8
乙	2 000	2 400	5
丙	4 000	4 500	15
合计	7 500	8 700	—

要求:(1) 计算销售量总指数。

(2) 计算价格总指数。

(3) 试从相对数和绝对数两个方面分析销售额变动所受的影响。

15. 以下是商品零售价格资料,试编制商品零售价格总指数。

类别及品名	规格等级	计量单位	平均价格(元)		权数(%)	以上年为基期	
			上年	本年		指 数(%)	
(甲)	(乙)	(丙)	(1)	(2)	(3)	(4)	
一、食品类					38		
(一) 粮食					【25】		
1. 细粮					(95)		
面粉	富强粉	千克	4.20	4.40	[40]		
粳米	一等	千克	5.00	5.50	[60]		
2. 粗粮					(5)	110.5	
(二) 副食品					【48】	116.9	
(三) 其他					【27】	111.2	
二、饮料烟酒类					4	100.1	
三、服装鞋帽类					10	95.0	
……							
十四、机电产品类					8	109.5	
合计	—	—	—	—	100	—	

16. 利用指数体系回答下列问题:

(1) 某企业 2022 年职工的工资水平提高了 6%,职工人数减少了 6%。问该企业工资总额的变动情况如何?

(2) 价格降低后,某地区居民用同样多的人民币多购买了 10%的商品,试求物价指数。

(3) 某厂 2022 年的产量比 2021 年降低了 11.8%,生产总成本下降了 21.8%。问产品单位成本的变动情况如何?

17. 某地区 2022 年工业总产值为 4 600 亿元,比上年增长 12%,中间投入 3 260 亿元,比上年增长 10%,并已知工业总产值价格比上年上涨 3%,中间投入上涨 2.6%,则该地区可比价增加值比上年增长多少?

18. 某企业 2022 年产品产值为 8 000 万元,比上年增加了 700 万元,产品价格上涨了 10%,试建立指数体系,分析该企业产品产值受产量和价格变动的影响。

19. 某企业总产值和职工人数资料如下：

指　标	基　期	报告期
总产值(万元)	8 000	10 000
职工人数(人)	900	910
其中:生产工人数(人)	740	762

试分析该企业总产值增长中受职工人数、生产工人占职工人数比重及工人劳动生产率三因素的影响程度和绝对值。

20. 某地区粮食作物的生产情况如下：

粮食作物名称	播种面积(公顷)		每公顷产量(千克)	
	基期	报告期	基期	报告期
水稻	500	400	7 100	8 000
小麦	700	900	3 100	3 850
合计	1 200	1 300	—	—

要求:(1) 计算该地区粮食平均每公顷产量指数。

(2) 分析该地区粮食平均每公顷产量变动中受播种面积构成变动、各种作物每公顷产量变动的影响程度与绝对数。

21. 某公司销售 3 种产品资料如下：

产品名称	销售量(千克)		销售价格(元/千克)		销售利税率(%)	
	基期	报告期	基期	报告期	基期	报告期
甲	1 000	1 200	45	75	20	22
乙	700	600	48	60	15	19
丙	500	300	37.5	45	10	16
合计	—	—	—	—	—	—

试分析该公司利税额的变动，以及分别受销售量、销售价格和销售利税率变动的影响。

第七章　抽样推断

【内容介绍】　抽样推断是非全面调查中最科学、应用最广泛的调查方法，在整个统计调查体系中占有非常重要的地位。通过本章学习，着重领会总体指标与样本指标、抽样平均误差、抽样极限误差等概念，重点掌握抽样平均误差的计算及影响因素，理解点估计的性质及区间估计的意义，把握必要样本容量的计算，掌握不同抽样组织形式的推断。学会运用抽样方法对实际问题进行分析。

第一节　抽样的概念和方法

一、抽样推断的概念和特点

在现实生活中，许多总体的数量特征往往事先并不知道，但人们需要了解和掌握统计总体全貌，在不必要或不可能对总体进行全面调查的情况下，可利用样本资料对总体数量特征和数量分布进行推断，这样就有了抽样推断。所谓抽样推断，从其内涵来说，包括抽样调查和抽样推断两部分，前者着重调查，后者着重推断。具体地说，抽样调查是指按照随机原则从调查对象的全部单位中抽取部分单位进行调查，取得各项准确的数据。随着我国市场经济的确立，对统计调查亦进行了重大改革，由以全面调查为主的调查方法，逐步转变为提倡和推广抽样调查。《中华人民共和国统计法》第十六条规定“搜集、整理统计资料，应当以周期性普查为基础，以经常性抽样调查为主体”。抽样推断是指运用数理统计原理，根据抽样调查资料，对研究对象全体的数量特征，做出具有可靠程度的估计和判断，以达到对现象总体正确认识的目的。总之，抽样推断不仅是一种科学的非全面的调查方法，而且是一种根据非全面调查资料，推算全面情况的统计研究方法。

可见抽样推断是在抽样调查的基础上，利用样本的实际资料计算样本指标，并据以推算总体相应数量特征的一种统计分析方法。简单地讲，就是用样本估计和判断总体。这种估计和判断要运用一定的数理统计的原理和方法，以保证对总体的认识具有一定的可靠程度。因此，它与前面所讲的各项综合指标，如总量指标、相对指标、平均指标等一般统计估算方法不同。因为在实际工作中许多场合我们并没有可能对总体的所有单位进行全面调查，来达到对总体数量特征的认识。如空气中某种有害气体的含量、市场商品需求量、居民家庭调查等，都很难对每个单位进行观察，只能组织抽样调查，取得部分的实际资料，来估计和判断总体的数量特征，以达到对现象总体的认识。

归纳起来，抽样推断具有以下特点：

(1) 抽样推断是由部分资料推算总体数量特征的一种认识方法。抽样调查是一种非全面调查，但调查的目的在于对总体数量特征的认识，抽样调查资料如果不进行抽样推断，这种资料就不会有什么价值。这里存在着认识上的手段与目的之间、局部与整体之间的矛盾。这种矛盾在现实生活中是大量存在的，例如对几克种子进行催芽试验，能否判断该品种整批种子的发芽率？对几只汽车轮胎进行里程试验，能否判断整批轮胎的质量等。如果在方法上不能解决这类问题，那么统计的认识活动就要受到限制，统计科学也很难得到发展。抽样推断原理解决了这一矛盾，它科学地论证了统计量与相应的总体参数之间存在着内在的联系，这就大大提高了统计分析的认识能力。

(2) 抽样推断是建立在随机取样的基础上。调查单位的确定既不受调查者主观愿望的影响，也不由被调查者主观意识所决定，它完全排除了主观意识的作用。这一点和其他非全面调查显然不同，如典型调查、重点调查一般是根据调查目的和调查对象来有意识地确定调查单位的。随机抽样也不是随便取样或任意取样，它要保证总体的每个单位具有同等的中选或不中选机会，也可称为同等可能性原则。随机原则和抽样调查的目的是密切联系在一起的。抽样调查的目的在于推断总体，在抽样时遵循随机原则，这样就有较大可能性使所选的样本保持和总体有相似的分布，从而代表性就比较大。此外，只有遵循随机原则，才有可能根据样本分布规律，计算抽样误差。

还须指出，抽样推断以随机原则为前提，才能使任何一个样本变量都是随机变量，因而任何一种样本指标(或统计量)也是随机变量，抽样推断才有可能利用大数定律和中心极限定理等概率论原理来研究样本指标(统计量)与总体指标(总体参数)的关系，确定优良估计的标准，为抽样设计寻求更有效的组织形式建立科学的理论基础。

(3) 抽样推断运用的是概率统计的方法。利用统计量来估计总体参数,在数学上运用的是不确定的概率统计法,而不是运用确定的函数分析法。根据抽取的部分资料计算的样本指标与被估计的总体指标不可能百分之百相等,存在抽样误差。因此,用样本指标估计和判断总体指标时,其可靠程度到底有多大,这就要在抽样推断中运用概率论原理,做出概率估计,使推断的结果有一定的可信度。

(4) 抽样推断的误差可以事先计算并且加以控制。虽说抽样推断中产生抽样误差是无法避免的,但是这种误差在抽样调查之前是可以根据有关资料计算的,并且可以根据抽样推断的要求,采取措施对误差加以控制,使抽样推断结果达到一定的准确度和可靠程度。抽样推断的这一特点,也是它与其他统计估计方法的重要区别。

二、抽样推断的作用

抽样推断在社会经济统计中,有其独特的重要作用。

(1) 对有些不可能或不必要进行全面调查,但又需要了解其全面数量情况的社会经济现象,可以运用抽样推断,实现调查的目的。例如,在工业生产中检验某些产品质量时,常常具有破坏性。如电视机使用寿命检验、罐头的防腐期限试验、轮胎的里程试验等,这些调查所使用的测试手段对产品具有破坏性,不可能对全部产品进行检验,必须采用抽样,以样本资料推断总体的质量状况。又例如有些现象总体过大,单位过于分散,进行全面调查实际上是不可能的。如检验水库的鱼苗数、森林的木材积蓄量等,也必须采用抽样推断。又有些社会经济现象,从理论上说,可以进行全面调查,但调查范围太广、单位太大,因而不必要进行全面调查,采用抽样推断可节省人力、费用、时间,并可提高资料的准确性。

(2) 抽样调查与全面调查同时进行,可以发挥互相补充和检查调查质量的作用。全面调查由于范围广、工作量大、参加人员多,往往容易发生登记性误差和计算误差。因此,在全面调查(如人口普查)之后进行抽样复查,根据抽查结果计算差错率,并以此为依据检查和修正全面调查结果,从而提高全面调查质量。

(3) 抽样推断可以用于工业生产过程的质量控制。抽样推断法可以有效地应用于对成批或大量连续生产的工业产品在生产过程中进行质量控制,检查生产过程是否正常,及时提供有关信息,便于采取措施,防止废品的发生。

(4) 利用抽样推断法还可以对总体的某种假设进行检验,判断其真伪,以做出正确的决策。例如,新工艺新技术的改革,是否能收到明显的效果,需要对未知或完全不知道的总体做出一些假设,然后利用抽样推断法,根据实验的结果对所做假设进行检验,做出判断。

总之,抽样调查是一种科学实用的调查方法,目前它不仅广泛应用于自然科学领域,也愈来愈多地应用于社会经济现象数量方面的研究。随着抽样理论的发展,抽样技术的进步和完善,以及统计分析软件的广泛应用,抽样调查在社会经济统计中的应用将会愈加普及。

三、抽样推断的几个基本概念

(一)总体和样本

1. 总体

总体也称全及总体,指抽样调查所要认识对象的全体,它是具有某种共同性质或特征的许多单位所组成的集合体。全及总体的单位数一般用 N 来表示,总体的单位数通常都是很大的,甚至是无限的,这样才需要组织抽样调查。弄清楚了全及总体,不仅可以明确抽样推断所要研究对象的范围,而且也便于确定抽样框作为抽样的母体。当然,作为抽样推断对象的总体是唯一确定的。

根据总体单位标志的性质,总体可以分为变量总体和属性总体两种。若被研究的标志是数量标志,则将这个总体称为变量总体,如反映工资高低的企业职工总体,反映成绩的学生总体等。若被研究的标志是品质标志,则将这个总体称为属性总体,如反映质量合格与否的产品总体,反映性别状况的人口总体等。总体不同,认识总体的方法也有所不同。

2. 样本

样本也称样本总体,它是从全及总体中随机抽取出来的一部分单位所组成的集合体。样本总体的单位数称为样本容量,通常用 n 表示。由于从一个总体中可能抽取多个样本,所以样本不是唯一确定的,而是随机的。

一般来说,样本单位数达到或超过 30 个称为大样本,而在 30 个以下称为小样本。社会经济现象的抽样调查多为大样本。

(二)参数与统计量

1. 参数

参数也称全及指标,是反映总体数量特征的指标,其数值是由总体所有单位的标志值决定的。通常我们所关心的参数有总体平均数、总体成数、总体方差等,在统计中，它们分别用 $\overline{X}, P, \sigma^2$ 表示。

由于抽样推断对象的总体是唯一确定的，因此，参数是个确定的、唯一的数值，但在抽样推断中是未知的。比如，我们不知道一个地区的男性所占的比重，不知道一个城市居民的可支配收入状况，不知道一批产品的合格率等。正因为如此，我们才需要进行抽样，用统计量来估计和推断参数。

2. 统计量

统计量是样本变量的函数，它是根据样本数据计算的样本指标，其数值决定于样本各单位的标志值，而且不包含任何未知参数。由于样本是随机的，因此依赖于样本的统计量是个随机变量。在抽样推断中，它是用来估计总体参数的。

与总体参数相对应，常用的统计量有样本平均数、样本方差和样本成数、样本成数的方差等，一般用小写字母来表示。

(1) 对于变量样本，常用的统计量有样本平均数 $\bar{x}$、样本方差 S^2，即有

$$\bar{x} = \frac{\sum x}{n} \quad 或 \quad \bar{x} = \frac{\sum xf}{\sum f} \tag{7.1}$$

$$S^2 = \frac{\sum (x-\bar{x})^2}{n} \quad 或 \quad S^2 = \frac{\sum (x-\bar{x})^2 f}{\sum f} \tag{7.2}$$

(2) 对于属性样本，由于各单位的标志不能用数量来表示，因此统计量常用成数指标 p 表示，其含义为样本中具有某种标志特征的单位数在样本全部单位数中所占的比重；同时用 q 表示样本中不具有某种标志特征的单位数在样本全部单位数中所占的比重。

设在样本 n 个单位中，有 n_1 个单位具有某种标志特征，n_0 个单位不具有该种标志特征，且 $n=n_1+n_0$，有

$$p = \frac{n_1}{n} \tag{7.3}$$

则

$$q = \frac{n_0}{n} = \frac{n-n_1}{n} = 1-p \tag{7.4}$$

如果属性标志的表现只有是非两种。比如，性别标志表现为男性和女性，则男性所占的比重或女性所占的比重在这里就叫成数。

由于是非标志的平均数等于成数，即

$$\bar{x}_p = p \tag{7.5}$$

可以证明属性样本的方差为

$$s_p^2 = p(1-p) \tag{7.6}$$

【例 7.1】 从某校 8 000 名学生中随机抽取 80 名进行调查，发现其中有男生 56 名，现研究该校男生比重问题，则有

$$p = \frac{n_1}{n} = \frac{56}{80} = 70\%$$

$$s_p^2 = p(1-p) = 70\%(1-70\%) = 21\%$$

（三）样本容量

样本容量指样本中的单位数。样本容量在抽样设计中是一个十分重要的问题，因为样本容量大可以提高抽样的准确度，但耗费则要增大；样本容量小，则会降低抽样的准确度，但亦可以减少耗费。因此，如何科学、恰当地选取合理的样本容量，是要慎重考虑的问题。关于样本容量数目，即样本必要的单位数目，将结合第四节抽样组织方式加以阐述。

（四）抽样方法和样本可能数目

由于是按照随机原则来抽样的，所以从一个全及总体中可能抽取出很多个不同的样本，我们把可能抽到的所有样本的数目称为样本可能数目。它的大小不仅与样本容量有关，也和抽样方法有关。

抽样方法有重复抽样和不重复抽样两种。

重复抽样也称回置抽样。它是这样进行的：如要从总体 N 个单位中简单随机抽取一个容量为 n 的样本，可首先从总体中随机抽取一个单位，经观察登记后重新放回原总体中，再从总体中随机抽取第二个单位进行观察登记，如此下去，直到抽满预定的样本容量 n 个单位为止。它的特点是，每次抽取是在完全相同的条件下进行的。每个单位中选或未中选的机会在各次都完全一样。

一般地说，从总体 N 个单位中，随机重复抽取 n 个单位构成样本，考虑顺序排列的样本可能数目为 N^n 个，不考虑顺序组合的样本可能数目为 C_{N+n-1}^n 个。

不重复抽样也称不回置抽样。它是这样进行的：如要从总体 N 个单位中抽取一个容量为 n 的样本，可以每次从总体中抽取一个单位，连续进行 n 次抽取便构成样本，但每次抽出的单位不再重新放回参加下一次的抽选。它遵循的是有限制的随机原则，即每抽取一次总体单位数就少一个，每个单位的中选机会在各次

是不相同的，但它并没有违背随机原则，因为每次抽样时，总体中现有的每个单位仍然有同等的机会被抽中。

一般地说，从总体 N 个单位中，随机不重复抽取 n 个单位构成样本，考虑顺序排列的样本可能数目为 P_N^n 个，不考虑顺序组合的样本可能数目为 C_N^n 个。

由此可见，在同一总体中，若对样本的容量要求相同，重复抽样的样本个数总是大于不重复抽样的样本个数。

第二节 抽样误差

一、抽样误差的意义

（一）抽样误差的概念

抽样误差是指由于偶然因素的作用使样本结构不足以代表总体结构，而引起抽样指标与全及指标之间的绝对离差，如样本平均数与总体平均数的绝对离差，或样本成数与总体成数的绝对离差等。

在抽样中，误差的来源有许多方面。其中，一类是登记性误差，即在调查过程中由于观察、测量、登记、计算上的差错所引起的误差，这类误差是所有统计调查都可能发生的。另一类是代表性误差，即样本的结构与实际总体的结构不一致而产生的误差。它的产生基于两种情况：一种情况是由于违反抽样调查的随机原则，有意识地抽选较好或较差的单位进行调查，这种系统性原因造成的样本代表性不足所产生的误差称为系统性误差。系统性误差和登记性误差都是不应当发生的，是可以而且也应该采取措施避免发生或将其减小到最小限度的。另一种情况是遵守了随机的原则，但由于抽取的样本结构与总体的结构发生偏差，就会出现或大或小的偶然性的代表性误差。它不是由于调查失误所引起的，而是随机抽样所特有的误差。

所谓抽样误差是指这种偶然性的代表性误差，即按随机原则抽样时，在没有登记性误差和系统性误差的条件下，单纯由于不同的随机样本得出不同的估计量而产生的误差。抽样误差是抽样调查所固有的，是无法避免与消除的，但可以运用数学方法计算其数量界限，并通过抽样设计控制其范围。当然，抽样误差不是一个固定的数，它的数值是随样本的不同而变化的，所以它也是随机变量。

（二）抽样误差的影响因素

影响抽样误差大小的因素主要有：

(1) 总体各单位标志值的差异程度。在其他条件不变的情况下，总体标志的差异程度愈小，则抽样误差也愈小，反之则大。抽样误差与总体标志的差异程度成正比变化。如果总体各单位标志值相等，即差异程度为零，样本指标就完全等于总体指标，抽样误差也就不存在。

(2) 样本单位数的多少。在其他条件不变的情况下，抽样单位数愈多，抽样误差就愈小。因为抽样单位数扩大了，根据大数法则，样本就愈能反映总体的数量特征，如果把抽样单位数扩大到接近总体时，那么这时抽样调查也就近于全面调查，抽样误差就几乎为零。

(3) 抽样方法的不同。重复抽样和不重复抽样的抽样误差的大小不同，一般地说，重复抽样的误差要大于不重复抽样的误差。

(4) 抽样调查的组织形式。不同的抽样组织形式就有不同的抽样误差，而且同一组织形式的合理程度不同也有不同的抽样效果。这个因素将在本章第四节加以介绍。

二、抽样平均误差的计算

（一）抽样平均误差的含义

抽样误差有抽样实际误差和抽样平均误差两种。抽样实际误差是指某一次抽样结果所得到的样本指标与总体指标数值之差。由于总体指标数值的取得是抽样调查的目的，往往是未知的，因而抽样实际误差也是很难确知的。因此为了用样本指标去推算总体指标，就需要计算这些误差的平均数，即抽样平均误差。

前面讨论过，抽样误差是一个随机变量，它的数值随着可能抽取的样本的不同而或大或小，为了衡量样本代表性的高低，就需要计算抽样误差的一般水平。抽样平均误差就是反映抽样误差一般水平的指标。

通常用抽样平均数的标准差或抽样成数的标准差来作为衡量误差一般水平的尺度。根据标准差的计算方法，抽样平均数（或成数）的标准差是抽样平均数（或成数）与其平均数离差的平方的算术平均数的平方根。然而由于抽样平均数的平均数等于总体平均数，抽样成数的平均数等于总体成数，抽样指标的标准差恰好反映了抽样指标和总体指标的平均离差程度。一般地，抽样平均误差用希腊

字母 μ 来表示。

设用 $\mu_{\bar{x}}$ 表示抽样平均数的平均误差，μ_p 表示抽样成数的平均误差，M 表示样本可能数目，则

$$\mu_{\bar{x}} = \sqrt{\frac{\sum (\bar{x} - \overline{X})^2}{M}} \tag{7.7}$$

$$\mu_p = \sqrt{\frac{\sum (p - P)^2}{M}} \tag{7.8}$$

这些公式反映了抽样平均误差的理论意义。但是由于样本可能数目很多，抽取所有的样本计算其平均数和成数是不实际的，同时总体平均数 $\overline{X}$ 与总体成数 P 也是不知道的，故按上述公式来计算抽样平均误差实际上是不可行的，在实际应用中，要推导出其他公式来计算。

（二）抽样平均误差的计算

抽样推断有两个最主要的目的：以样本平均数推断总体平均数，以样本成数推断总体成数；另外，在简单随机抽样时又有重复抽样和不重复抽样两种取样方法。这样，抽样平均误差也有多种情况。下面直接给出这些公式并加以讨论。

1. 抽样平均数的抽样平均误差

(1) 在重复抽样的条件下，其公式为

$$\mu_{\bar{x}} = \frac{\sigma}{\sqrt{n}} \tag{7.9}$$

(2) 在不重复抽样的条件下，其公式为

$$\mu_{\bar{x}} = \sqrt{\frac{\sigma^2}{n}\left(\frac{N-n}{N-1}\right)} \tag{7.10}$$

式中，σ 为总体标准差；N 为总体单位数；n 为样本容量。

当 N 的值较大时，式(7.10)可以简化为

$$\mu_{\bar{x}} = \sqrt{\frac{\sigma^2}{n}\left(1 - \frac{n}{N}\right)} = \sqrt{\frac{\sigma^2}{n}(1 - f)} \tag{7.11}$$

式中，f 为抽样比。

2. 抽样成数的抽样平均误差

(1) 在重复抽样条件下，抽样成数的平均误差为

$$\mu_p = \sqrt{\frac{P(1-P)}{n}} \tag{7.12}$$

(2) 在不重复抽样条件下，抽样成数的平均误差为

$$\mu_p = \sqrt{\frac{P(1-P)}{n}\left(\frac{N-n}{N-1}\right)} \tag{7.13}$$

当 N 的值较大时，式(7.13)可以简化为

$$\mu_p = \sqrt{\frac{P(1-P)}{n}\left(1-\frac{n}{N}\right)} \tag{7.14}$$

从上述公式可以看出，抽样平均误差受四个因素的影响：① 总体各单位标志值差异程度。在这里用总体的标准差 σ 表示。② 抽取的样本单位数 n 的大小。抽取的单位数越多，抽样平均误差就越小。③ 抽样的方法。由于不重复抽样的平均误差等于重复抽样的平均误差在开方根号内乘以一个小于 1 的修正因子，因而不重复抽样的平均误差总是小于重复抽样的平均误差。④ 抽样的组织形式。这两个公式都是对简单随机抽样而言的。

为了理解抽样平均误差的概念，现举例加以验证。

【例 7.2】 假设某生产小组 4 个工人构成的全及总体，他们的月工资分别为 A:4 800 元，B:4 900 元，C:5 100 元，D:5 200 元。则这一总体的平均工资和工资标准差为

$$\overline{X} = \frac{\sum X}{N} = \frac{4\,800 + 4\,900 + 5\,100 + 5\,200}{4} = 5\,000\ (\text{元})$$

$$\sigma = \sqrt{\frac{\sum (X-\overline{X})^2}{N}}$$

$$= \sqrt{\frac{(4\,800-5\,000)^2 + (4\,900-5\,000)^2 + (5\,100-5\,000)^2 + (5\,200-5\,000)^2}{4}}$$

$$= \sqrt{\frac{100\,000}{4}} = 158.11\ (\text{元})$$

现用重复抽样的方法从 4 人总体中随机抽取 2 人组成样本($N=4, n=2$)，并求样本的平均工资，用以代表 4 人总体的平均工资水平。若考虑顺序可以排列 $N^n=4^2=16$ 个样本，每个样本都对应一个平均工资，如表 7.1 所示。

表 7.1　重复抽样条件下抽样误差计算表

可能样本序号	样本单位名称	样本变量 x	样本平均数 $\bar{x}$	平均数离差 $\bar{x}-\bar{X}$	离差平方 $(\bar{x}-\bar{X})^2$
1	A,A	4 800,4 800	4 800	−200	40 000
2	A,B	4 800,4 900	4 850	−150	22 500
3	A,C	4 800,5 100	4 950	−50	2 500
4	A,D	4 800,5 200	5 000	0	0
5	B,A	4 900,4 800	4 850	−150	22 500
6	B,B	4 900,4 900	4 900	−100	10 000
7	B,C	4 900,5 100	5 000	0	0
8	B,D	4 900,5 200	5 050	50	2 500
9	C,A	5 100,4 800	4 950	−50	2 500
10	C,B	5 100,4 900	5 000	0	0
11	C,C	5 100,5 100	5 100	100	10 000
12	C,D	5 100,5 200	5 150	150	22 500
13	D,A	5 200,4 800	5 000	0	0
14	D,B	5 200,4 900	5 050	50	2 500
15	D,C	5 200,5 100	5 150	150	22 500
16	D,D	5 200,5 200	5 200	200	40 000
合计	—	—	80 000	—	200 000

16 个样本平均数的平均数为

$$E(\bar{x})=\frac{\sum\bar{x}}{M}=\frac{80\,000}{16}=5\,000\,(\text{元})$$

按理论计算的抽样平均误差为

$$\mu_{\bar{x}}=\sqrt{\frac{\sum(\bar{x}-\bar{X})^2}{M}}=\sqrt{\frac{200\,000}{16}}=111.80\,(\text{元})$$

按重复抽样平均误差公式计算为

$$\mu_{\bar{x}}=\frac{\sigma}{\sqrt{n}}=\frac{158.11}{\sqrt{2}}=111.80\,(\text{元})$$

上面两种计算的结果完全相同。

从以上计算过程，可以看出几个基本关系：

(1) 抽样平均数的平均数等于总体平均数，即 $E(\bar{x})=\bar{X}$。

(2) 抽样平均误差要比总体的标准差小得多，重复时仅为总体标准差的$\frac{1}{\sqrt{n}}$。

(3) 抽样平均误差与总体的标准差成正比变化，而与样本单位数 n 的平方根成反比变化。在其他条件不变的情况下，平均误差要减小一半，样本单位数 n 就要扩大 3 倍，即为原来的 4 倍；而抽样平均误差允许增加一倍，则样本单位数 n 只需要为原来的 1/4。

【例 7.3】 现仍用上述 4 个工人工资的例子，假设用不重复抽样从总体中抽取两个工人组成样本（$N=4,n=2$），则可能出现 $P_N^n=P_4^2=\frac{4!}{(4-2)!}=12$ 个样本，每个样本都对应一个平均工资，如表 7.2 所示。

表 7.2 不重复抽样条件下抽样误差计算表

可能样本序号	样本单位名称	样本变量 x	样本平均数 $\bar{x}$	平均数离差 $\bar{x}-\bar{X}$	离差平方 $(\bar{x}-\bar{X})^2$
1	A,B	4 800,4 900	4 850	−150	22 500
2	A,C	4 800,5 100	4 950	−50	2 500
3	A,D	4 800,5 200	5 000	0	0
4	B,A	4 900,4 800	4 850	−150	22 500
5	B,C	4 900,5 100	5 000	0	0
6	B,D	4 900,5 200	5 050	50	2 500
7	C,A	5 100,4 800	4 950	−50	2 500
8	C,B	5 100,4 900	5 000	0	0
9	C,D	5 100,5 200	5 150	150	22 500
10	D,A	5 200,4 800	5 000	0	0
11	D,B	5 200,4 900	5 050	50	2 500
12	D,C	5 200,5 100	5 150	150	22 500
合计	—	—	60 000	—	100 000

12 个样本平均数的平均数为

$$E(\bar{x})=\frac{\sum\bar{x}}{M}=\frac{60\,000}{12}=5\,000\text{（元）}$$

按理论计算的抽样平均误差为

$$\mu_{\bar{x}}=\sqrt{\frac{\sum(\bar{x}-\bar{X})^2}{M}}=\sqrt{\frac{100\,000}{12}}=91.29\text{（元）}$$

按不重复抽样平均误差公式计算为

$$\mu_{\bar{x}}=\sqrt{\frac{\sigma^2}{n}\left(\frac{N-n}{N-1}\right)}=\sqrt{\frac{158.11^2}{2}\left(\frac{4-2}{4-1}\right)}=91.29\text{（元）}$$

上面两种计算的结果完全相同。

由上可知，在不重复抽样的条件下，抽样平均数的平均数仍然等于总体平均数，而它的抽样平均误差 91.29 元则比重复抽样的平均误差 111.80 元要小。但是，当总体单位数 N 很大时，由于修正因子 $\left(\frac{N-n}{N-1}\right)$ 十分接近于 1，两种抽样的平均误差就相差很小，因而在实际工作中按不重复抽样方法进行抽样时，也往往简便地运用重复抽样的公式来计算抽样平均误差。

上面介绍的抽样平均误差公式，都要在总体方差已知的条件下才能计算，但总体方差在抽样推断之前总是未知的。为此，在实际操作中通常用以下几种方法解决：

(1) 用历史资料代替。如果历史上做过同类型的全面调查或抽样调查，就用过去所掌握的总体方差或样本方差。倘若曾经做过多次调查，有多个方差资料，一般宜选用其中最大的方差。

(2) 用样本方差代替。只要样本的分布接近总体分布，样本方差就相当接近总体方差，但是它只能在抽样调查之后才能计算。即用 S^2 代替 σ^2，用样本成数 $p(1-p)$ 代替总体成数 $P(1-P)$。

(3) 进行试验性抽样取得估计资料。如果既没有历史资料，又需要在调查之前就要计算抽样平均误差，则可组织一次小规模的试验性抽样调查，计算出抽样方差作为总体方差的估计值。

【例 7.4】 某企业生产一批灯泡，共 10 000 只，随机抽取 500 只做耐用实验。测得结果，平均使用寿命为 5 000 小时，样本标准差为 300 小时，试计算灯泡使用寿命的抽样平均误差。

由于没有总体标准差，用样本标准差代替。灯泡使用寿命的抽样平均误差为

重复抽样的抽样平均误差：

$$\mu_{\bar{x}}=\frac{\sigma}{\sqrt{n}}\approx\frac{s}{\sqrt{n}}=\frac{300}{\sqrt{500}}=13.42\text{（小时）}$$

不重复抽样的抽样平均误差：

$$\mu_{\bar{x}}=\sqrt{\frac{\sigma^2}{n}\left(1-\frac{n}{N}\right)}\approx\sqrt{\frac{s^2}{n}\left(1-\frac{n}{N}\right)}=\sqrt{\frac{300^2}{500}\left(1-\frac{500}{10\,000}\right)}=13.08\text{（小时）}$$

【例7.5】 现仍用例7.4的资料，从该企业随机抽取的500只灯泡中，检验有10只不合格，要求计算不合格率的抽样平均误差。

根据已知条件：设成数为不合格率，则样本成数为 $p=\frac{n_1}{n}=\frac{10}{500}=2\%$。

在重复抽样条件下，不合格率的抽样平均误差为

$$\mu_p=\sqrt{\frac{P(1-P)}{n}}\approx\sqrt{\frac{p(1-p)}{n}}=\sqrt{\frac{0.02(1-0.02)}{500}}=0.63\%$$

在不重复抽样条件下，不合格率的抽样平均误差为

$$\mu_p=\sqrt{\frac{P(1-P)}{n}\left(1-\frac{n}{N}\right)}\approx\sqrt{\frac{p(1-p)}{n}\left(1-\frac{n}{N}\right)}$$

$$=\sqrt{\frac{0.02(1-0.02)}{500}\left(1-\frac{500}{10\,000}\right)}=0.61\%$$

此例中，用样本的方差代替总体方差来计算抽样平均误差的，并且用重复抽样公式和不重复抽样公式计算的结果相差甚微。

三、抽样极限误差的意义

用抽样指标来估计总体指标，要达到完全准确、毫无误差，一般来说是不可能的，所以在估计总体指标的同时，必须考虑估计误差的大小。我们当然希望误差要小一些，因为误差愈大，样本资料的价值就愈小，误差超过了一定限度，样本资料就毫无价值了。例如，对粮食单位面积产量进行抽样调查，如果所抽的粮食每公顷产量的误差超过500千克，那么可以断定这种样本资料的价值是不大的，因为一般粮食平均每公顷产量为7 500千克，而误差达到500千克，则误差率为6.7%，通常粮食增产达到5%的幅度就是好收成，现在抽样误差已超过这个数目，这种统计数字还有什么用呢？

所以在进行抽样估计时，应该根据所研究对象的差异程度和分析任务的需要确定可允许的误差范围，在这个范围内的估计数字都算是有效的。这种可允许的误差范围通常称为抽样极限误差，它等于样本指标可允许变动的上限或下限与总体指标之差的绝对值。

设 $\Delta_{\bar{x}}$，Δ_p 分别表示抽样平均数极限误差和抽样成数极限误差，则有

$$\Delta_{\bar{x}}=|\bar{x}-\overline{X}| \tag{7.15}$$

$$\Delta_p=|p-P| \tag{7.16}$$

式(7.15)和式(7.16)中，$\bar{x}$ 与 p 都表示样本平均数和样本成数可允许的上限或下限数值，即有

$$\overline{X}-\Delta_{\bar{x}}<\bar{x}<\overline{X}+\Delta_{\bar{x}} \tag{7.17}$$

$$P-\Delta_p<p<P+\Delta_p \tag{7.18}$$

式(7.17)表明抽样平均数 $\bar{x}$ 是以总体平均数 $\overline{X}$ 为中心，在 $\overline{X}-\Delta_{\bar{x}}$ 至 $\overline{X}+\Delta_{\bar{x}}$ 之间变动，区间($\overline{X}-\Delta_{\bar{x}}$，$\overline{X}+\Delta_{\bar{x}}$)的总长度为 $2\Delta_{\bar{x}}$，在这个区间内样本平均数和总体平均数之间的绝对离差不超过 $\Delta_{\bar{x}}$。同样地，式(7.18)表明，抽样成数 p 是以总体成数 P 为中心，在 $P-\Delta_p$ 至 $P+\Delta_p$ 之间变动，抽样成数在区间($P-\Delta_p$，$P+\Delta_p$)内与总体成数的绝对离差不超过 Δ_p。

由于总体平均数和成数是未知的，它要求靠已经计算出来的抽样平均数和抽样成数来估计。因而抽样极限误差的实际意义是希望总体平均数 $\overline{X}$ 落在样本平均数 $\bar{x}\pm\Delta_{\bar{x}}$ 的范围内，总体成数 P 落在抽样成数 $p\pm\Delta_p$ 的范围内，因而上面的不等式应该变换为

$$\bar{x}-\Delta_{\bar{x}}<\overline{X}<\bar{x}+\Delta_{\bar{x}} \tag{7.19}$$

$$p-\Delta_p<P<p+\Delta_p \tag{7.20}$$

可以看出，后面两个不等式是前面两个不等式变换而来的，它们是等价的。式(7.17)与式(7.18)中不等式成立，则式(7.19)与式(7.20)中不等式也完全成立。

四、抽样误差的概率度

尽管我们希望样本指标的估计值都能落在允许的误差范围内，但是由于样本指标本身是一个随机的数值，因而抽样极限误差也不过指的是联系一定可靠程度确定的抽样误差可能范围。这就需要引入一个置信度的概念。抽样估计的置信度就是表明抽样指标和总体指标的误差不超过一定范围的概率保证程度。

所谓概率是指某随机事件在一定场合出现比较稳定的频率，或者说某事件出现可能性的大小，它的取值范围在 0 到 1 之间。

一般地，要想通过样本平均数或成数的实际分布状况来求抽样误差的置信度是难以做到的。

如果总体 $X\sim N(\overline{X},\sigma^2)$ 的正态分布，从中随机抽取容量为 n 的样本，无论 n 多大，样本平均数 $\bar{x}$ 都服从正态分布 $N\left(\overline{X},\frac{\sigma^2}{n}\right)$，这时统计量

$$Z=\frac{\bar{x}-\bar{X}}{\sigma/\sqrt{n}}\sim N(0,1) \tag{7.21}$$

对于事先给定的小概率 α，有

$$P\left\{\left|\frac{\bar{x}-\bar{X}}{\sigma/\sqrt{n}}\right|<z_{\alpha/2}\right\}=1-\alpha$$

即

$$P\left\{\bar{x}-\frac{\sigma}{\sqrt{n}}z_{\alpha/2}<\bar{X}<\bar{x}+\frac{\sigma}{\sqrt{n}}z_{\alpha/2}\right\}=1-\alpha \tag{7.22}$$

这样，就可以得到 $\bar{X}$ 的一个置信度为 $1-\alpha$ 的置信区间：

$$\left[\bar{x}-\frac{\sigma}{\sqrt{n}}z_{\alpha/2},\bar{x}+\frac{\sigma}{\sqrt{n}}z_{\alpha/2}\right] \tag{7.23}$$

式中，$z_{\alpha/2}$ 可通过查正态分布表得到。

同样，如果总体的方差 σ^2 未知，需要用样本的方差 S^2 代替随机变量 $\frac{\bar{x}-\bar{X}}{\sigma/\sqrt{n}}$ 中的总体方差 σ^2，组成新的随机变量 $T=\frac{\bar{x}-\bar{X}}{S/\sqrt{n}}$，可以证明

$$T=\frac{\bar{x}-\bar{X}}{S/\sqrt{n}}\sim t(n-1) \tag{7.24}$$

称随机变量 T 服从自由度为 $n-1$ 的 t 分布。

对于给定的置信度为 $1-\alpha$，有

$$P\left\{\left|\frac{\bar{x}-\bar{X}}{S/\sqrt{n}}\right|<t_{\alpha/2}(n-1)\right\}=1-\alpha$$

即

$$P\left\{\bar{x}-\frac{S}{\sqrt{n}}t_{\alpha/2}(n-1)<\bar{X}<\bar{x}+\frac{S}{\sqrt{n}}t_{\alpha/2}(n-1)\right\}=1-\alpha \tag{7.25}$$

这样，就可以得到 $\bar{X}$ 的一个置信区间：

$$\left[\bar{x}-\frac{S}{\sqrt{n}}t_{\alpha/2}(n-1),\bar{x}+\frac{S}{\sqrt{n}}t_{\alpha/2}(n-1)\right] \tag{7.26}$$

其中，$t_{\alpha/2}(n-1)$ 可通过查 t 分布表得到。

概率论与数理统计从理论上已经证明，在样本单位数足够多($n\geqslant 30$)的条件下，抽样平均数的 t 分布接近于标准正态分布，以 S^2 估计 σ^2 的误差可以忽略不

计。在实际统计抽样中，由于都是大样本的抽样，所以直接用 S^2 代替 σ^2。本章也是基于这种情况进行论述的。

若在正态分布下，正态分布曲线下总面积为 1 或 100%，$F(t)$就是所占总面积的百分比，它可以表现推断结果的可靠程度，如图 7.1 所示，其中 μ 表示抽样平均误差。

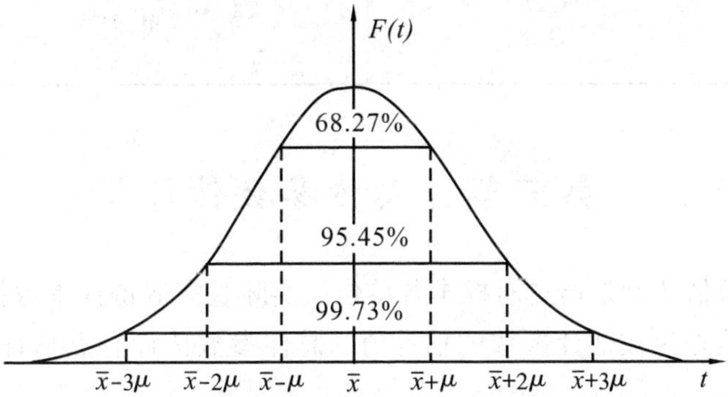

图 7.1　正态分布曲线下概率度 t 对应的面积

概率度 t 是以抽样平均误差为尺度来衡量的相对误差范围，如果说 1 个概率度，即 $t=1$，就表明总体指标与样本指标之间相差 1 个抽样平均误差范围；若说有 2 个概率度，即 $t=2$，就是说总体指标与样本指标之间相差 2 个抽样平均误差范围。也就是说，概率度 t 表示误差范围为抽样平均误差的 t 倍，即

$$t=\frac{|\bar{x}-\bar{X}|}{\mu_{\bar{x}}}=\frac{\Delta_{\bar{x}}}{\mu_{\bar{x}}} \tag{7.27}$$

由此可以得出抽样平均数极限误差的计算公式：

$$\Delta_{\bar{x}}=t\mu_{\bar{x}} \tag{7.28}$$

同理

$$t=\frac{|p-P|}{\mu_p}=\frac{\Delta_p}{\mu_p} \tag{7.29}$$

由此可以得出抽样平均数极限误差的计算公式：

$$\Delta_p=t\mu_p \tag{7.30}$$

在正态分布下，由于抽样误差的概率就是概率度的函数，可以通过给定的概率保证程度 $F(t)$，查正态分布概率表，直接从表上找出抽样误差的概率度 t 的值。

在抽样推断中最常用的几个概率 $F(t)$ 与概率度 t 之间的关系如表 7.3 所示。

表 7.3 常用正态分布概率表

概率度 t	概率 $F(t)$(%)
1	68.27
1.64	90.00
1.96	95.00
2	95.45
3	99.73
4	99.99

第三节 总体参数估计

总体参数估计就是通过对样本各单位的实际观察取得样本数据,计算样本统计量的取值作为被估计参数的估计值。总体参数估计有点估计和区间估计两种。

一、总体参数的点估计

(一) 点估计的含义

点估计又称定值估计,它是利用样本计算出的统计量直接作为总体参数的估计量。如用样本平均数的实际值作为总体平均数的估计量;用样本成数的实际值作为总体成数的估计值。例如,根据某地区样本资料计算粮食平均每公顷产量 9 000 千克,优质粮食作物的比重为 80%,可以用这些数值作为全地区粮食单位面积(每公顷)产量水平和优质品率的估计值。这些实际上反映了点估计的概念。

当然,在参数点估计中,关键是如何构造点估计量,而构造点估计量的方法有多种,如矩估计法和最大似然估计法及贝叶斯法等。

矩估计法直观、简便,一般来说并不要求知道总体的分布情况,因而被广泛应用。矩估计法是通过下面两个估计式来实现的。

(1) 用样本的一阶原点矩(样本均值)$\bar{x}$ 作为 $\bar{X}$ 的估计,即

$$\hat{\bar{X}} = \bar{x} \tag{7.31}$$

$$\hat{P} = p \tag{7.32}$$

其中，$\hat{\overline{X}}$表示总体参数$\overline{X}$的估计量，$\hat{P}$表示总体成数P的估计量。

(2) 用样本的二阶中心矩（样本方差）S^2作为σ^2的估计，即

$$\hat{\sigma}^2 = S^2 \tag{7.33}$$

关于参数点估计的其他方法，可参阅《概率论与数理统计》。

（二）估计量的评选标准

估计总体参数，未必只能用一个统计量，也可以用其他统计量。如估计总体平均数，可以用样本平均数，也可以用样本中位数、众数等。应当以哪一种统计量作为总体参数的估计量才是最优的，这就有了评价统计量的优良估计标准问题。

作为优良估计应该符合以下标准：

(1) 无偏性。即样本统计量的期望值（平均数）等于被估计的总体参数。也就是说，虽然每一次抽样，所计算的统计量和总体参数的真值可能有误差，误差可正可负，可大可小，但在多次反复的估计中，所有样本统计量取值的平均数应该等于总体参数本身，即样本统计量的估计平均说来是没有偏差的。

在第二节的例子中，已经证明，样本平均数的期望值等于总体平均数，样本成数的期望值等于总体成数，即

$$E(\bar{x}) = \overline{X} \tag{7.34}$$

$$E(p) = P \tag{7.35}$$

这说明以样本平均数作为总体平均数的估计量，以样本成数作为总体成数的估计量，是符合无偏性原则的。

(2) 一致性。即当样本的单位数充分大时，样本统计量也充分靠近总体参数。就是说，随着样本单位数n的无限增加，样本统计量和被估计的总体参数之差的绝对值小于任意小的数，它的可能性也趋近于必然性，或者说实际上是几乎肯定的。

从抽样误差的影响中可以看出，在其他因素不变的情况下，抽样误差与样本单位数n的平方根成反比变化，样本单位数愈多，则误差就愈小，当样本单位数接近于总体单位数时，抽样误差也就接近于零。也就是说，样本统计量作为总体参数的估计量是符合一致性原则的，即

$$\lim_{n\to\infty} P\{|\bar{x} - \overline{X}| < \varepsilon\} = 1 \tag{7.36}$$

$$\lim_{n\to\infty} P\{|p - P| < \varepsilon\} = 1 \tag{7.37}$$

式中，ε为任意小的数。

(3) 有效性。即作为优良估计量的方差应该比其他估计量的方差小。例如，用样本平均数或用总体某一变量值来估计总体平均数，虽然二者都是无偏的，而且在每一次估计中，两种估计量和总体平均数都可能有离差，但是样本平均数更靠近于总体平均数的周围，平均来说其离差比较小。所以对比说来，样本平均数是更为有效的估计量，即

$$\sigma^2(\bar{x}) < \sigma^2(x) \tag{7.38}$$

另外，还要考虑信息的充分性。如果一个估计量能够带来样本中大量有用的信息，而没有别的估计量能够为估计总体参数提供来自样本的更多信息，那么这个估计量就是充分的估计量。

不是所有估计量都符合以上标准。可以说完全符合以上标准的估计量要比不符合或不完全符合以上标准的估计量更为优良。例如在正态分布的情况下，总体平均数和中位数是重合在一起的，样本平均数是总体中位数的无偏估计量和一致估计量，而且样本平均数比样本中位数作为总体中位数的估计量也是更有效的，因为样本平均数的方差比样本中位数的方差更小。在正态分布的情况下，样本中位数是总体平均数的无偏估计量和一致估计量。但对比样本平均数却不是更有效和充分的估计量，因为它的方差比样本平均数的方差大，当然样本中位数也不是总体中位数的有效估计量。

在这里介绍优良估计的标准是为了使初学者了解统计学家在选择估计量时所遵循的准则。本章后面将不再提及全部 4 条标准。

总体参数点估计的方法简便、易行。但这种估计没有表明抽样估计的误差，也没有指出误差在一定范围内的概率保证程度有多大。要研究这些问题，就需要采用区间估计的方法。

二、总体参数的区间估计

总体参数的区间估计不是直接给出总体参数的估计值，而是利用实际样本资料，构造出一个置信区间，用这个区间来表明总体参数可能存在的范围，同时给出这个估计相应的概率保证程度(置信度)。用公式表示为

$$\bar{x} - \Delta_{\bar{x}} < \bar{X} < \bar{x} + \Delta_{\bar{x}} \tag{7.39}$$

$$p - \Delta_p < P < p + \Delta_p \tag{7.40}$$

式中，$\bar{x} + \Delta_{\bar{x}}$ 和 $\bar{x} - \Delta_{\bar{x}}$ 分别是总体平均数区间的上限与下限；$p + \Delta_p$ 和 $p - \Delta_p$ 分别为总体成数的上限与下限。

被估计总体参数 $\overline{X}$,P 在区间($\bar{x}-\Delta_{\bar{x}}$,$\bar{x}+\Delta_{\bar{x}}$)和($p-\Delta_p$,$p+\Delta_p$)内的概率为 $1-\alpha$,即

$$P(\bar{x}-\Delta_{\bar{x}}<\overline{X}<\bar{x}+\Delta_{\bar{x}})=1-\alpha \tag{7.41}$$

$$P(p-\Delta_p<P<p+\Delta_p)=1-\alpha \tag{7.42}$$

于是称($\bar{x}-\Delta_{\bar{x}}$,$\bar{x}+\Delta_{\bar{x}}$)和($p-\Delta_p$,$p+\Delta_p$)为置信区间。所谓置信区间就是联系一定概率保证程度确定的区间,它表达了区间估计的精确性。$1-\alpha$ 为置信度或概率,表示区间估计的可靠程度。例如,$1-\alpha=0.95$,说明有 95%的可能总体参数包括在估计区间内,而不包括在这个区间的概率为 $\alpha=5\%$,叫显著性水平。

由上可见,科学的区间估计方法要具备 3 个基本要素:

(1) 要有合适的统计量作为估计量。

(2) 要有合理的允许误差范围。允许误差范围又称抽样极限误差,指样本统计量与被估计总体参数离差可允许变动的上限和下限。由于统计量本身也是随机变量,所以要使所做的估计完全没有误差是难以实现的,但估计误差也不能太大,估计误差如果超过了一定限度,参数估计本身也就会失去价值。误差范围愈小表明抽样估计的准确度愈高,反之,就表明准确度愈差。

(3) 要有可靠的概率保证程度。估计的概率保证程度又称估计的置信度,它涉及估计的可靠性问题。由于随机抽样,统计量是随机变量,估计值所确定的估计区间也是随机的,在实际抽样中并不能保证被估计的参数真值都落在允许误差的范围内。这就产生了要冒多大风险相信所做的估计。如果一种估计可信度很低,这就意味着所冒的风险很大,这种估计也就没有什么价值了。

由于参数的允许范围涉及估计的准确性问题,而相应的概率保证程度(置信度)涉及估计的可靠性问题。出于本能,在做估计时常常希望准确性尽可能提高,而且可靠性也不能小,但是这两个要求是矛盾的。在样本单位数不变的条件下,要想缩小估计区间,提高估计的准确性,势必要减小置信度,降低估计的可靠性。同样地,提高了估计的可靠性,也必然要降低估计的准确性。

因此,在抽样估计的时候,只能对其中的一个要素提出要求,而推断另一个要素的变动情况。如对估计的准确性提出要求,即要求误差范围不超过给定的标准来推算估计的可靠性,也即概率保证程度;或对估计的可靠性提出要求,即要求给定的概率保证程度来推算抽样的误差范围。若所推算的另一要素(抽样误差范围或概率保证程度)不能满足实际工作的需要,就应该增加样本单位改善抽样组织,

重新进行抽样，直到符合要求为止。

所以总体参数的区间估计根据所给定的条件不同，有两种估计方法。

（一）根据给定的抽样误差范围，估计概率保证程度

根据给定的抽样误差范围 Δ，估计其概率保证程度 $F(t)$ 的具体步骤如下：

(1) 抽取样本，根据样本单位标志值计算样本指标，如计算样本平均数或样本成数，作为总体指标的相应估计值，并计算样本标准差以推算抽样平均误差。

(2) 根据给定的抽样极限误差范围，估计出总体指标（平均数或成数）的下限和上限。

(3) 根据给定的抽样极限误差除以抽样平均误差，求出概率度 t 值，再根据 t 值查正态分布概率表，求出相应的概率保证程度 $F(t)$，并对总体参数做区间估计。

这种估计方法分为总体平均数的估计和总体成数的估计两种形式。

1. 总体平均数的估计

【例 7.6】 某市住户进行家庭住房消费调查。随机抽取 400 个居民户，调查得到每个家庭月平均住房消费支出为 2 180 元，标准差为 1 200 元。如果允许抽样极限误差不超过 180 元，试估计该市每个家庭月平均住房消费支出。

第一步，抽取样本，计算样本平均数和标准差，并计算抽样平均误差：

$$\bar{x} = 2\,180(\text{元}),\quad s = 1\,200\,(\text{元})$$

$$\mu_{\bar{x}} = \frac{\sigma}{\sqrt{n}} \approx \frac{s}{\sqrt{n}} = \frac{1\,200}{\sqrt{400}} = 60\,(\text{元})$$

第二步，根据给定的误差范围，计算该市每个家庭月平均住房消费支出的范围：

$$\text{家庭月平均住房消费的下限} = \bar{x} - \Delta_{\bar{x}} = 2\,180 - 180 = 2\,000\,(\text{元})$$

$$\text{家庭月平均住房消费的上限} = \bar{x} + \Delta_{\bar{x}} = 2\,180 + 180 = 2\,360\,(\text{元})$$

第三步，计算概率度，并查正态分布概率表得置信度：

$$t = \frac{\Delta_{\bar{x}}}{\mu_{\bar{x}}} = \frac{180}{60} = 3$$

$$F(t) = 0.997\,3$$

通过计算有 99.73% 的概率保证程度，估计该市每个家庭月平均住房消费支出在 2 000～2 360 元间。

2. 总体成数的估计

【例 7.7】 进行某市居民电动汽车的购买倾向调查，随机抽取 1 800 位有购买汽车意愿的用户，其中有 450 位用户考虑购买电动汽车。如果允许极限误差范围不超过 2.04%，试估计该市居民愿意购买电动汽车的比重。

第一步，抽取样本，计算样本成数和标准差，并推算抽样平均误差：

$$p=\frac{450}{1\,800}=25\%$$

$$\mu_p \approx \sqrt{\frac{p(1-p)}{n}}=\sqrt{\frac{0.25\times 0.75}{1\,800}}=\sqrt{\frac{0.187\,5}{1\,800}}=1.02\%$$

第二步，根据给定的误差范围，计算总体成数即愿意购买电动汽车比重的范围：

$$\text{下限}=p-\Delta_p=25\%-2.04\%=22.96\%$$

$$\text{上限}=p+\Delta_p=25\%+2.04\%=27.04\%$$

第三步，计算概率度，并查正态分布概率表得置信度：

$$t=\frac{\Delta_p}{\mu_p}=\frac{2.04\%}{1.02\%}=2$$

$$F(t)=95.45\%$$

通过计算有 95.45%的概率保证程度，估计该市居民愿意购买电动汽车的比重在 22.96%～27.04%间。

（二）根据置信度的要求，估计总体指标的可能范围

根据置信度的要求，估计总体指标的可能范围的具体步骤如下：

(1) 抽取样本，根据样本单位标志值计算样本指标，如计算样本平均数或样本成数，作为总体指标的相应估计值，并计算样本标准差用以推算抽样平均误差。

(2) 根据给定的置信度 $F(t)$ 的要求，查正态分布概率表，求得概率度 t 值。

(3) 根据概率度和抽样平均误差来推算抽样极限误差，并据以计算被估计总体指标的上下限，对总体参数做区间估计。

这种估计方法也分为总体平均数的估计和总体成数的估计两种形式。

1. 总体平均数的估计

【例 7.8】 某学校进行一次英语课程测验，为了解学生的考试情况，随机抽选部分学生进行调查，所得资料如表 7.4 所示。

表 7.4 某校学生英语课程成绩抽样资料及计算表

考试成绩（分）	组中值 x	学生人数 f(人)	xf	$x-\bar{x}$	$(x-\bar{x})^2 f$
60 以下	55	10	550	−21.6	4 665.6
60～70	65	20	1 300	−11.6	2 691.2
70～80	75	22	1 650	−1.6	56.32
80～90	85	40	3 400	8.4	2 822.4
90 以上	95	8	760	18.4	2 708.48
合 计	—	100	7 660	—	12 944

试以 95.45％的可靠性估计该校学生英语课程考试平均成绩的范围。

第一步，根据样本资料计算样本平均数和标准差，并推算抽样平均误差：

$$\bar{x}=\frac{\sum xf}{\sum f}=\frac{7\,660}{100}=76.6\ (\text{分})$$

$$s=\sqrt{\frac{\sum (x-\bar{x})^2 f}{\sum f}}=\sqrt{\frac{12\,944}{100}}=11.38\ (\text{分})$$

$$\mu_{\bar{x}}=\frac{\sigma}{\sqrt{n}}\approx\frac{s}{\sqrt{n}}=\frac{11.38}{\sqrt{100}}=1.138\ (\text{分})$$

第二步，根据给定的置信度 $F(t)=95.45\%$，查正态分布概率表得概率度 $t=2$。

第三步，根据概率度和抽样平均误差计算抽样极限误差，并估计该校平均数的范围：

$$\Delta_{\bar{x}}=t\mu_{\bar{x}}=2\times 1.138=2.276\ (\text{分})$$

$$\text{下限}=\bar{x}-\Delta_{\bar{x}}=76.6-2.276\approx 74.3\ (\text{分})$$

$$\text{上限}=\bar{x}+\Delta_{\bar{x}}=76.6+2.276\approx 78.9\ (\text{分})$$

可以用 95.45％的概率来保证该校学生英语课程考试的平均成绩在 74.3～78.9 分间。

2. 总体成数的估计

【例 7.9】 仍用例 7.8 的资料(表 7.4)，要求用同样的概率，估计该校学生英语课程考试成绩在 80 分以上的学生所占比重的范围。

第一步，根据样本资料计算样本成数和标准差，并推算抽样平均误差：

$$p = \frac{48}{100} = 48\%$$

$$\mu_p \approx \sqrt{\frac{p(1-p)}{n}} = \sqrt{\frac{0.48 \times 0.52}{100}} = \sqrt{\frac{0.249\,6}{100}} = 5\%$$

第二步，根据给定的置信度 $F(t)=95.45\%$，查正态分布概率表得概率度 $t=2$。

第三步，根据概率度和抽样平均误差计算抽样极限误差，并估计该校英语课程考试成绩在 80 分以上的学生所占比重的范围：

$$\Delta_p = t\mu_p = 2 \times 5\% = 10\%$$

$$下限 = p - \Delta_p = 48\% - 10\% = 38\%$$

$$上限 = p + \Delta_p = 48\% + 10\% = 58\%$$

在 95.45%概率保证的程度下，该校英语课程考试成绩在 80 分以上的学生所占的比重在 38%—58%之间。

第四节　抽样组织设计

一、抽样设计的基本原则

抽样推断和其他统计估计推算不同，它是事先根据一定要求来设计调查，并按这个要求取得部分实际资料，以此为基础，进行推理演算做出结论。因此如何科学地设计抽样调查，保证随机条件的实现，并且取得最佳的抽样效果，不仅关系到抽样组织工作的好坏优劣，甚至决定抽样推断的成败，是影响全局的一个至关重要的问题。

在抽样设计中，首先，要保证随机原则的实现。随机取样是抽样推断的前提，离开这个前提，推断的理论和方法也就失去了存在的基础。从理论上说，随机原则就要保证总体中每个单位都有同等的中选机会。但是，在实践上如何保证这个原则的实现，需要考虑许多因素和可能采用的方法。

其次，要考虑样本容量和结构问题。样本单位数的多少要有一个度的概念。多了会增加组织抽样的负担，甚至造成浪费，太少了又不能够有效地反映真实情况，直接影响着推断的效果。因此，在设计中应该根据研究对象的变异、误差的要求等具体情况，对样本容量大小做出适当的选择。另外，对相同的样本容量，还有容量的结构问题，例如，某省要求抽取 800 个农户进行农村居民家庭调查，它可以是先抽取 8 个乡，然后在每个乡抽取 100 个农户；也可以是先抽取 10 个乡，然后在每个乡抽取 80 个农户等。样本容量的结构不同，所产生的效果也不同。抽样设计应该善于评价而且有效利用由于样本结构调整而产生的效果。

在研究样本容量和结构问题之前，要根据抽样的目的，确定抽样框。所谓抽样框就是总体单位的名单。抽样框可以分为两类：一类是总体单位的名称表；另一类是地段抽样框，一般依据地图，划分成若干个有明确边界的地段，即单位。编制抽样框的好处是：① 可将总体所有单位置于可以被抽中的位置上，易于贯彻随机原则并进行抽选工作，提高抽样调查的效率。② 可确定调查对象及全及总体的范围，否则无法确定抽样调查推断的总体是谁。如何编制抽样框，根据对总体单位了解的程度而定，如果对总体单位不甚了解，往往只能编制总体单位清单或地段抽样框；如果对总体单位情况比较了解，甚至掌握与调查内容有关的标志表现的资料，可以按有关标志值的高低进行有序排队。例如，进行农产品抽样调查，可以把地块按过去平均亩产的高低排队。

再次，要认识到不同的抽样组织形式，会有不同的抽样误差，因而抽样的效果也是不同的。一种科学的组织形式往往有可能以较少的样本单位数取得更好的抽样效果。因此抽样设计必须选择合适的组织形式，并对所用方法的抽样误差做出正确的估计，进一步和其他组织形式的抽样误差进行对比分析。

最后，在抽样设计中必须重视调查费用这个基本因素。通常习惯上认为抽样误差最小的方案是最佳方案。但在实际抽样中，要考虑到精确度和费用这一对矛盾。许多情况下，我们的任务就是在一定误差要求下选择费用最少的样本设计方案；或在一定的费用开支条件下，选择误差最小的方案。

常用的抽样组织方式有简单随机抽样、类型抽样、等距抽样、整群抽样等。下面予以简单介绍。

二、抽样组织设计

（一）简单随机抽样

简单随机抽样又称纯随机抽样，是概率抽样中最基本的组织形式。它是按随机原则直接从总体 N 个单位中取 n 个单位作为样本。这种方法的优点是使用起来简单易行，它适用于总体单位数不是太多的均匀总体。所谓均匀总体是指具有某种特征的单位均匀地分布于总体的各个部分，使总体的各部分都是同分布的。

采用简单随机抽样，在进行抽样调查之前应该先确定总体范围，并对总体的每个单位进行编号，然后用抽签的方式或根据随机数字表来抽选必要的单位数。

最常用的抽样方法是利用随机数表，这种表是由计算机或其他随机方法制成的，即 0，1，2，…，9 这 10 个数字出现的概率是相同的，但排列的先后顺序则是随机的。在使用随机数表抽取样本之前，首先应将各个总体单位编上号码；然后在随机数表中任意地取数，凡是抽中的数字与相应的总体单位号码相一致时，该单位即为抽中的单位。若抽中的数字无相应的总体单位号码，则该数字被放弃，再重新抽取下一个数，直到抽满预定的样本容量 n 个为止。

以上各节介绍的抽样推断方法都是就简单随机抽样而言的，这里不再做说明。

组织抽样调查的一项重要工作就是要确定合适的样本容量。在设计的时候，通常是先根据研究问题的性质确定允许的最大误差范围 Δ 和必要的概率保证程度 $F(t)$（或概率度 t），并根据总体的标准差 σ，通过抽样平均误差公式来计算必要的样本单位数 n。

根据各种条件下的抽样平均误差公式 μ 以及极限误差公式 $\Delta=t\mu$，很容易推算出计算必要抽样数目的公式。

1. 测定抽样平均数的必要单位数

（1）重复抽样公式

$$n=\frac{t^2\sigma^2}{\Delta_{\bar{x}}^2} \tag{7.43}$$

（2）不重复抽样公式

$$n=\frac{Nt^2\sigma^2}{N\Delta_{\bar{x}}^2+t^2\sigma^2} \tag{7.44}$$

2. 测定抽样成数的必要单位数

（1）重复抽样公式

$$n=\frac{t^2P(1-P)}{\Delta_p^2} \tag{7.45}$$

（2）不重复抽样公式

$$n=\frac{Nt^2P(1-P)}{N\Delta_p^2+t^2P(1-P)} \tag{7.46}$$

【例 7.10】 对 10 000 只某产品进行耐用性能测试，根据以往资料，耐用时间的标准差为 51.91 小时，若采用重复抽样的方法，概率保证程度 68.27%，平均耐用时数的误差范围不超过 9 小时。又根据以往经验，产品的合格率为 91%，要求在

99.73%的概率保证下,允许误差不超过5%。问必要的抽样单位数应该为多少?

在重复抽样条件下,根据计算公式,样本平均数的样本容量为

$$n=\frac{t^2\sigma^2}{\Delta_{\bar{x}}^2}=\frac{1^2\times 51.91^2}{9^2}=33.27$$

此处取34只。

样本成数的样本容量为

$$n=\frac{t^2P(1-P)}{\Delta_p^2}=\frac{3^2\times 0.91(1-0.91)}{0.05^2}=294.84$$

此处取295只。

两个抽样指标所要求的必要抽样数目不同,应该取其中较大的单位数,即抽取295只作为样本,以满足共同的要求。

在计算样本容量时,应注意到以下几点:

(1) 根据上面公式计算的 n 是最必要的样本容量,也是最小的。

(2) 样本容量受总体标准差大小的影响。但在实际上总体的标准差是不知道的,这时可以用历史数据或其他试点数据来代替。当所搜集到的标准差有大小不等的数据时,则应用较大的标准差数据,以满足各种条件下的要求。成数方差 $P(1-P)$ 在完全缺乏资料的情况下,可以用其最大值 0.5×0.5 来代替。

(3) 如果进行一次调查,同时对总体平均数和总体成数进行区间估计,计算出的样本容量必须满足两个推断的要求,一般在两个样本容量中选择较大的一个。

(4) 上面公式计算的 n 不一定是整数,如果有小数,一般不采取四舍五入的办法化成整数,而是用比这个数大的临近的整数代替。

简单随机抽样在实践上受到许多限制。例如,当总体很大时,要首先对每一个单位加以编号就有很大困难,对于无限总体,对其进行编号甚至是不可能的。但这种抽样方式从理论上说最符合随机原则,它的抽样误差容易得到理论上的论证。因此可以作为发展其他更复杂的抽样设计的基础,同时也是衡量其他抽样方式抽样效果的比较标准。

(二) 类型抽样

类型抽样又称分层抽样,它是先对总体各单位按某一主要标志进行分组,然后再从各组中按随机的原则抽选一定单位构成样本。

类型抽样是将统计分组法和简单随机抽样结合起来的一种抽样方式。通过分组,可以把总体分成几个在组内性质比较接近的类型,使得各组内标志变异缩

小，各组间有较大差异，保证了样本单位能够均匀地分布在总体各部分，从而提高了样本的代表性。实践和数理统计都已证明，类型抽样能比简单随机抽样取得更好的效果。例如，对居民的家庭调查，可以按国民经济部门分组来抽选样本单位；对农作物的单位面积产量调查，可以按不同的地理条件分组来抽选样本单位；对某种产品质量进行调查，可以按企业规模分组来抽选样本单位等，这样都能保证样本有较充分的代表性。

将总体分成若干组后，样本单位数在各组之间的分配主要有 3 种方法：一是按调查者主观意志任意确定各组应抽选的单位数。这种分配方法称为随意分配。二是按各组的标志变异程度来确定各组应抽的单位数。对于标志变异大的组宜多抽一些单位进行调查，而标志变异小的组宜少抽一些单位进行调查。各组的抽选比例与对应的总体中各组单位数所占的比例是不相等的。这种分配方法称为最佳分配。三是按统一的比例确定各组应抽选的单位数。这种分配方法称为比例分配。

各组的样本单位数确定后，再按简单随机抽样方式在各组内随机地抽取样本单位。下面就比例分配样本单位数的方法进行讨论。

比例分配样本单位数一般是按照各组总体单位数与全部总体单位数的比例来分配样本单位数，以保持各组样本单位数与样本容量之比等于各组总体单位数与全部总体单位数之比，即存在如下关系：

$$\frac{n_1}{N_1} = \frac{n_2}{N_2} = \cdots = \frac{n}{N}$$

所以各组的样本单位数应为

$$n_i = N_i \cdot \frac{n}{N} = n \cdot \frac{N_i}{N} \tag{7.47}$$

类型抽样的样本平均数计算步骤如下：

第一步，在各组分别取样，可以计算各组抽样平均数

$$\bar{x}_i = \frac{\sum_{j=1}^{n_i} x_{ij}}{n_i} \quad (i = 1, 2, \cdots, k) \tag{7.48}$$

第二步，将各组样本平均数以各组样本单位数或各组总体单位数为权数进行加权平均，即为所求的样本平均数

$$\bar{x} = \frac{\sum_{i=1}^{k} \bar{x}_i N_i}{N} = \frac{\sum_{i=1}^{k} \bar{x}_i n_i}{n} \tag{7.49}$$

类型抽样的抽样平均误差的计算步骤如下：

第一步，计算各组内方差

$$\sigma_i^2 = \frac{\sum_{i=1}^{n_i}(x_{ij}-\bar{x}_i)^2}{n_i} \quad (i=1,2,\cdots,k) \tag{7.50}$$

第二步，以各组样本单位数为权数，计算各组内方差的平均数

$$\overline{\sigma_i^2} = \frac{\sum_{i=1}^{k}\sigma_i^2 n_i}{n} \tag{7.51}$$

由于类型抽样是对每一组进行随机抽样，所以不存在组间误差，抽样平均误差取决于各组内方差的平均水平。

第三步，计算抽样平均误差：

重复抽样计算公式

$$\mu_{\bar{x}} = \sqrt{\frac{\overline{\sigma_i^2}}{n}} \quad 或 \quad \mu_p = \sqrt{\frac{P(1-P)}{n}} \tag{7.52}$$

不重复抽样计算公式

$$\mu_{\bar{x}} = \sqrt{\frac{\overline{\sigma_i^2}}{n}\left(1-\frac{n}{N}\right)} \quad 或 \quad \mu_p = \sqrt{\frac{P(1-P)}{n}\left(1-\frac{n}{N}\right)} \tag{7.53}$$

【例 7.11】 某地区有耕地 6 000 公顷，其中：有平原地 4 500 公顷，山区地 1 500 公顷。现在采用分层抽样，按 2‰的比例抽取样本单位，对该地区粮食平均每公顷产量进行调查，按不重复抽样方法的调查结果如表 7.5 所示。要求在 95.45%的概率保证下，估计该地区粮食平均每公顷产量和总产量的范围。

表 7.5 某地区粮食产量抽样资料

	全部面积（公顷）N_i	样本面积（公顷）n_i	样本每公顷产量（千克）x_i	样本平均每公顷产量（千克）$\bar{x}_i$	样本标准差（千克）σ_i
平原	4 500	9	6 300，6 300，6 750 6 900，6 975，7 050 7 200，7 350，7 800	6 958	452.46
山区	1 500	3	4 500，4 800，5 100	4 800	244.95
合计	6 000	12	—	—	—

样本平均数和组内方差的平均数为

$$\bar{x}=\frac{\sum_{i=1}^{2}\bar{x}_i n_i}{n}=\frac{6\,958\times 9+4\,800\times 3}{12}=6\,419\text{（千克）}$$

$$\overline{\sigma_i^2}=\frac{\sum\sigma_i^2 n_i}{n}=\frac{452.46^2\times 9+244.95^2\times 3}{12}=168\,540.2\text{（千克）}$$

抽样平均误差为

$$\mu_{\bar{x}}=\sqrt{\frac{\overline{\sigma_i^2}}{n}\left(1-\frac{n}{N}\right)}=\sqrt{\frac{168\,540.2}{12}\left(1-\frac{12}{6\,000}\right)}$$

$$=\sqrt{14\,016.927}=118.39\text{（千克）}$$

该地区平均每公顷产量区间为

$$\overline{X}=\bar{x}\mp t\mu_{\bar{x}}=6\,419\mp 2\times 118.39=6\,419\mp 236.78$$

$$6\,182.22\leqslant\overline{X}\leqslant 6\,655.78\text{（千克）}$$

该地区总产量区间为

$$6\,000\times 6\,182.22\leqslant N\overline{X}\leqslant 6\,000\times 6\,655.78$$

$$37\,093\,320\leqslant N\overline{X}\leqslant 39\,934\,680\text{（千克）}$$

有 95.45％的概率保证，该地区粮食平均每公顷产量在 6 182.22 千克与 6 655.78千克之间；总产量在 37 093 320 千克与 39 934 680 千克之间。

从以上计算过程可以看出，类型抽样的抽样平均误差与组间的方差无关，仅取决于组内方差的平均水平。由于简单随机抽样采用的是总方差，它等于组间方差与组内平均方差之和，所以类型抽样的平均误差一般小于简单随机抽样的平均误差。同时由于总体方差是唯一确定的数值，因此在类型抽样分组时应该尽可能扩大组间方差，缩小组内方差，即各组间的差异可以大，而各组内的差异必须小，这样就可以减少抽样误差，提高抽样效果。

（三）等距抽样

等距抽样也称系统抽样或机械抽样，它是先将总体各单位按某一标志排队，然后按相等的距离或间隔来抽取样本单位。等距抽样也需要事先对总体结构有一定的了解，利用已有的信息来确定各单位在数列中的位置。在此基础上进行间隔抽样，这样可以保证所取得的样本单位在总体中分布均匀，有较高的代表性。

由于排队所依据的标志不同，有两种等距抽样方法。第一，无关标志排队法。

即是指排列的标志和单位标志值的大小无关或不起主要的影响作用。例如，调查职工收入水平时，按职工姓氏笔画排队进行抽样。显然职工收入水平与姓氏笔画之间没有必然的联系。第二，有关标志排队法。所谓有关标志是指作为排列顺序的标志和单位标志值的大小有密切的关系。例如，职工家庭调查，按职工平均工资排队抽取调查户等。按有关标志排队实质上是运用类型抽样的一些特点，有利于提高样本的代表性。

排队后，需计算出抽样距离，公式为

$$k=\frac{N}{n} \tag{7.54}$$

其中，k 代表抽样距离或抽样间隔。首先从第 1～k 个单位中随机抽取第一个样本单位，以此作为起点，以后每间隔一个抽样距离 k 抽取一个样本单位，直到抽到最后一个单位为止，正好是 n 个单位数组成样本。若第一点在第 $k/2$ 个单位处，则称为半距中点取样。有时也可采用对称等距取样。这里需要注意的是，无论何种取样，都不要把抽样的间隔和现象本身的周期性变化相重合，以免出现系统性偏差。例如，某种印染布上各种各样的花色每隔 10 米会重复出现，为了检验这种印染布上各种花色的着色质量，若抽检的间隔也是 10 米，就会造成在同一花色上反复检验，而对其他的花色则总也检验不到，这就有可能产生“偏误”，从而影响对这种印染布的着色质量做出正确的判断。

用等距抽样的方式抽取单位组成样本，就可直接用简单法计算样本平均数。但等距抽样的平均误差情况比较复杂，它和标志排列的顺序有关。一般地，按无关标志排队等距抽样，由于排队所用标志与研究目的无关，而且是随机起点，其性质近似简单随机抽样，可按不重复条件下简单随机抽样的抽样平均误差公式来近似计算，即

$$\mu_{\bar{x}}=\sqrt{\frac{\sigma^2}{n}\left(1-\frac{n}{N}\right)} \quad 或 \quad \mu_p=\sqrt{\frac{P(1-P)}{n}\left(1-\frac{n}{N}\right)}$$

按有关标志排队的等距抽样，其性质又近似类型抽样，只是分类更细，相当于每一类中抽取一个单位，因此其抽样误差可借助类型抽样平均误差的公式计算。同时因为是按有关标志排队说明已初步掌握了总体各单位标志值的资料，故可直接用总体方差计算，而不必用样本方差代替，即

$$\mu_{\bar{x}}=\sqrt{\frac{\overline{\sigma^2}}{n}\left(1-\frac{n}{N}\right)} \quad 或 \quad \mu_p=\sqrt{\frac{\overline{P(1-P)}}{n}\left(1-\frac{n}{N}\right)}$$

（四）整群抽样

整群抽样是将总体各单位划分成若干群，然后以群为单位从中随机抽取一些群，对中选群的所有单位进行全面调查的抽样组织形式。例如，对城市居民户的家庭调查，不是直接抽取居民户，而是将全市以居委会为基本单位，抽取若干居委会，然后对中选的居委会的全部居民户进行调查。这种按地理区域划群的抽样，又被称为区域抽样。

整群抽样的优点在于组织工作简单，搜集资料方便容易，调查费用较少。例如，对某工业产品的质量检验，不便于在流水作业线上一件一件地抽选检查，则可以每隔若干小时抽取一批产品进行检验，这样就方便多了。但是，正因为以群为单位进行抽选，抽选单位比较集中，显著地影响了在总体中各单位分布的均匀性，与其他抽样方式比较，抽样误差比较大，即使要得到同简单随机抽样相同的精确度，整群抽样都要调查相对较多的样本单位。一般地，在缺乏总体抽样框的情况下，宜采用整群抽样方式。

设将总体的全部单位 N 划分为 R 个群，每群包含 M 个单位，则有 $N=RM$。现从总体 R 个群中随机抽取 r 个群组成样本，并对中选群的所有单位进行调查，则

第 i 群样本的平均数为

$$\bar{x}_i = \frac{\sum_{j=1}^{M} x_{ij}}{M} \quad (i = 1,2,\cdots,r) \tag{7.55}$$

全部样本的平均数为

$$\bar{x} = \frac{\sum_{i=1}^{r} \bar{r}_l}{r} \tag{7.56}$$

从式(7.56)可以看出，整群抽样实质上是以群代替总体单位，以群平均数代替总体单位标志值之后的简单不重复随机抽样。因此，样本平均数的抽样平均误差可以按这一方法来计算：

$$\mu_{\bar{x}} = \sqrt{\frac{\delta_{\bar{x}}^{2}}{r}\left(\frac{R-r}{R-1}\right)} \tag{7.57}$$

其中，$\delta_{\bar{x}}^2$ 为平均数的群间方差，用公式表示为

$$\delta_{\bar{x}}^{2}=\frac{\sum_{i=1}^{R}(\overline{X}_i-\overline{X})^2}{R} \quad 或 \quad \delta_{\bar{x}}^{2}=\frac{\sum_{i=1}^{r}(\bar{x}_i-\bar{x})^2}{r} \tag{7.58}$$

【例 7.12】 某化工厂日夜连续生产洗衣液。为控制产品质量，在 6 月份的连续生产中，每天抽取 1 小时的产品进行全面调查，测得其平均每桶净含量为 3.5 千克，其群间方差为 0.45 千克。一等品率为 85%，其群间方差为 2%。现在要求用 95.45%的概率，估计该厂 6 月份洗衣液每桶平均净含量和一等品率的范围。

第一步，确定 r 和 R。

根据已知资料，一个月 30 天，每天 24 小时，计算出

$$r = 30$$
$$R = 30 \times 24 = 720$$

第二步，进行抽样平均数的推断：

$$\mu_{\bar{x}}=\sqrt{\frac{\delta_{\bar{x}}^{2}}{r}\left(\frac{R-r}{R-1}\right)}=\sqrt{\frac{0.45}{30}\left(\frac{720-30}{720-1}\right)}$$
$$=\sqrt{0.01439}=0.12\,(千克)$$
$$\overline{X}=\bar{x}\mp t\mu_{\bar{x}}=3.5\mp 2\times 0.12=3.5\mp 0.24$$
$$3.26\,(千克)\leqslant \overline{X}\leqslant 3.74\,(千克)$$

也就是说，以 95.45%的概率保证程度估计，该厂洗衣液每桶平均净含量在 3.26 千克到 3.74 千克之间。

第三步，进行抽样成数的推断：

$$\mu_{p}=\sqrt{\frac{\delta_{p}^{2}}{r}\left(\frac{R-r}{R-1}\right)}=\sqrt{\frac{0.02}{30}\left(\frac{720-30}{720-1}\right)}$$
$$=\sqrt{0.00064}=0.025$$
$$P=p\mp t\mu_{p}=85\%\mp 2\times 0.025=85\%\mp 5\%$$
$$80\%\leqslant P\leqslant 90\%$$

也就是说，以 95.45%的概率保证程度估计，该厂所生产的洗衣液一等品率在 80%到 90%之间。

从以上分析可知，整群抽样和类型抽样虽然都要对总体各单位进行分组，但分组所起的作用则是完全不同的。类型抽样分组的作用在于尽量扩大组间的差异程度，达到缩小组内方差提高抽样效果的目的。而整群抽样分组的作用在于尽

量扩大群内的差异程度，从而达到缩小群间方差提高抽样效果的目的。

三、抽样结果的检查

抽样方案付诸实施后，经过抽选样本单位、调查样本数据、推断估计总体参数之后，抽样工作基本结束。为了保证抽样结果，还必须做最后的检查工作，即检查抽样资料的齐备性和抽样估计的准确性。

（一）齐备性检查

对于一个完整的抽样调查，尤其是大型的抽样调查，调查资料都是相互配套的。这些资料既应包括抽样调查中的原始数据、综合汇总数据、推断数据，还应包括抽样工作实施过程中如抽样框等有关材料。通过这些抽样资料，一方面，反映了抽样调查工作的成果，保证各级调查机构的资料汇总和总工作机构的综合汇总需要；另一方面，通过实施过程中的有关资料，反映抽样工作实施的科学性和程序性，防止弄虚作假。

（二）准确性检查

对抽样推断所取得的资料，则需要进行一次准确性检查。检查的方法通常较多采用比较法，直观判断其推断的可信程度。第一，与调查所要求的允许误差进行比较。用已掌握的资料检查其在一定概率保证下，极限误差是否超过方案所允许的误差范围。第二，与历史数据进行比较。将推断结果与历史数据加以对比，看其是否有较大出入。如无重大原因而数据发生较大变化时，则需要检查变化的原因，若不存在技术性的差错，就要增加样本容量，对方案进行必要的修正，然后再进行检查，直到符合准确性要求为止。对于要求精确度较高的抽样调查，要安排假设检验这一环节。

抽样资料齐备性检查和抽样推断准确性检查都是为了严肃抽样调查的科学性和程序性。

第五节　用 Excel 进行参数的区间估计

基于以上对总体参数区间估计步骤的分析，我们可以利用 Excel 的函数工具，通过输入数据与公式的方式，可以构造出专门用于区间估计的 Excel 工作表格。

下面结合上述各节的研究，运用总体服从正态分布条件下的例子，说明用Excel构造参数区间估计的操作步骤。

一、当总体方差未知时，总体平均数的区间估计

【例 7.13】 如例 7.11，将某乡全部 6 000 公顷土地分为平原和丘陵，采用不重复抽样方法，按 2‰的比例抽取样本单位，共抽取 12 个，调查出每公顷土地小麦产量（千克）数据，见表 7.6 中的 A2∶C5。假定单位产量服从正态分布，要求在 95％的概率保证下，对全乡小麦平均每公顷产量进行估计。

为构造区间估计的工作表，我们应在工作表中输入下列内容：A～C 列各单元格输入样本数据集合；D 列各单元格输入变量名称；E 列各单元格输入计算公式。

表 7.6 某乡小麦产量抽样资料

	A	B	C	D	E	F
1	样本数据			计算指标	计算公式	计算结果
2	6 300	6 300	6 750	样本数据个数	＝COUNT(A2:C5)	12.00
3	6 900	6 975	7 050	样本均值	＝AVERAGE(A2:C5)	6 418.75
4	7 200	7 350	7 800	样本标准差	＝STDEV(A2:C5)	1 066.17
5	4 500	4 800	5 100	抽样平均误差	＝E4/SQRT(E2)	307.78
6				置信水平	＝0.95	0.95
7				自由度	＝E2－1	11.00
8				t 值	＝TINV(1－E6,E7)	2.20
9				误差范围	＝E8＊E5	677.41
10				置信区间下限	＝E3－E9	5 741.34
11				置信区间上限	＝E3＋E9	7 096.16

本表 F 列为 E 列的计算结果。当 E 列各单元格输入完公式后，回车即显示 F 列各单元格结果。

通过本节计算有 95％的把握认为全乡小麦平均每公顷产量在 5 741.34 千克与 7 096.16 千克之间。

注意：当总体呈正态分布，总体方差未知时，无论样本容量大小，样本平均数与总体平均数离差的统计量都呈 t 分布。若样本容量较大，样本平均数与总体平均数离差的统计量的 t 分布接近正态分布，在这种情况下对总体平均数进行区间估计时，可以用正态分布近似处理。

二、当总体方差已知时，总体平均数的区间估计

当 σ 已知时，要构造置信区间，就不用计算样本标准差，直接使用总体标准差；E4 单元格直接输入总体标准差；D8 单元格改为 z 值，E8 单元格改为“NORMSINV((1－E6)/2)”即可。

习　题

1. 什么是抽样估计？它有哪些基本特点？

2. 什么是重复抽样和不重复抽样？对抽样推断结果有何影响？

3. 常用的总体参数与样本统计量有哪些？

4. 什么是抽样误差？有哪些影响因素？

5. 从抽样的全部误差中如何分解出抽样误差？

6. 在进行抽样时，如何确定样本容量？

7. 如何理解参数的允许范围与置信度之间的关系？

8. 什么是抽样框？如何编制抽样框？

9. 科学的区间估计要具备哪些要素？

10. 抽样设计时，应遵循哪些基本原则？

11. 若采取纯随机抽样对学生的学习成绩进行调查，在重置抽样下，假定抽取的学生数增加 8 倍，则抽样平均误差如何变化？若要求抽样误差是原来的一半，其抽取的学生数应如何调整？

12. 若对 100 万人口的大县和 20 万人口的小县进行调查，假定两县居民消费的变异程度相同，现在各自用重复抽样的方法抽取本县 1%的居民计算居民平均消费额，问两县居民平均消费的抽样平均误差是否相同？若两县都抽取 1 万名居民，平均误差又会怎样？

13. 某地区种植粮食 8 000 公顷，随机抽取 400 公顷进行实割实测，测得结果：平均每公顷产量为 6 750 千克，抽样总体的标准差为 825 千克，试计算：

(1) 在概率为 68.27%的保证下，粮食的平均每公顷产量的可能范围是多少？

该地区粮食总产量的可能范围是多少?

(2) 在概率为95.45%的保证下,粮食的平均每公顷产量的可能范围是多少?该地区粮食总产量的可能范围是多少?

(3) 说明概率度与抽样误差范围的关系。

14. 某家电企业随机抽取100台新型洗衣机进行质量检验,发现3台不合格。在概率为95%的条件下,试估计这种洗衣机的合格率范围。

15. 对某城市全部50 000户居民家庭生活抽样调查,已知过去该市居民家庭收入的标准差为9 150元,要求在95%的概率保证下,允许误差不得超过800元,问:

(1) 重复抽样和不重复抽样各抽取多少户?

(2) 如果允许误差扩大1倍,应抽多少户? 如果允许误差缩小一半,又应抽取多少户?

16. 某电子产品生产企业规定其产品使用寿命不得低于3 000小时,现用简单随机不重复抽样从全部产品中抽取2%进行使用寿命测试,其结果如下:

使用寿命(小时)	产品件数
3 000以下	2
3 000~4 000	30
4 000~5 000	50
5 000以上	18
合　计	100

根据以上资料,要求:

(1) 用68.27%的概率估计该批产品平均寿命的范围,以便确定其平均寿命是否达到规定的要求。

(2) 用同样的概率保证估计该批产品合格率的范围。

17. 某高校随机抽取1%的大学生进行抽样调查,测得他们的身高如下:

按身高分组(厘米)	人数(人)
160以下	40
160~170	120
170~180	32
180以上	8
合　计	200

根据以上资料，在概率为 95.45%的条件下，推算：

(1) 该校全部大学生平均身高的范围。

(2) 该校全部大学生身高在 180 厘米以上的人数范围。

18. 某电子元件厂，随机抽取 100 个元件检验，其中有 4 件为废品，又知抽样数是产品总数的 1‰。

(1) 若以 95.45%的概率保证，试估计该厂生产的电子元件废品率的范围。

(2) 若抽样极限误差减少一半，其他条件不变，在重置抽样条件下，需抽取多少元件检验？在不重置抽样条件下又如何？

19. 某公司职工的年收入分为高、中、低 3 组，每组资料如下：

收入类型	职工人数（人）	抽样人数（人）	年平均收入（元）	标准差（元）
高收入	400	20	190 080	10 640
中等收入	3 200	160	127 776	7 200
低收入	2 400	120	92 400	8 400
合计	6 000	300	—	—

根据上表资料，计算：

(1) 300 名职工年收入的平均数与组内方差的平均数。

(2) 职工年平均收入的抽样平均误差。

(3) 以 95.45%的概率保证程度，估计该公司职工年平均收入的可能范围。

20. 某烟厂 24 小时连续生产，为掌握产品质量，在一个月的连续生产过程中，每隔 24 小时抽取 1 小时的产品进行全面调查，计算出一级品率为 90%，抽样总体各群间方差平均数为 8%。要求计算：

(1) 抽样平均误差。

(2) 在概率为 95%的条件下，估计这种产品的一级品率。

第八章　相关和回归分析

【内容介绍】 相关分析和回归分析是反映现象之间相互关系的统计分析方法，在实践中应用广泛。通过本章学习，理解相关分析的意义，掌握相关关系的判断及相关系数的计算，把握相关和回归分析的区别与联系、判定系数与估计标准误差的含义，掌握用最小平方法建立一元线性回归模型。学会运用模型对社会经济现象进行分析。

第一节　相关分析

一、变量之间的关系

世界是普遍联系的，孤立的现象或事物是不存在的。事物或现象之间的相互联系、相互制约，构成错综复杂的客观世界，构成世界的运动和发展。各种现象之间的相互联系都是通过数量关系反映出来的，例如，圆面积同其半径之间，自由落体运动中物体落下的距离同落下的时间之间，单位产品成本同产量之间，一个人的收入水平同他受教育程度之间，房地产销售价格与房地产建筑成本、土地成本之间等，无不存在着一定的依存关系。统计分析的目的在于如何根据统计数据确定变量之间的关系形态及其关联的程度，并探索其内在的数量规律性。

人们在实践中发现，变量之间关系的形态大致可分为两种类型：一类是函数关系，另一类是相关关系。

（一）函数关系

函数关系是指变量之间存在着严格依存的、确定的因果关系，在这种关系下，当一个或一组变量取一定的值时，另一个变量一定有确定的值与之相对应。变量间的这种关系可以用一个函数式表现出来。例如，圆面积与其半径的关系为 $s=\pi r^2$，自由落体运动中物体落下的距离与时间的关系为 $h=\frac{1}{2}gt^2$ 等。

（二）相关关系

“相关”一词是英国生物统计学家法兰西斯·高尔顿(F. Galton)在 1888 年首先使用的。1890 年由他的学生、著名统计学家皮尔逊(K. Pearson)初次创用了“积矩相关系数”，之后他又提出了偏相关、复相关及相关率等理论。1900 年，斯皮尔曼(C. Spearman)首创等级相关系数，之后他又开创了对品质相关的研究。费希尔(R. A. Fisher)在 20 世纪 30 年代提出“均方列联系数”，使品质相关的研究更深入一步。

相关关系是指变量之间存在着非确定性的依存关系。在这种关系下，当一个或一组变量取一定的值时，与之相对应的另一个变量的值是不能精确给定的，只是按照某种规律在一定范围内变化。这种关系是不能用严格的函数式表示的。

在社会经济活动过程中，这种相关关系是大量存在的。例如，单位产品成本同产量之间的关系，一般说来，当工厂规模扩大，产品产量增加时，单位产品成本会随之下降，这种变化趋势体现了规模经济的效应，具有客观性和普遍性。又如，家庭收入和食品消费支出的关系，通常家庭收入越高，那么用于食品消费支出的金额也相应越高。

不过由于影响变量的因素有很多，除了被分析的影响因素以外，还有诸多其他的因素在发挥着作用。例如，上例中单位产品成本同产量之间的关系，影响单位产品成本的因素除产量外，还有原材料价格的升降、原材料质量的好坏、工人技术的熟练程度、管理人员的管理水平等。所以，在同一产量水平下，可能会出现各种各样的单位成本，或者某一确定的单位成本对应着不同的产量，二者的关系不是唯一确定的。同样地，相同收入的家庭可能有不同的食品消费支出，同一消费水平的家庭可能有不同的收入水平。一个人的收入水平同他受教育程度之间，房地产销售价格与房地产建筑成本、土地成本之间都具有类似的特征，这种关系就是相关关系。因此，相关关系是一种不完全确定的依存关系，在相关关系下，自变量的每个数值都可能有若干个结果变量的数值与之相对应。

（三）相关关系与函数关系的区别与联系

相关关系与函数关系的不同之处在于：

(1) 函数关系中变量之间的关系是确定的，而相关关系的两变量的关系则是不确定的，可以在一定范围内变动。

(2) 函数关系变量之间的依存可以用一定的方程 $y=f(x)$ 表现出来，给定自变量可以推算出因变量；而在相关关系条件下，给定自变量时，因变量的取值具有随机性。函数关系是相关关系的特例，即函数关系是完全的相关关系，相关关系是一种不完全的依存关系。

相关关系与函数关系虽然是两种不同类型的变量间的依存关系，但是它们之间并无严格的界限，在一定条件下是可以相互转化的。由于观察或测量误差等原因，函数关系在实质中往往通过相关关系表现出来。而随着人们对现象内部规律性认识的深化，本来的相关关系也有可能转化为函数关系。在社会经济领域里，一般说来，函数关系反映了现象间关系的理想化状态，相关关系则反映了现象间关系的现实化状态，只有在大量观察时，在平均的意义上，它才能被描述。

二、相关关系的种类

变量之间的相关关系是很复杂的，从不同的角度，可做不同的分类。

(一) 正相关与负相关

根据变量之间相关的方向不同，可划分为正相关与负相关。

正相关是指两个变量变化方向一致。即随着一个变量值的增加，另一个变量的值也随之增加；或随着一个变量值的减少，另一个变量的值也随之减少。例如，一般情况下，收入增加，消费也会增加；收入减少，消费也会减少，如图 8.1 所示。

负相关是指两个变量变化方向相反。即随着一个变量值的增加，另一个变量的值反而减少；或随着一个变量值的减少，另一个变量的值却增加。例如，储蓄增加，投资减少；储蓄减少，投资反而增加，如图 8.2 所示。

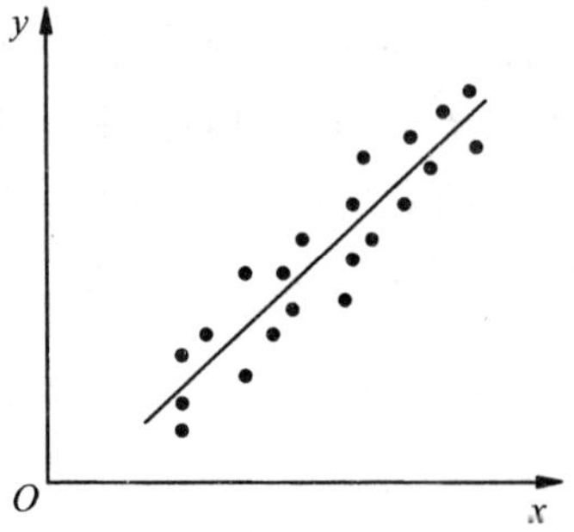

图 8.1　正相关

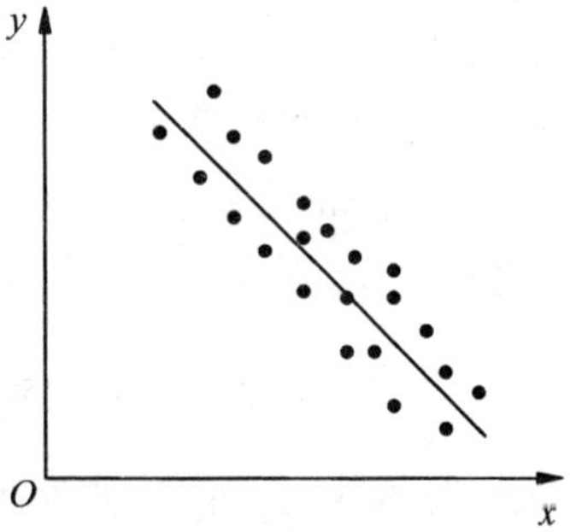

图 8.2　负相关

（二）完全相关、不相关与不完全相关

根据变量之间相关关系的密切程度大小，可划分为完全相关、不相关与不完全相关。

完全相关是指一个变量的值可由另一个或另一组变量的值唯一确定。因而，完全相关是实际上的函数关系，或者说函数关系是相关关系的一种特殊情形。例如，自由落体运动中物体下落的距离与时间之间的关系就是完全相关关系。如图 8.3 所示，变量 x 与 y 之间是一种完全的线性相关关系。

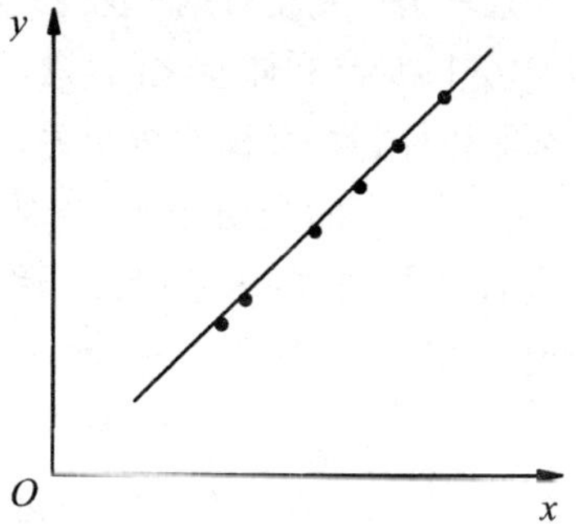

图 8.3　完全相关

不相关又称零相关，是指两个变量之间互不影响，二者的数量变化毫无联系。例如，工人的劳动强度与棉花纤维的长度之间的关系就是互不影响的，即是不相关关系，如图 8.4 所示。

不完全相关是指介于完全相关与不相关之间的变量关系，表现为某一变量的变化，其取值不仅取决于另一个或另一组变量所取的值，而且还受到其他随机因素的影响。

变量间的关系大量表现为不完全相关，不完全相关亦是相关分析的主要内容，如图 8.5 所示。

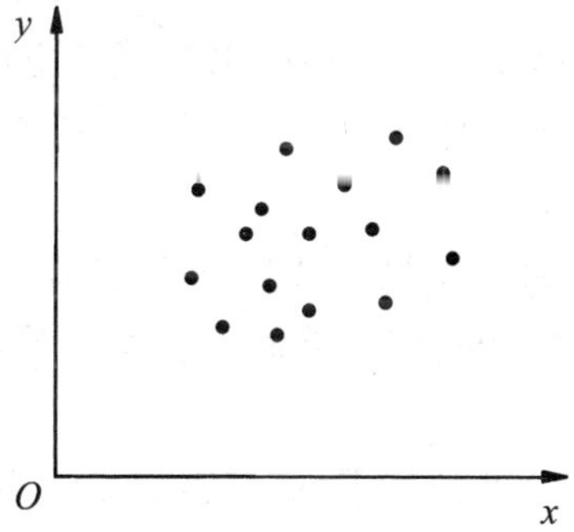

图 8.4　不相关

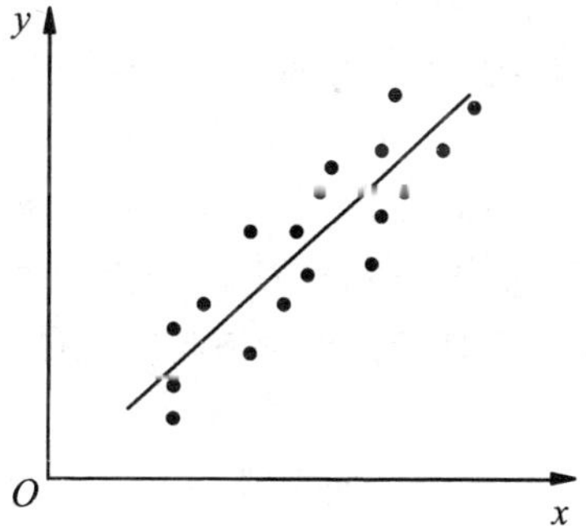

图 8.5　不完全相关

（三）线性相关与非线性相关

根据变量之间相关的表现形式不同，可划分为线性相关与非线性相关。

线性相关又称直线相关，是指随着一个变量的值的变动，另一个变量的值发生大致均匀的变动，因而表现在坐标图上，其散点的分布近似表现为一条直线。例如，人的身高和体重之间呈线性相关关系，如图 8.6 所示。

非线性相关又称曲线相关，是指随着一个变量的值的变动，另一个变量的值发生并不均等的变动，因而表现在坐标图上，其散点的分布近似表现为各种不同形式的曲线，如抛物线、指数曲线、双曲线等。例如，人的死亡率与人的年龄之间呈现出倒“U”形关系，这就是一种非线性相关关系，如图 8.7 所示。

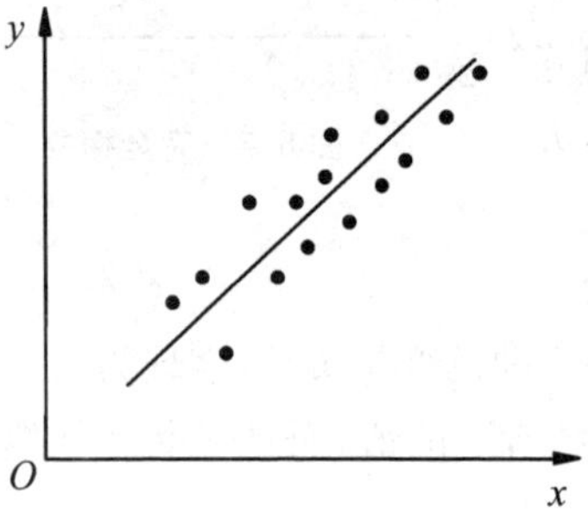

图 8.6　直线相关

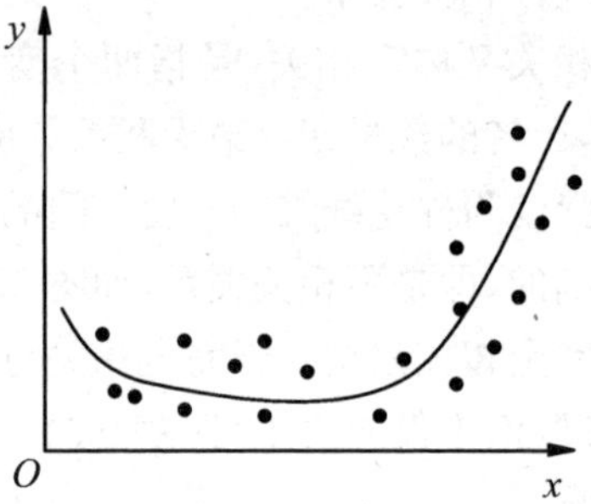

图 8.7　曲线相关

（四）简单相关与复相关

根据变量之间相关关系所涉及的变量的多少，可划分为简单相关与复相关。

简单相关，又称一元相关，是指两个变量之间的相关关系。例如，家庭收入和食品消费支出之间的相关关系是简单相关关系。

复相关，又称多元相关，是指一个变量对两个或两个以上变量之间的相关关系。例如，房地产销售价格与房地产建筑成本、土地成本之间的相关关系是复相关关系。

在一个变量与两个或两个以上的变量相关的条件下，假定其他变量不变时，其中某两个变量的相关关系称为偏相关。例如，在假定房地产建筑成本不变的条件下，房地产销售价格与土地成本之间的相关关系即为偏相关。

三、相关关系的测定

（一）相关分析的主要内容

相关分析的概念有广义和狭义之分，狭义的相关分析是指研究变量之间有无相关关系及其相关的密切程度的统计分析方法。狭义的相关分析的内容包括：

(1) 对变量进行定性分析，确定变量之间有无相关关系以及相关关系的表现形式。

(2) 确定变量之间相关的密切程度，主要是通过计算相关系数或相关指数来判断。

广义的相关分析是指对变量之间的相关关系进行研究，并根据其相关的类型，选择一个合适的数学模型去代表变量之间的相关关系，以便从已知量推算未知量的一种统计分析方法。广义的相关分析，除包括狭义相关分析的内容，还包括：

(1) 确定一个合适的数学模型去近似代表变量之间的相关关系。

(2) 利用观测值进行预测，并确定估计值与被估计值之间的误差程度的大小。

本书相关分析的内容指的是狭义的相关分析。

（二）一元相关关系的测定

1. 相关表与相关图

要说明现象之间相关关系的具体表现，首先要根据对客观事物的定性认识作出判断。在研究变量之间的相关关系中，相关表与相关图是两种简单、直观的工具。借助它们，可对变量之间是否存在相关关系，以及存在的相关关系的方向、形态及密切程度等做出大致的判断。

相关表是统计表的一种表现形式，它是一种显示变量之间相关关系的统计表。如果所观察的样本单位数目比较少，不需要分组，就可以编制简单相关表；如果所观察的样本单位数目比较多，而标志的变异又比较复杂，为了突出地显示样本单位的分布状况，需要编制分组相关表。

1) 简单相关表和相关图

进行相关分析，先要将原始统计资料进行整理，然后根据总体单位的原始资料，将其中一个变量的数值按一定的顺序排列，同时列出与之对应的其他变量的变量值,这样形成的表格称为相关表。例如表 8.1 给出了某年我国各地区国际旅游外汇收入和接待入境旅游人数,就是简单相关表。

表 8.1　某年我国各地区国际旅游外汇收入和接待入境旅游人数

地区	接待入境旅游人数(万人次)	国际旅游外汇收入(百万美元)
宁　夏	2.43	0.784
青　海	13.25	2.77
西　藏	60.94	13.61
甘　肃	62.93	18.46
贵　州	115.16	10.7
新　疆	128	31.31
吉　林	137.2	35.43
江　西	139.61	18.41
山　西	164.2	33.02
安　徽	226.73	52.59
海　南	229.12	46.57
河　北	243.1	65.4
河　南	273.76	45.39
重　庆	308.72	48.82
湖　北	320	85.7
四　川	395.23	85.76
内蒙古	403.7	122.34
广　西	423.12	104.66
黑龙江	492	99.48
湖　南	503.36	73.11
陕　西	510.87	83.16
天　津	625.9	81.16
云　南	658.44	111.17
辽　宁	934.3	137.25
山　东	1 014.05	156.04
福　建	1 471.1	78.97
浙　江	2 132.7	281.37
江　苏	2 786.64	314.88
上　海	3 903.9	399.79
北　京	4 026.3	338.27
广　东	7 532.79	534.65

从表 8.1 可以看出,随着接待入境旅游人数的增加,国际旅游外汇收入有增

加的趋势。这两个变量之间存在着明显的正相关关系。

相关图也称散点图，是描述变量之间相关关系的一种直观方法。用横坐标代表其中一个变量 x，纵坐标代表另外一个变量 y，每组数据 (x_i, y_i) 在坐标系中用一个点表示，n 组数据在坐标系中就形成 n 个点，这些点称为散点，这样的图形称为相关图。相关图描述了两个变量之间的大致关系，从中可以直观地看出变量之间的关系形态及关系强度。例如，根据表 8.1 的资料，以 x 轴表示接待入境旅游人数，y 轴表示国际旅游外汇收入，做出的相关图如图 8.8 所示。

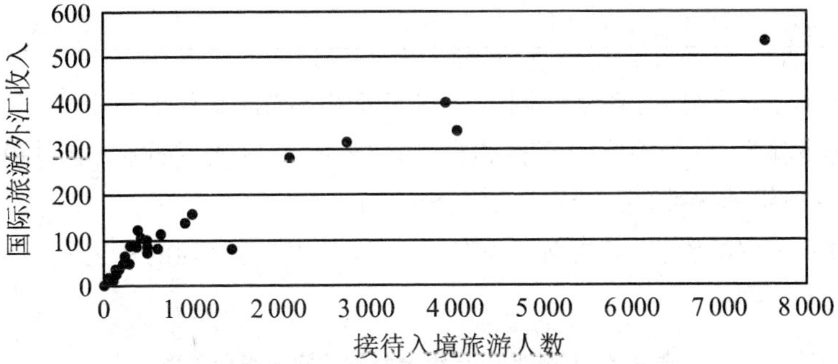

图 8.8 外汇收入与入境旅游人数的散点图

从图 8.8 中 31 个点的分布情况看，该散点图从左下角至右上角，即接待入境旅游人数越多，国际旅游外汇收入越高，变量之间呈正相关。

2）分组相关表

当相关资料包括的对应数值很多时，直接根据两变量各原始值编制相关表、绘制相关图进而计算各相关指标，工作量很大，且相关表会很长，也不方便，相关图也不好绘制。在这种情况下，可编制分组相关表或绘制分组相关图。分组相关表就是将原始资料进行分组而编制的相关表。根据分组的情况不同，分组表有两种：一是单变量分组表，二是双变量分组表。

（1）单变量分组表：它是将两个变量中的一个变量进行分组，而另外一个变量不进行分组，并对分组的变量计算各组的次数，对不分组的变量则计算其平均数。单变量分组表还分为单项式分组表和组距式分组表。本书以单项式分组表为例，如表 8.2 所示。

表 8.2 是对销售收入进行分组，然后对每组的销售利润计算平均值。表 8.2 表明，销售收入与销售利润之间存在着正相关关系。

表 8.2 销售收入与销售利润的单变量分组表

按销售收入分组	企业数	平均销售利润
5	1	0.8
10	1	1
12	1	1.2
15	2	2.0
20	1	2.5
25	1	2.5
28	1	2.8
30	2	3

(2) 双变量分组表:它是对两个变量都加以分组,又称为棋盘式相关表。绘制表格的步骤为:首先确定因变量和自变量的组数;其次,按两个变量设计表格;最后,计算各组的次数,置于相应的表格中。

对表 8.2 中的资料,若再按平均销售利润分组,则得到的双变量分组表如表 8.3 所示。

表 8.3 销售收入与销售利润的双变量分组表

按平均销售利润分组	按销售收入分组								
	5	10	12	15	20	25	28	30	合计
3	—	—	—	—	—	—	—	2	2
2.8	—	—	—	—	—	—	1	—	1
2.5	—	—	—	—	1	1	—	—	2
2.0	—	—	—	2	—	—	—	—	2
1.2	—	—	1	—	—	—	—	—	1
1.0	—	1	—	—	—	—	—	—	1
0.8	1	—	—	—	—	—	—	—	1
合计	1	1	1	2	1	1	1	2	10

双变量分组相关表设计两个合计栏,分别表明各个变量分组的次数分布情况,表中行列交叉格中的数据表明两个变量相关点的次数。编制双变量分组相关表要把自变量置于横行,其变量值从小到大自左向右排列;因变量置于纵栏,其变量值从大到小自上而下排列。这样排列可以使相关表与相关图方向一致,便于判断相关关系的性质。

相关表是绘制相关图的基础,是相关分析进行各种计算的依据。

2. 相关系数

相关表与相关图只是变量之间相关关系的简单、直观的测定工具，如果要做详细的定量分析，就要精确地测定两个变量之间线性相关的密切程度，需运用相关系数这一工具。相关系数是描述两个变量之间线性相关关系密切程度的统计指标，不能用于曲线关系的判断。判断是否具有曲线相关关系要用到另一个指标，即相关指数，本节中只介绍相关系数。

在线性相关条件下，反映两个变量之间相关关系密切程度的统计分析指标，称为简单相关系数，简称为相关系数，通常用 r 表示。

1）简单相关系数的计算

由英国统计学家皮尔逊运用积差法给出的两个变量 x,y 的相关系数，也称为"积矩相关系数"，其定义为

$$r=\frac{\sigma_{xy}^2}{\sigma_x\sigma_y}$$

式中，σ_{xy}^2 为两变量 x,y 的协方差；σ_x,σ_y 分别为变量 x,y 的标准差。

由于

$$\sigma_{xy}^2=\frac{1}{n}\sum(x-\bar{x})(y-\bar{y})$$

$$\sigma_x=\sqrt{\frac{1}{n}\sum(x-\bar{x})^2},\quad \sigma_y=\sqrt{\frac{1}{n}\sum(y-\bar{y})^2}$$

从而

$$r=\frac{\sum(x-\bar{x})(y-\bar{y})}{\sqrt{\sum(x-\bar{x})^2\sum(y-\bar{y})^2}} \tag{8.1}$$

又由于

$$\begin{aligned}\sum(x-\bar{x})^2&=\sum(x^2-2x\bar{x}+\bar{x}^2)\\&=\sum x^2-2\bar{x}\sum x+n\bar{x}^2\\&=\sum x^2-2\bar{x}\cdot n\bar{x}+n\bar{x}^2\\&=\sum x^2-n\bar{x}^2\\&=\sum x^2-\frac{\left(\sum x\right)^2}{n}\end{aligned}$$

同样有

$$\sum(y-\bar{y})^2=\sum y^2-n\bar{y}^2=\sum y^2-\frac{\left(\sum y\right)^2}{n}$$

$$\sum(x-\bar{x})(y-\bar{y})=\sum xy-n\bar{x}\bar{y}=\sum xy-\frac{\sum x\sum y}{n}$$

于是有

$$r=\frac{n\sum xy-\left(\sum x\right)\left(\sum y\right)}{\sqrt{n\sum x^2-\left(\sum x\right)^2}\sqrt{n\sum y^2-\left(\sum y\right)^2}} \tag{8.2}$$

在实际问题中，为计算简便并减少计算误差，一般都采用式(8.2)计算相关系数。

若记

$$l_{xx}=n\sigma_x^2=\sum(x-\bar{x})^2$$

$$l_{yy}=n\sigma_y^2=\sum(y-\bar{y})^2$$

$$l_{xy}=n\sigma_{xy}^2=\sum(x-\bar{x})(y-\bar{y})$$

则相关系数公式又可简写成

$$r=\frac{l_{xy}}{\sqrt{l_{xx}l_{yy}}} \tag{8.3}$$

相关系数 r 具有如下的特点：

(1) 取值范围为 $-1\leqslant r\leqslant 1$。

(2) 当 $|r|=1$ 时，表明变量 x，y 完全线性相关，此时，x，y 之间存在着确定性的线性函数关系。

(3) 当 $r=0$ 时，表明变量 x，y 间不存在线性相关关系，但并不排除 x，y 间有可能存在非线性相关关系。

(4) 当 $0<|r|<1$ 时，表明变量 x，y 间存在着一定的线性相关关系。至于 x，y 间线性相关程度的高低，通常采用下列的判断标准：① $0<|r|<0.3$，x，y 间微弱相关；② $0.3\leqslant|r|<0.5$，x，y 间低度相关；③ $0.5\leqslant|r|<0.8$，x，y 间显著相关；④ $0.8\leqslant|r|<1$，x，y 间高度相关。

(5) 当 $r>0$ 时，表明变量 x，y 间呈正相关；当 $r<0$ 时，表明变量 x，y 间呈负相关。

由以上分析可见，r 的符号反映了变量间的相关方向，$|r|$ 的大小反映了变量

间相关程度的强弱。

两个变量之间的相关程度和方向，取决于两个变量离差乘积之和$\sum(x-\bar{x})(y-\bar{y})$，当它为0时，$r$为0；当它为正时，$r$为正；当它为负时，$r$为负。相关程度的大小和计量单位无关。因此，为了消除积差中两个变量原有计量单位的影响，将各变量的离差除以该变量数列的标准差，使其成为相对积差，因此相关系数是无量纲的量。

【例 8.1】 利用表 8.1 中给出的资料，计算接待入境旅游人数(x)与国际旅游外汇收入(y)之间的相关系数。

解 利用表 8.1 的资料列表计算所需的有关数据，如表 8.4 所示。

表 8.4　相关系数计算表

地　区	接待入境旅游人数(x)	国际旅游外汇收入(y)	x^2	y^2	xy
宁　夏	2.43	0.784	5.904 9	0.614 656	1.905 12
青　海	13.25	2.77	175.562 5	7.672 9	36.702 5
西　藏	60.94	13.61	3 713.683 6	185.232 1	829.393 4
甘　肃	62.93	18.46	3 960.184 9	340.771 6	1 161.687 8
贵　州	115.16	10.7	1 3261.825 6	114.49	1 232.212
新　疆	128	31.31	16 384	980.316 1	4 007.68
吉　林	137.2	35.43	18 823.84	1 255.284 9	4 860.996
江　西	139.61	18.41	19 490.952 1	338.928 1	2 570.220 1
山　西	164.2	33.02	26 961.64	1 090.320 4	5 421.884
安　徽	226.73	52.59	51 406.492 9	2 765.708 1	11 923.730 7
海　南	229.12	46.57	52 495.974 4	2 168.764 9	10 670.118 4
河　北	243.1	65.4	59 097.61	4 277.16	15 898.74
河　南	273.76	45.39	74 944.537 6	2 060.252 1	12 425.966 4
重　庆	308.72	48.82	95 308.038 4	2 383.392 4	15 071.710 4
湖　北	320	85.7	102 400	7 344.49	27 424
四　川	395.23	85.76	156 206.752 9	7354.7776	33 894.924 8
内蒙古	403.7	122.34	162 973.69	14 967.075 6	49 388.658
广　西	423.12	104.66	179 030.534 4	10 953.715 6	44 283.739 2
黑龙江	492	99.48	242 064	9 896.270 4	48 944.16
湖　南	503.36	73.11	253 371.289 6	5 345.072 1	36 800.649 6
陕　西	510.87	83.16	260 988.156 9	6 915.585 6	42 483.949 2
天　津	625.9	81.16	391 750.81	6 586.945 6	50 798.044

续表

地 区	接待入境旅游人数(x)	国际旅游外汇收入(y)	x^2	y^2	xy
云 南	658.44	111.17	433 543.233 6	12 358.768 9	73 198.774 8
辽 宁	934.3	137.25	872 916.49	18 837.562 5	128 232.675
山 东	1014.05	156.04	1 028 297.403	24 348.481 6	158 232.362
福 建	1471.1	78.97	2 164 135.21	6 236.260 9	116 172.767
浙 江	2132.7	281.37	4 548 409.29	79 169.076 9	600 077.799
江 苏	2786.64	314.88	7 765 362.49	99 149.414 4	877 457.203 2
上 海	3903.9	399.79	15 240 435.21	159 832.044 1	1 560 740.181
北 京	4026.3	338.27	16 211 091.69	114 426.592 9	1 361 976.501
广 东	7532.79	534.65	56 742 925.18	285 850.622 5	4 027 406.174
合计	30239.55	3511.024	107 191 931.7	887 541.665 5	9 323 625.508

由表 8.4 得到的有关数据为

$$n=31,\quad \sum x=30\,239.55$$

$$\sum y=3\,511.024,\quad \sum x^2=107\,191\,931.7$$

$$\sum y^2=887\,541.665\,5,\quad \sum xy=9\,323\,625.508$$

将数值代入式(8.2),计算相关系数为

$$r=\frac{n\sum xy-\left(\sum x\right)\left(\sum y\right)}{\sqrt{n\sum x^2-\left(\sum x\right)^2}\sqrt{n\sum y^2-\left(\sum y\right)^2}}$$

$$=\frac{31\times 9\,323\,625.508-30\,239.55\times 3\,511.024}{\sqrt{31\times 107\,191\,931.7-30\,239.55^2}\sqrt{31\times 887\,541.665\,5-3\,511.024^2}}$$

$$=0.956\,128$$

结果表明:接待入境旅游人数与国际旅游外汇收入之间存在高度正线性相关关系。

当然,我们还可以通过计算机操作,直接计算出相关系数。用 Excel 软件计算相关系数有两种方法。

第一种方法:使用 Excel 函数计算出相关系数。

用鼠标点击图 8.9 所示 Excel 表中的任何空白单元格,然后在菜单栏选中“插入”菜单,再在其下拉菜单中选择“f_x 函数”。在函数分类(C)中选择“统计”,然后在函数名(N)中选择“CORREL”函数或者“PEARSON”函数;或者在函数分类(C)中选择“全部”,然后在函数名(N)中选择“CORREL”函数或者“PEARSON”函数。

	A	B	C
1	地区	接待入境旅游人数	国际旅游外汇收入
2	宁夏	2.43	0.784
3	青海	13.25	2.77
4	西藏	60.94	13.61
5	甘肃	62.93	18.46
6	贵州	115.16	10.7
7	新疆	128	31.31
8	吉林	137.2	35.43
9	江西	139.61	18.41
10	山西	164.2	33.02
11	安徽	226.73	52.59
12	海南	229.12	46.57
13	河北	243.1	65.4
14	河南	273.76	45.39
15	重庆	308.72	48.82
16	湖北	320	85.7
17	四川	395.23	85.76
18	内蒙古	403.7	122.34
19	广西	423.12	104.66
20	黑龙江	492	99.48
21	湖南	503.36	73.11
22	陕西	510.87	83.16
23	天津	625.9	81.16
24	云南	658.44	111.17
25	辽宁	934.3	137.25
26	山东	1014.05	156.04
27	福建	1471.1	78.97
28	浙江	2132.7	281.37
29	江苏	2786.64	314.88
30	上海	3903.9	399.79
31	北京	4026.3	338.27
32	广东	7532.79	534.65
33	合计	30239.55	3511.024

图 8.9　某年我国各地区接待入境旅游人数和国际旅游收入数据

在“Array1”中选中单元格“B2:B32”，回车；在“Array2”中选中单元格“C2:C32”，回车，在对话框底部则显示“计算结果＝0.956128”，再单击“确定”，则在选中的空白单元格中显示出数值 0.956 128，即为所求的相关系数。对于连续型变量，用“CORREL”函数与“PEARSON”函数计算出的相关系数是一致的。

第二种方法：用数据分析工具求相关系数。

打开图 8.9 所示 Excel 表，单击“工具”菜单中的“数据分析选项”，从其对话框的“分析工具”列表里选择“相关系数”，回车确认，进入相关系数对话框。

在输入区域(I)中输入计算数据所在的单元格区域“$B$1:$C$32”,在分组方式选择“逐列”,在标志位于第一行前打“√”,输出选项选中“新工作簿”,再点击“确定”,则在新工作簿输出表 8.5。

表 8.5　某年我国各地区接待入境旅游人数和国际旅游收入相关系数表

	接待入境旅游人数(x)	国际旅游外汇收入(y)
接待入境旅游人数(x)	1	
国际旅游外汇收入(y)	0.956 128 341	1

从表 8.5 中可以看出相关系数为 0.956 128。

2) 分组表相关系数的计算

从单变量分组表也可以计算相关系数,和简单相关表不同的是,它要进行加权,其计算公式为

$$r=\frac{\sum(x-\bar{x})(y-\bar{y})f}{\sqrt{\sum(x-\bar{x})^2f\sum(y-\bar{y})^2f}} \tag{8.4}$$

简洁公式为

$$r=\frac{\sum f\sum xyf-(\sum xf)(\sum yf)}{\sqrt{\sum f\sum x^2f-(\sum xf)^2}\sqrt{\sum f\sum y^2f-(\sum yf)^2}} \tag{8.5}$$

其中,f 为各组对应的次数。

【例 8.2】　利用表 8.2 中给出的资料,计算销售收入(x)与销售利润(y)之间的相关系数。

解　用 Excel 计算相关系数的第一种方法进行计算,给出计算结果(表 8.6)。

表 8.6　销售收入与销售利润单变量分组表的相关系数的计算结果

x	f	y	xf	yf	xyf	x^2f	y^2f
5	1	0.8	5	0.8	4	25	0.64
10	1	1	10	1	10	100	1
12	1	1.2	12	1.2	14.4	144	1.44
15	2	2	30	4	60	450	8
20	1	2.5	20	2.5	50	400	6.25
25	1	2.5	25	2.5	62.5	625	6.25
28	1	2.8	28	2.8	78.4	784	7.84
30	2	3	60	6	180	1 800	18
合计	10	—	190	20.8	459.3	4 328	49.42

所以

$$r=\frac{\sum f\sum xyf-(\sum xf)(\sum yf)}{\sqrt{\sum f\sum x^2f-(\sum xf)^2}\sqrt{\sum f\sum y^2f-(\sum yf)^2}}$$

$$=\frac{10\times 459.3-190\times 20.8}{\sqrt{10\times 4\,328-190^2}\times\sqrt{10\times 49.42-20.8^2}}=0.964\,2$$

由计算结果可知，销售收入和销售利润之间存在高度正相关。

知识链接

卡尔·皮尔逊——现代统计科学的创立者

卡尔·皮尔逊(K. Pearson，1857—1936)是19世纪和20世纪之交罕见的百科全书式的学者，是英国著名的统计学家、生物统计学家、应用数学家，是名副其实的历史学家、科学哲学家、伦理学家、民俗学家、人类学家、宗教学家、优生学家、弹性和工程问题专家、头骨测量学家，也是精力充沛的社会活动家、律师、自由思想者、教育改革家、社会主义者、妇女解放的鼓吹者、婚姻和性问题的研究者，亦是受欢迎的教师、编辑、文学作品和人物传记的作者。

卡尔·皮尔逊从儿童时代起，就有着广阔的兴趣范围、非凡的知识活力，善于独立思考，不轻易相信权威，重视数据和事实。他的主要成就和贡献是在统计学方面。他开始把数学运用于遗传和进化的随机过程，首创次数分布表与次数分布图，提出一系列次数曲线；推导出卡方分布，提出卡方检验，用以检验观察值与期望值之间的差异显著性；发展了回归和相关理论，为大样本理论奠定了基础；重视个体变异性的数量表现和变异数据的处理，首次提出“标准差”及其符号“σ”。

在皮尔逊之前，人们普遍认为，几乎所有社会现象都是接近于正态分布的。如果所得到的统计资料呈非正态分布则往往怀疑资料统计得不够或有偏差;而不重视非正态分布的研究,甚至对个别提出非正态分布理论的人加以压制。但皮尔逊认为,正态分布只是一种分布形态,他在高尔顿优生学统计方法的启示下,于1894年发表了《关于不对称曲线的剖析》,1895年发表了《同类资料的偏斜变异》等论文,得到包括正态分布、矩形分布、J形分布、U形分布等13种曲线及其方程式。他的这一成果,打破了以往次数分布曲线的"唯正态"观念,推进了次数分布曲线理论的发展和应用,为大样本理论奠定了基础。

1892年出版的《科学之门》是皮尔逊的重要著作之一,他认为"一切科学的同一性在于方法,而与题材无关"。他把生物统计方法提炼成为一般处理统计资料的通用方法,发展了统计方法论,把概率论与统计学二者熔为一炉,发展了统计方法论,开创了现代统计科学的新阶段。皮尔逊的科学道路是从数学研究开始的,继之以哲学和法律学,进而研究生物学与遗传学,集大成于统计学。他被公认是"旧派理学派和描述统计学派的代表人物",并被誉为"现代统计科学的创立者"。

资料来源:根据MBA智库百科资料整理。

3. 等级相关系数

前面给出的相关系数是对具有线性相关关系的两个定量变量之间相关方向和相关关系密切程度的刻画。但在有些情况下,研究的"变量"可能是定性的,比如爱好程度、质量等级、技能高低等,只能给出等级次序或名次先后,而难以用数字准确计量其观测结果。或某些变量虽然能通过打分等数字形式给出观测结果,但是亦可将观测结果转换为相应等级。此时,要度量两变量之间相关关系的密切程度,可采用由斯皮尔曼(C. Spearman)运用等级差数法给出的相关系数。它是把研究对象的数量标志或品质标志的具体表现按等级次序排列,再测定两标志等级间的相关程度。

等级相关系数 r_s 的计算公式为

$$r_s = 1 - \frac{6\sum d^2}{n(n^2-1)} \tag{8.6}$$

式中,n 为等级项数;d 为两变量对应的等级差。

等级相关系数的取值范围为 $-1 \leqslant r_s \leqslant 1$。仅当出现完全相关关系时,即每对 x,y 的等级完全相同,此时 $r_s=1$;当出现完全的负相关关系时,每对 x,y 的等级

完全相反,此时 $r_s=-1$;而当 x,y 间相关关系较弱时,r_s 将趋于 0。在一般情形下,$|r_s|<1$。

【例 8.3】 某班 9 位学生概率论与数理统计和多元统计分析两门课程的成绩资料如下(表 8.7)。

表 8.7 概率论与数理统计和多元统计分析成绩

概率统计成绩(分)	69	87	74	92	82	57	94	81	78
多元分析成绩(分)	72	90	77	90	78	55	99	87	85

解 利用所给的资料,列表计算所需的有关数据,如表 8.8 所示。

表 8.8 两门课程成绩等级相关系数计算表

概率统计		多元分析		等级差	d^2
成绩(分)	等级 x	成绩(分)	等级 y	$d=x-y$	
69	8	72	8	0	0
87	3	90	2.5	0.5	0.25
74	7	77	7	0	0
92	2	90	2.5	−0.5	0.25
82	4	78	6	−2	4
57	9	55	9	0	0
94	1	99	1	0	0
81	5	87	4	1	1
78	6	85	5	1	1
合计	45	—	45	—	$\sum d^2=6.5$

从而求得两门课程成绩之间的等级相关系数为

$$r_s=1-\frac{6\sum d^2}{n(n^2-1)}=1-\frac{6\times 6.5}{9(9^2-1)}=0.945\,8$$

这里将课程成绩改为等级的方法是,由于引用的是 9 位学生的课程成绩,故最高分定为 1 级,最低分定为 9 级(或最高分定为 9 级,最低分定为 1 级亦可),遇有分数相同时,取它们原有等级的均值,如多元统计分析课程成绩有两个 90 分,它们原有等级为 2,3,则取其均值 2.5 作为这两个 90 分的等级。

可以证明,如果把等级系数看作变量值,由此计算的斯皮尔曼等级相关系数和皮尔逊积矩相关系数是相等的。

证明 设 x 的等级为 $x_1, x_2, \cdots, x_n$，y 的等级为 $y_1, y_2, \cdots, y_n$，则 x 与 y 的等级之差为 $d_1, d_2, \cdots, d_n$。

所以

$$\sum x = \sum y = 1 + 2 + \cdots + n = \frac{n(n+1)}{2} \tag{8.7}$$

$$\sum x^2 = \sum y^2 = 1^2 + 2^2 + \cdots + n^2 = \frac{n(n+1)(2n+1)}{6} \tag{8.8}$$

$$\sum d^2 = \sum (x-y)^2 = \sum x^2 - 2\sum xy + \sum y^2 \tag{8.9}$$

由式(8.9)，可以得到

$$\sum xy = \frac{\sum x^2 + \sum y^2 - \sum d^2}{2}$$

将式(8.7)、式(8.8)、式(8.9)代入下列各式，有

$$n\sum xy - \sum x \cdot \sum y = \frac{n\sum x^2 + n\sum y^2 - n\sum d^2}{2} - \frac{n^2(n+1)^2}{4}$$

$$= \frac{n^2(n^2-1)}{12} - \frac{n\sum d^2}{2} \tag{8.10}$$

$$\sqrt{n\sum x^2 - \left(\sum x\right)^2} \cdot \sqrt{n\sum y^2 - \left(\sum y\right)^2} = \frac{n^2(n+1)(2n+1)}{6} - \frac{n^2(n+1)^2}{4}$$

$$= \frac{n^2(n^2-1)}{12} \tag{8.11}$$

把式(8.10)、式(8.11)代入相关系数 r 的计算公式，有

$$r = \frac{n\sum xy - \left(\sum x\right)\left(\sum y\right)}{\sqrt{n\sum x^2 - \left(\sum x\right)^2}\sqrt{n\sum y^2 - \left(\sum y\right)^2}}$$

$$= \frac{\dfrac{n^2(n^2-1)}{12} - \dfrac{n\sum d^2}{2}}{\dfrac{n^2(n^2-1)}{12}}$$

$$= 1 - \frac{6\sum d^2}{n(n^2-1)}$$

得证。

因此，如果把等级系数看作变量值，而且每列等级中没有重复时，斯皮尔曼等级相关系数和皮尔逊积矩相关系数是相等的。但当每列等级中有重复时，斯皮尔曼等级相关系数和皮尔逊积矩相关系数是有偏差的，且重复等级越多，用式(8.6)计算的结果偏差越大，斯皮尔曼等级相关系数和皮尔逊积矩相关系数的偏差也越大。此时要采用修正后的斯皮尔曼等级相关系数公式，本书不再详细介绍。

4．相关系数的统计推断

由于总体的相关系数 ρ 一般是未知的，因此我们通常的做法是根据样本资料来计算样本相关系数 r 作为总体相关系数 ρ 的估计值，由于样本资料受抽样的影响，对两个变量进行多次抽样而计算的样本相关系数一般是不同的，从而样本相关系数从本质上看是一个随机变量，所以必须对样本相关系数的可靠性做出检验。

由于相关系数 r 的样本分布比较复杂，受 ρ 的影响很大，样本相关系数的检验包括两类：一是对总体相关系数是否等于0进行检验；二是对总体相关系数是否等于某一给定的不为0的数值进行检验。

1) $\rho=0$ 时

在小样本($n<30$)情况下，通常采用费希尔的 t 检验法，即用 t 分布来检验 r 的显著性，其检验的步骤如下：

(1) 建立假设：原假设是样本从一个不相关的总体中抽取出来的，即假设为

$$H_0:\ \rho=0,\quad H_1:\ \rho\neq 0$$

(2) 根据样本资料计算得到样本相关系数的值。

(3) 构造检验的统计量：这里使用的统计量为 $t=|r|\sqrt{\dfrac{n-2}{1-r^2}}$，在原假设成立的情况下，有 $t\sim t(n-2)$。

(4) 根据给定的显著性水平 α，查 t 分布表(见附录3)，得到临界值 $t_{\alpha/2}(n-2)$。

(5) 给出检验结论：如果有 $t>t_{\alpha/2}(n-2)$，则拒绝原假设，接受备择假设，即总体的相关系数不为零，反之亦然。

【例8.4】 利用例8.1资料，计算的样本相关系数 $r=0.956\,128$，是否可以认为总体相关系数 $\rho=0$。

解 提出统计假设为

$$H_0:\ \rho=0,\quad H_1:\ \rho\neq 0$$

于是，检验统计量

$$t=|r|\sqrt{\frac{n-2}{1-r^2}}=0.956\,128\times\sqrt{\frac{31-2}{1-0.956\,128^2}}=17.576$$

当显著性水平 $\alpha=0.05$ 时，查 t 分布表可得 $t_{\frac{\alpha}{2}}(n-2)=t_{0.025}(29)=2.045\,2$，故拒绝 H_0，接受 H_1，即认为总体的相关系数不等于 0。

2) $\rho\neq0$ 时

第一种情形解决了样本是否来自于一个 $\rho=0$ 的总体的问题，有时在研究中还需要了解样本是否来自于 ρ 为某一给定的不为 0 的总体的问题，即 $\rho\neq0$ 时 r 的显著性检验。其检验步骤如下：

(1) 提出统计假设

$$H_0:\ \rho=r,\quad H_1:\ \rho\neq r$$

(2) 根据样本资料计算得到样本相关系数 r 的值。

(3) 构造检验用的统计量。

$\rho\neq0$ 时相关系数 r 的样本分布不是正态分布，因此不能用统计量 $t=|r|\sqrt{\frac{n-2}{1-r^2}}$ 进行 t 检验。这时可利用费希尔于 1921 年提出的检验方法，先进行费希尔变换。

$$Z_\rho=\frac{1}{2}\ln\left(\frac{1+\rho}{1-\rho}\right),\quad Z_r=\frac{1}{2}\ln\left(\frac{1+r}{1-r}\right)$$

可以证明，当样本(x,y)抽取自正态分布总体时，Z_r 近似服从均值 Z_ρ，方差为 $\frac{1}{n-3}$ 的正态分布，于是 $Z=(Z_r-Z_\rho)\sqrt{n-3}$ 近似服从标准正态分布。

(4) 根据给定的显著性水平 α，查正态分布表(见附录 2)，得到临界值 $Z_{\alpha/2}$。

(5) 给出检验结论：如果有 $|Z|>Z_{\alpha/2}$，则拒绝原假设，接受备择假设，即总体的相关系数 $\rho\neq r$，反之亦然。

【例 8.5】 利用例 8.1 资料，计算的样本相关系数 $r=0.956\,128$，是否可以认为总体相关系数 $\rho=0.95$。

解 提出统计假设为

$$H_0:\ \rho=0.95,\quad H_1:\ \rho\neq0.95$$

则

$$Z_\rho=\frac{1}{2}\ln\left(\frac{1+\rho}{1-\rho}\right)=\frac{1}{2}\ln\left(\frac{1+0.95}{1-0.95}\right)=1.831\,7$$

$$Z_r=\frac{1}{2}\ln\left(\frac{1+r}{1-r}\right)=\frac{1}{2}\ln\left(\frac{1+0.956\,128}{1-0.956\,128}\right)=1.898\,7$$

于是，检验统计量

$$Z=(Z_r-Z_\rho)\sqrt{n-3}=(1.898\,7-1.831\,7)\times\sqrt{31-3}=0.354\,5$$

当显著性水平 $\alpha=0.05$ 时，查正态分布表可得 $Z_{\frac{\alpha}{2}}=Z_{0.025}=1.96>Z=0.354\,5$，故接受 H_0，拒绝 H_1，即认为总体的相关系数 $\rho=0.95$。

对斯皮尔曼等级相关系数的统计检验很复杂，本书不再深入介绍，感兴趣的读者可参阅有关著作。

（三）多元相关分析

在多个变量的相关性分析中，如果不考虑其他因素的影响，或假定其他影响因素不存在的情况下，可以采用一元相关系数的计算方法，用皮尔逊积矩相关系数公式计算其中某两个变量之间的相关密切程度，但往往不够准确。

【例 8.6】 求 2022 年度我国各地区的地方财政教育支出 y（亿元）、地区生产总值 x_1（亿元）、年末人口数 x_2（人）、居民平均每人教育文娱支出 x_3（元/人）、居民教育消费价格指数 x_4、教育支出在地方财政支出中的比重 x_5（%）之间的多重相关系数，数据如表 8.9 所示。

表 8.9　2022 年度我国各地区的地方财政教育支出及其影响因素相关数据

地区	y（亿元）	x_1（亿元）	x_2（人）	x_3（元/人）	x_4	x_5
北京	1 171.12	41 610.9	2 184	3 008.0	100.9	15.68%
天津	478.94	16 311.3	1 363	2 546.0	102.2	17.54%
河北	1 771.15	42 370.4	7 420	1 864.3	101.7	19.03%
山西	861.35	25 642.6	3 481	1 809.0	101.5	14.66%
内蒙古	692.38	23 158.6	2 401	2 111.1	100.5	11.70%
辽宁	745.91	28 975.1	4 197	2 303.7	101.9	11.91%
吉林	497.82	13 070.2	2 348	1 848.0	100.9	12.31%
黑龙江	594.39	15 901.0	3 099	2 103.9	100.6	10.90%
上海	1 122.57	44 652.8	2 475	3 099.6	104.3	11.95%
江苏	2 598.05	122 875.6	8 515	2 778.5	101.3	17.43%
浙江	2 197.26	77 715.4	6 577	3 549.1	103.8	18.28%
安徽	1 420.87	45 045.0	6 127	2 416.5	103.7	16.96%
福建	1 217.26	53 109.9	4 188	2 807.2	101.7	21.39%
江西	1 320.01	32 074.7	4 528	2 447.5	102.7	18.11%

续表

地区	y(亿元)	x_1(亿元)	x_2(人)	x_3(元/人)	x_4	x_5
山东	2 626.48	87 435.1	10 163	2 566.2	100.5	21.66%
河南	1 895.57	61 345.1	9 872	2 180.1	101.8	17.80%
湖北	1 279.08	53 734.9	5 844	2 794.1	101.8	14.83%
湖南	1 500.39	48 670.4	6 604	3 250.3	101.3	16.69%
广东	3 871.14	129 118.6	12 657	3 196.3	102.5	20.89%
广西	1 141.72	26 300.9	5 047	2 396.4	105.2	19.37%
海南	313.91	6 818.2	1 027	2 129.7	101.7	14.97%
重庆	822.17	29 129.0	3 213	2 585.0	101.9	16.80%
四川	1 865.04	56 749.8	8 374	2 005.7	102.8	15.65%
贵州	1 155.33	20 164.6	3 856	2 216.2	101.5	19.74%
云南	1 164.89	28 954.2	4 693	2 028.0	101.5	17.39%
西藏	316.67	2 132.6	364	792.8	100.1	12.21%
陕西	1 060.38	32 772.7	3 956	2 001.1	104.1	15.68%
甘肃	699.58	11 201.6	2 492	1 775.7	100.8	16.43%
青海	220.95	3 610.1	595	1 175.2	103.8	11.19%
宁夏	212.35	5 069.6	728	2129.8	101.8	13.37%
新疆	1 088.62	17 741.3	2 587	1 495.4	100.7	15.93%

资料来源:《中国统计年鉴:2023》。

注:台湾省、香港特别行政区、澳门特别行政区未做统计。

解 Excel 计算过程如下:

首先创建表 8.9 的 Excel 数据表,然后单击"工具"菜单中的"数据分析选项",从其对话框的"分析工具"列表里选择"相关系数",回车确认,进入相关系数对话框,然后选中进行分析的数据区域,再确定数据输出的区域,再点击"确定",就可以在指定的区域输出多元相关分析的结果,如表 8.10 所示。

表 8.10 多元相关分析的结果

	y	x_1	x_2	x_3	x_4	x_5
y	1					
x_1	0.947 898	1				
x_2	0.935 074	0.871 877	1			
x_3	0.551 35	0.640 728	0.459 002	1		
x_4	0.114 168	0.106 121	0.107 868	0.265 781	1	
x_5	0.661 565	0.554 283	0.627 296	0.430 143	0.113 287	1

从表 8.10 可知，地方财政教育支出与地区生产总值、年末人口数高度相关，相关系数分别为 0.947 898 和 0.935 074；地方财政教育支出与居民平均每人教育文娱支出、教育支出在地方财政支出中的比重显著相关，达到了 0.551 35 和 0.661 565；地方财政教育支出与居民教育消费价格指数微弱相关，为 0.114 168。另外，地区生产总值与年末人口数高度相关，相关系数为 0.871 877，说明变量信息存在重叠，在进行多元线性回归分析时，还需要消除自变量之间的多重共线性。

（四）相关分析中应注意的问题

1. 警惕虚假相关

在统计实务中，有时两变量之间并不存在相关关系，却可能出现较高的相关系数。究其原因可能存在另一个共同影响两变量的因素。

2. 相关关系不等于因果关系

从相关关系的内容来讲，有许多是由于因果关系产生的，因而具有相关关系的某些现象可表现为因果关系，比如，由于房地产建筑成本、土地成本上升，导致房地产销售价格也上升等；但它也包括互为因果的关系，如工人的收入增加，则工人的消费也增加，工人消费的增加，又导致商品需求增加，企业利润增加，使得工人的收入也增加，如此循环的互为因果的关系；同时它还包括非直接的因果关系，如哥哥高，妹妹也高，这产生于同一原因，父母都比较高。但具有相关关系的现象并不都表现为因果关系，如生产费用和产品产量、商品的供求与价格等。

相关关系只是表明两个变量之间相互影响的程度和方向，并不能说明二者间是否有因果关系，以及何为因、何为果，即使相关系数非常大，也并不意味着两变量间具有显著的因果关系。相关关系比因果关系的概念要广泛，但是这种关系必须是客观存在的真实的关系。

第二节　线性回归分析

一、回归分析的概念

从历史上看，“回归”概念的提出是要早于“相关”的概念。英国生物统计学家法兰西斯·高尔顿在 1887 年，第一次将“回复”(reversion)作为统计概念使用，后改为“回归”(regression)一词。1888 年，他又引入“相关”(correlation)的概念，现今已成为统计上研究变量之间相关关系的通用语。

相关分析是分析、测定变量之间相关方向和程度的一种统计方法。回归分析也是分析、处理变量之间依存关系的一种统计方法。它是在对存在相关关系的变量中,根据变量之间关系的形态,选择适当的数学表达式,把变量之间的平均变化关系近似地表达出来,并据此由给定的自变量的值,对因变量的可能值进行预测。

相关分析与回归分析是两种既有联系、又有区别的统计分析方法。

(一) 相关分析与回归分析的联系

1. 相关分析是回归分析的基础与前提,回归分析是相关分析的继续与深入

对变量之间仅仅做出相关方向的判定及相关密切程度的测定是不够的。在此基础上,根据变量变化的形态,拟合出回归方程,近似地表达出变量之间的平均变化关系,才能进行统计预测,以利于统计决策,从而使相关分析具有实际意义。只有存在相关关系的变量才能进行回归分析,否则回归分析的结果是没有意义的,而且相关程度愈高,回归预测的结果愈可靠。因此说,相关分析是回归分析的基础与前提,回归分析是相关分析的继续与深入,二者往往结合应用。

2. 相关系数与回归方程中的参数可以相互换算

相关系数是检验回归系数的标准,回归分析的结果也可以推算相关系数。因此,相关分析与回归分析是相互补充、密切联系的,相关分析需要回归分析来表明现象数量关系的具体形式,而回归分析则应建立在相关分析的基础上。

(二) 相关分析与回归分析的区别

(1) 对变量的要求方面:相关分析的对象是两个随机变量,而回归分析中有一个是随机变量,称为因变量或被解释变量,还有一个或几个作为解释因变量的解释变量或自变量。

(2) 在变量之间的关系上:相关分析中两个随机变量的地位是对等的,而且只能也只要计算一个相关系数即可;而在回归分析中,变量之间的地位是不等的,一个处于被解释位置,另一个或多个处于解释位置。

(3) 在使用条件上:对于任意两个随机变量都可以通过抽取样本资料来计算它们的相关系数,但对于回归分析而言,即使两个变量具有很高的相关性,但没有因果关系,仍然不能建立回归模型,否则会出现虚假回归现象。另外随着研究目的的变化，对于同样的两个变量可以建立两个回归模型，如果它们具有双向因果关系的话。

(4) 在分析的手段上：相关分析主要通过相关图、相关表和相关系数来衡量变量之间的相关程度和相关方向，它无法反映一个变量的变动对另一个变量影响的具体程度；而回归分析是通过构建模型，当模型通过检验以后，就可以利用模型来分析变量之间的变动方向和程度。

回归分析中所给出的数学表达式称为回归方程，或回归模型。它的形式有多种。例如，根据方程中自变量的多少来分，可以是一元的，也可以是多元的；根据方程所表现的变量的变动形态分，可以是线性的，也可以是非线性的。本节讨论线性回归分析的有关理论和方法，将在第三节讨论非线性回归分析的有关理论和方法。

知 识 链 接

高尔顿与“回归”的起源

法兰西斯·高尔顿(F. Galton，1822—1911)，英国人类学家、生物统计学家，著名生物学家达尔文的表弟。1822年2月6日生于伯明翰。他早年在剑桥大学学习数学，回到伦敦攻读医学，1860年当选为皇家学会会员，1909年被封为爵士。他的学术研究兴趣广泛，包括人类学、地理学、数学、力学、气象学、心理学、统计学等方面。

1855年，高尔顿发表《遗传的身高向平均数方向的回归》一文，他和他的学生卡尔·皮尔逊(K. Pearson)通过观察1 078对夫妇的身高数据，以每对夫妇的平均身高作为自变量，取他们的一个成年儿子的身高作为因变量，分析儿子身高与父母身高之间的关系，发现父母的身高可以预测子女的身高，二者近乎一条直线。当父母越高或越矮时，子女的身高会比一般儿童高或矮，他将儿子与父母身高的这种现象拟合出一种线性关系，分析出儿子的身高 y 与父亲的身高 x 大致可归结为以下关系：

$$y=33.73+0.516*x$$（单位为英寸）

根据换算公式1英寸=0.0254米，1米=39.37英寸，单位换算成米后：

$$y=0.8567+0.516*x$$（单位为米）

假如父母辈的平均身高为1.75米，则预测子女的身高为1.7597米。

这种趋势及回归方程表明父母身高每增加一个单位时，其成年儿子的身高平均增加0.516个单位。这就是"回归"一词最初在遗传学上的含义。

有趣的是，通过观察，高尔顿还注意到，尽管这是一种拟合较好的线性关系，但仍然存在例外现象：矮个父母所生的儿子比其父母要高，身高较高的父母所生子女的身高却回降到多数人的平均身高。换句话说，当父母身高走向极端，子女的身高不会像父母身高那样极端化，其身高要比父母的身高更接近平均身高，即有"回归"到平均数的趋势，这就是统计学上最初出现"回归"时的含义，高尔顿把这一现象叫作"向平均数方向的回归"（regression toward mediocrity）。虽然这是一种特殊情况，与线性关系拟合的一般规则无关，但"线性回归"的术语却因此沿用下来，作为根据一种变量（父母身高）预测另一种变量（子女身高）或多种变量关系的描述方法。

二、一元线性回归方程的确定

（一）总体回归方程

在回归分析中，一元线性回归模型是最简单、最基本的一种。该模型假定因变量Y主要受自变量X的影响，它们之间存在近似的线性函数关系，即有简单线性回归模型：

$$Y_t = A + BX_t + \varepsilon_t$$

式中，A，B是未知参数，称为总体回归系数；Y_t，X_t分别是Y和X的第t次观察值；ε_t是随机误差项，又称为随机干扰项，反映所有其他未列入模型的因素对Y的影响。

由于有随机因素的影响，对于X的某一确定的值，Y的取值是有波动的，假定随机误差项的期望值为零，即$E(\varepsilon_t)=0$，因此，从平均的意义上来说，总体的一元线性回归方程为

$$Y = E(Y_t) = A + BX \tag{8.12}$$

（二）样本回归方程

在实际应用中，对 X 和 Y 所代表的总体，研究过程中往往不可能进行全面观察和了解，而是从中抽取部分资料作为样本，通过样本提供的信息来认识总体，找出总体回归模型的估计式，样本的简单线性回归模型为

$$y_t = a + bx_t + e_t \quad (t = 1,2,\cdots,n) \tag{8.13}$$

式中，e_t 为残差，n 是样本容量。那么样本的一元线性回归方程为

$$\hat{y} = a + bx \tag{8.14}$$

式中，x 为自变量；$\hat{y}$ 为因变量 y 的估计值，又称理论值。它是根据回归方程式(8.14)和给定的自变量 x 值计算得到的结果，是当自变量为给定的一个值时，对应的因变量的许多可能值的平均值。a，b 为回归方程参数，其中，b 称为回归系数，它表示自变量每增加一个单位时，对应的因变量的平均变动量。

总体回归模型虽然未知，但它却是确定的；样本回归线随抽样而变化，是总体回归线的近似表现。总体回归模型的参数虽未知，但是确定的常数；样本回归模型的参数可估计，并且是随着抽样而变化的随机变量。总体回归模型中的 ε_t 是不可直接观测的；而样本回归模型中的 e_t，只要估计出样本回归的参数，就可以进行计算。

1. 一元线性回归方程参数的确定

一元线性回归方程式(8.14)的确定，实际上是根据若干对观测值(x,y)，来确定方程中两个未知参数 a，b。

理想状态下由这个方程计算得到 y 的估计值 $\hat{y}$，从整体上来看，应尽可能地接近 y 的实际值。因此，这个回归方程所代表的直线，应当是平面 xOy 上一切直线中，与已知观测值的离差和为零，与已知观测值的离差平方和最小的一条直线，即

$$\sum (y - \hat{y})^2 = \text{最小值}$$

$$\sum (y - \hat{y}) = 0$$

这种依据“离差平方和最小”来配置直线（或曲线）的方法，称为最小二乘法，又称最小平方法。

若记

$$Q = \sum (y - \hat{y})^2$$

为使

$$Q=\sum(y-\hat{y})^2=\sum(y-a-bx)^2=\min$$

根据微积分中求极值的原理，需分别对 a，b 求偏导数，并令其为 0，即

$$\begin{cases}\dfrac{\partial Q}{\partial a}=-2\sum(y-a-bx)=0\\ \dfrac{\partial Q}{\partial b}=-2\sum x(y-a-bx)=0\end{cases}\tag{8.15}$$

对式(8.15)整理得正规方程组(又称标准方程组)：

$$\begin{cases}an+b\sum x=\sum y\\ a\sum x+b\sum x^2=\sum xy\end{cases}\tag{8.16}$$

解此方程组得

$$\begin{cases}b=\dfrac{n\sum xy-(\sum x)(\sum y)}{n\sum x^2-(\sum x)^2}\\ a=\dfrac{\sum y}{n}-b\dfrac{\sum x}{n}\end{cases}\tag{8.17}$$

将解出的 a，b 值代入式(8.14)中，则一元线性回归方程便得以确定。

若注意到式(8.17)中 b 的分子分母可分别变形为

$$n\sum xy-(\sum x)(\sum y)=n\sum(x-\bar{x})(y-\bar{y})=nl_{xy}$$

$$n\sum x^2-(\sum x)^2=n\sum(x-\bar{x})^2=nl_{xx}$$

则

$$b=\frac{\sum(x-\bar{x})(y-\bar{y})}{\sum(x-\bar{x})^2}=\frac{l_{xy}}{l_{xx}}$$

而

$$\frac{\sum y}{n}-b\frac{\sum x}{n}=\bar{y}-b\bar{x}$$

于是参数 a，b 的求解式又可简记为

$$\begin{cases}b=\dfrac{l_{xy}}{l_{xx}}\\ a=\bar{y}-b\bar{x}\end{cases}\tag{8.18}$$

【例 8.7】 利用表 8.1 所给出的资料，建立国际旅游外汇收入(y)关于接待

入境旅游人数(x)的一元线性回归方程。

解　将表 8.4 中计算出的数据，代入参数 a,b 的计算式(8.17)中，有

$$b=\frac{n\sum xy-(\sum x)(\sum y)}{n\sum x^2-(\sum x)^2}$$

$$=\frac{31\times 9\,323\,625.508-30\,239.55\times 3\,511.024}{31\times 107\,191\,931.7-30\,239.55^2}=0.075\,9$$

$$a=\frac{\sum y}{n}-b\frac{\sum x}{n}$$

$$=\frac{3\,511.024}{31}-0.075\,9\times\frac{30\,239.55}{31}=39.220\,7$$

故所求的一元线性回归方程为

$$\hat{y}=39.220\,7+0.075\,9x$$

该方程中回归系数 $b=0.075\,9$，其经济意义为接待入境旅游人数每增加1 万人次，国际旅游外汇收入将平均增加 0.075 9 百万美元。

2．用 Excel 软件求回归方程参数

Excel 求回归方程的参数可用数据分析工具进行回归分析。

第一步：用鼠标点击图 8.9 所示 Excel 表中的任何空白单元格，单击“工具”菜单中的“数据分析选项”，从其对话框的“分析工具”列表里选择“回归”，回车确认，进入回归对话框。

在“Y 值输入区域”中输入 y 数据所在的单元格区域“＄C＄2：＄C＄32”，在“X 值输入区域”中输入 x 数据所在的单元格区域“＄B＄2：＄B＄32”。在输出选项中，选中“新工作簿”，再点击“确定”，这样就在新工作簿中输出表 8.11—表 8.13

表 8.11　回归统计表

回归统计	
Multiple R	0.956 128
R Square	0.914 181
Adjusted R Square	0.911 222
标准误差	38.074 98
观测值	31

表 8.12 方差分析表

方差分析	df	SS	MS	F	Significance F
回归分析	1	447 845.7	447 845.7	308.922 1	5.273 58E−17
残差	29	42 041.43	1 449.704		
总计	30	489 887.2			

表 8.13 参数估计分析表

	Coefficients	标准误差	t Stat	P-value	Lower 95%	Upper 95%	下限 95.0%	上限 95.0%
Intercept	39.198 85	8.032 407	4.880 088	3.54E-05	22.770 738 08	55.626 97	22.770 74	55.626 97
X Variable	0.075 922	0.004 32	17.576 18	5.27E-17	0.067 087 796	0.084 757	0.067 088	0.084 757

表 8.11 是对回归方程拟合程度的检验；表 8.12 是对回归方程总方差的分解和对回归方程的显著性检验；表 8.13 是对方程参数的估计，其中 $a=39.198\ 85$，标准误差是 8.032 407，t 检验值为 4.880 088，概率值为 3.54E−05，说明参数 a 在 99%的置信度下显著不为 0，a 的 95%的区间估计值为(22.770 74，55.626 97)；$b=0.075\ 922$，标准误差是 0.004 32，t 检验值为 17.576 18，概率值为 5.27E−17，说明参数 b 在 99%的置信度下显著不为 0，b 的 95%的区间估计值为(0.067 088，0.084 757)。

三、一元线性回归方程的检验

运用最小二乘法估计出一元线性回归方程 $\hat{y}=a+bx$ 的参数 a，b，确定了回归方程后，回归线与实际点的拟合情况如何？能否利用该方程，对给定的自变量的值，预测对应的因变量的值呢？预测精度又是怎样的呢？这一切都需要通过统计检验方能予以回答。

（一）回归方程拟合程度的检验

对回归方程 $\hat{y}=a+bx$ 的拟合程度进行检验，实质是检验实际值是否紧密分布在回归线两侧。判定系数与估计标准误差是测定回归方程拟合程度的两项重要指标，它们都是建立在对总变差（又称总离差平方和）进行分解的基础上的。

1．总变差的分解

如图 8.10 所示，y 的实际值 y_i 到 y 的样本均值 $\bar{y}$ 所产生的变差可分解成两部分，即

$$y_i - \bar{y} = (\hat{y}_i - \bar{y}) + (y_i - \hat{y}_i)$$

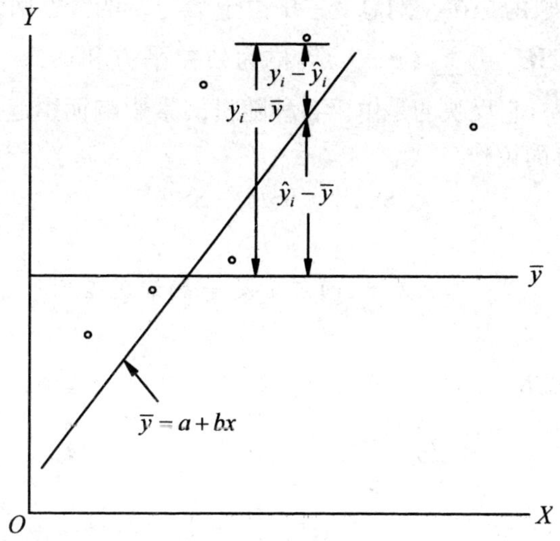

图 8.10　变差分解图

于是，总变差

$$\begin{aligned}\sum (y_i - \bar{y})^2 &= \sum [(\hat{y}_i - \bar{y}) + (y_i - \hat{y}_i)]^2 \\ &= \sum (\hat{y}_i - \bar{y})^2 + 2\sum (\hat{y}_i - \bar{y})(y_i - \hat{y}_i) + \sum (y_i - \hat{y}_i)^2\end{aligned}$$

其中

$$\begin{aligned}\sum (\hat{y}_i - \bar{y})(y_i - \hat{y}_i) &= \sum (a + bx_i - a - b\bar{x})(y_i - a - bx_i) \\ &= b\sum (x_i - \bar{x})(y_i - a - bx_i) \\ &= b\sum x_i(y_i - a - bx_i) - b\bar{x}\sum (y_i - a - bx_i)\end{aligned}$$

若注意到式(8.15)，有

$$\sum (y_i - a - bx_i) = 0, \quad \sum x_i(y_i - a - bx_i) = 0$$

从而

$$\sum (\hat{y}_i - \bar{y})(y_i - \hat{y}_i) = 0$$

故有

$$\sum (y_i - \bar{y})^2 = \sum (\hat{y}_i - \bar{y})^2 + \sum (y_i - \hat{y}_i)^2 \tag{8.19}$$

记 $SST = \sum (y - \bar{y})^2$，称为总离差平方和(sum of squares for total)，或总

变差；$SSR = \sum(\hat{y}-\bar{y})^2$，称为回归平方和(sum of squares due to regression)，或回归变差，它反映的是在 y 的总变差中由于 x 与 y 的线性回归关系而引起的 y 的变化部分；记 $SSE = \sum(y-\hat{y})^2$，称为残差平方和(sum of squares due to error)，或剩余变差，它反映的是由于各种随机因素影响而引起的 y 的变化部分。于是，式(8.19)可简记作

$$SST = SSR + SSE \tag{8.20}$$

即

总变差 ＝ 回归变差 ＋ 剩余变差

由于

$$\begin{aligned} SSR &= \sum(\hat{y}-\bar{y})^2 = \sum(a+bx-a-b\bar{x})^2 \\ &= b^2\sum(x-\bar{x})^2 = b^2 l_{xx} \end{aligned}$$

而

$$b = \frac{l_{xy}}{l_{xx}}$$

所以

$$SSR = bl_{xy} \tag{8.21}$$

$$SSE = \sum(y-\hat{y})^2 = l_{yy} - SSR = l_{yy} - bl_{xy} \tag{8.22}$$

在实际问题中，可利用它们做 SSR，SSE 的简捷计算。

2. 判定系数

由式(8.20)可见，当总变差 SST 一定时，回归变差 SSR 愈大，剩余变差 SSE 就愈小；反之，回归变差 SSR 愈小，剩余变差 SSE 就愈大。若 y 的实际值都紧密地分布在回归线的两侧，则剩余变差很小，回归变差在总变差中所占的比例就很大，表明 x 与 y 之间的依存关系很强，回归方程的拟合程度很高。因此，可定义回归变差在总变差中所占的比例作为测定回归方程拟合程度的指标，称为判定系数(又称可决系数)，记作 r^2，即有

$$r^2 = \frac{SSR}{SST} = \frac{\sum(\hat{y}-\bar{y})^2}{\sum(y-\bar{y})^2} \tag{8.23}$$

或

$$r^2 = 1 - \frac{SSE}{SST} = 1 - \frac{\sum(y-\hat{y})^2}{\sum(y-\bar{y})^2} \tag{8.24}$$

判定系数的取值范围

$$0 \leqslant r^2 \leqslant 1$$

当所有的实际观测点(散点)都落在回归线上时,剩余变差$\sum(y-\hat{y})^2=0$,$r^2=1$,说明y的变化全部来自x的影响,x与y之间存在完全的线性相关关系;而当x与y之间不存在线性相关关系时,回归变差$\sum(\hat{y}-\bar{y})^2=0$,此时$r^2=0$;而在$x$与$y$间存在一定线性相关关系的一般情况下,$0<r^2<1$。随着$r^2$值的增大,回归方程的拟合程度越来越高;随着$r^2$值的减小,回归方程的拟合程度越来越低。

由于

$$r^2=\frac{\sum(\hat{y}-\bar{y})^2}{\sum(y-\bar{y})^2}=\frac{\sum(a+bx-a-b\bar{x})^2}{\sum(y-\bar{y})^2}$$

$$=\frac{b^2\left(\sum x^2-n\bar{x}^2\right)}{\sum y^2-n\bar{y}^2}=\frac{b^2\left[n\sum x^2-\left(\sum x\right)^2\right]}{n\sum y^2-\left(\sum y\right)^2}$$

若注意到

$$b=\frac{n\sum xy-\left(\sum x\right)\left(\sum y\right)}{n\sum x^2-\left(\sum x\right)^2}$$

则

$$r^2=\frac{b\left[n\sum xy-\left(\sum x\right)\left(\sum y\right)\right]}{n\sum y^2-\left(\sum y\right)^2} \tag{8.25}$$

在实际问题中,可采用式(8.25)做判定系数的简捷计算。

【例 8.8】 利用表 8.4 中的有关数据,计算例 8.7 中拟合的回归方程的判定系数。

解

$$r^2=\frac{b\left[n\sum xy-\left(\sum x\right)\left(\sum y\right)\right]}{n\sum y^2-\left(\sum y\right)^2}$$

$$=\frac{0.075\,922\times(31\times 9\,323\,625.508-30\,239.55\times 3\,511.024)}{31\times 887\,541.665\,5-3\,511.024^2}=0.914\,181$$

它表明国际旅游外汇收入的总变差中,有 91.42%的变差可以由接待入境旅游人数来解释,剩下的 8.58%当属随机因素的影响。用此公式计算出的回归方程的判定系数与表 8.11 中 R Square=0.914 181 是相符的。表 8.12 中所示总变差为 489 887.2,其中回归变差为 447 845.7,剩余变差为 42 041.43,即总变差中,有 91.42%的变差可以由回归变差来解释,剩下的 8.58%由随机因素来解释。

容易证明,一元线性回归方程 $\hat{y}=a+bx$ 的判定系数 r^2,即是变量 x 与 y 的相关系数 r 的平方,亦即

$$r=\pm\sqrt{r^2}=\pm\sqrt{\frac{\sum(\hat{y}-\bar{y})^2}{\sum(y-\bar{y})^2}}$$

其根式前正负号的选取,应视回归系数 b 的符号来定:当 b 为正值时,r 取正号;当 b 为负值时,r 取负号。

3. 估计标准误差

除了判定系数之外,估计标准误差亦是检验回归方程的拟合程度、测定因变量 y 的实际观测值与估计值离差一般水平的分析指标。

将总变差分解所得到的剩余变差除以其自由度 $n-2$,得到的量称为回归估计的剩余方差,记作 S_y^2,即

$$S_y^2=\frac{SSE}{n-2}=\frac{\sum(y-\hat{y})^2}{n-2}$$

而

$$S_y=\sqrt{\frac{SSE}{n-2}}=\sqrt{\frac{\sum(y-\hat{y})^2}{n-2}} \tag{8.26}$$

称为回归估计的剩余标准差,又称估计标准误差。它是用回归方程 $\hat{y}=a+bx$ 进行推算时,y 的实际值与其估计值之间的平均误差。

如果说判定系数是从回归变差在总变差中所占的比重的大小,来衡量回归直线的拟合程度的话,则剩余方差或估计标准误差,是直接从实际观测点(散点)偏离回归直线的整体情况,来衡量回归方程的拟合程度的。估计标准误差愈小,则回归直线的拟合程度愈高,或者说,回归直线的代表性愈高,用回归方程做估计,预测效果就好。它很类似于单变量分布表示标志值离散程度的标准差,标准差愈小,则标志值与其平均值的总体偏差就愈小,从而平均值的代表性就愈高。

在利用回归方程进行区间预测时,也将运用估计标准误差。由于

$$\sum(y-\hat{y})^2=\sum[y-(a+bx)]^2$$
$$=\sum y^2-2\sum(a+bx)y+\sum(a+bx)^2$$
$$=\sum y^2-2a\sum y-2b\sum xy+na^2+2ab\sum x+b^2\sum x^2$$

若注意到正规方程组(8.16)：

$$\begin{cases}an+b\sum x=\sum y\\ a\sum x+b\sum x^2=\sum xy\end{cases}$$

则有

$$a(an+b\sum x)+b(a\sum x+b\sum x^2)=a\sum y+b\sum xy$$

即

$$na^2+2ab\sum x+b^2\sum x^2=a\sum y+b\sum xy$$

于是

$$\sum(y-\hat{y})^2=\sum y^2-a\sum y-b\sum xy$$

从而

$$S_y=\sqrt{\frac{\sum y^2-a\sum y-b\sum xy}{n-2}} \tag{8.27}$$

在实际问题中，估计标准误差通常是用式(8.27)做简捷计算的。

【例 8.9】 对例 8.7 中所得到的回归方程，计算其估计标准误差。

解 利用表 8.4 中计算出的数据与例 8.7 的结果，可得到回归方程 $\hat{y}=39.1989+0.0759x$，则估计标准误差为

$$S_y=\sqrt{\frac{\sum y^2-a\sum y-b\sum xy}{n-2}}$$
$$=\sqrt{\frac{887\,541.665\,5-39.220\,7\times 3\,511.024-0.075\,9\times 9\,323\,625.508}{31-2}}$$
$$=38.134\,82\ (\text{百美元/人·次})$$

（二）回归方程的显著性检验

由于受到抽样误差的影响，仅根据从总体中随机抽取的一个样本资料建立的回归方程，该方程所确定的两变量间的线性关系是否显著，以及运用该方程进行

估计、预测是否有效，均应通过显著性检验方能予以回答。回归分析中的显著性检验，包含对回归系数的检验及线性回归模型的整体显著性检验两方面内容。

1. 回归系数的检验

对回归系数 b 的检验，是要确定自变量 x 对因变量 y 的线性影响程度是否显著，或者说，是要检验 x 与 y 之间是否真正存在线性关系，也可以说，是要判定建立回归方程所依据的样本资料，是否真是从具有线性关系的总体中抽取的。若设总体的回归系数为 β，则对总体的 x 与 y 之间无线性关系这一假设做检验，就等价于检验假设 $\beta=0$。对回归系数 b 的显著性检验，通常步骤包括：

(1) 提出假设：H_0：$\beta=0$；H_1：$\beta\neq0$。

(2) 确定检验用的统计量：$t=\dfrac{b-\beta}{S_b}$，式中

$$S_b=\frac{S_y}{\sqrt{\sum(x-\bar{x})^2}}=\frac{S_y}{\sqrt{\sum x^2-n\bar{x}^2}} \tag{8.28}$$

在 H_0 成立下，$t=\dfrac{b-0}{S_b}=\dfrac{b}{S_b}$服从自由度为 $n-2$ 的 t 分布。

(3) 给定显著性水平 α，从 t 分布表中查出临界值 $t_{\frac{\alpha}{2}}(n-2)$。

(4) 将根据样本资料及回归方程计算得到的 t 值与临界值做比较。若 $|t|=\dfrac{|b|}{S_b}>t_{\frac{\alpha}{2}}(n-2)$，则拒绝 H_0，即认为 x,y 间线性关系显著；否则接受 H_0，即认为 x,y 间线性关系不显著。

【例 8.10】 对例 8.7 中所得到的回归方程的回归系数进行显著性检验。

解 按前述步骤，先提出假设，H_0：$\beta=0$；H_1：$\beta\neq0$。

利用表 8.4 中计算出的数据及例 8.9 的结果，计算 t 统计量的值。由于

$$S_b=\frac{S_y}{\sqrt{\sum(x-\bar{x})^2}}=\frac{S_y}{\sqrt{\sum x^2-n\bar{x}^2}}$$

$$=\frac{38.134\,82}{\sqrt{107\,191\,931.7-31\times975.469\,4^2}}=0.004\,32$$

则

$$t=\frac{b}{S_b}=\frac{0.075\,9}{0.004\,32}=17.57$$

此值与表 8.13 中计算的 $t=17.57$ 是一致的。

若取显著性水平 $\alpha=0.01,n=31$,查表得

$$t_{\frac{\alpha}{2}}(n-2)=t_{0.005}(29)=2.7564$$

因为 $|t|>t_{\frac{\alpha}{2}}(n-2)$,所以拒绝 H_0,即在 99%的置信度下,可以认为回归系数是高度显著的。

2. 线性回归模型的整体显著性检验

变量 x 与 y 之间是否存在线性关系,除了上述对回归系数 b 进行 t 检验以外,还可以用方差分析法对回归模型的整体显著性进行检验,通常使用 F 检验。其检验步骤如下:

(1) 提出假设:H_0:方程不显著;H_1:方程显著。

(2) 确定检验用的 F 统计量:

$$F=\frac{\sum(\hat{y}-\bar{y})^2/1}{\sum(y-\hat{y})^2/n-2}\sim F(1,n-2) \tag{8.29}$$

(3) 给定显著性水平 α,从 F 分布表中查出临界值 $F_{\frac{\alpha}{2}}(1,n-2)$。

(4) 将根据样本资料及回归方程计算得到的 F 值与临界值做比较。若 $|F|>F_{\frac{\alpha}{2}}(1,n-2)$,则拒绝 H_0,即认为 x,y 间线性关系显著;否则接受 H_0,即认为 x,y 间线性关系不显著。

【例 8.11】 对例 8.7 中所得到的回归方程进行线性回归方程的显著性检验。

解 按前述步骤,先提出假设,H_0:方程不显著;H_1:方程显著。

利用例 8.7 中所得到的回归方程计算出 $\hat{y}$ 的值,如表 8.14 所示。

表 8.14 我国内地各地区国际旅游外汇收入和接待入境旅游人数显著性检验计算表

地区	y	x	$\hat{y}$	$(\hat{y}-\bar{y})^2$	$(y-\hat{y})^2$
宁夏	0.784	2.43	39.383 51	5 457.550	1 480.033
青海	2.77	13.25	40.205 74	5 336.749	1 401.435
贵州	10.7	115.16	47.950 09	4 265.228	1 387.569
西藏	13.61	60.94	43.829 8	4 820.386	913.236 5
江西	18.41	139.61	49.808 09	4 025.992	985.840 3
甘肃	18.46	62.93	43.981 03	4 799.41	651.322 8
新疆	31.31	128	48.925 83	4 138.732	310.317 3
山西	33.02	164.2	51.676 74	3 792.351	348.073 8
吉林	35.43	137.2	49.624 95	4 049.267	201.496 7
河南	45.39	273.76	60.002 42	2 836.242	213.522 8

续表

地区	y	x	$\hat{y}$	$(\hat{y}-\bar{y})^2$	$(y-\hat{y})^2$
海南	46.57	229.12	56.610 14	3 209.071	100.804 4
重庆	48.82	308.72	62.659 1	2 560.33	191.520 7
安徽	52.59	226.73	56.428 52	3 229.681	14.734 21
河北	65.4	243.1	57.672 51	3 089.836	59.714 18
湖南	73.11	503.36	77.450 18	1 282.257	18.837 19
福建	78.97	1 471.1	150.990 7	1 423.695	5 186.979
天津	81.16	625.9	86.762 24	702.067 5	31.385 12
陕西	83.16	510.87	78.020 88	1 241.711	26.410 52
湖北	85.7	320	63.516 29	2 474.317	492.117
四川	85.76	395.23	69.233 17	1 938.256	273.136 2
黑龙江	99.48	492	76.586 91	1 344.827	524.093 4
广西	104.66	423.12	71.352 59	1 756.131	1 109.384
云南	111.17	658.44	89.235 02	577.141 9	481.143 2
内蒙古	122.34	403.7	69.876 82	1 881.996	2 752.385
辽宁	137.25	934.3	110.198 2	9.367 422	731.801 2
山东	156.04	1 014.05	116.258 5	8.998 426	1 582.565
浙江	281.37	2 132.7	201.267	7 745.441	6 416.492
江苏	314.88	2 786.64	250.961 2	18 961.95	4 085.613
北京	338.27	4 026.3	345.165 4	53 780.69	47.547 09
上海	399.79	3 903.9	335.864	49 553.08	4 086.531
广东	534.65	7 532.79	611.630 6	248 374.5	5 926.017
合计	3 511.024	30 239.55	3 513.128	448 667.2	42 041.95

于是

$$F=\frac{\sum(\hat{y}-\bar{y})^2/1}{\sum(y-\hat{y})^2/n-2}=\frac{448\ 667.2/1}{42\ 041.95/29}\approx 309$$

此值与表 8.12 中计算的 $F=308.922\ 1$ 是一致的。

若取显著性水平 $\alpha=0.01$，$n=31$ 查表得

$$F_{\frac{\alpha}{2}}(1,n-2)=F_{0.005}(1,29)=9.23$$

因为 $|F|=309>F_{\frac{\alpha}{2}}(1,n-2)=F_{0.005}(1,29)=9.23$，故拒绝 H_0，即在 99%的置信度下，可以认为线性回归是显著的。

四、一元线性回归方程预测

在相关分析基础上建立回归方程的重要目的之一是进行预测，即由给定的自变量的值，对因变量的可能值进行估计。而在回归方程被检验具有较高的拟合程度，自变量与因变量之间被检验具有显著的线性关系之后，就可以利用回归方程进行预测了。

回归预测有点预测和区间预测两种。

（一）点预测

当利用样本资料计算得到的一元线性回归方程 $\hat{y}=a+bx$ 被检验通过之后，可以认为该方程大致反映了变量 y 随变量 x 变化的规律。但是由于 x 与 y 之间关系的不确定性，因而对给定的 x 的某一值 x_0，根据回归方程，也只能得到对应的 y_0 的估计值：

$$\hat{y}_0 = a + bx_0$$

这便是点预测。显然，它很简单。但是这种简单的点预测，既不能给出预测误差有多大，也不能给出取得该估计值的概率保证程度能有多高。即点预测不能回答预测的精确性与可靠性。为此，需要做区间预测。

（二）区间预测

对于给定的置信概率 $1-\alpha$，给出与 $x=x_0$ 相对应的 y_0 取值的置信区间。

区间预测公式由下式给出：

$$y_0 = \hat{y}_0 \pm t_{\frac{\alpha}{2}}(n-2)S_y\sqrt{1+\frac{1}{n}+\frac{(x_0-\bar{x})^2}{\sum(x-\bar{x})^2}} \tag{8.30}$$

式中，$t_{\frac{\alpha}{2}}(n-2)$是从 t 分布表中查得的临界值，S_y 为估计标准误差。

根据式(8.30)描绘的预测区间如图 8.11 所示。

由图 8.11 可见，置信区间的上、下限是两条关于回归直线 $\hat{y}=a+bx$ 对称的曲线。而且在 $x_0=\bar{x}$ 时，区间最窄，预测精度最好；而当 x_0 远离 $\bar{x}$ 时，区间变宽，预测精度逐渐下降。

而对于大样本，$t_{\frac{\alpha}{2}}(n-2)$可用 $Z_{\frac{\alpha}{2}}$ 近似，式(8.30)中的根式近似为 1，区间预测公式将简化为

$$y_0 = \hat{y}_0 \pm Z_{\frac{\alpha}{2}}S_y \tag{8.31}$$

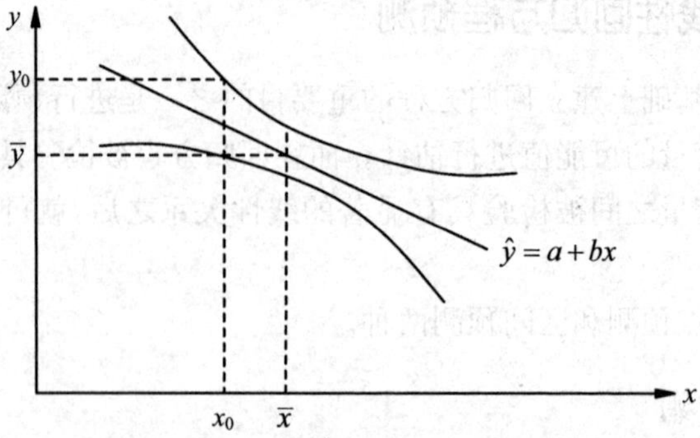

图 8.11　一元线性回归预测的置信区间

式中，$Z_{\frac{\alpha}{2}}$ 为显著性水平为 α 时，从标准正态分布表中查得的临界值。

由式(8.31)确定的置信区间的上下限，是两条在回归直线 $\hat{y}=a+bx$ 的两侧，且与其平行的直线。

【例 8.12】　试利用表 8.4 中的资料进行回归预测。

(1) 当接待入境旅游人次数达到 500 万次时，估计国际旅游外汇收入的值。

(2) 当接待入境旅游人次数达到 500 万次时，估计国际旅游外汇收入置信度为 0.95 的置信区间。

解　(1) 根据例 8.7 中得到的回归方程，可知当 $x_0=500$ 万人次时，对应的 y_0 的点预测值为

$$\hat{y}=39.1989+0.0759\times 500=77.1489\text{（百万美元）}$$

(2) 将表 8.4 中计算出的有关数据及例 8.9 的结果等代入下式：

$$y_0=\hat{y}_0\pm Z_{\frac{\alpha}{2}}S_y$$

当 $\alpha=0.05$ 时，查表得 $Z_{\frac{\alpha}{2}}=Z_{0.025}=1.96$。于是

$$y_0=77.1489\pm 1.96\times 38.07498=77.1489\pm 74.6270$$

即有

$$2.5219\text{（百万美元）}\leqslant y_0\leqslant 151.7759\text{（百万美元）}$$

上面介绍的是一元线性回归分析，实际问题中也大量存在着多元线性回归分析问题，即一个因变量与两个或两个以上自变量之间的线性回归分析问题。多元线性回归分析是一元线性回归问题的扩展，二者基本原理相似，只是在计算上，前者比后者麻烦许多，感兴趣的同学可参阅计量经济学相关书籍。

第三节　非线性回归问题的线性化

一、非线性回归的种类

前节所研究的回归方程，是假定自变量与因变量之间呈线性关系。但是无论是自然现象，还是社会现象，常常是极其复杂的，反映这些现象数量关系的变量之间未必都呈线性关系，大量地是以非线性关系表现出来。在这种情况下，需根据变量关系的性质，用适当的曲线方程来拟合，才符合实际情况。

在进行曲线回归分析时，首先应通过散点图判断并选择回归曲线的类型，然后用变量代换把曲线模型化为一元或多元线性模型，最后用最小平方法计算回归模型的参数并进行相关检验。本节主要介绍一元非线性回归分析。

在统计研究中，较为常见的曲线回归方程有下列几种：

(1) 二次曲线(抛物线)：$y=a+bx+cx^2$，如图 8.12(a)、图 8.12(b)所示。

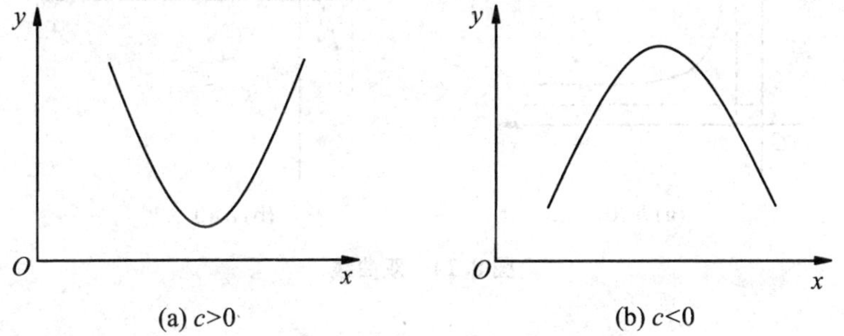

图 8.12　二次曲线(抛物线)

(2) 指数曲线：$y=ae^{bx}$，如图 8.13(a)、图 8.13(b)所示。

(3) 双曲线：$\frac{1}{y}=a+b\frac{1}{x}$，如图 8.14(a)、图 8.14(b)所示。

(4) 幂函数曲线：$y=ax^b$，如图 8.15(a)、图 8.15(b)所示。

(5) 对数曲线：$y=a+b\lg x$，如图 8.16(a)、图 8.16(b)所示。

(6) S形(Logistic)曲线：$y=\frac{1}{a+be^{-x}}$，如图 8.17(a)、图 8.17(b)所示。

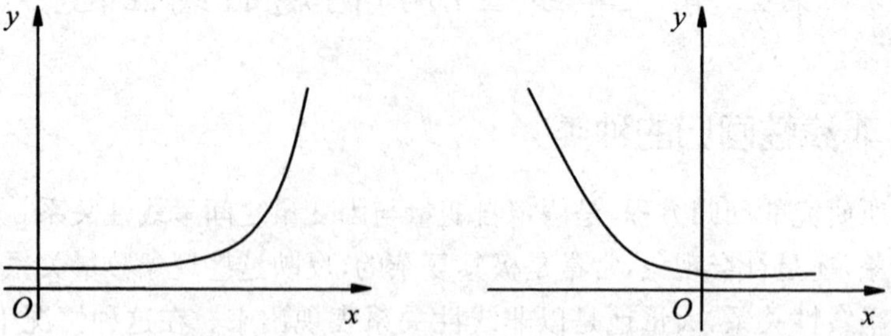

(a) $b>0$　　　　(b) $b<0$

图 8.13　指数曲线

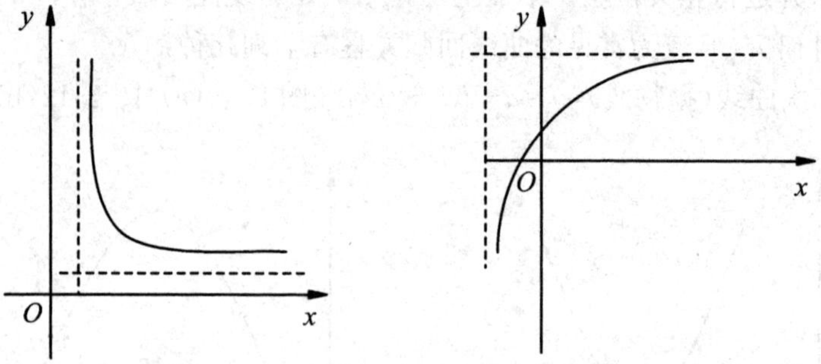

(a) $b<0$　　　　(b) $b>0$

图 8.14　双曲线

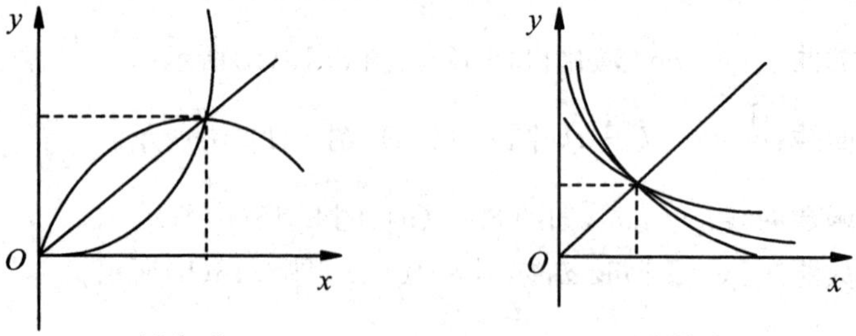

(a) $b>0$　　　　(b) $b<0$

图 8.15　幂函数曲线

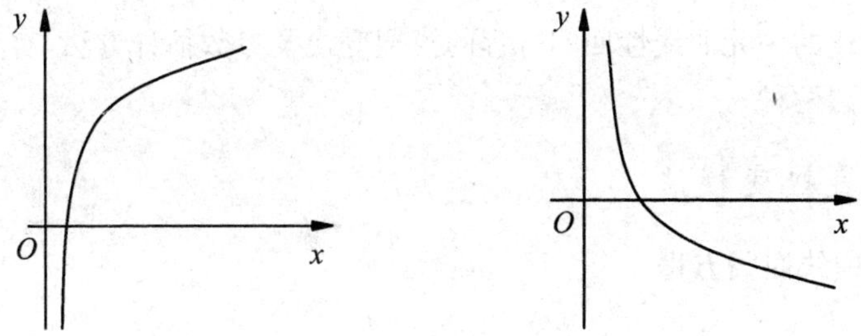

(a) $b>0$　　　　　　(b) $b<0$

图 8.16　对数曲线

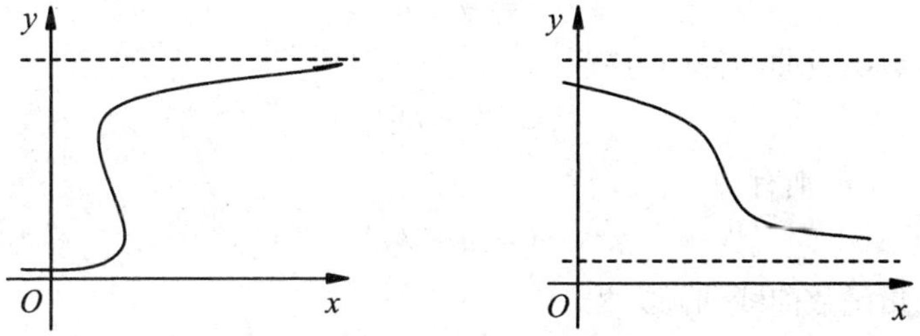

(a) $b>0$　　　　　　(b) $b<0$

图 8.17　S 形曲线

为建立非线性回归方程,首先得确定变量间关系的类型和形式。这需要借助于专业知识或实际经验。一般地,可根据样本资料的散点图的分布形状和特点,结合一些已知函数的图形,来选择合适的方程式。然后便是对方程式中的未知参数进行估计。估计未知参数最常用的方法仍然是最小二乘法,但是,在应用最小二乘法之前,倘若对某些曲线能通过适当的变量代换,把非线性函数变成线性函数,则可直接利用本章第二节的结果估计出方程中的未知参数。再返回原变量,则最终确定出所拟合的方程,且可据此由已知的自变量的值,对因变量的可能值做出预测。

实际问题中,不少常见的非线性回归问题,都可以转化为线性回归问题来求解,简化了非线性回归问题的分析与计算。

二、一元非线性回归方程的线性化处理

可线性化的一元非线性回归方程的模型变换及参数估计方法，有直接变换法和间接变换法两种。

（一）直接变换法

(1) 双曲线回归方程

$$\hat{y} = a + \frac{b}{x}$$

令 $x' = \frac{1}{x}$，则有

$$\hat{y} = a + bx'$$

(2) 对数函数曲线回归方程

$$\hat{y} = a + b\ln x$$

令 $x' = \ln x$，则有

$$\hat{y} = a + bx'$$

(3) 三角函数曲线回归方程

$$\hat{y} = a + b\sin x \quad 或 \quad \hat{y} = a + b\cos x$$

令 $x' = \sin x$ 或 $x' = \cos x$，则有

$$\hat{y} = a + bx'$$

(4) 二次抛物线

$$\hat{y} = a + b_1 x + b_2 x^2$$

令 $x_1' = x, x_2' = x^2$，则有

$$\hat{y} = a + b_1 x_1' + b_2 x_2'$$

这样，通过简单的变量代换，把原来的非线性回归问题，转化为一元或二元线性回归问题了，进而可推广到多元线性回归问题。

以上各类曲线及模型变换的特点是：参数是线性的，自变量是非线性的，变换前后，因变量没有变形。此类非线性回归方程均可采用直接变换法，即自变量均设以新变量，令其与因变量存在线性关系。对变换后得到的线性回归方程，运用一元或多元线性回归的最小二乘法进行参数估计。也正是由于此类模型中因变量没有变形，故可直接采用最小二乘法估计参数。

【例 8.13】 某地区有 10 家百货商店，它们的销售额和流通费用率资料如表

8.15 所示。

表 8.15　10 家商店销售额与流通费用率资料

商店编号	销售额 x(百万元)	流通费用率 y(%)
1	0.7	6.4
2	1.5	4.5
3	2.1	2.7
4	2.9	2.1
5	3.4	1.8
6	4.3	1.5
7	5.5	1.4
8	6.4	1.3
9	6.9	1.3
10	7.8	1.2

解　根据表 8.15,绘制出散点图,如图 8.18 所示。

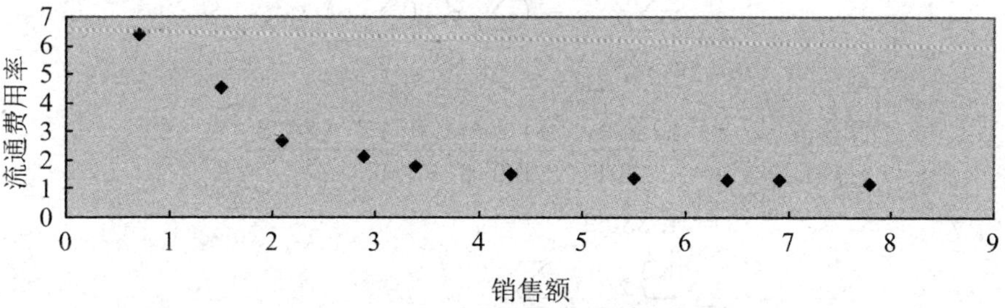

图 8.18　销售额与流通费用率的散点图

从图 8.18 中可以看出,销售额 x 与流通费用率 y 之间的变动关系是:流通费用率随着销售额的增加而减少。最初下降很快,以后逐渐减慢趋于稳定。根据这个特点,不妨用双曲线回归方程 $\hat{y}=a+\frac{b}{x}$ 来拟合它们之间的变换关系。

做变换 $x'=\frac{1}{x}$,则有

$$\hat{y} = a + bx'$$

这样,双曲线回归方程变成了一元线性回归方程。运用最小二乘法求解该一元线性回归方程中的未知参数 a 与 b。列表计算,结果示于表 8.16。

表 8.16 10家商店销售额与流通费用率双曲线回归方程计算表

序号	x	y	$x'=\frac{1}{x}$	x'^2	$x'y$	y^2	$\hat{y}$	$(y-\hat{y})^2$
1	0.7	6.4	1.428 6	2.040 9	9.143 0	40.96	6.748 7	0.121 6
2	1.5	4.5	0.666 7	0.444 5	3.000 2	20.25	3.525 3	0.950 1
3	2.1	2.7	0.476 2	0.226 8	1.285 7	7.29	2.719 4	0.000 4
4	2.9	2.1	0.344 8	0.118 9	0.724 1	4.41	2.163 7	0.004 1
5	3.4	1.8	0.294 1	0.086 5	0.529 4	3.24	1.949 1	0.022 2
6	4.3	1.5	0.232 6	0.054 1	0.348 9	2.25	1.688 7	0.035 6
7	5.5	1.4	0.181 8	0.033 1	0.254 5	1.96	1.474 0	0.005 5
8	6.4	1.3	0.156 3	0.024 4	0.203 2	1.69	1.365 8	0.004 3
9	6.9	1.3	0.144 9	0.021 0	0.188 4	1.69	1.317 9	0.000 3
10	7.8	1.2	0.128 2	0.016 4	0.158 3	1.44	1.247 2	0.002 2
合计	41.5	24.2	4.054 2	3.066 6	15.831 2	85.18	—	1.146 3

根据式(8.17)计算，得

$$b=\frac{n\sum x'y-\left(\sum x'\right)\left(\sum y\right)}{n\sum x'^2-\left(\sum x'\right)^2}$$

$$=\frac{10\times 15.8312-4.0542\times 24.2}{10\times 3.0666-4.0542^2}$$

$$=4.2309$$

$$a=\frac{\sum y}{n}-b\frac{\sum x'}{n}$$

$$=\frac{24.2}{10}-4.2307\times\frac{4.0542}{10}$$

$$=0.7048$$

故所拟合的回归方程为

$$\hat{y}=0.7048+4.2309x'$$

再代回原变量 x，则所拟合的双曲线回归方程为

$$\hat{y}=0.7048+4.2309\frac{1}{x}$$

用 Excel 的数据分析工具进行回归分析，结果如表 8.17—表 8.19 所示。

表 8.17　回归统计

Multiple R	0.978 229
R Square	0.956 932
Adjusted R Square	0.951 548
标准误差	0.378 533
观测值	10

表 8.18　方差分析

	df	SS	MS	F	Significance F
回归分析	1	25.469 7	25.469 7	177.752 4	9.57E−07
残差	8	1.146 3	0.143 288		
总计	9	26.616			

表 8.19　方差分析

	Coefficients	标准误差	t Stat	P-value	Lower 95%	Upper 95%	下限 95.0%	上限 95.0%
Intercept	0.704 724	0.175 729	4.010 2	0.003 894	0.299 491	1.109 957	0.299 491	1.109 957
X Variable	4.230 932	0.317 343	13.332	9.57E−07	3.499 138	4.962 726	3.499 138	4.962 726

从表 8.19 可以看出，回归系数 $b=4.230\,932$，其 t 检验值为 13.332，概率值为 9.57E−07，即在 99%的置信度下 b 是显著不为 0 的，且 b 的 95%的区间估计为(3.499 138，4.962 726)；回归系数 $a=0.704\,724$，其 t 检验值为 4.010 2，概率值为 0.003 894，即在 99%的置信度下 a 是显著不为 0 的，且 a 的 95%的区间估计为(0.299 491，1.109 957)。从表 8.17 可以看出，拟合优度为 0.956 932，标准误差为 0.378 533。从表 8.18 可以看出，回归方程的检验值 $F=177.752\,4$，概率值为 9.57E−07，即在 99%的置信度下通过了 F 检验。因此，从总体而言，该模型的拟合效果较好。

(二) 间接变换法

(1) 幂函数曲线回归方程

$$\hat{y}=ax^b$$

两边取对数得

$$\ln\hat{y}=\ln a+b\ln x$$

令 $\hat{y}'=\ln\hat{y}$，$x'=\ln x$，$a'=\ln a$，则有

$$\hat{y}' = a' + bx'$$

(2) 指数函数曲线回归方程

$$\hat{y} = ab^x$$

两边取对数得

$$\ln \hat{y} = \ln a + x\ln b$$

令 $\hat{y}'=\ln \hat{y}, a'=\ln a, b'=\ln b$,则有

$$\hat{y}' = a' + b'x$$

而对指数函数曲线回归方程 $\hat{y}=e^{a+b_1x_1+b_2x_2}$,两边取对数得

$$\ln \hat{y} = a + b_1x_1 + b_2x_2$$

令 $\hat{y}'=\ln \hat{y}$,则有

$$\hat{y}' = a + b_1x_1 + b_2x_2$$

(3) S形曲线回归方程

$$\hat{y} = \frac{1}{a + b\mathrm{e}^{-x}}$$

两边取倒数得

$$\frac{1}{\hat{y}} = a + b\mathrm{e}^{-x}$$

令 $\hat{y}'=\frac{1}{\hat{y}}, x'=\mathrm{e}^{-x}$,则有

$$\hat{y}' = a + bx'$$

这里各类曲线及模型变换的特点是:参数均是非线性的,自变量亦是非线性的,变换前后,因变量产生了变形。对变换后得到的线性回归方程,仍可运用一元或多元线性回归的最小二乘法进行参数估计。但需要说明的是,正由于因变量 y 的变形,使得变换后模型的最小二乘估计失去了原模型的离差平方和为最小的意义。此时运用最小二乘法,无法得到原模型的最佳参数。若改用高斯-牛顿迭代法(又称泰勒级数展开法),则可得到较为理想的参数估计。

【例 8.14】 现有 12 个同类企业的月产量与单位产品成本的资料如表 8.20 所示,试配合适当的回归模型分析月产量与单位产品成本之间的关系。

解 根据资料绘制出散点图,如图 8.19 所示。从图 8.19 中可以看出,月产量 x 与单位产品成本 y 之间的变动关系是:单位产品成本随着月产量的增加而减少,但下降的幅度渐渐放缓。根据这个特点,不妨用指数方程:

$$\hat{y} = a\,b^x$$

表 8.20　月产量与单位产品成本的资料

企业编号	月产量 x	单位产品成本 y	企业编号	月产量 x	单位产品成本 y
1	10	160	7	40	75
2	16	151	8	45	76
3	20	114	9	51	66
4	25	128	10	56	60
5	31	85	11	60	61
6	36	91	12	65	60

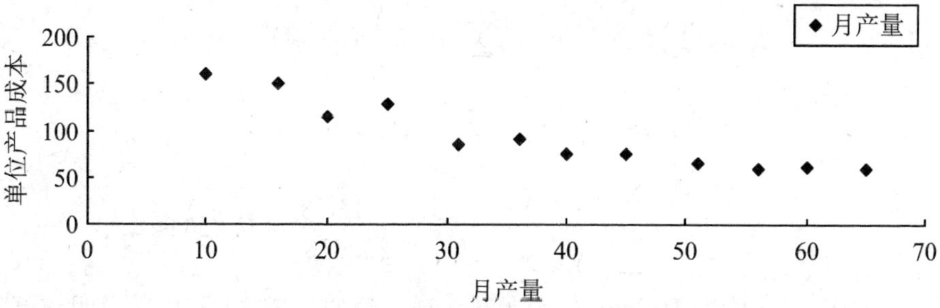

图 8.19　单位产品成本与月产量的散点图

两边取对数得

$$\ln \hat{y} = \ln a + x\ln b$$

令 $\hat{y}'=\ln \hat{y}, a'=\ln a, b'=\ln b$，则有

$$\hat{y}' = a' + b'x$$

运用最小二乘法求解该一元线性回归方程中的未知参数，具体计算过程请参考本章第二节有关的 Excel 计算过程，得 $a'=5.206\,337$ 与 $b'=-0.019\,13$，再用 $a'=\ln a, b'=\ln b$，反解出参数 $a=182.424\,6, b=0.981\,051$，则指数方程.

$$\hat{y} = 182.424\,6 \times (0.981\,051)^x$$

三、一元非线性回归方程的显著性检验

（一）非线性判定系数及相关指数

在一元线性回归分析问题中，相关系数 r 是测定具有线性相关关系的两个变量线性相关程度的重要指标，$|r|$ 愈接近于 1，线性相关愈紧密。而判定系数 r^2 是测定线性回归方程拟合程度的重要指标。r^2 愈接近于 1，线性回归方程的拟合程

度愈高,回归的效果就愈好。

在非线性回归分析问题中,可用非线性判定系数来分析所配合的曲线与各实际观测点(散点)的拟合程度,记作 R^2:

$$R^2 = \frac{\sum(\hat{y}-\bar{y})^2}{\sum(y-\bar{y})^2} = 1-\frac{\sum(y-\hat{y})^2}{\sum(y-\bar{y})^2} \tag{8.32}$$

R^2 愈接近于1,拟合程度越高,所配合的曲线效果愈好;R^2 愈接近于0,拟合程度越低,所配合的曲线效果就愈差。R^2 的变化范围为0—1。

例如在例8.13中,根据表8.16中的有关数据可计算得到

$$l_{yy} = \sum(y-\bar{y})^2 = \sum y^2 - \frac{1}{n}\left(\sum y\right)^2$$

$$= 85.18 - \frac{1}{10}\times 24.2^2 = 26.616$$

$$R^2 = 1-\frac{\sum(y-\hat{y})^2}{\sum(y-\bar{y})^2} = 1-\frac{1.1463}{26.616} = 0.9569$$

这与表8.17中的R Square=0.956 9是一致的。R^2 接近于1,说明该例中,通过样本资料,将两个变量销售额 x 和流通费用率 y 之间配合双曲线回归方程 $\hat{y}=0.7048+4.2307\frac{1}{x}$,该双曲线的拟合程度是相当高的,双曲线配合的效果是相当好的。

对于非线性回归模型,无论是一元还是多元,其自变量与因变量之间的相关程度,都不能用积差法进行计算,而应用判定系数的平方根,通常称为相关指数,用 R 表示,而且只取正根。相关指数 R 的计算公式为

$$R = \sqrt{\frac{\sum(\hat{y}-\bar{y})^2}{\sum(y-\bar{y})^2}} = \sqrt{\frac{SSR}{SST}}$$

或

$$R = \sqrt{1-\frac{\sum(y-\hat{y})^2}{\sum(y-\bar{y})^2}} = \sqrt{1-\frac{SSE}{SST}}$$

(二) 估计标准误差

与一元线性回归的情形相类似,非线性回归方程拟合程度亦可通过其估计标

准误差

$$S_y=\sqrt{\frac{\sum(y-\hat{y})^2}{n-2}}$$

来测定。S_y 愈小，表明曲线回归拟合程度愈高，曲线配合效果愈好，曲线回归的代表性愈高。

同样，在例 8.13 中，根据表 8.16 中的有关数据可计算得到

$$S_y=\sqrt{\frac{\sum(y-\hat{y})^2}{n-2}}=\sqrt{\frac{1.146\,3}{10-2}}=0.378\,5$$

这与表 8.17 中的标准误差＝0.378 533 是一致的。较小的 S_y 亦说明，在销售额与流通费用率之间存在着很强的双曲线拟合，根据样本资料配以所得的双曲线，效果很好。

从表 8.19 可以看出来，回归系数 b 的 t 检验值为 13.332，在 99%的置信度下回归系数 b 是显著的；线性回归方程的显著性检验值 F 为 177.752 4，即在 99%的置信度下线性回归方程是显著的，与一元线性回归情形相类似，在显著性检验通过之后，可以运用模型进行预测，故不再赘述。

在实际应用中对同一问题进行模型的确定时，如果变化趋势不是非常明显，可采用不同的模型分别进行拟合，然后比较模型各自的残差平方和，残差平方和越小，回归模型越好，同时也可结合判定系数进行比较。

习　　题

1. 何谓相关分析？何谓回归分析？它们之间有何联系与区别？
2. 何谓相关关系？线性相关关系如何测定？
3. 试述最小二乘法的原理。
4. 测定回归方程拟合程度的主要指标各是如何定义的？
5. 简述因变量总变差分解的意义。
6. 为何提出等级相关的概念？
7. 回归系数显著性检验的作用是什么？步骤有哪些？
8. 学生在考试之前用于复习的时间（单位：小时）和考试分数（单位：分）之间是否有关系？为研究这一问题，一位研究者抽取了由 8 名学生构成的一个随机样本，得到的数据如下：

复习时间 x	20	16	34	23	27	32	18	22
考试分数 y	64	61	84	70	88	92	72	77

要求：

(1) 绘制复习时间和考试分数的散点图，判断二者之间的关系形态。

(2) 计算相关系数，说明两个变量之间的关系强度。

9. 以随机抽取的某地 10 户居民家庭为样本，调查得到关于家庭月收入和月消费支出的资料如下(单位:元)：

家庭月收入(x)	1 640	1 860	2 100	2 600	2 940	3 200	3 600	4 000	6 000	8 000
月消费支出(y)	1 500	1 700	1 840	2 100	2 400	2 600	2 900	3 000	4 000	4 600

试根据上表中的资料，要求：

(1) 绘制散点图，观察 x,y 之间相关关系的趋势。

(2) 计算相关系数，以确定 x,y 之间线性相关关系的密切程度。

(3) 建立线性回归方程 $\hat{y}=a+bx$，解释方程中回归系数 b 的经济意义。

(4) 计算估计标准误差 S_y。

(5) 当该地居民家庭月收入为 5 000 元时，试给出月消费支出的置信度为 95%的置信区间。

10. 试根据下列资料建立线性回归方程 $\hat{y}=a+bx$。

(1) $\sigma_x^2=25,\sigma_y^2=36,r=0.9,a=2.8$。

(2) $n=10,\sum x=25,\sum y=25,\sum x^2=67.28,\sum y^2=74.68,\sum xy=54.97$。

11. 某单位研究代乳粉营养价值时，用大白鼠做实验，得到大白鼠进食量和增加体重的数据如下：

鼠号	1	2	3	4	5	6	7	8
进食量(g)	800	780	720	867	690	787	934	750
增量(g)	185	158	130	180	134	167	186	133

(1) 此资料有无可疑的异常点？

(2) 求直线回归方程并对回归系数做假设检验。

(3) 试估计进食量为900克时，大白鼠的体重平均增加多少，计算其95%的置信区间，并说明其含义。

(4) 求进食量为900克时，个体 y 值的95%容许区间，并解释其意义。

12. 下表给出了甲、乙两位裁判员分别对某项活动的10位参赛者比赛名次的评定。

参赛者	A	B	C	D	E	F	G	H	I	J
甲评定的名次	4	8	2	5	1	9	3	7	10	6
乙评定的名次	5	7	1	4	3	6	2	9	10	8

试判断这两位裁判员所评定的名次之间的相关程度。

13. 某企业1—8月份产品产量(x)与单位成本(y)的资料如下：

月份	1	2	3	4	5	6	7	8
产品产量(万件)	5.6	5.2	6.2	7.1	8.3	7.8	8.6	9
单位成本(元/件)	71	73	70	68	67	67	64	62

试根据表中资料完成：

(1) 建立线性回归方程 $\hat{y}=a+bx$，解释方程中回归系数 b 的经济意义。

(2) 计算判定系数 r^2，以对回归方程的拟合程度进行评价。

(3) 对回归系数 b 做显著性检验(取 $\alpha=0.05$)。

(4) 当该企业的产品产量达到10万件时，试给出单位成本的置信度为95%的置信区间。

第九章　统计综合分析与统计分析报告

【内容介绍】 统计综合分析方法是目前广泛使用的现代测评方法。统计综合分析就是运用数学方式,建立数学模型,对通过调查获取的各种数据及资料进行系统的分析,形成定量的结论。统计分析报告一般是先摆数据、事实,进行各种科学的分析,进而揭示问题,亮出观点,最后提出有针对性的建议。通过本章学习,理解统计综合分析的意义,了解结构差异的对比分析,掌握统计综合分析的步骤,学会运用综合分析的方法对统计现象进行综合分析,并能撰写统计综合分析报告。

第一节　统计综合分析概述

一、统计综合分析的特征

所谓统计综合分析是指根据分析研究的目的,在科学理论的指导下,以客观统计资料为依据,结合具体实际情况,运用定性分析与定量分析相结合的方法,对社会经济现象总体进行系统的分析研究的一种研究活动。在整个统计活动过程中,统计综合分析是一个重要阶段,是在将统计资料经过整理的基础上通过分析达到对现象更为深刻的认识,是充分发挥统计整体职能的关键环节。

统计综合分析的特征之一就是应用统计方法。统计方法是以总体现象的数量关系为对象的一类特殊科学研究方法的总称,从应用的角度可分为经验方法和数理统计方法。经验方法是指人们在长期的实践活动中凭借经验总结出的方法。这种方法大都依经验而产生、凭经验而完善、靠经验来检验其正确性。在统计综合分析中常用的比较法、分组法、因素分析法等就属于这一类。由于此类方法简单、实用、约束条件少,因此应用十分广泛。数理统计方法是以数学理论,特别是概率论为基础对客观现象进行研究的方法。在计算机普遍应用的今天,它越来越受到人们的重视。

从数量入手，结合情况分析是统计综合分析的又一个重要特征。统计综合分析的实质就是一种以统计资料为主要依据的定量分析。但其面对的不是抽象的数字，而是结合了具体实际情况下的真实、客观数据。因此，了解和研究社会经济现象的有关知识是十分必要的。社会学、经济学、管理学等学科阐述的许多概念和规律，既是数量分析的前提，又是统计综合分析的主要依据。

多种方法的结合运用是统计综合分析的另一特征。一种统计分析方法只能对社会经济现象总体某一个侧面进行研究，探讨现象的一种关系，无法满足统计综合分析认识问题的全貌、掌握现象发展的全过程的要求，因此，在统计综合分析中，不能只运用一种分析方法，而必须综合运用多种分析方法，以达到从多个方面对社会经济现象的全面认识。

二、统计综合分析的步骤

统计分析一般包括选题、拟定分析提纲、选择分析指标、搜集与整理统计资料、进行分析研究并归纳分析结果、撰写统计分析报告等。

（一）选题

选题是通过对客观现象的观察，或通过对统计资料的初步分析，选择出所要研究的对象，确定研究目的和范围，规划主题思想和基本内容。选题在人们对客观现象的认识中，是已知领域和未知领域的连接点，它既表现为已知的，是在以往认识的基础上产生的，又表现为未知的，有待于即将开始的统计综合分析活动来解决；它既可以反映现有认识的广度和深度，又体现了向未知领域探索的广度和深度。

选题是统计分析的第一步，对统计综合分析具有十分重要的意义。一般应考虑以下原则：第一，价值性原则。即选题要有实用价值和社会价值，要考虑到国家或本地区、本单位的实际需要，要有助于解决理论或实际问题。要做到这一点，选题必须有针对性、新颖性和时效性。第二，可行性原则。选题不仅要考虑“价值”，还必须考虑“可行”，即主观和客观上，是否具备一定的条件。主观上，分析者是否有相应的知识和对被研究现象有足够多的了解；客观上，分析者是否能够取得相应的资料，包括资料取得的可能性，以及通过什么途径取得资料等。

（二）拟定分析提纲，建立统计分析指标体系

分析提纲是统计分析前的一种设想，它包括分析的目标、要求；从哪些方面进

行分析;统计分析指标体系;分析所需要的资料以及资料的取得方式;分析所用的方法;分析结果的表达形式等诸多问题。最主要的就是根据分析目的,建立统计分析指标体系,使分析对象具体化。

分析提纲的拟定,可以节省统计分析工作的时间,提高分析质量,有利于统计分析工作有序进行。

建立统计指标体系的过程实际上往往是指标的选择过程。应遵循的一般原则包括:① 指标体系的设计要紧扣选题。② 要注意指标体系的全面性和系统性。③ 要注意指标的可行性与敏感性。④ 统计分析指标体系要简洁有效。

选择指标的方法有很多,可以分为两类:一类是定性方法,常用的也是效果较好的方法是专家评判法。另一类是定量方法,常用的方法是试算法,即通过历史资料的试算来判断指标的有效性。也可以通过计算指标间的相关系数对指标进行选择,并借助于系统聚类法来实现。

(三) 搜集与整理统计资料

符合要求的统计资料是进行统计分析的前提条件。一般地,除了统计资料之外,会计资料及其他一些与分析对象相关的专业资料都可以作为统计分析的资料,随着统计方法的发展,一些定性资料也可以用于统计分析。

各种资料由于来源渠道不同,在总体范围、指标口径、技术方法等方面都会有所差别,因此仅仅占有充分的资料还不够,有必要对所获得的资料进行审查和鉴别。有经验的分析者在利用统计资料进行分析之前,一般都要对资料的可信程度、一致性程度做出基本的判断。由于搜集资料的渠道不同,搜集方法不同,搜集资料的主体与客体不同,统计资料的可信程度也大不一样,甚至会出现统计部门经常讲的“数出多门,数数不同”的情况,即同一个指标经不同部门搜集整理后,其数量表现不一致的情况。因而根据经验来判断资料的可信程度是十分重要的。另外,保持指标口径与指标范围的一致性也十分重要。

在准备应用一些数学方法时,往往要留意资料的计量水平。通常我们把计量水平从低到高划分为列名水平、顺序水平、间隔水平和比率水平,反映了对研究对象的计量从大概到精确的过程。

(四) 选择模型,进行分析研究

统计综合分析就是利用诸如分组法、因素法、指数法、动态分析法、抽样法等统计特有的分析方法，对现象的各个方面进行系统的、全面的研究。这些方法中既有描述方法，又有推断方法；既有静态分析，又有动态分析；既研究趋势，又分析原因。因此，我们在进行综合分析时，应该根据研究的目的，运用多种方法来分析现象之间的联系，考察现象的发展变化，研究现象之间的依存关系，并在分析的基础上进行综合考虑，提出解决问题的建议。

（五）撰写统计综合分析报告

统计综合分析报告是在对统计资料和有关情况进行研究的基础上，用简洁明确的文字对研究过程、结果及其建议进行叙述，从而说明客观现实的一种文章，它是统计分析最终成果的主要表现形式。关于统计综合分析报告的撰写，将在本章第四节进行探讨。

第二节　统计比较分析

一、统计比较和比较标准

在进行综合统计分析时，通常使用数量比较的方法，来研究现象之间的差别关系。它是一种传统的统计分析方法。在威廉·配第的《政治算术》中，对英国、法国、荷兰的国情国力进行分析时，就采用了这样的方法。由于这种方法约束条件少，适应范围广，可以对研究对象进行简单评价，所以，在今天的统计分析中，它还仍然是一种广泛采用的方法。所谓统计比较就是将统计指标所反映现象的实际规模水平与有关标准（时间标准或空间标准）进行比较对照，计算出数量上的差别和变化，并在此基础上做出评价和判断。

选择合适的比较标准是一个十分关键的问题。在现实的统计比较中，比较标准主要有以下几种选择：

（1）时间比较标准。即选择不同时间的指标数值作为比较标准。

（2）空间比较标准。即选择不同空间的指标数值进行比较，主要有与相似的空间标准比较，与最优的空间标准比较，与扩大的空间标准比较。

（3）经验或理论标准。经验标准就是通过对大量历史资料的归纳与总结而得到的标准。理论标准则是通过理论推理得到的依据。

（4）计划标准。即计划部门或业务部门提出的计划数、定额数、达标数。

对任何现象进行研究，都不能孤立地进行，都要与比较相联系，通过比较来实现。例如，我们说某个企业经济效益好或差，应是在综合比较后得出的结论；说某个国家是发达国家或发展中国家，应该是与其他国家相比较而言的。统计比较虽然进行的是数量比较，但是也包含着同样的道理。

【例 9.1】 如果要对 20 年前我国服务贸易各部门出口状况进行评价，那么仅列出一些统计数据是很难说明情况的，只能与其他国家或过去进行比较才能做出一般评价，若与日本、韩国比较，资料如表 9.1 所示。

表 9.1 2013 中日韩三国服务贸易各部门出口结构(%)

项目	中国	日本	韩国
运输	19.5	26.3	39.0
旅游	26.5	7.5	13.0
通信	0.9	0.5	0.8
建筑	8.1	7.5	16.0
保险	1.7	1.1	0.4
金融	0.5	2.8	3.5
计算机和信息服务	6.7	0.8	0.4
专利使用费和特许费	0.4	20.0	4.5
其他商业服务	35.4	31.2	19.9
个人文化和娱乐服务	0.1	0.1	0.8
政府服务	0.4	2.0	1.3

资料来源：根据 http://www.stats.gov.cn 的统计数据及国际数据计算。

从表 9.1 可以看出，2013 年时我国服务贸易结构比较落后，运输、旅游和其他商业服务是贸易进口的三大主要部门，专利使用费和特许费、现代运输业、政府服务比重偏低。随着科学知识和技术水平的发展，新一轮产业结构调整浪潮在世界范围内展开，各主要经济大国开始着重发展服务业，由此引起世界服务贸易结构的改变，从传统服务部门日益向知识技术密集型服务转变。日本和韩国是世界上服务贸易发达的国家，引入日本和韩国与我国进行比较研究，为我国向发达服务经济国家迈进提供了参考目标。现在，我国服务贸易结构发生了显著改变。

二、统计比较分析的种类

统计比较可以从不同的角度划分，形成不同的种类：

(1) 统计比较分析按其比较的时间状况不同，可分为静态比较分析和动态比较分析。静态比较也叫横向比较，是指同一时间条件下不同总体间的数量比较，例如，不同国家之间、不同地区之间、不同部门之间的比较等。动态比较也叫纵向比较，是指同一统计指标在不同时间上的比较，它反映所研究现象在时间上的发展变化趋势。根据统计综合分析的需要，这两种统计比较方法既可以单独使用，也可以结合使用。

(2) 统计比较分析按其比较的方式不同可分为相对分析和相差分析。相对分析就是用相除的方式，以说明相对增长或下降的程度。比较的结果表现为相对数，用倍数或系数、成数、百分数、千分数等表示。相对分析一般只适用于总量指标和平均指标。相差分析就是用相减的方式，以说明指标与比较标准之间的绝对差额。相差分析适用于所有指标，特别是速度指标以及结构指标、比例指标等。以百分比表示的速度指标相减，可以叫作增长或下降了若干个百分点，如今天上证综指上涨了 88 点，就是相差分析。

(3) 统计比较分析按说明对象的范围不同，可分为单项比较分析和综合比较分析。单项比较是指对现象的某一方面或某一局部进行比较。综合比较是指对整个现象用多个指标进行全面的评价与比较，如国家之间综合国力的评价与比较等。

统计比较分析的应用范围非常广泛，这里仅对结构差异的显著性比较进行探讨。

三、结构差异的对比分析

结构差异的对比分析，即研究结构是否存在明显的差异是比较分析应用的重要方面。它旨在通过现象结构的变化，反映总体内部各要素之间以及各要素与总体之间关系的总和。一般地，在不同总体或不同时间上，将反映各个要素与总体关系的比重数进行对比，我们都会发现结构是不同的，但是否有“质”的差别呢？要说明这样的问题，统计假设检验是一种较为理想的方法。

采用统计假设检验方法对结构问题进行评价，能够根据人们对显著性的要求，来说明我们所评价的结构变化是不是显著的，以及有多大的把握认为是显著的。

较为适宜进行总体结构对比分析的假设检验方法有 χ^2 检验和 $K-S$ 检验。本章就以 χ^2 检验为例来加以说明。

χ^2 检验是一种非参数检验方法，用来评价两组数据是否存在明显的差异。

【例 9.2】 对 21 世纪以来，广东省农村常住居民消费结构变化情况进行研究。现选取 2018 年该省农村常住居民消费结构与 2000 年进行比较(表 9.2)，分析 21 世纪前 18 年来农村消费结构是否发生了显著变化。

表 9.2 广东省农村常住居民消费结构(%)

指标	2000 年	2018 年
食品烟酒	49.8	36.6
衣着	3.9	3.4
居住	14.3	21.8
生活用品及服务	4.7	5.3
交通通信	7.8	12.5
教育文化娱乐	11.8	9.6
医疗保健	3.9	8.9
其他用品和服务	3.8	2

资料来源:《广东统计年鉴:2019》的统计数据。

从表 9.2 中可以看出,在这 18 年中,广东省农村常住居民消费结构发生了较大的变化,食品烟酒消费、教育文化娱乐的比重有所下降,其中食品烟酒消费比重大幅下降了 13.2 个百分点,居住、交通通信、医疗保健的比重有着不同程度的提高,尤其是居住类的比重提高了 7.5 个百分点。这能否说明在 21 世纪初,伴随着经济的高速发展,该省农村居民的消费结构有了质的改变呢?要想回答这个问题,我们借助统计的 χ^2 检验来回答。

统计假设检验方法应用于对结构问题的研究,其特点在于:能够根据人们对显著性的要求,来说明我们所研究的结构变化是否是显著的,以及有多大的把握认为是显著的。

现用 χ^2 检验。

第一步,建立假设。

原假设 H_0:2018 年与 2000 年的农村居民消费结构不存在明显差异;

选择假设 H_1:2018 年与 2000 年的农村居民消费结构存在明显差异。

第二步,给定显著性水平 α,查 χ^2 分布表(见附录 5.)得出其临界值。

当显著性水平 $\alpha=0.05$,自由度 $k-1=7$ 时,查表得 $\chi^2_{0.05,7}=14.071$。

第三步,计算 χ^2 统计量,计算公式为

$$\chi^2=\sum\frac{(I_{1i}-I_{0i})^2}{I_{0i}}$$

其中,I_{0i}表示 2000 年第 i 个农村居民消费比重数;I_{1i}表示 2018 年第 i 个农村居民消费比重数。计算过程如表 9.3 所示。

表 9.3　χ^2 统计量计算表

指标	2000 年 I_{0i}	2018 年 I_{1i}	$I_{1i}-I_{0i}$	$(I_{1i}-I_{0i})^2$	$(I_{1i}-I_{0i})^2/I_{0i}$
	(1)	(2)	(3)=(2)-(1)	(4)=(3)×(3)	(5)=(4)÷(1)
食品烟酒	49.8	36.6	-13.2	174.24	3.499
衣着	3.9	3.4	-0.5	0.25	0.064
居住	14.3	21.8	7.5	56.25	3.934
生活用品及服务	4.7	5.3	0.6	0.36	0.077
交通通信	7.8	12.5	4.7	22.09	2.832
教育文化娱乐	11.8	9.6	-2.2	4.84	0.410
医疗保健	3.9	8.9	5	25	6.410
其他用品和服务	3.8	2	-1.8	3.24	0.853
合计	100	100.1	—	—	18.079

第四步，进行比较判别，得出结论。

由于 $\chi^2=18.079>14.071$，因此，拒绝 H_0，接受 H_1。可以认为 18 年来，广东省农村常住居民消费结构发生了明显的变化。

知识链接

卡方检验

卡方检验是一种用途很广的计数资料的假设检验方法。它属于非参数检验的范畴，主要是比较两个及两个以上样本率(构成比)以及两个分类变量的关联性分析。其根本思想就在于比较理论频数和实际频数的吻合程度或拟合优度问题。它在分类资料统计推断中的应用包括两个率或两个构成比比较的卡方检验，多个率或多个构成比比较的卡方检验以及分类资料的相关分析等。

第三节　统计综合评价

一、统计综合评价的意义

如果是进行两个以上的分析对象相互间的比较，特别是运用的统计指标较多时，简单的比较就会暴露出一定的局限性，经常会出现混乱，甚至会出现矛盾的现象。如进行工业企业经济效益评价，从某几项指标看，甲地区好于乙地区，从另几项指标比较，乙地区好于丙地区，再从其他指标比较看，丙地区又有好于甲地区的情况，使分析者难以评价哪一个地区的经济效益好。

随着经济发展的需要，那种传统的单一的评价逐步被综合评价方法所取代。所谓统计综合评价则是指利用社会经济现象总体的指标体系，结合各种资料，构建综合评价模型，通过数量的比较、计算，求得综合评价值，对被评对象做出明确的评判和排序的一种统计分析方法。从近几年的实践看，统计综合评价方法的推广运用受到大多数统计人员的好评，并在实际中取得了显著的效果，提高了基层单位统计工作的地位，也对企业的经营活动管理起到了促进作用。

进行统计综合评价，其目的在于通过将反映现象不同方面的指标值加以综合，获得对现象整体性的认识，进而对不同地区或单位之间的综合评价结构进行比较和排序。例如，随着社会经济的发展，人们意识到中国经济的可持续发展依赖于良好的生态环境。人们也意识到，以牺牲生态环境的粗放式经济发展模式是不可持续的。在测评不同地区生态环境状况时，需要考虑到废水、废气、固体废物的治理，若将反映生物、植被、水网、土地、环境等指标分别进行比较来反映生态环境的整体状况，就显得过于繁琐，因而通常将这些指标综合而成为生态环境指数：

$$\begin{aligned}\text{生态环境指数} &= \text{生物丰度指数}\times 25\% + \text{植被覆盖指数}\times 20\% \\ &\quad + \text{水网密度指数}\times 20\% + \text{土地退化指数}\times 20\% \\ &\quad + \text{环境质量指数}\times 15\%\end{aligned}$$

用以度量生态环境的综合状况。这样的例子有很多，如同行业的经济效益分析、国家之间综合国力的比较等，都必须借助于统计综合评价。

二、统计综合评价的特点

与传统的简单比较方法相比，综合评价具有以下主要特点：

(1) 综合性。评价过程不是一个指标一个指标地顺次完成的，而是通过一些特殊的方法将多个指标的评价同时完成的，因此具有综合性。

(2) 科学性。它不同于对每一个评价指标一律平等看待的传统评价过程，在综合评价过程中，一般要根据指标在其评价体系的重要性赋予不同的权数，然后进行加权处理，因此具有科学性。

(3) 明晰性。最终的评价结果不再是具有具体经济含义的统计指标，而是以指数或分值的形式表示参评单位“综合状况”的排序，因此其评价结论也更具明晰性。

统计综合评价的这些特点，可以避免一般比较方法的局限性，使多个指标对多个单位进行全面准确的评价成为可能，从而大大提高了统计信息的质量。它是发挥统计的整体功能，用事实改变人们对统计工作的认识的重要一环。

三、统计综合评价的步骤

统计综合评价有各种各样不同的评价方法，都需要按照一定的程序进行运作，一般来说，包括以下几个步骤：

(1) 根据评价的目的，选择评价指标，建立完整的评价指标体系。这是统计综合评价的基础和依据。确定进入评价指标体系的指标，要进行严格的选择：第一，要满足评价目的的要求，能够从不同的角度、不同的侧面全面地反映评价对象。第二，要尽量避免出现重复或意义相近的指标，防止评价指标过多而不当的现象。一般可以通过定性或定量的方法进行选择，有专家评判法、试算法、系统聚类法等。具体评价指标如何确定，见本节“四、统计综合评价指标体系的确定”。

(2) 搜集数据资料，进行同度量处理，以消除量纲的影响。由于评价指标是从不同角度反映现象的，所以具有不同的量纲。如流动资产周转率用“次”或“天”来计量，产品销售率用百分比来计量等，这些指标不能直接汇总，需要经过处理来统一量纲。具体评价指标如何消除量纲的影响，见本节“五、指标同度量处理的方法”。

(3) 根据指标在评价体系中的重要性，确定各指标的权数。由于各评价指标在评价体系中具有不同的重要程度，需要采用科学的计量方法确定其权数，以保证评价结论的可靠性。具体如何确定各评价指标的权数，见本节“六、确定指标重要性权数的方法”。

(4) 对经过处理后的指标值进行汇总，计算综合评价指数或分值。计算综合值的方法有许多种，各有其科学依据，但也有其局限性，在选择上要具体地进行分析。具体如何计算综合评价指数或分值，见本节“七、统计综合评价指标的合成方法”。

(5) 根据综合评价指数或分值对参评单位进行排序。这也是统计综合评价的最终目的。

四、统计综合评价指标体系的确定

科学地选择评价指标组成统计综合指标体系是进行综合评价的重要基础工作，也是综合评价的结论是否准确的直接依据。

（一）确定统计综合评价指标体系的一般原则

在大多数情况下，我们总是力求选择现成的、在统计实践活动中常用的统计指标，很少去“创新”指标。这主要是有利于现有资料的使用和人们的理解。因此，建立统计综合指标体系的过程实际上往往是选择指标的过程。这不是一个简单的问题，对于同一个分析对象，因分析目的和人们认识的不同，设置的统计指标往往有着很大的差异。为了保证统计综合评价指标体系的科学性，有必要注意以下几点：

(1) 要注意指标体系的全面性和系统性。全面性是指指标的选择应尽可能从不同的角度反映分析对象的全貌。例如，在评价科技能力时，应考虑到人才、技术、效能、资金投入等各方面因素；在评价企业经营活动成果时，应综合考虑人财物、产供销、责权利等各方面的数量和非数量因素。系统性是指进入指标体系的各个单独指标之间要形成一定的内在联系，要求各指标间相互勾稽的关系有明确的经济内涵，具有相互验证的逻辑关系。

(2) 要保持评价指标体系的简洁性。虽然我们强调评价指标的全面性，但是并不是要求进入评价体系的指标越多越好。指标越多，收集数据的工作量就越大，搜集、整理时出现误差的可能性也就越大，而且，指标与指标间在反映问题时不一致的可能性也就越大。因此，分析者在设计指标体系时要力求简洁，尽可能地删除一些可有可无的指标。

(3) 要注意指标的敏感性和可行性。敏感性是指选取的指标应能比较敏感地反映分析对象的变化。可行性是指设置的指标不仅在理论上是合理的，而且在资料的取得上是可行的。

（二）统计综合评价指标的选择方法

选择评价指标的方法可分为两类：一类是定性的方法。常用的是德尔菲法，它是根据专家的智慧与经验，对指标进行直观评判，确定进入评价指标体系的各类指标。另一类是定量的方法。常用的有试算法和系统聚类法。试算法是通过历史资料的试算来判断指标的有效性。系统聚类法是对指标之间的相似性进行判断，确定所要选择的指标。下面就介绍多元统计中的系统聚类法。

系统聚类分析法是通过判断指标之间的亲疏程度来筛选指标的一种方法。其选择指标的基本思路是：如果有两个指标的作用完全相同，那么与只用其中的一个指标是没有区别的，因此在指标体系容量有限的条件下，就应该尽量减少相似程度较大的指标。

具体做法为：若有 n 个指标，首先将每个指标看作一类，然后根据指标间的相似程度计算类间距离，依据类间距离进行并类，第一次将距离最近的两类加以合并，余下 $n-1$ 类。然后再选择距离最近的两类加以合并。这样每合并一次，就减少一类，继续这一过程，直到将所有指标合并成一类为止，形成由大到小的分类系统。最后将整个分类结果绘成聚类图，反映各个指标之间的亲疏关系。具体步骤有：

第一步，选择度量指标间相似程度的方法——相关系数法。即根据历史资料计算两两指标间的相关系数 r_{ij}，并把它们用相关系数矩阵 $\boldsymbol{R}$ 表示。

【例 9.3】 对工业经济效益进行评价，现有 8 个指标，并根据 8 个指标历年的数据，计算每两个指标间的相关系数 r_{ij}，并建立相关系数矩阵 $\boldsymbol{R}$，如表 9.4 所示。

表 9.4　工业经济效益 8 个指标 x_i 的相关系数矩阵 $\boldsymbol{R}$

指标	x_1	x_2	x_3	x_4	x_5	x_6	x_7	x_8
x_1	1							
x_2	0.43	1						
x_3	0.60	0.57	1					
x_4	0.56	0.58	0.91	1				
x_5	0.46	0.58	0.80	0.81	1			
x_6	0.65	0.64	0.82	0.74	0.81	1		
x_7	0.72	0.24	0.38	0.33	0.23	0.37	1	
x_8	0.58	0.59	0.76	0.80	0.89	0.74	0.26	1

第二步，选择度量指标间距离的方法——最短距离法。可以利用相关系数将其变换为距离，以便保持距离越小则关系越密切的含义。用 $d_{ij}=1-|r_{ij}|$ 表示距离，则距离矩阵 $\boldsymbol{D}$ 如表 9.5 所示。

表 9.5 所示结果采用的是最短距离法，其过程是：

首先在距离矩阵 $\boldsymbol{D}$ 中找出最小距离的两个指标，即 $d_{43}=0.09$，表明指标 4 和指标 3 最为密切，应聚为一类。

表 9.5　工业经济效益 8 个指标 x_i 的距离矩阵 D

指标	x_1	x_2	x_3	x_4	x_5	x_6	x_7	x_8
x_1	1							
x_2	0.57	1						
x_3	0.40	0.43	1					
x_4	0.44	0.42	0.09	1				
x_5	0.54	0.42	0.20	0.19	1			
x_6	0.35	0.36	0.18	0.26	0.19	1		
x_7	0.28	0.76	0.62	0.67	0.77	0.63	1	
x_8	0.42	0.41	0.24	0.20	0.11	0.26	0.74	1

再在矩阵 $\boldsymbol{D}$ 中找出次小距离的两个指标，即 $d_{85}=0.11$，表明指标 8 和指标 5 较为密切，可聚为一类。

然后在矩阵 $\boldsymbol{D}$ 中找出第三小距离的两个指标，即 $d_{63}=0.18$，表明指标 6 和指标 3、指标 4 聚在同一类中。

其他依此进行，分别聚类是：

$d_{65}=0.19$，指标 3、4、6 和指标 5、8 合并为一类。

$d_{71}=0.28$，指标 7 和指标 1 合并为一类。

$d_{62}=0.36$，指标 3、4、5、6、8 和指标 2 合并为一类。

$d_{81}=0.42$，指标 2、3、4、5、6、8 和指标 1、7 合并为一类。

第三步，根据聚类结果绘制聚类图。本例聚类如图 9.1 所示。

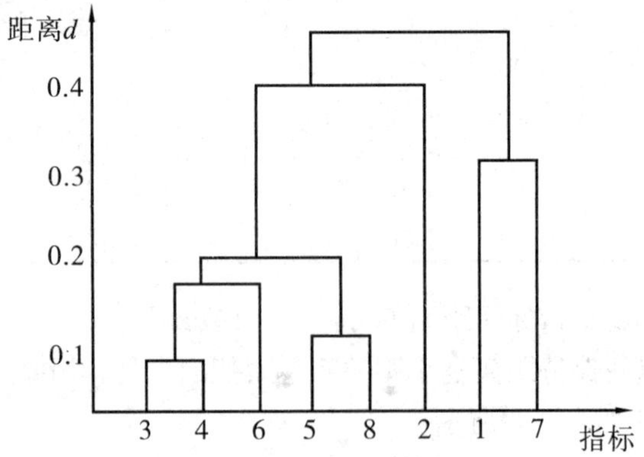

图 9.1　工业经济效益 8 个指标 x_i 的聚类

第四步，根据聚类图确定评价指标。在确定了指标的归类后，需要在类指标中选择一个指标作为代表性评价指标。如评价指标体系中拟包含 4 个指标，那么，可以将指标 2 确定为第一个指标；在指标 1、7 中选择出第二个较为理想的指标；在指标 3、4、6 中选择出第三个较为理想的指标；最后在指标 5、8 中选择出第四个指标。

五、指标同度量处理的方法

在指标体系确定后，由于各个评价指标有不同的量纲，因而无法予以综合汇总，因此对选择的评价指标要统一量纲，亦称为同度量处理。常用的处理方法有功效系数法、相对化方法和标准化方法 3 种。

（一）功效系数法

功效系数法也称线性标准化或函数化。它是根据多目标规划的原理，对各项评价指标分别确定一对满意值和不允许值，以满意值为上限，以不允许值为下限，分别计算评价对象各项指标接近、达到或超过满意值的程度，即功效系数，并转化为相应的功效评分值，作为指标的评价值。其主要特点有：① 功效系数法建立在多目标规划原理的基础上，能够根据评价对象的复杂性从不同侧面对评价对象进行计算评分，正好满足了企业效绩评价体系多指标综合评价企业效绩的要求。② 功效系数法为减少单一标准评价而造成的评价结果偏差，设置了在相同条件下评价某指标所参照的评价指标值范围，并根据指标实际值在标准范围内所处位置计算评价得分，这不但与企业效绩评价多档次评价标准相适，而且能够满足在我国企业各项指标值相差较大的情况下，减少误差，客观反映企业效绩状况，准确、公正评价企业效绩的目的。

其步骤如下：

第一步，确定每一个评价指标的阈值，即上限值（即满意值）x_{hi} 和下限值（即不允许值）x_{si}。上限值和下限值可根据实际情况来确定。

第二步，用功效系数法的计算公式计算评价指标的得分，其计算公式为

$$d_i = 60 + \frac{x_i - x_{si}}{x_{hi} - x_{si}} \times 40$$

即是以 60 分为基本分，利用特定的公式将每一个指标的实际值转化为采用百分制表示的数值。式中，i 表示指标的序号；x_i 为第 i 个指标的实际值；d_i 为第 i 个指标的功效系数分值。

第三步，运用所求出的功效系数分值对各指标进行函数化处理，将实际值转

换为采用百分制表示的数值。

【例 9.4】 我们用 7 个指标描述了某年华东地区各省(市)规模以上工业企业的主要经济效益,资料如表 9.6 所示。

要求用这 7 个指标组成指标体系,对华东地区各省(市)规模以上工业企业经济效益进行综合评价。

表 9.6 华东地区某年规模以上工业企业主要经济效益指标

指标	工业增加值率(%)	总资产贡献率(%)	资产负债率(%)	流动资产周转次数(次/年)	成本费用利润率(%)	全员劳动生产率(元/人年)	产品销售率(%)
全国	32.87	9.46	60.17	1.59	6.56	69 073.84	94.51
上海	30.81	9.17	46.03	1.58	7.61	156 405.70	97.34
江苏	27.75	9.57	61.48	1.93	4.59	80 356.10	96.05
浙江	28.47	12.55	55.57	1.93	7.77	85 402.90	96.12
安徽	35.18	8.93	62.31	1.51	4.48	49 164.50	97.08
福建	30.92	9.06	62.96	1.96	5.28	88 684.20	95.27
江西	32.09	6.54	68.07	1.25	1.33	41 578.90	96.38
山东	34.61	11.50	62.12	2.04	7.56	67 526.80	96.48

显然,用 7 个指标对华东地区某年工业经济效益进行综合评价,由于计量单位的不同不能直接相加,必须进行同度量处理,其功效系数法处理结果如表 9.7 所示。

表 9.7 功效系数法处理结果

指标	工业增加值率	总资产贡献率	资产负债率	流动资产周转次数	成本费用利润率	全员劳动生产率	产品销售率
上限值	40	10	50	2	8	80 000	100
下限值	20	5	70	1	2	40 000	90
上海	81.614	93.332	107.936	83.000	97.417	176.406	89.374
江苏	75.503	96.524	77.045	97.280	77.257	100.356	84.199
浙江	76.931	120.380	88.868	97.280	98.467	105.403	84.474
安徽	90.350	91.400	75.386	80.480	76.557	69.165	88.315
福建	81.845	92.492	74.084	98.540	81.877	108.684	81.063
江西	84.176	72.332	63.857	69.980	55.557	61.579	85.532
山东	89.216	111.980	75.764	101.480	97.067	87.527	85.924

（二）相对化方法

相对化是一种更为简单而实用的方法。其主要特点是先对待评价指标确定一个比较标准值，作为比较的标准值，然后用各评价指标的实际值 x_i 与标准值 x_m 对比，计算二者之比 x_i'。

相对化处理过程首先要选择标准值。标准值可以有多种选择，如果是考核计划完成情况，则可选择计划数作为标准值；如果考核发展速度，那就需要用上年同期或某一固定时期的数值作为标准值；当然也可用先进平均数作为标准值。

在计算时还要将“正指标”和“逆指标”区别对待，计算公式为

正指标

$$x_i' = \frac{x_i}{x_m}$$

逆指标

$$x_i' = \frac{x_m}{x_i}$$

式中，i 表示指标的序号；x_i'为第 i 个指标的相对化数值。

【例 9.5】 仍用表 9.6 的资料，以全国指标值为标准值，对各指标进行相对化处理。

表 9.6 中 7 项指标除资产负债率为逆指标外，其余均为正指标，计算结果如表 9.8 所示。

表 9.8　相对化处理结果

指标	工业增加值率	总资产贡献率	资产负债率	流动资产周转次数	成本费用利润率	全员劳动生产率	产品销售率
全国	1.000	1.000	1.000	1.000	1.000	1.000	1.000
上海	0.937	0.969	1.307	0.990	1.160	2.264	1.030
江苏	0.844	1.011	0.979	1.214	0.699	1.163	1.016
浙江	0.866	1.326	1.083	1.214	1.184	1.236	1.017
安徽	1.070	0.943	0.966	0.950	0.683	0.712	1.027
福建	0.941	0.957	0.956	1.234	0.805	1.284	1.008
江西	0.976	0.691	0.884	0.785	0.203	0.602	1.020
山东	1.053	1.215	0.969	1.280	1.152	0.978	1.021

显然，通过相对化处理，已经将不同度量的指标转化为同度量的相对指标了。

（三）标准化方法

最常见的标准化也称 Z 标准化，也叫标准差标准化或均值方差归一化。标准化是设定各评价指标值服从正态分布的前提下，将指标值转化为数学期望值为 0、均方差为 1 的标准化数值。标准化后的变量值围绕 0 上下波动，大于 0 说明高于平均水平，小于 0 说明低于平均水平。具体步骤为：

第一步，求出每一评价指标的平均数 $\bar{x}_i$ 和标准差 σ_i。

第二步，进行标准化处理，其公式为

$$x'_{ij}=\frac{x_{ij}-\bar{x}_i}{\sigma_i}$$

式中，i 表示指标的序号；j 表示地区的序号；x'_{ij} 为均值方差归一化的数值。

第三步，将逆指标前的正负号对调。

【例 9.6】 仍用表 9.6 的资料进行标准化处理，计算结果如表 9.9 所示。

表 9.9 标准化处理结果

指标	工业增加值率	总资产贡献率	资产负债率	流动资产周转次数	成本费用利润率	全员劳动生产率	产品销售率
$\bar{x}_i$	31.403	9.615	59.790	1.743	5.519	81 302.729	96.389
σ_i	2.814	1.940	7.075	0.298	2.350	37 668.011	0.689
上海	−0.212	−0.231	1.945	−0.564	0.891	1.994	1.387
江苏	−1.297	−0.026	−0.239	0.635	−0.396	−0.025	−0.492
浙江	−1.044	1.512	0.597	0.635	0.958	0.109	−0.392
安徽	1.341	−0.356	−0.356	−0.776	−0.440	−0.853	1.002
福建	−0.171	−0.285	−0.448	0.741	−0.101	0.196	−1.631
江西	0.244	−1.584	−1.171	−1.658	−1.781	−1.055	−0.008
山东	1.139	0.970	−0.329	0.988	0.869	−0.366	0.134

六、确定指标重要性权数的方法

统一量纲旨在解决各指标评价指标不同计量单位不能直接汇总的问题，但无法解决各指标的重要性差别问题。在综合评价中，各个指标所起的作用不同，对综合值的贡献份额也有很大差异，因此，为了评价的客观性，通常需要对不同的指标赋予不同的权数，以体现各指标的重要性差异。

(一)评价指标重要性的判别

一般地,指标在评价中的重要性的确定主要从下面几个方面综合判别:

(1)指标的综合性。即该评价指标所包含的信息量。一个指标的综合性强,包含的信息量多,对综合评价所起的作用就大,应赋予较大的权数。如人均GDP、人均可支配收入、资产增值率等就是一个综合能力很强的指标。这样的指标在综合评价中所起的作用是比较大的。当然,还要结合研究的具体对象和不同历史时期的状况。

(2)指标的敏感性。所谓敏感性是指该指标变动对其他指标变动的影响力。它表明该评价指标在指标体系中的地位,也包括对信息的传递速度。对敏感性较强的指标应给予较大的权数。

(3)指标的独立性。在评价过程中,多数指标在评价指标体系中都会反映出相互重复的信息。如果一个指标的作用可以完全由其他指标取代,那么这一指标就失去了存在的价值。反之,一个指标被其他指标取代的可能性越小,它的独立性就越强,在评价中的作用也就越重要,应赋予较大的权数。

(二)评价指标赋权的方法

赋权的方法有很多,根据信息来源的不同,常用主观赋权法、客观赋权法与组合赋权法。

(1)主观赋权法。其基本思路是:邀请一批对所研究问题有深入了解的专家,让他们各自独立地对每个评价指标给予权重。然后将专家意见集中起来,求出每个指标权重的平均值和方差。主观赋权法由于每位专家对各评价指标的重要程度的认识不完全一致,所赋权重会有差异。一般通过计算均值和方差,并进行分析,就可以观察到专家意见的离散程度。通过多次反馈与集中,目的是使专家意见接近一致,并以最后一次各专家权重的平均值作为评价指标的权重。一般情况下,专家或评价者给出的这种判断和比较,都是一种感知性判断,这种感知性判断表征为一些语言信息,或者是经过转换将这些语言信息表征为一些数值进行判别,它们的基础仍然是具有主观色彩的感知性判断。由于主观赋权依据的专家或评价者的主观信息在一个周期内具有相对稳定性,且权数不会随着综合评价方案或评价对象的增加或减少而变化。因此主观赋权的特征是具有较强的保序性与可继承性。而且主观赋权的可解释性比较强,符合人类的思维逻辑与基本认知。主观赋权法主要有专家评判法、层次分析法、环比评分法等。

(2) 客观赋权法。指利用属性所具有的客观信息进行比较与计算得到的相对重要性程度,它的基本原理是利用指标的观测值进行赋权,权重的确定完全由统计数据得出。其原始数据一般来源于属性值和综合评价方案的历史数据,体现的是某个属性对综合评价方案排序作用或贡献的大小。一般情况下,客观赋权依据的是全部方案对应的综合评价属性在某个时间节点或时间区间内具有一定事实依据的客观数据与评价信息,切断了权重系数的主观性来源,使系数具有绝对的客观性。但是,由于在不同的时间节点或时间区间内,综合评价属性值会不同,权数大小必然会发生变化,而且如果综合评价方案发生增加或减少,权数大小也会发生变化,因此客观权数的保序性与可继承性较差。由于客观赋权完全是由客观数据训练得到的数值,很可能会不符合甚至违背人类的基本思维逻辑与认知,容易出现“重要指标的权重系数小,而不重要指标的权重指标系数大”的不合理现象,使得权数结果无法解释。客观赋权的方法主要有变异系数法、熵值法和多元统计分析法。

(3) 组合赋权法。即主客观赋权法,指融合并集成了专家或评价者的知识、经验或偏好等主观信息,以及综合评价属性值等客观信息,比较与计算得到的相对重要性程度。主客观组合赋权能较全面地反映综合评价偏好与属性值等主客观信息。有两种常用的方法,一是“乘法”集成法,另一个是“加法”集成法,其公式分别是

$$f_i = \frac{a_i b_i}{\sum a_i b_i}$$

$$f_i = \alpha a_i + (1-\alpha) b_i \quad (0 \leqslant \alpha \leqslant 1)$$

式中,f_i 表示第 i 个指标的组合权数;a_i,b_i 分别表示第 i 个指标的客观与主观权数;α 根据评价者的信息偏好来选择。

七、统计综合评价指标的合成方法

综合评价指标的合成,就是在以上几个步骤的基础上,通过一定的方法把多指标的数值和权数综合在一起,合成一个综合指标值,以便做出评价。

对数据进行合成的方法有很多,现着重介绍 4 种方法:直接综合法、加权平均综合法、综合记分法和距离综合法。

（一）直接综合法

直接综合法是在不知道指标重要性权数或权数大致相等的情况下，直接将经过同度量处理的指标值进行简单加总，形成一个综合值，再按照综合值的大小排出各参评单位的位次，从而达到对其进行综合评价分析的方法。

直接综合法适应于不需要进行加权的综合评价，即各指标在现象评价中所起的作用是相同的。若指标重要性不同，不适宜采用直接综合法。

【例 9.7】 仍用表 9.6 中 7 项指标对前述华东地区某年规模以上工业经济效益进行评价的例子。经过功效系数法处理的资料如表 9.7 所示。将参评地区各指标值进行简单相加后，就得出综合值及其位次，如表 9.10 所示。

表 9.10　华东各地区工业经济效益简单综合评价结果

指标	工业增加值率	总资产贡献率	资产负债率	流动资产周转次数	成本费用利润率	全员劳动生产率	产品销售率	综合值	综合排序
上海	81.614	93.332	107.936	83.000	97.417	176.406	89.374	729.078	1
江苏	75.503	96.524	77.045	97.280	77.257	100.356	84.199	608.164	5
浙江	76.931	120.380	88.868	97.280	98.467	105.403	84.474	671.802	2
安徽	90.350	91.400	75.386	80.480	76.557	69.165	88.315	571.652	6
福建	81.845	92.492	74.084	98.540	81.877	108.684	81.063	618.585	4
江西	84.176	72.332	63.857	69.980	55.557	61.579	85.532	493.013	7
山东	89.216	111.980	75.764	101.480	97.067	87.527	85.924	648.957	3

（二）加权平均综合法

加权平均综合法是对已经同度量处理过的指标数值经过加权平均进行综合，形成一个总值，再按照总值的大小排列出各参评单位的名次，从而达到综合评价目的的方法。

加权平均综合法是采用加权算术平均法和加权几何平均法对已经同度量处理过的资料进行加权平均求得综合值的方法。

在许多综合评价中，由于权数所起的作用，加权综合与简单综合的结果是不一致的。

【例 9.8】 仍用上例经过功效系数法处理的资料，如表 9.7 所示。将各指标值乘以归一化处理后的权数之后再进行相加，最后得出综合值，进行综合排序，如表 9.11 所示。

表 9.11 华东各地区工业经济效益加权综合评价结果

指标	工业增加值率	总资产贡献率	资产负债率	流动资产周转次数	成本费用利润率	全员劳动生产率	产品销售率	加权综合值	综合排序
上海	81.614	93.332	107.936	83.000	97.417	176.406	89.374	101.889	1
江苏	75.503	96.524	77.045	97.280	77.257	100.356	84.199	87.053	5
浙江	76.931	120.380	88.868	97.280	98.467	105.403	84.474	97.335	2
安徽	90.350	91.400	75.386	80.480	76.557	69.165	88.315	82.466	6
福建	81.845	92.492	74.084	98.540	81.877	108.684	81.063	87.820	4
江西	84.176	72.332	63.857	69.980	55.557	61.579	85.532	70.625	7
山东	89.216	111.980	75.764	101.480	97.067	87.527	85.924	93.765	3
权数 f_i	0.12	0.2	0.15	0.13	0.14	0.11	0.15	—	—

（三）综合记分法

综合记分法是指按照一定的规则将指标值转换为分值，然后综合分值进行比较排序的方法。记分的方法多种多样，有三档、五档、七档等记分法。可以是对各指标的分值进行简单加总，也可以进行加权计算。

应该注意的是，当指标的实际值为动态相对数时，可以直接用各指标的变动幅度设定分值，对非动态指标则要对指标值进行同度量处理后，再进行综合记分。一般常采用相对化方法对指标进行同度量化处理。

例如，对工业企业经济效益进行评价，设定经过相对化处理后的工业增加值率在 95%以上记 10 分，在 85%～95%间记 5 分，85%以下记 0 分。这样处理的特点是通过设定不同的区间来消除各种随机因素的影响，从而使评价结果更接近于现实。

【例 9.9】 甲、乙两个企业 10 项指标与上年同期相比，采用三档记分法所得到的分值和权数资料如表 9.12 所示。

表 9.12 综合记分法计算结果

指标 x_i		x_1	x_2	x_3	x_4	x_5	x_6	x_7	x_8	x_9	x_{10}	总分值	
权重 f_i		0.03	0.03	0.04	0.05	0.05	0.05	0.10	0.15	0.20	0.30	简单法	加权法
分值	甲	0	0	5	10	10	5	5	5	10	10	60	77
	乙	5	0	10	10	10	10	0	5	5	10	65	68

计算结果表明，若用简单法，乙企业综合状况好于甲企业；而用加权法，则是

甲企业综合状况好于乙企业。

（四）距离综合法

直接综合法、加权平均综合法、综合记分法只适用于单向变化（越大越好或越小越好）指标的综合评价。但是在现实经济生活中，人们希望指标并不是单方向变动，而是以中心值为标准，上下波动在一定范围内均有同等效果，例如，经济发展速度过高就会导致经济过热，而过低就会造成人们信心不足，容易导致经济停滞。这也就是我们经常所说的适度问题。这种状况就会使得前面几种方法难以综合评价，而距离法则可以解决此类问题。

距离综合法适用于在一定范围之内变化才较为理想的“适度”指标的评价。其基本思想是：对每一个参评指标确定相应的标准值作为比较依据。将参评单位看作 n 维空间中由 n 个参评指标值确定的点，计算它们与 n 个标准值的标准点之间的距离进行综合。

其步骤如下：

第一步，对每一个参评指标确定相应的标准值和权数，作为进行比较的依据。

如何选择标准值及指标的权数在本节前述内容中已经研究过，在此不再赘述。

第二步，计算每一个参评单位的各指标实际值与标准值之间的总距离，即 $x_{i0}-x_{ij}$。若对指标进行相对化处理，其距离为 $1-x'_{ij}$。

第三步，计算各参评单位的综合值，并进行评价，其基本公式为

$$S_j=\sqrt{\sum(x_{i0}-x_{ij})^2\cdot f_i}$$

其中，i 表示指标序号；j 表示参评单位序号；x_{i0} 表示第 i 个指标的标准值；x_{ij} 表示第 i 个指标的实际值；f_i 为指标 i 的权数。

若对指标进行相对化处理，其公式为

$$S_j=\sqrt{\sum(1-x'_{ij})^2\cdot f_i}$$

其中，x'_{ij} 表示经过相对化处理后的指标值。

【例 9.10】 用表 9.8 进行过相对化处理的资料和加权综合平均法的权数，应用距离法计算综合值。为了便于分析，将表中的数字扩大 10 000 倍，计算结果如表 9.13 所示。

表 9.13　$(1-x'_{ij})^2 f_i$ 扩大万倍值与距离法综合值 S_j 评价结果

指标	工业增加值率	总资产贡献率	资产负债率	流动资产周转次数	成本费用利润率	全员劳动生产率	产品销售率	合计	平方根 S_j	综合排序
上海	4.75	1.98	141.59	0.13	35.85	1 758.37	1.35	1 944.01	44.09	7
江苏	29.14	0.23	0.67	59.63	126.66	29.35	0.40	246.09	15.69	3
浙江	21.58	212.31	10.32	59.63	47.41	61.47	0.43	413.16	20.33	5
安徽	5.88	6.49	1.76	3.22	140.50	91.39	1.11	250.33	15.82	4
福建	4.23	3.62	2.93	71.17	53.34	88.66	0.10	224.04	14.97	1
江西	0.69	190.72	20.19	59.95	888.84	174.29	0.59	1 335.26	36.54	6
山东	3.34	92.34	1.47	102.04	32.35	0.55	0.65	232.74	15.26	2
权数 f_i	0.12	0.2	0.15	0.13	0.14	0.11	0.15	—	—	—

通过上面一系列的分析，应当注意到：同样的资料由于同度量处理的方法和综合值的计算方法不同，得出的结论也有所不同。尤其是距离综合法，由于是以全国的平均数为标准值，导致效益好的上海、江西距离较大，排序靠后，而排序在前的福建、山东，不能说明他们规模以上工业经济效益好，只能说明与全国平均值的距离最小。例 9.8 和例 9.10 就是很好的说明。当然，不同的赋权其结果也会不同。因此，综合评价的结论只能作为一种参考，而不是一种绝对的评判标准。

第四节　统计分析报告

一项完整的统计分析活动总是包含着两个相互关联的过程：一是研究过程。即运用统计方法对反映分析对象数量特征的资料进行判断和推理，并由此得出结论的过程。二是表述过程。即将研究过程的内容进行文字上的加工，撰写统计分析报告的过程。二者既相互联系，又相互制约。长期以来，人们在叙述统计分析的研究过程中，不断地相互交流和借鉴，使得统计分析报告形成了一种较有特色的文体。

一、统计分析报告的特点

统计分析报告是对研究成果进行表述的文章，是统计分析结果的最终形式。除了要注意一般报告的要求外，还必须把握统计分析报告的特点。

(1) 统计分析报告必须以统计数据的语言为主，结合情况的综合分析。为了体现统计分析的特点，统计分析报告必须用数字讲话，辅之以统计表和统计图来具体而明确地进行表述。当然，统计分析报告不是简单的数字罗列，而是相互联系的、具有逻辑关系的综合运用。所谓情况分析是指对数字资料的补充和说明，因为社会经济现象有许多方面是不能用数量来描述的。

(2) 统计分析报告必须具有简明的表达方式和结构。统计分析报告属于说明文，在表述时应言简意赅、精练准确，避免使用夸张、虚构、想象等表述方式，做到论点和论据统一。同时，统计分析报告具有相对确定的结构，一般是先提出问题表明观点，然后用数据和事实进行论证，在科学分析的基础上最后提出建议和对策。统计综合分析报告的行文，通常是先后有序，主次分明，详略得当，联系紧密，将数据、情况、问题和建议融为一体。

(3) 统计分析报告必须是对研究分析过程的高度概括。所以统计分析报告必须选题准确，中心突出；结构严谨，层次分明；观点正确，推断合理，材料翔实。

二、撰写统计分析报告的基本知识

统计分析报告的基本知识包括：标题的拟定、导语的撰写、统计分析报告的结构和结束语的撰写等。

(一) 标题的拟定

标题是对文章的基本思想的浓缩，是统计分析报告中心内容的集中体现，在文章中占有重要的地位。就统计分析而言，好的标题应做到确切、简洁、新颖。“确切”是指标题要准确概括统计分析报告的内容，做到题文相符；“简洁”是指标题要精练、扼要、通俗易懂，以尽可能少的文字来概括文章的内容，避免标题过长，面面俱到；“新颖”是指标题要醒目、不落俗套，能吸引读者，具有鲜明的观点和独特的风格。常见的标题拟定方式有：以分析目的为标题，这是统计分析标题最基本的形式；以主要论点为标题；以主要结论为标题；以提问的方式为标题等。由标题提出问题能引起读者的疑问和悬念，使读者产生阅读的欲望。

(二) 导语的撰写

导语是统计分析报告内容的引导，是整个报告的开头。它是关系到分析报告成效的一个重要因素。因此，导语的基本作用，一是要能够吸引读者，使读者有读下去的兴趣；二是要为全文的展开理清脉络，牵出头绪，确定格局。统计综合分析报告中常用的导语形式有：

(1) 开门见山的导语。其特点是简明扼要,直叙入题。这种导语是统计综合分析报告最常用的形式之一。例如,《收入、幸福与城乡差别——基于CHIP数据的实证研究》的导语是:“经济增长与政府施政的最终目标都是让人民过上更加幸福的生活。在增长优先的发展模式中,普遍认为经济增长过程与民生幸福过程是一致的,经济增长必然会导致人民幸福感的提升。但是,事实却并非如此。”

(2) 提出问题,造成悬念的导语。它是在分析问题或阐述观点之前,先有意提出一个问题,以引起读者的注意和思考。例如,《教育回报率的城乡差别与城乡收入阶层分化——基于断点回归分析的经验证据》的导语是:“简必希等(2013)认为教育扩展政策使得受教育机会在城乡间的分配更加平等,教育回报率也于政策实施之后实现了大幅上涨。但与此同时,根据初帅等(2017)的实证研究,中国劳动者的教育回报率在城镇与农村之间存在显著差异,2016年中国城镇劳动者的教育回报率为14.2%,农村地区劳动者的教育回报率却仅为10.3%。”

(3) 交代分析动机的导语。它也是目前常用的开头方式之一。这种开头的主要特点是:起因线索完整,时间、地点俱在,分析动机清楚,命题明显自然。

此外,导语的语言要精练、新颖,避免用套话。当然,还要注意导语语言与全文的协调,杜绝脱离文章主题一味求新。

(三) 统计分析报告的结构

统计分析报告要求层次分明、条理清晰,这就需要对文章的结构进行安排,即对内容的先后次序、展开的步骤及论述的详略等,从全局的角度进行合理的组织。

常用的统计分析报告结构有3种:一是递进式结构。一般是三段式,即“问题—原因—对策”这样一个基本框架。在实际应用中,这种递进式结构安排可以有所调整,如按照“现状—原因—结果”“现状—问题—对策”“历史—现状—未来”等进行安排,都是统计综合分析常见的整体结构。二是并列式结构。即各层意思之间是并列关系,一般将所要表述的情况,分成并列的几个部分横向展开来表达主题。三是序时结构。即按照现象发展的经过和时间的先后进行表述。总的来说,统计分析报告的结构虽有形形色色的差异,但是它们之间存在共同性和规律性,只要长期观察和实践,就能根据需要选择好的文章结构。

(四) 结束语的撰写

结束语是统计分析报告的结尾。它是文章思想内容的必然归宿。一个好的文章结尾，可以帮助读者明确题旨、加深认识，引起读者的联想和思考。对结尾的要求是自然完满、简短有力。统计分析报告结尾常见的写法有：

(1) 总括全文，照应开头。即报告在论证观点，结束全文之时予以归纳总结，突出中心思想，呼应主题。

(2) 提出建议。以建议结束全文也是统计分析报告常见的方式。或没有结尾段，以最后一个层次的若干建议来收笔，或专门有一个建议结尾段，用总结建议内容的方式收尾。

(3) 对未来进行展望。提出新问题，展示发展前景，预测未来发展趋势。

总之，统计分析报告的结尾写法没有硬性规定，主要由文章内容决定，要不落俗套，不断创新。

综上所述，可见一篇好的统计分析报告，从逻辑角度看，应该概念明确、判断恰当、推理合乎逻辑。要做到这一点，很重要的一条，就是观点与材料的统一。

习　题

1. 什么是统计比较？举例说明横向与纵向比较的不同。
2. 建立统计分析指标体系应遵循的一般原则有哪些？
3. 什么是统计综合分析？有哪些特点？一般有哪些步骤？
4. 如何用比率标度法对指标重要性权数进行判别？
5. 在综合分析中，为什么要对分析指标进行同度量处理，有哪些方法？
6. 如何撰写统计分析报告？
7. 根据历史资料，对 6 个指标间的相关性进行综合分析，计算出相关系数如下：

指标	x_1	x_2	x_3	x_4	x_5	x_6
x_1	1.000					
x_2	0.449 8	1.000				
x_3	0.846 6	0.329 8	1.000			
x_4	0.811 3	0.542 0	0.811 2	1.000		
x_5	0.321 4	0.215 4	0.314 3	0.327 6	1.000	
x_6	0.570 6	0.149 8	0.679 0	0.495 7	0.055 6	1.000

要求：

(1) 试运用聚类分析法对这 6 个指标进行聚类。

(2) 若要选取 4 个指标组成指标体系，如何选取？

9. 下表选取了某省城镇居民与农村居民的消费结构状况资料。

指标	城镇居民消费结构(%)	农村居民消费结构(%)
食品烟酒	31.6	36.6
衣着	4.6	3.4
居住	26.3	21.8
生活用品及服务	5.6	5.3
交通通信	13.3	12.5
教育文化娱乐	10.8	9.6
医疗保健	5.1	8.9
其他用品和服务	2.7	2

试用 χ^2 统计量,检验该省城镇居民与农村居民消费结构是否有显著性差异。

10. 下表是我国规模以上工业企业经济效益指标,用 8 个指标组成指标体系,对我国各行业、各经济类型规模以上工业企业主要经济效益进行综合评价。

分组	营业收入利润率(%)	每百元营业收入中的成本(元)	每百元营业收入中的费用(元)	每百元资产实现的营业收入(元)	人均营业收入(万元/人)	资产负债率(%)	产成品存货周转天数(天)	应收票据及应收账款平均回收期(天)
总计	5.86	84.08	8.97	92.4	141.1	56.6	16.9	53.7
采矿业	11.43	72.84	11.78	47.1	97.5	59.1	12.2	41.5
制造业	5.56	84.29	9.02	108.0	139.4	55.8	18.5	56.0
电力、热力、燃气及水生产和供应业	6.16	88.20	6.68	43.0	239.1	58.9	0.6	33.9
国有控股企业	5.67	82.07	8.22	64.1	215.8	58.0	13.7	46.5
股份制企业	5.73	83.93	9.06	91.3	142.6	57.0	16.9	49.7
外商及港澳台企业	6.64	84.04	9.09	105.9	138.4	53.7	17.7	69.9
私营企业	5.25	86.08	8.44	138.8	117.8	57.4	16.2	43.8

要求:

(1) 以全国的经济效益指标为标准值,对资料进行相对化处理,当 8 个指标的权数分别为 0.2,0.15,0.10,0.15,0.10,0.10,0.10,0.10 时,对各行业、各经济类型规模以上工业企业经济效益进行综合评价。

(2) 对资料进行标准化处理,用简单综合法对各行业、各经济类型规模以上工业企业经济效益进行综合评价。

附录　常用统计分布表

1. 相关系数显著性检验表

$n-2$ \ α	0.10	0.05	0.02	0.01	0.001
1	0.987 69	0.996 25	0.995 07	0.999 877	0.999 998 8
2	0.900 00	0.950 00	0.980 00	0.990 00	0.999 900
3	0.805 4	0.878 3	0.934 33	0.958 73	0.991 16
4	0.729 3	0.811 4	0.882 2	0.917 20	0.974 05
5	0.669 4	0.754 5	0.832 9	0.874 5	0.950 74
6	0.621 5	0.706 7	0.788 7	0.834 3	0.924 93
7	0.582 2	0.666 4	0.749 8	0.797 7	0.898 2
8	0.549 4	0.631 9	0.715 5	0.764 6	0.872 1
9	0.521 4	0.602 1	0.685 1	0.734 8	0.847 1
10	0.497 3	0.576 0	0.658 1	0.707 9	0.823 3
11	0.476 2	0.552 9	0.633 9	0.683 5	0.801 0
12	0.457 5	0.532 4	0.612 0	0.661 4	0.780 0
13	0.440 9	0.513 9	0.592 3	0.641 1	0.760 3
14	0.425 9	0.497 3	0.574 2	0.622 6	0.742 9
15	0.412 3	0.482 1	0.557 7	0.605 5	0.725
16	0.400 0	0.468 3	0.542 5	0.589 7	0.708 4
17	0.388 7	0.455 5	0.528 5	0.575 1	0.693 2
18	0.378 3	0.443 8	0.515 5	0.561 4	0.678 7
19	0.368 7	0.432 9	0.513 4	0.548 7	0.665 2
20	0.359 3	0.422 7	0.492 1	0.536 8	0.652 4
25	0.323 3	0.380 9	0.445 1	0.486 9	0.597 4
30	0.296 0	0.349 4	0.409 3	0.448 7	0.554 1
35	0.274 6	0.342 6	0.381 0	0.418 2	0.518 9
40	0.257 3	0.304 4	0.357 8	0.393 2	0.489 6
45	0.242 8	0.287 5	0.338 4	0.372 1	0.464 8
50	0.230 6	0.273 2	0.321 3	0.354 1	0.443 3
60	0.210 8	0.250 0	0.204 4	0.324 3	0.407 8
70	0.195 4	0.231 9	0.273 7	0.301 7	0.279 9
80	0.182 9	0.217 2	0.256 5	0.288 0	0.355 8
90	0.172 6	0.205 0	0.242 2	0.267 3	0.337 5
100	0.136 8	0.194 6	0.230 1	0.254 0	0.321 1

注:表中数字为临界值 $r(\alpha,n-2)$。

2. 标准正态分布表

$$\Phi(x)=\int_{-\infty}^{x}\frac{1}{\sqrt{2\pi}}e^{-\frac{t^2}{2}}dt=P(X\leqslant x)$$

x	0	1	2	3	4	5	6	7	8	9
0.0	0.500 0	0.504 0	0.508 0	0.512 0	0.516 0	0.519 9	0.523 9	0.527 9	0.531 9	0.535 9
0.1	0.539 8	0.543 8	0.547 8	0.551 7	0.555 7	0.559 6	0.563 6	0.567 5	0.571 4	0.575 3
0.2	0.579 3	0.583 2	0.587 1	0.591 0	0.584 8	0.598 7	0.602 6	0.606 4	0.610 3	0.614 1
0.3	0.617 9	0.621 7	0.625 5	0.629 3	0.633 1	0.636 8	0.640 6	0.644 3	0.648 0	0.651 7
0.4	0.655 4	0.659 1	0.662 8	0.666 4	0.670 0	0.673 6	0.677 2	0.680 8	0.684 4	0.687 9
0.5	0.691 5	0.695 0	0.698 5	0.701 9	0.705 4	0.708 8	0.712 3	0.715 7	0.719 0	0.722 4
0.6	0.725 7	0.721 9	0.732 4	0.735 7	0.738 9	0.742 2	0.745 4	0.748 6	0.757 1	0.754 9
0.7	0.758 0	0.761 1	0.764 2	0.767 3	0.770 3	0.773 4	0.776 4	0.779 4	0.782 3	0.785 2
0.8	0.788 1	0.791 0	0.793 9	0.796 7	0.799 5	0.802 3	0.805 1	0.808 7	0.810 6	0.813 3
0.9	0.815 9	0.818 6	0.821 2	0.828 3	0.826 4	0.828 9	0.831 5	0.834 0	0.836 5	0.838 9
1.0	0.841 3	0.843 8	0.846 1	0.848 5	0.850 8	0.853 1	0.855 4	0.857 7	0.859 9	0.862 1
1.1	0.864 3	0.866 5	0.868 6	0.870 8	0.872 9	0.874 9	0.877 0	0.879 0	0.881 0	0.883 0
1.2	0.884 9	0.886 9	0.888 8	0.890 7	0.892 5	0.894 4	0.896 2	0.898 0	0.899 7	0.901 5
1.3	0.902 3	0.904 9	0.906 6	0.908 2	0.909 9	0.911 5	0.913 1	0.914 7	0.916 2	0.917 7
1.4	0.919 2	0.920 7	0.922 2	0.923 6	0.925 1	0.926 5	0.927 8	0.929 2	0.930 6	0.931 9
1.5	0.933 2	0.934 5	0.935 7	0.937 0	0.938 2	0.939 4	0.940 6	0.941 8	0.943 0	0.944 1
1.6	0.945 2	0.946 3	0.947 4	0.948 4	0.949 5	0.950 5	0.951 5	0.952 5	0.953 5	0.954 5
1.7	0.955 4	0.956 4	0.957 3	0.958 2	0.959 1	0.959 9	0.960 8	0.961 6	0.962 5	0.963 3
1.8	0.964 1	0.964 8	0.965 6	0.966 4	0.967 1	0.967 8	0.968 6	0.969 3	0.970 0	0.970 6
1.9	0.971 3	0.971 9	0.972 6	0.973 2	0.973 8	0.974 4	0.975 0	0.975 6	0.976 2	0.976 7
2.0	0.977 2	0.977 8	0.978 3	0.978 8	0.979 3	0.979 8	0.980 3	0.980 8	0.981 2	0.981 7
2.1	0.982 1	0.982 6	0.983 0	0.983 4	0.983 8	0.984 2	0.984 6	0.985 0	0.985 4	0.985 7
2.2	0.986 1	0.986 4	0.986 8	0.987 1	0.987 4	0.987 8	0.988 1	0.988 4	0.988 7	0.989 0
2.3	0.989 3	0.989 6	0.989 8	0.990 1	0.990 4	0.990 6	0.990 9	0.991 1	0.991 3	0.991 6
2.4	0.991 8	0.992 0	0.992 2	0.992 5	0.992 7	0.992 9	0.993 1	0.993 2	0.993 4	0.993 6
2.5	0.993 8	0.994 0	0.994 1	0.994 3	0.994 5	0.994 6	0.994 8	0.994 9	0.995 1	0.995 2
2.6	0.995 3	0.995 5	0.995 6	0.995 7	0.995 9	0.996 0	0.996 1	0.996 2	0.996 3	0.996 4
2.7	0.996 5	0.996 6	0.996 7	0.996 8	0.996 9	0.997 0	0.997 1	0.997 2	0.997 3	0.997 4
2.8	0.997 4	0.997 5	0.997 6	0.997 7	0.997 7	0.997 8	0.997 9	0.997 9	0.998 0	0.998 1
2.9	0.998 1	0.998 2	0.998 2	0.998 3	0.998 4	0.998 4	0.998 5	0.998 5	0.998 6	0.998 6
3.0	0.998 7	0.999 0	0.999 3	0.999 5	0.999 7	0.999 8	0.999 8	0.999 9	0.999 9	1.000 0

3. t 分布表

$$P(t(n) > t_\alpha(n)) = \alpha$$

n \ α	0.25	0.10	0.05	0.025	0.01	0.005
1	1.000 0	3.077 7	6.313 8	12.706 2	31.820 7	63.657 4
2	0.816 5	1.885 6	2.920 0	4.303 7	6.964 6	9.924 8
3	0.764 9	1.637 7	2.353 4	3.182 4	2.540 7	5.840 9
4	0.740 7	1.533 2	2.131 8	2.776 4	3.746 9	4.601 4
5	0.726 7	1.475 9	2.015 0	2.570 6	3.364 9	4.032 2
6	0.717 6	1.439 8	1.943 2	2.446 9	3.142 7	3.707 4
7	0.711 1	1.414 9	1.894 6	2.363 4	2.998 0	3.499 5
8	0.706 4	1.396 8	1.859 5	2.306 0	2.896 5	3.355 4
9	0.702 7	1.383 0	1.833 1	2.262 2	2.821 4	3.249 8
10	0.699 8	1.372 2	1.812 5	2.228 1	2.763 8	3.169 3
11	0.697 4	1.363 4	1.795 9	2.201 0	2.718 1	3.105 8
12	0.695 5	1.356 2	1.782 3	2.178 8	2.681 0	3.054 5
13	0.693 8	1.350 2	1.770 9	2.160 4	2.650 3	3.012 3
14	0.692 4	1.345 0	1.761 3	2.144 8	2.624 5	2.976 8
15	0.691 2	1.340 6	1.753 1	2.131 5	2.620 5	2.946 7
16	0.690 1	1.336 8	1.745 9	2.119 9	2.583 5	2.920 8
17	0.689 2	1.333 4	1.739 6	2.109 8	2.566 9	2.898 2
18	0.688 4	1.330 4	1.734 1	2.100 9	2.552 4	2.878 4
19	0.687 6	1.327 7	1.729 1	2.093 0	2.539 5	2.860 9
20	0.987 0	1.325 3	1.724 7	2.086 0	2.528 0	2.845 3
21	0.686 4	1.323 2	1.720 7	2.079 6	2.517 7	2.831 4
22	0.685 8	1.321 2	1.717 1	2.073 9	2.508 3	2.818 8
23	0.685 3	1.319 5	1.713 9	2.068 7	2.499 9	2.807 3
24	0.684 8	1.317 8	1.710 9	2.063 9	2.492 2	2.796 9
25	0.684 4	1.316 3	1.710 8	2.059 5	2.485 1	2.787 4

续表

n \ α	0.25	0.10	0.05	0.025	0.01	0.005
26	0.684 0	1.315 0	1.705 6	2.055 5	2.478 6	2.778 7
27	0.683 7	1.313 7	1.703 3	2.051 8	2.472 7	2.770 7
28	0.683 4	1.312 5	1.701 1	2.048 4	2.467 1	2.766 4
29	0.683 0	1.311 4	1.699 1	2.045 2	2.462 0	2.756 4
30	0.682 8	1.310 4	1.697 3	2.042 3	2.457 3	2.750 0
31	0.682 5	1.309 5	1.659 9	2.039 5	2.452 8	2.744 0
32	0.682 2	1.308 6	1.693 9	2.036 9	2.448 7	2.738 5
33	0.682 0	1.307 7	1.692 4	2.034 5	2.444 8	2.733 3
34	0.681 8	1.307 0	1.690 9	2.032 2	2.441 1	2.738 4
35	0.681 6	1.306 2	1.689 6	2.030 1	2.437 7	2.723 8
36	0.681 4	1.305 5	1.688 3	2.028 1	2.434 5	2.719 5
37	0.681 2	1.304 9	1.687 1	2.026 2	2.431 4	2.715 4
38	0.681 0	1.304 2	1.686 0	2.024 4	2.428 6	2.711 6
39	0.680 8	1.303 6	1.684 9	2.022 7	2.425 8	2.707 9
40	0.680 7	1.303 1	1.683 9	2.021 1	2.422 3	2.704 5
41	0.680 5	1.302 5	1.682 9	2.019 5	2.420 8	2.701 2
42	1.680 4	1.302 0	1.682 0	2.018 1	2.418 5	2.698 1
43	1.680 2	1.301 6	1.681 1	2.016 7	2.416 3	2.695 1
44	1.680 1	1.301 1	1.680 2	2.015 4	2.414 1	2.692 3
45	0.680 0	1.300 6	1.679 4	2.014 1	2.412 1	2.689 6

4. *q* 分布表

上行：$P=0.05$　　下行：$P=0.01$

自由度 ν	组数 α 2	3	4	5	6	7	8	9	10
5	3.64	4.60	5.22	5.67	6.03	6.33	6.58	6.80	6.99
	5.70	6.98	7.80	8.42	8.91	9.32	9.67	9.97	10.24
6	3.46	4.34	4.90	5.30	5.63	5.90	6.12	6.32	6.49
	5.24	6.33	7.03	7.56	7.97	8.32	8.61	8.87	9.10
7	3.34	4.16	4.68	5.06	5.36	5.61	5.82	6.00	6.16
	4.95	5.92	6.54	7.01	7.37	7.68	7.94	8.17	8.37
8	3.26	4.04	4.53	4.89	5.17	5.40	5.60	5.77	5.92
	4.75	5.64	6.20	6.62	6.96	7.24	7.77	7.68	7.86
9	3.20	3.95	4.41	4.76	5.02	5.24	5.43	5.59	5.74
	4.60	5.43	5.96	6.35	6.66	6.91	7.13	7.33	7.49
10	3.15	3.88	4.33	4.15	4.91	5.12	5.30	5.46	5.60
	4.48	5.27	5.77	6.14	6.43	6.67	6.87	7.05	7.21
12	3.08	3.77	4.20	4.51	4.75	4.95	5.12	5.27	5.39
	4.32	5.05	5.50	5.84	6.10	6.32	6.51	6.67	6.81
14	3.03	3.70	4.11	4.41	4.64	4.83	4.99	5.13	5.25
	4.21	4.89	5.32	5.63	5.88	6.08	6.26	6.41	6.54
16	3.00	3.65	4.05	4.33	4.56	4.74	4.90	5.03	5.15
	4.13	4.79	5.19	5.49	5.72	5.92	6.08	6.22	6.35
18	2.97	3.61	4.00	4.28	4.49	4.67	4.82	4.96	5.07
	4.07	4.70	5.09	5.38	5.60	5.79	5.94	6.08	6.20
20	2.95	3.58	3.96	4.23	4.45	4.62	4.77	4.90	5.01
	4.02	4.64	5.02	5.29	5.51	5.69	5.84	5.97	6.09
30	2.89	3.49	3.85	4.10	4.30	4.46	4.60	4.72	4.82
	3.89	4.45	4.80	5.05	5.24	5.40	5.54	5.65	5.76
40	2.86	3.44	3.79	4.04	4.23	4.39	4.52	4.63	4.73
	3.82	4.37	4.70	4.93	5.11	5.26	5.39	5.50	5.60
60	2.83	3.40	3.74	3.98	4.16	4.31	4.44	4.55	4.65
	3.76	4.28	4.59	4.82	4.99	5.13	5.25	5.36	5.45
120	2.80	3.36	3.68	3.92	4.10	4.24	4.36	4.47	4.56
	3.70	4.20	4.50	4.71	4.87	5.01	5.12	5.21	5.30
∞	2.77	3.31	3.63	3.86	4.03	4.17	4.29	4.39	4.47
	3.64	4.12	4.40	4.60	4.76	4.88	4.99	5.08	5.16

5. F 分布表

$$P(F(n_1,n_2) > F_\alpha(n_1,n_2)) = \alpha$$

(1) α=0.10

n_2 \ n_1	1	2	3	4	5	6	7	8	9
1	39.86	49.50	53.59	55.33	57.24	58.20	58.91	59.44	59.86
2	8.53	9.00	9.16	9.24	6.29	9.33	9.35	9.37	9.38
3	5.54	5.46	5.39	5.34	5.31	5.28	5.27	5.25	5.24
4	4.54	4.32	4.19	4.11	4.05	4.01	3.98	3.95	3.94
5	4.06	3.78	3.62	3.52	3.45	3.40	3.37	3.34	3.32
6	3.78	3.46	3.29	3.18	3.11	3.05	3.01	2.98	2.96
7	3.59	3.26	3.07	2.96	2.88	2.83	2.78	2.75	2.72
8	3.46	3.11	2.92	2.81	2.73	2.67	2.62	2.59	2.56
9	3.36	3.01	2.81	2.69	2.61	2.55	2.51	2.47	2.44
10	3.20	2.92	2.73	2.61	2.52	2.46	2.41	2.38	2.35
11	3.22	2.86	2.66	2.54	2.45	2.39	2.34	2.30	2.27
12	3.18	2.81	2.61	2.48	2.39	2.33	2.28	2.24	2.21
13	3.14	2.76	2.56	2.43	2.35	2.28	2.23	2.20	2.16
14	3.10	2.73	2.52	2.39	2.31	2.24	2.19	2.15	2.12
15	3.07	2.70	2.49	2.36	2.27	2.21	2.16	2.12	2.09
16	3.05	2.67	2.46	2.33	2.24	2.18	2.13	2.09	2.06
17	3.03	2.64	2.44	2.31	2.22	2.15	2.10	2.06	2.03
18	3.01	2.62	2.42	2.29	2.20	2.13	2.08	2.04	2.00
19	2.99	2.61	2.40	2.27	2.18	2.11	2.06	2.02	1.98
20	2.97	2.50	2.38	2.25	2.16	2.09	2.04	2.00	1.96
21	2.96	2.57	2.36	2.23	2.14	2.08	2.02	1.98	1.95
22	2.95	2.56	2.35	2.22	2.13	2.06	2.01	1.97	1.93
23	2.94	2.55	2.34	2.21	2.11	2.05	1.99	1.95	1.92
24	2.93	2.54	2.33	2.19	2.10	2.04	1.98	1.94	1.91
25	2.92	2.53	2.32	2.18	2.09	2.02	1.97	1.93	1.89
26	2.91	2.52	2.31	2.17	2.08	2.01	1.96	1.92	1.88
27	2.90	2.51	2.30	2.17	2.07	2.00	1.95	1.91	1.87
28	2.89	2.50	2.98	2.16	2.06	2.00	1.93	1.90	1.87
29	2.89	2.50	2.88	2.15	2.06	1.99	1.93	1.89	1.86
30	2.88	2.49	2.22	2.14	2.05	1.98	1.93	1.88	1.85
40	2.84	2.41	2.23	2.00	2.00	1.93	1.87	1.83	1.79
60	2.79	2.39	2.18	2.04	1.95	1.87	1.82	1.77	1.74
120	2.75	2.35	2.13	1.99	1.90	1.82	1.77	1.72	1.68
∞	2.71	2.30	2.08	1.94	1.85	1.77	1.72	1.67	1.63

续表

n_2 \ n_1	10	12	15	20	24	30	40	60	120	∞
1	60.19	60.71	61.23	61.74	62.06	62.26	62.53	62.79	63.06	63.33
2	9.39	9.41	2	9.44	9.45	9.46	9.47	9.47	9.48	9.49
3	5.23	5.22	5.20	5.18	5.18	5.17	5.16	5.15	5.14	5.13
4	3.92	3.90	3.87	3.84	3.83	3.82	3.80	3.79	3.78	3.76
5	3.30	3.27	3.24	3.21	3.19	3.17	3.16	3.14	3.12	3.10
6	2.94	2.90	2.87	2.84	2.82	2.80	2.78	2.76	2.74	2.72
7	2.70	2.67	2.63	2.59	2.58	2.56	2.54	2.51	2.49	2.47
8	2.54	2.50	2.46	2.42	2.40	2.38	2.36	2.34	2.32	2.29
9	2.42	2.38	2.34	2.30	2.28	2.25	2.23	2.21	2.18	2.16
10	2.32	2.28	2.24	2.20	2.18	2.16	2.13	2.11	2.08	2.06
11	2.25	2.21	2.17	2.12	2.10	2.08	2.05	2.03	2.00	1.97
12	2.19	2.15	2.10	2.06	2.04	2.01	1.99	1.96	1.93	1.90
13	2.14	2.10	2.05	2.01	1.98	1.96	1.93	1.90	1.88	1.85
14	2.10	2.05	2.01	1.96	1.94	1.91	1.89	1.82	1.83	1.80
15	2.06	2.02	1.97	1.92	1.90	1.87	1.85	1.82	1.79	1.76
16	2.03	1.99	1.94	1.89	1.87	1.84	1.81	1.78	1.75	1.72
17	2.00	1.96	1.91	1.86	1.84	1.81	1.78	1.75	1.72	1.69
18	1.98	1.93	1.89	1.84	1.81	1.78	1.75	1.72	1.69	1.66
19	1.96	1.91	1.86	1.81	1.79	1.76	1.73	1.70	1.67	1.63
20	1.94	1.89	1.84	1.79	1.77	1.74	1.71	1.68	1.64	1.61
21	1.92	1.87	1.83	1.78	1.75	1.72	1.69	1.66	1.62	1.59
22	1.90	1.86	1.81	1.76	1.73	1.70	1.69	1.64	1.60	1.57
23	1.89	1.84	1.80	1.74	1.72	1.69	1.66	1.62	1.59	1.55
24	1.88	1.83	1.78	1.73	1.70	1.67	1.64	1.60	1.57	1.53
25	1.87	1.82	1.77	1.72	1.69	1.66	1.63	1.59	1.56	1.52
26	1.86	1.81	1.76	1.71	1.68	1.65	1.61	1.58	1.54	1.50
27	1.85	1.80	1.75	1.70	1.67	1.64	1.60	1.57	1.53	1.49
28	1.84	1.79	1.74	1.69	1.66	1.63	1.59	1.56	1.52	1.48
29	1.83	1.78	1.73	1.68	1.65	1.62	1.58	1.55	1.51	1.47
30	1.82	1.77	1.72	1.67	1.64	1.61	1.57	1.54	1.50	1.46
40	1.76	1.71	1.71	1.61	1.57	1.54	1.51	1.47	1.42	1.38
60	1.71	1.66	1.66	1.54	1.51	1.48	1.44	1.40	1.35	1.29
120	1.65	1.60	1.60	1.48	1.45	1.41	1.37	1.32	1.36	1.19
∞	1.60	1.55	1.55	1.42	1.38	1.34	1.30	1.24	1.17	1.00

(2) α=0.05

n_2 \ n_1	1	2	3	4	5	6	7	8	9
1	161.4	199.5	215.7	224.6	230.2	234.0	236.8	238.9	240.5
2	18.51	19.00	19.25	19.25	19.30	19.33	19.35	19.37	19.38
3	10.13	9.55	9.12	9.12	9.90	8.94	8.89	8.85	8.81
4	7.71	6.94	6.39	6.39	6.26	6.16	6.09	6.04	6.00
5	6.61	5.79	5.41	5.19	5.05	4.95	4.88	4.82	4.77
6	5.99	5.14	4.76	4.53	4.39	4.28	4.21	1.15	4.10
7	5.59	4.74	4.35	4.12	3.97	3.87	3.79	3.73	3.68
8	5.32	4.46	4.07	3.84	3.69	3.58	3.50	3.44	3.69
9	5.12	4.26	3.86	3.63	3.48	3.37	3.29	3.23	3.18
10	4.96	4.10	3.71	3.48	3.33	3.22	3.14	3.07	3.02
11	4.84	3.98	3.59	3.36	3.20	3.09	3.01	2.95	2.90
12	4.75	3.89	3.49	3.26	3.11	3.00	2.91	2.85	2.80
13	4.67	3.81	3.41	3.18	3.03	2.92	2.83	2.77	2.71
14	4.60	3.74	3.34	3.11	2.96	2.85	2.76	2.70	2.65
15	4.54	3.68	3.29	3.06	2.90	2.79	2.71	2.64	2.59
16	4.49	3.63	3.24	3.01	2.85	2.74	2.66	2.59	2.54
17	4.45	3.59	3.20	2.96	2.81	2.70	2.61	2.55	2.49
18	4.41	3.55	3.16	2.93	2.77	2.66	2.58	2.51	2.46
19	4.38	3.52	3.13	2.90	2.74	2.63	2.54	2.48	2.42
20	4.35	3.49	3.10	2.87	2.71	2.60	2.51	2.45	2.39
21	4.32	3.47	3.07	2.84	2.68	2.57	2.49	2.42	2.37
22	4.30	3.44	3.05	2.82	2.66	2.55	2.46	2.40	2.34
23	4.28	3.42	3.03	2.80	2.64	2.53	2.44	2.37	2.32
24	4.26	3.40	3.01	2.78	2.62	2.51	2.42	2.36	2.30
25	4.24	3.39	2.99	2.76	2.60	2.49	2.40	2.34	2.28
26	4.23	3.37	2.98	2.74	2.59	2.47	2.39	2.32	2.27
27	4.21	3.35	2.96	2.73	2.57	2.46	2.37	2.31	2.25
28	4.20	3.34	2.95	2.71	2.56	2.45	2.36	2.29	2.24
29	4.18	3.33	2.93	2.70	2.55	2.43	2.35	2.28	2.22
30	4.17	3.32	2.92	2.69	2.53	2.42	2.33	2.27	2.21
40	4.08	3.23	2.84	2.61	2.45	2.34	2.25	2.18	2.12
60	4.00	3.15	2.76	2.53	2.37	2.25	2.17	2.10	2.04
120	3.92	3.07	2.68	2.45	2.29	2.17	2.09	2.02	2.96
∞	3.84	3.00	2.60	2.37	2.21	2.10	2.01	1.94	1.88

续表

n_2 \ n_1	10	12	15	20	24	30	40	60	120	∞
1	241.9	243.9	245.9	248.0	249.1	250.1	251.1	252.2	253.3	254.3
2	19.40	19.41	19.43	19.45	19.45	19.46	19.47	19.48	19.49	19.50
3	8.79	8.74	8.70	8.66	8.64	8.62	8.59	8.57	8.55	8.53
4	5.96	5.91	5.86	5.80	5.77	5.75	5.72	5.69	5.66	5.63
5	4.74	4.68	4.62	4.56	4.53	4.50	4.46	4.43	4.40	4.36
6	4.06	4.00	3.94	3.87	3.84	3.81	3.77	3.74	3.70	3.67
7	3.64	3.57	3.51	3.44	3.41	3.38	3.34	3.30	3.27	3.23
8	3.35	3.28	3.22	3.15	3.12	3.08	3.04	3.01	2.97	2.93
9	3.14	3.07	3.01	2.94	2.90	2.86	2.83	2.79	2.95	2.71
10	2.98	2.91	2.85	2.77	2.74	2.70	2.66	2.62	2.58	2.54
11	2.85	2.79	2.72	2.65	2.61	2.57	2.53	2.49	2.45	2.40
12	2.75	2.69	2.62	2.54	2.51	2.47	2.43	2.38	2.34	2.30
13	2.67	2.60	2.53	2.46	2.42	2.38	2.34	2.30	2.25	2.21
14	2.60	2.53	2.46	2.39	2.35	2.31	2.27	2.22	2.18	2.13
15	2.54	2.48	2.40	2.33	2.29	2.25	2.20	2.16	2.11	2.07
16	2.49	2.42	2.35	2.28	2.24	2.19	2.15	2.11	2.06	2.01
17	2.45	2.38	2.31	2.23	2.19	2.15	2.10	2.06	2.01	1.96
18	2.41	2.34	2.27	2.19	2.15	2.11	2.06	2.02	1.97	1.92
19	2.38	2.31	2.23	2.16	2.11	2.07	2.03	1.98	1.93	1.88
20	2.35	2.28	2.20	2.12	2.08	2.04	1.99	1.95	1.90	1.84
21	2.32	2.25	2.18	2.10	2.05	2.01	1.96	1.92	1.87	1.81
22	2.30	2.23	2.15	2.07	2.03	1.98	1.94	1.89	1.84	1.78
23	2.27	2.20	2.13	2.05	2.01	1.96	1.91	1.86	1.81	1.76
24	2.25	2.18	2.11	2.03	1.98	1.94	1.89	1.84	1.79	1.73
25	2.24	2.16	2.09	2.01	1.96	1.92	1.87	1.82	1.77	1.71
26	2.22	2.15	1.07	1.99	1.95	1.90	1.85	1.80	1.75	1.69
27	2.20	2.13	1.06	1.97	1.93	1.00	1.04	1.70	1.70	1.67
28	2.19	2.12	1.04	1.96	1.91	1.87	1.82	1.77	1.71	1.65
29	2.18	2.10	1.03	1.94	1.90	1.85	1.81	1.75	1.70	1.64
30	2.16	2.09	2.01	1.93	1.89	1.84	1.79	1.74	1.68	1.62
40	2.08	2.00	1.92	1.84	1.79	1.74	1.69	1.64	1.58	1.51
60	1.99	1.92	1.84	1.75	1.70	1.65	1.59	1.53	1.47	1.39
120	1.91	1.83	1.75	1.66	1.61	1.55	1.50	1.43	1.35	1.25
∞	1.83	1.75	1.67	1.57	1.52	1.46	1.39	1.32	1.22	1.00

(3) α=0.01

n_2 \ n_1	1	2	3	4	5	6	7	8	9
1	4 052	4 999.5	5 403	5 626	5 764	5 859	5 928	5 982	6 062
2	98.50	99.00	99.17	99.25	99.30	99.33	99.36	99.37	99.39
3	34.12	30.82	29.46	28.71	28.24	27.91	27.67	27.49	27.35
4	21.20	18.00	16.69	15.98	15.52	15.21	14.98	14.80	14.66
5	16.26	13.27	12.06	11.39	10.97	10.67	10.46	10.29	10.16
6	13.75	10.92	9.78	9.15	8.75	8.47	8.46	8.10	7.98
7	12.25	9.55	8.45	7.85	7.46	7.19	6.99	6.84	6.72
8	11.26	8.65	7.59	7.01	6.63	6.37	6.18	6.03	5.91
9	10.56	8.02	6.99	6.42	6.06	5.80	5.61	5.47	5.35
10	10.04	7.56	6.55	5.99	5.64	5.39	5.20	5.06	4.94
11	9.65	7.21	6.22	5.67	5.32	5.07	4.49	4.74	4.63
12	9.33	6.93	5.95	5.41	5.06	4.82	4.64	4.50	4.39
13	9.07	6.70	5.74	5.21	4.86	4.62	4.44	4.30	4.19
14	8.86	6.51	5.56	5.04	4.69	4.46	4.28	4.14	4.03
15	8.68	6.36	5.42	4.89	4.56	4.32	4.14	4.00	3.89
16	8.53	6.23	5.29	4.77	4.44	4.20	4.03	3.39	3.78
17	8.40	6.11	5.18	4.67	4.34	4.10	3.93	3.79	3.68
18	8.29	6.01	5.09	4.58	4.25	4.01	3.84	3.71	3.60
19	8.18	5.93	5.01	4.50	4.17	3.94	3.77	3.63	3.52
20	8.10	5.85	4.94	4.43	4.10	3.87	3.70	3.56	3.46
21	8.02	5.78	4.87	4.37	4.04	3.81	3.64	3.51	3.40
22	7.95	5.72	4.82	4.31	3.99	3.76	3.59	3.45	3.35
23	7.88	5.66	4.76	4.26	3.94	3.71	3.54	3.41	3.30
24	7.82	5.61	4.72	4.22	3.90	3.67	3.50	3.36	3.26
25	7.77	5.57	4.68	4.18	3.85	3.63	3.46	3.32	3.22
26	7.72	5.53	4.64	4.14	3.82	3.59	3.42	3.29	3.18
27	7.68	5.49	4.60	4.11	3.78	3.56	3.39	3.26	3.15
28	7.64	5.45	4.57	4.07	3.75	3.53	3.36	3.23	3.12
29	7.60	5.42	4.54	4.04	3.73	3.50	3.33	3.20	3.09
30	7.56	5.39	4.51	4.02	3.70	3.47	3.31	3.17	3.07
40	7.31	5.18	4.31	3.83	3.51	3.29	3.12	2.99	2.89
60	7.08	4.98	4.13	3.65	3.34	3.12	3.95	2.82	2.72
120	6.85	4.79	3.95	3.48	3.17	2.96	2.79	2.96	2.56
∞	6.63	4.61	3.78	3.32	3.02	2.80	2.64	2.51	2.41

续表

n_2 \ n_1	10	12	15	20	24	30	40	60	120	∞
1	6 056	6 106	6 157	6 209	6 235	6 261	6 287	6 313	6 339	6 366
2	99.40	99.42	99.43	99.45	99.46	99.47	99.47	99.48	99.49	99.50
3	27.33	27.05	26.87	26.69	26.60	26.50	26.41	26.32	26.22	26.13
4	14.55	14.37	14.20	14.02	13.93	13.84	13.75	13.65	13.56	13.46
5	10.05	9.29	9.72	9.55	9.47	9.38	9.29	9.20	9.11	9.02
6	7.87	7.72	7.56	7.40	7.31	7.23	7.14	7.06	6.97	6.88
7	6.62	6.47	6.31	6.16	6.07	5.99	5.91	5.82	5.74	5.65
8	5.81	5.67	5.52	5.36	5.28	5.20	5.12	5.03	4.95	4.86
9	5.26	5.11	4.96	4.81	4.73	4.65	4.57	4.48	4.40	4.31
10	4.85	4.71	4.56	4.41	4.33	4.25	4.17	4.08	4.00	3.91
11	4.54	4.40	4.25	4.10	4.02	3.95	3.86	3.78	3.69	3.60
12	4.30	4.16	4.01	3.86	3.78	3.70	3.62	3.54	3.45	3.36
13	4.10	3.96	3.82	3.66	3.59	3.51	3.43	3.34	3.25	3.17
14	3.94	3.80	3.66	3.51	3.43	3.35	4.27	3.18	3.09	3.00
15	3.80	3.67	3.52	3.37	3.29	3.21	3.13	3.05	2.96	2.87
16	3.69	3.55	3.41	3.26	3.18	3.10	3.02	2.93	2.84	2.74
17	3.59	3.46	3.31	3.16	308	3.00	2.92	2.83	2.75	2.65
18	3.51	3.37	3.23	3.08	3.00	2.92	2.84	2.75	2.66	2.57
19	3.34	3.30	3.15	3.00	2.92	2.84	2.76	2.67	2.58	2.49
20	3.37	3.23	3.09	2.94	2.86	2.78	2.69	2.61	2.52	2.42
21	3.31	3.17	3.03	2.88	2.80	2.72	2.64	2.55	2.46	2.36
22	3.26	3.12	2.98	2.83	2.75	2.67	2.58	2.50	2.40	2.31
23	3.21	3.07	2.93	2.78	2.70	2.62	2.54	2.45	2.35	2.26
24	3.17	3.03	2.89	2.74	2.66	2.58	2.49	2.40	2.31	2.21
25	3.13	2.99	2.85	2.70	2.62	2.54	2.45	2.36	2.27	2.17
26	3.09	2.96	2.81	2.66	2.58	2.50	2.42	2.33	2.23	2.13
27	3.06	2.93	2.78	2.63	2.55	2.47	2.38	2.29	2.20	2.10
28	3.03	2.90	2.75	2.60	2.52	2.44	2.35	2.26	2.17	2.06
30	3.00	2.87	2.73	2.57	2.49	2.41	2.33	2.23	2.14	2.03
30	2.98	2.84	2.70	2.55	2.47	2.39	2.30	2.21	2.11	2.01
40	2.80	2.66	2.52	2.37	2.29	2.20	2.11	2.02	1.92	1.80
60	2.63	2.50	2.35	2.20	2.12	2.03	1.94	1.84	1.78	1.60
120	2.47	2.34	2.19	2.03	1.95	1.86	1.76	1.66	1.53	1.38
∞	2.32	2.18	2.04	1.88	1.79	1.70	1.59	1.47	1.32	1.00

6. χ^2分布表

自由度	概率(P)												
ν	0.995	0.990	0.975	0.950	0.900	0.750	0.500	0.250	0.100	0.050	0.025	0.010	0.005
1					0.02	0.10	0.45	1.32	2.71	3.84	5.02	6.63	7.88
2	0.01	0.02	0.05	0.10	0.21	0.58	1.39	2.77	4.61	5.99	7.38	9.21	10.60
3	0.07	0.11	0.22	0.35	0.58	1.21	2.37	4.11	6.25	7.81	9.35	11.34	12.84
4	0.21	0.30	0.48	0.71	1.06	1.92	3.36	5.39	7.78	9.49	11.14	13.28	14.86
5	0.41	0.55	0.83	1.15	1.61	2.67	4.35	6.63	9.24	11.07	12.83	15.09	16.75
6	0.68	0.87	1.24	1.64	2.2	3.45	5.35	7.84	10.64	12.59	14.45	16.81	18.55
7	0.99	1.24	1.69	2.17	2.83	4.25	6.35	9.04	12.02	14.07	16.01	18.48	20.28
8	1.34	1.65	2.18	2.73	3.49	5.07	7.34	10.22	13.36	15.51	17.53	20.09	21.95
9	1.73	2.09	2.7	3.33	4.17	5.90	8.34	11.39	14.68	16.92	19.02	21.67	23.59
10	2.16	2.56	3.25	3.94	4.87	6.74	9.34	12.55	15.99	18.31	20.48	23.21	25.19
11	2.60	3.05	3.82	4.57	5.58	7.58	10.34	13.70	17.28	19.68	21.92	24.72	26.76
12	3.07	3.57	4.4	5.23	6.30	8.44	11.34	14.85	18.55	21.03	23.34	26.22	28.30
13	3.57	4.11	5.01	5.89	7.04	9.30	12.34	15.98	19.81	22.36	24.74	27.69	29.82
14	4.07	4.66	5.63	6.57	7.79	10.17	13.34	17.12	21.06	23.68	26.12	29.14	31.32
15	4.60	5.23	6.26	7.26	8.55	11.04	14.34	18.25	22.31	25.00	27.49	30.58	32.8
16	5.14	5.81	6.91	7.96	9.31	11.91	15.34	19.37	23.54	26.30	28.85	32.00	34.27
17	5.70	6.41	7.56	8.67	10.09	12.79	16.34	20.49	24.77	27.59	30.19	33.41	35.72
18	6.26	7.01	8.23	9.39	10.86	13.68	17.34	21.60	25.99	28.87	31.53	34.81	37.16
19	6.84	7.63	8.91	10.12	11.65	14.56	18.34	22.72	27.20	30.14	32.85	36.19	38.58
20	7.43	8.26	9.59	10.85	12.44	15.45	19.34	23.83	28.41	31.41	34.17	37.57	40.00
21	8.03	8.90	10.28	11.59	13.24	16.34	20.34	24.93	29.62	32.67	35.48	38.93	41.40
22	8.64	9.54	10.98	12.34	14.04	17.24	21.34	26.04	30.81	33.92	36.78	40.29	42.80
23	9.26	10.2	11.69	13.09	14.85	18.14	22.34	27.14	32.01	35.17	38.08	41.64	44.18
24	9.89	10.86	12.40	13.85	15.66	19.04	23.34	28.24	33.20	36.42	39.36	42.98	45.56
25	10.52	11.52	13.12	14.61	16.47	19.94	24.34	29.34	34.38	37.65	40.65	44.31	46.93

续表

自由度 ν	0.995	0.990	0.975	0.950	0.900	0.750	0.500	0.250	0.100	0.050	0.025	0.010	0.005
26	11.16	12.20	13.84	15.38	17.29	20.84	25.34	30.43	35.56	38.89	41.92	45.64	48.29
27	11.81	12.88	14.57	16.15	18.11	21.75	26.34	31.53	36.74	40.11	43.19	46.96	49.64
28	12.46	13.56	15.31	16.93	18.94	22.66	27.34	32.62	37.92	41.34	44.46	48.28	50.99
29	13.12	14.26	16.05	17.71	19.77	23.57	28.34	33.71	39.09	42.56	45.72	49.59	52.34
30	13.79	14.95	16.79	18.49	20.6	24.48	29.34	34.8	40.26	43.77	46.98	50.89	53.67
40	20.71	22.16	24.43	26.51	29.05	33.66	39.34	45.62	51.81	55.76	59.34	63.69	66.77
50	27.99	29.71	32.36	34.76	37.69	42.94	49.33	56.33	63.17	67.50	71.42	76.15	79.49
60	35.53	37.48	40.48	43.19	46.46	52.29	59.33	66.98	74.40	79.08	83.30	88.38	91.95
70	43.28	45.44	48.76	51.74	55.33	61.70	69.33	77.58	85.53	90.53	95.02	100.43	104.21
80	51.17	53.54	57.15	60.39	64.28	71.14	79.33	88.13	96.58	101.88	106.63	112.33	116.32
90	59.20	61.75	65.65	69.13	73.29	80.62	89.33	98.65	107.57	113.15	118.14	124.12	128.30
100	67.33	70.06	74.22	77.93	82.36	90.13	99.33	109.14	118.50	124.34	129.56	135.81	140.17

（表头"概率(P)"横跨 0.995 至 0.005 各列）

参考文献

[1] 朱建平,黄良文.统计学[M].4版.北京:中国统计出版社,2022.
[2] 曾五一,肖红叶.统计学导论[M].3版.北京:科学出版社,2019.
[3] 陈建成,庞新生,李川.统计数据分析理论与方法[M].北京:中国林业出版社,2012.
[4] 李建华,刘洋.统计学[M].北京:中国商务出版社,2018.
[5] 曹刚,李文新.统计学原理[M].2版.上海:上海财经大学出版社,2010.
[6] 宋旭光.统计学[M].大连:东北财经大学出版社,2012.
[7] 付志刚.统计学[M].北京:经济管理出版社,2015.
[8] 李勇.统计学基本思想[M].北京:经济科学出版社,2012.
[9] 陈鸿雁.统计学[M].北京:北京理工大学出版社,2021.
[10] 金怀玉,高芳凝,王思予.统计学教程[M].上海:上海交通大学出版社,2022.
[11] 李文新.统计学原理[M].5版.上海:上海财经大学出版社,2022.
[12] 牟晓云,张瑜.统计学理论与实务[M].南京:东南大学出版社,2022.
[13] 王景乐.统计学理论与方法[M].北京:对外经济贸易大学出版社,2023.
[14] 全国统计专业技术资格考试编写委员会.统计工作实务[M].北京:中国统计出版社,2018.
[15] 全国统计专业技术资格考试用书编写委员会.统计业务知识[M].北京:中国统计出版社,2018.
[16] 《社会经济统计学原理教科书》编写组.社会经济统计学原理教科书[M].北京:中国统计出版社,1992.
[17] 国家统计局.中国统计年鉴:2019[M].北京:中国统计出版社,2019.
[18] 陶爱元.商务统计学[M].北京:中国统计出版社,2023.